Georg Forster

Geschichte der Reisen, die seit Cook an der Nordwest- und Nordostküste von Amerikunternommen worden sind

Der Kapitaine Portlocks' und Dixon's Reise um die Welt

Georg Forster

Geschichte der Reisen, die seit Cook an der Nordwest- und Nordostküste von Amerikunternommen worden sind
Der Kapitaine Portlocks' und Dixon's Reise um die Welt

ISBN/EAN: 9783743478169

Hergestellt in Europa, USA, Kanada, Australien, Japan

Cover: Foto ©Andreas Hilbeck / pixelio.de

Weitere Bücher finden Sie auf **www.hansebooks.com**

Geschichte der Reisen,
die seit Cook
an der
Nordwest- und Nordost-Küste
von Amerika
und in dem
nördlichsten Amerika selbst
von
Meares, Dixon, Portlock, Coxe, Long u. a. m.
unternommen worden sind.

Mit vielen Karten und Kupfern.

Aus dem Englischen,
mit Zuziehung aller anderweitigen Hülfsquellen, ausgearbeitet
von
Georg Forster.

Zweiter Band.

Berlin, 1791.
In der Vossischen Buchhandlung.

An des

König von Preußen

Majestät.

Allergnädigster König und Herr!

Ew. Königliche Majestät bitte ich um Erlaubniß, Ihnen ein Werk vorlegen zu dürfen, welches die Kenntnisse in der Erdbeschreibung, der Menschenkunde, der Sittenlehre, der Naturgeschichte und der Sprachkunde mit vielen Erfahrungswahrheiten außerordentlich bereichert hat. Der Beifall, der Schutz und die großmüthigen Belohnungen, welche Ew. Königliche Majestät schon seit vielen Jahren, und vorzüglich seitdem die Vorsehung Sie auf den Thron Ihrer großen verewigten

Vorfahren berufen hat, den Wissenschaften, ihren Kennern und denen welche durch das Lehren und Lernen derselben der Welt brauchbar zu werden suchen, angedeihen lassen; haben mich aufgemuntert, diese von mir in ein deutsches Gewand eingekleidete, wichtige Reisegeschichte Ewr. Königlichen Majestät zu widmen. Jene menschenfreundliche Veranstaltung, unsrem Vaterlande weise, faßliche und nützliche Gesetze zu geben; die große und wohlthätige Absicht, durch vervollkommnete Erziehung des Menschengeschlechtes mehr Religion, Moralität, Menschenliebe und Patriotismus in eine ganze Nachwelt zu pflanzen und in ihr zu vermehren; die unsterbliche große That, da die freien

Bataver von der Unterdrückung ihrer tyrannischen Mitbürger, auf den Wink von Preussens Titus, wieder zum vollen Genusse ihrer angebornen Freiheit kamen; die menschenfreundliche Bemühung, den beglückenden Frieden in einen großen Theil des Erdbodens zurückzuführen, und die Menschen als Brüder zu allgemeiner Liebe und ihren gesegneten Folgen zu überreden: dies sind Beweise von der höchsten Gott ähnlichen Liebe des Menschengeschlechtes, welche Ew. Königliche Majestät so rein, so stark, so beharrlich beseelt. Ueberall werden von dem Menschengeschlechte, von Preussens Söhnen, und von den Verehrern der Wissenschaften Bewunderung, Liebe und Ehrfurcht voll freien Dankgefühls dem Wohlthäter des Menschengeschlechtes als das reinste Opfer dargebracht, und auch ich weihe sie, da mir Worte zum Ausdruck meiner Empfindung fehlen, ehrerbietig und schweigend auf dem Altare der Menschheit meinem Besten Fürsten, als

Ewr. Königlichen Majestät

ganz ehrfurchtsvoll ergebenster
Johann Reinhold Forster.

Vorrede des Uebersetzers.

Ich übergebe hier meinem Vaterlande eine Uebersetzung von einer an wichtigem Inhalt reichen Beschreibung einer Reise. Die Erd- und Menschenkunde, die Naturkenntniß und selbst die Sprachforschung, nebst vielen andern Zweigen des menschlichen Wissens, erhalten durch sie ansehnlichen Zuwachs. Ueberall leuchtet die Sprache des Seefahrers und eines Mannes ohne Vorurtheil, der zugleich viele Menschenliebe hat, unverkennbar daraus hervor. Der Verfasser war vermuthlich ein Freund oder Verwandter der Schiffseigenthümer, und hatte auf der Reise vielleicht einen Theil der Handelsgeschäfte für das Schiff zu besorgen. Man kann es nicht verkennen, daß er zu der in England zahlreichen Religionsparthei der Quäker gehört. Dies ist alles was man von ihm errathen kann. Da Kapitain George Dixon nicht die Erziehung gehabt hat, daß er es hätte wagen können, selbst eine Geschichte seiner Reise zu schreiben: so bediente er sich dieses Tagebuchs von einem jungen Manne, da es ihm hinlänglich zu dem Zwecke schien, das Publikum von seinen wichtigen Verhandlungen zu unterrichten. Er selbst ist zu Temple-Sowerby in der Grafschaft Westmoreland geboren. Er kam als ein Juwelier nach London, um seine Profession zu treiben. Da er nicht sogleich ein Unterkommen finden konnte, so ließ er sich gebrauchen, die ungeheure Menge von Gewehren, die im Tower aufbewahrt wird, rein halten zu helfen. Nachdem er dies Geschäft eine geraume Zeit getrieben hatte, hörte er von Kapitain Cook's letzter Entdeckungsreise im Jahre 1776, und bezeugte großes Verlangen mitzureisen. Da keine schickliche Stelle für ihn offen war, so nahm er die eines Schiffsbüchsenschmiedes (Armourer), verrichtete sehr oft selbst alle Arbeiten eines Grobschmiedes, und erwarb sich dadurch die Gunst seines Kapitains. In denen Stunden, die ihm von seinen Berufsgeschäften übrig blieben, lernte er Alles, was zu der Bildung eines guten Seemanns erfordert wird. Er legte Hand bei dem Einnehmen und Setzen der Seegel an; lernte Taue spleißen d. i. verbinden und knüpfen; legte sich auf die Mathematik; berechnete den Schiffslauf und die Beobachtungen der Breite und Länge; erlernte zu dem Ende sogar den Gebrauch des Hadleyschen Sextanten bei den Beobachtungen der Breite und Länge und der Abweichung der Magnetnadel; ja, er zeichnete Karten und trug den Lauf des Schiffes und die Lage der Länder und Küsten darin ein. So vorbereitet, ward er gleich zum Superkargo des Schiffes Kobenzel gewählt, und ging mit demselben nach Triest, um von da die große Reise nach der N. W. Küste von Amerika anzutreten; allein das Vorhaben zerschlug sich durch die Kabale einiger Großen, und Dixon mußte, so gut er konnte, mit seinen Reisegefährten durch Deutschland nach England zurückkehren. Noch beschäftigte er sich eine Zeitlang in seinem Vaterlande, bis Herr Etches, einer der vornehmsten Schiffs-Eigenthümer und Beförderer der hier beschriebenen Reise, ihm 1785 die Stelle eines Kapitains auf dem Schiffe Queen Charlotte anbot, welches er mit vielem Ruhme geführt hat.

Kapitain Portlock war, wie ich schon in einer Anmerkung muthmaßte, bei Cook's letzter Reise Pilotengehülfe gewesen, und ward nach seiner Zurückkunft Lieutenant in der Königl. Flotte.

Halle, den 14. September 1789.

Johann Reinhold Forster.

Einleitung.

Wie es scheint, ist in den frühen Perioden der Schiffahrt nicht Ausbreitung des Handels der Zweck des unternehmenden Abentheurers gewesen; und obgleich regierende Mächte, welche den Plan zuerst entwarfen, ihn unterstützten, so waren doch allem Ansehen nach auf der einen Seite Ruhmsucht und unbegränzte Begierde, die Macht und Größe der Besitzungen zu erweitern, und auf der andern vielleicht der Ruf Entdeckungen gemacht zu haben, die einzigen Zwecke, die man zur Absicht hatte.

Es kann keinen bessern Beweis von der Zuverlässigkeit dieser Behauptung geben, als das stete Betragen der Spanier in dem ganzen Laufe der beinahe unbegränzten Erweiterung ihrer Entdeckungen, Eroberungen und Reichthümer. Die schaudervollen Grausamkeiten, welche von ihnen bei der Eroberung der so genannten neuen Welt verübt wurden, beflecken diese Periode ihrer Jahrbücher mit so bleibender Schande, daß selbst die Zeit sie nicht auslöschen kann.

Das Verfahren der Brittischen Nation — dies sei zu ihrer Ehre gesagt — ist immer das Gegentheil davon gewesen. Welche unbekannte Strecken Landes sie auch entdeckten; wo sie auch Einwohner fanden: stets waren sie so aufmerksam und so menschenfreundlich, daß sie die Zuneigung und Hochachtung derselben gewannen, anstatt sie zu Rache zu reizen, oder sich ihren Haß zuzuziehen.

Wenn wir die Abentheuer aus unserem Vaterlande, sogar noch die in dem letzten Theile des vorigen und zu Anfange des jetzigen Jahrhunderts, in Rücksicht auf den Handel betrachten, so sind die meisten derselben in der That nicht viel besser,

Einleitung.

als Freibeuter. Denkt man aber dagegen an die manchen, während der letzten funfzig Jahre unter dem unmittelbaren Schutze der Regierung unternommenen Reisen; so wird man finden, daß sie nicht nur zum Besten des menschlichen Geschlechtes überhaupt geschehen sind, sondern daß auch ihr Bestreben, die Schiffahrt, und die damit verbundenen Wissenschaften zu vervollkommnen, mit dem glänzendsten Erfolge bekrönt worden ist: und es läßt sich schwer bestimmen, ob der Eifer für die gemeine Wohlfahrt, welcher zuerst den Plan zu diesen Reisen veranlaßte, oder der beständige Wunsch, das Resultat derselben allgemein bekannt zu machen, ihren königlichen und wohlthätigen Beförderern den größten Ruhm verschaft.

Ohne mich in eine weitläufige Herzählung aller dieser Reisen einzulassen, (welches überflüssig wäre), will ich bloß sagen, daß durch des verstorbenen Kapitain Cook's letzte Reise nach dem stillen Oceane, außer jedem wissenschaftlichen Vortheile, den man daher leiten kann, künftigen Seefahrern, wenn sie an der Nord-West-Küste von Amerika mit Pelzwaaren der theuersten Art Handel treiben wollen, noch eine neue und unerschöpfliche Quelle von Reichthum eröffnet worden ist.

Obgleich diese Entdeckung ganz auffallend eine Quelle war, aus der man unermeßliche Reichthümer erwarten konnte, und obgleich schon Viele im Jahre 1780 etwas davon erfahren hatten: so ward sie doch nicht sogleich benutzt. Die Ausführung eines Erfolg habenden Plans, diese neue Unternehmung in Gang zu bringen, erforderte nicht nur Geduld und Beharrlichkeit, sondern auch einen Grad von Muth und Unternehmungsgeist, der einzelnen Personen nicht immer zu Theil wird. Doch, im Frühjahr 1785 verschaften sich einige Herren von der Südsee-Kompagnie (die ein exklusives Privilegium zum Handel im Nördlichen stillen Oceane hat) einen Erlaubnißschein, dieses Geschäft in dem größten Umfange ausschließend zu treiben. Zum Behuf desselben wurden sogleich zwei Schiffe gekauft, und mit aller möglichen Betriebsamkeit ausgerüstet, damit sie eine Reise nach der Nordwestlichen Küste von Amerika antreten könnten, von der nun in den folgenden Bogen Nachricht gegeben wird.

Das so rühmliche Bestreben, sich in diesen neuen Handelsweg einzulassen, erregte natürlicherweise allgemeine Aufmerksamkeit, und das Unternehmen hatte

Einleitung.

den Beifall und die Unterstützung von Männern, deren Nahmen allein schon hinlänglich wären, der Reise öffentliches Ansehen zu verschaffen. Lord Mulgrave, der Ritter Joseph Banks und Herr Rose beehrten uns mit ihrem Besuche am Bord, bezeugten uns mit der Güte, welche sie immer so sehr auszeichnet, daß der Plan ihren Beifall habe, und wünschten uns den glücklichsten Erfolg.

Diese schmeichelhaften Aufmunterungen waren für die Eigenthümer neue Bewegungsgründe, das Unternehmen mit aller Thätigkeit durchzusetzen; und man ließ nichts unversucht, worauf man nur immer denken konnte, um ihm den besten Erfolg zuzusichern. Alle Pelzwaaren, die wir bei unserm Handel an der Amerikanischen Küste einsammlen würden, sollten in China verkauft werden, und daher der Aufsicht der Superkargos der Ostindischen Kompagnie überlassen sein. Dieser Veranstaltung zufolge, sollten beide Schiffe für Rechnung der Kompagnie eine Ladung nach England einnehmen.

Allein Geldgewinnst war bei dieser Gelegenheit nicht das einzige Augenmerk der Eigenthümer; denn außer den gewöhnlichen Provisionen die man Kauffartheischiffen mitzugeben pflegt, und von denen mit der größten Sorgfalt das Beste in jeder Art angeschaft wurde, legte man noch zur Erhaltung der Gesundheit einen reichlichen Vorrath von allen Mitteln gegen den Scharbock ein, auf die man sich nur besinnen konnte. Diese und eine ununterbrochene Sorgfalt in Beobachtung der Regeln, welche Kapitain Cook befolgte, haben, unter dem Beistande der göttlichen Vorsehung, die Gesundheit des Schiffsvolkes in allen verschiedenen Himmelsstrichen erhalten; denn während dieser über drei Jahre dauernden Reise, hat das Schiff Queen Charlotte von drei und dreißig Personen nur Eine verloren.

Obgleich dieser Umstand für alle Seefahrer von der äußersten Wichtigkeit ist, und daher nie zu oft öffentlich bekannt gemacht werden kann: so würde doch dies allein wohl schwerlich ein hinlänglicher Bewegungsgrund gewesen sein, dies Werk in das Publikum zu bringen; allein, man glaubt, daß die Vortheile, welche für die Erdbeschreibung und den Handel aus dieser Reise erwachsen können, weder unwichtig noch uninteressant sein werden: und so bedarf es vielleicht keiner Apologie, daß man der Welt das Resultat dieser Reise vorlegt.

Einleitung.

Damit der Leser sich einen bessern Begrif von den Vortheilen machen könne, die vielleicht aus der Bekanntmachung dieses Werkes entstehen; so wird eine kurze Uebersicht dessen, was andere Schiffahrer an der Amerikanischen Küste geleistet, und besonders welche Zusätze wir zu des Kapitain Cook's Entdeckungen gemacht haben, so wie auch eine kurze Nachricht von dem Pelzhandel, hier nicht am unrechten Orte stehen.

Der Russische Seefahrer Beering hat, wie es scheint, die unwirthbare Küste Nordwärts von King George's Sund entdeckt. Er soll zuerst im 58 Gr. 28 Min. N. Br. Land gesehen, und im 59 Gr. 18 Min. geankert haben. Tschirikow ankerte 1741 ungefähr in 56 Gr. N. Br.

Daß diese beiden Seefahrer an der Küste von Amerika gewesen sind, ist wohl außer allem Zweifel; allein an welcher Stelle sie es erreicht, oder wo sie vor Anker gelegen, ist nicht eben so ausgemacht. Die besten Nachrichten, die wir von diesen Reisen haben, sind gar nicht zuverlässig *). Man muß sich erinnern, daß die Schiffahrt damals keinesweges zu der Vollkommenheit gebracht war, die sie jetzt hat. Dazu kommt noch, daß die Küste in der Lage, wo Beering geankert haben soll, (nehmlich in 59 Gr. 18 Min. N. Br.) sich beinahe von Osten nach Westen erstreckt; und so konnte bei dem damaligen Zustande der Schiffahrt ein Fehler von 6 bis 8 Graden der Länge sehr leicht gemacht werden. Man hat daher Grund zu der Vermuthung, daß, wenn gleich dieser berühmte Seefahrer in seiner Angabe der Breite genau gewesen wäre, doch der Ort wo er wirklich vor Anker ging, viel näher an dem Cook's flusse ist, als man ihn in den Karten gewöhnlich angiebt. Allein jetzt, da wir uns über den unvollkommenen Zustand der Schiffahrt, und über die noch unvollkommneren Nachrichten von diesen berühmten Russischen Reisen beklagen, derentwegen wir nun nicht bestimmen können, welchen Theil der Küste, wenigstens innerhalb der uns bekannten Gränzen, man mit einigem Grade von Zuverläßigkeit aufgenommen habe; jetzt, sage ich, ist es auch meine Pflicht, die

---

*) Der große Staatsrath Müller hat im 3. Th. der Samml. Russ. Geschichte S. 1 – 304. eine sehr gute Nachricht von den Entdeckungsreisen der Russen zusammengetragen, welche sehr viele genaue Nachrichten davon mittheilt.

S.

Einleitung.

Unzuverläßigkeit eines neueren Seefahrers aufzudecken, der eben dieselbe Küste besucht hat.

In dem Tagebuche einer Reise nach der Nordwestlichen Küste von Amerika, von Don Francisco Antonio Maurelle, herausgegeben von Herrn Daines Barrington, kommt, nachdem das bereits Geschehene angeführt ist, folgende Stelle vor: „Wir versuchten nun, die Meerenge des Admiral Fonte aufzufinden, ob wir gleich bis jetzt noch nicht den Archipelagus von St. Lazarus „entdeckt hatten, durch den er, wie es heißt, gesegelt ist. In dieser Absicht „durchsuchten wir jede Bay und jede Bucht an der Küste, umsegelten jedes „Vorgebirge, und legten deshalb des Nachts bei, damit wir diese „Einfahrt nicht verfehlen möchten. Da wir uns diese Mühe gegeben und „dabei einen günstigen Nordwestwind gehabt haben, so kann man wohl „behaupten, daß diese Meerenge nicht zu finden ist *)."

Warum Maurelle solch eine handgreifliche Unwahrheit so ausdrücklich behauptet, ist unbegreiflich. In der That kann man die Unzuverläßigkeit dieser Behauptung sehr leicht einsehen, wenn man sie nur einen Augenblick in Erwägung zieht; denn, wenn er wirklich „jede Bay und jede Bucht an der Küste „durchsucht, und jedes Vorgebirge umsegelt und des Nachts

---

*) Siehe Barrington's *Miscellanies* pag. 508. — Anmerkung der Urschrift. Das Tagebuch des Don Francisco Maurelle von dieser Reise, nebst einer Karte der Entdeckungen, hat Herr Ritter Pallas im dritten Theile seiner Nordischen Beiträge mitgetheilt. Die Entdeckungen der Spanier sind, sehr sonderbar, mit so vielen unwahrscheinlichen Umständen verknüpft, daß man gar keinen Nutzen aus ihnen ziehen kann. Jene erste Nachricht des Admiral de Fonte bleibt allemal verdächtig; wie konnte er in einer Straße fortsegeln, die einen Wasserfall hat und salzig ist Und weshalb stimmt die letzte Entdeckungsreise der Spanier in nichts mit den Entdeckungen des unsterblichen Cook, und seines Zöglings des Kapitain Dixon überein, da diese doch einerlei Küste in einerlei Breite mit jenen bereisten? Sollte Don Francisco Maurelle mit Fleiß die künftigen Entdecker haben irre führen wollen? oder hat er seine Karte aus Unwissenheit falsch gezeichnet? Es läßt sich schwer bestimmen, ob dies oder noch etwas anderes bei dieser Unrichtigkeit zum Grunde liegt. Solchen Untersuchern, wie die Engländer, kann die Wahrheit nicht lange verborgen bleiben. Wie viel Licht könnte Spanien über diese Dunkelheiten verbreiten, welches doch über kurz oder lang durchbrechen muß! Allein es wäre rühmlicher, wenn Spanien selbst dies Licht in der Geographie freiwillig anzündete. Doch man kann ja vieles von dem jetzigen Könige erwarten!

J.

Einleitung.

„beigelegt hätte," selbst mit dem günstigen Winde, wovon er spricht: so würde er alles dieses, behaupte ich, nicht wohl in doppelt so vieler Zeit haben thun können, als er sich an dieser Küste aufgehalten hat. Doch die Entdeckung der Queen Charlotte's Eilande bei dieser Reise beweiset unwidersprechlich, daß Don Francisco Maurelle nie nahe bei dem Orte gewesen ist, nach welchem er, wie er sich rühmt „sich vergeblich umgesehen hat." Die Lage dieser Inseln (nehmlich von 54 Gr. 20 Min. bis 51 Gr. 56 Min. N. Br. und von 130 bis 133 Gr. 30 Min. Westlicher Länge) zeigt einleuchtend, daß sie der Archipelagus von St. Lazarus sind, und folglich nahe bei de Fonte's Meerenge liegen, obgleich noch weitere Untersuchungen gemacht werden müssen, ehe man dessen herrlicher Nachricht von diesem Orte irgend einen Grad von Glaubwürdigkeit beilegen kann.

Konnten die Spanier bei dieser Gelegenheit Inseln nicht finden, die doch wirklich vorhanden sind: so haben sie zu andrer Zeit Land entdeckt, welches, wie sich jetzt zeigt, nur eingebildet ist. Die Eilande Las Majas, La Maso und Sta. Maria la Gorta, die Herr Roberts von 18 Gr. 30 Min. bis 28 Gr. N. B. und von 135 bis 149 Gr. W. Länge aus einer Spanischen nicht gestochenen Karte in die seinige eingezeichnet hat, wurden von uns vergeblich gesucht, und „man kann nun," um Maurelle's Worte zu gebrauchen, „wohl behaupten, daß keine solche Eilande zu finden sind;" so daß es durchgängig die Absicht der Spanier gewesen ist, künftige Seefahrer vielmehr irre zu führen, als ihnen nützlich zu werden.

Es würde widrig sein, über diese Ungereimtheit, um die Sache nicht bei einem schlimmeren Nahmen zu nennen, viel zu reden; wir wollen uns daher von diesem unangenehmen Gegenstande abwenden, und einige Worte von den Entdeckungen unsres unsterblichen Landsmannes, des verstorbenen Kapitain Cook, sagen.

Dieser große Seefahrer erreichte die Küste von Amerika im 44 Gr. N. Breite; allein er hatte keine Gelegenheit, eher zu ankern, als bis er nach Nutka kam, welches er King George's Sund nannte, und welches in 49 Gr. 36 Min. N. Br., und 126 Gr. 42 Min. W. L. liegt.

Einleitung.

Als er diesen Hafen verlassen hatte, ward er durch stürmisches Wetter gehindert, dicht an der Küste zu bleiben*), und er sah das Land nicht eher wieder, als in 55 Gr. 20 Min. N. Breite. Nachher hatte Kapitain Cook durchgängig Gelegenheit, sich nahe an die Küste zu halten; er bestimmte die Lage vom Kap Edgekumbe, entdeckte Kaye's Eiland, Prinz Williams Sund und den Cook's Fluß, in welchen zwei letzteren Oertern er ankerte.

Daß diese verschiedenen Häfen richtig und genau verzeichnet sind, darf ich nicht erst sagen; es ist genug, daß Kapitain Cook sie aufgenommen hat.

Wir brauchen die Entdeckungen dieses vortreflichen Seemannes nicht weiter nach Norden zu verfolgen, da sie mit der jetzigen Reise in keiner Verbindung stehen, und da ihre Wichtigkeit der Welt bekannt genug ist; aber doch müssen wir vielleicht bemerken, daß Kapitain Cook nur im Cook's-Flusse, ferner in Prinz William's und King George's Sund Pelzwaaren antraf. Es war daher wahrscheinlich, daß diese Oerter die Aufmerksamkeit derer auf sich ziehen würden, welche Neigung zu diesem Handlungszweige hätten.

Wer die Männer waren, welche sich zuerst in den Pelzhandel einliessen, ist vielleicht nicht allgemein bekannt; doch weiß man gewiß, daß sie nicht Dreistigkeit genug hatten, Schiffe zu dieser Absicht gerade von England auszuschicken. Wir finden

---

*) Um Mittag den 21. April 1778. war die Breite, Beobachtungen zufolge, 55 Gr. 1 Min. Nördlich; die Länge 229 Gr. 26 Min. Oestlich. Ich segelte nun mit einem frischen S. S. O. Winde und schönem Wetter nach N. W. bei N.; allein um 9 Uhr Abends fing es wieder an, stark in Windstößen zu wehen und zu regnen. Bei solchem Wetter und mit einem Winde aus S. S. O. und S. W. suhr ich in eben der Richtung fort bis zum 30sten um 4 Uhr Morgens, wo ich nach N. bei Westen segelte, um dem Lande wieder nahe zu kommen. Es that mir in der That sehr leid, daß ich dies nicht eher thun konnte; und zwar deshalb, weil wir eben jetzt bei dem Orte vorbeifuhren, an den die Erdbeschreiber die angebliche Meerenge des Admiral de Fonte hingesetzt haben. Ich für mein Theil gebe zwar solchen übertriebenen und unwahrscheinlichen Erzählungen keinen Glauben, da sie sich schon von selbst widerlegen; aber desen ungeachtet wünschte ich sehr, nahe an der Amerikanischen Küste bleiben zu können, um diesen Punkt außer allen Streit zu setzen. Allein es würde von mir höchst unvorsichtig gewesen sein, wenn ich mich in einem so stürmischen Wetter nahe an die Küste gehalten, oder in Erwartung besseren Wetters den günstigen Wind hätte verlieren wollen. An eben diesem Tage waren wir Mittags in 55 Gr. 22 Min. N. Br. und in 225 Gr. 14 Min. O. L. S. Cook's Reise nach dem stillen Oceane Vol. 2. pag. 343 des Engl. Originals. (Band 2. S. 65. der Deutschen Uebersetzung). Anmerk. d. Urschrift.

Einleitung.

nehmlich, daß das erste Schiff, welches sich auf den neuen Handel einließ, in China ausgerüstet ward. Es war eine Brigantine von 60 Tonnen (und zwanzig Mann) unter dem Befehle des Kapitain (Jakob) Hanna, die aus der Typa (bei Makao) im April 1785 auslief, (sie ging durch die Diemensstraße, zwischen der Japanischen Insel Kiusiu und Tanaxima, einer der Likiu Inseln) und langte im folgenden August in (Nutka) King George's Sund an.

Kurz nach seiner Ankunft versuchten die Eingebornen Kapitain Hanna's Schiff bei hellem Tage anzugreifen; allein sie wurden mit beträchtlichem Verluste zurückgeschlagen. Dieses Gefecht sicherte dem Kapitain ein gutes Vernehmen mit den Indianern; denn sie handelten von der Zeit an ganz ruhig und friedlich. Kapitain Hanna soll eine sehr schätzbare Ladung von Fellen gesammelt haben, obgleich die Zahl derselben nie angegeben worden ist *). Er verließ Nutka zu Ende Septembers, und langte zu Ende Decembers desselben Jahres zu Makao an. Eben der Kapitain segelte wieder im May 1786 in der (Schnau) Seeotter von 120 Tonnen (und 30 Mann) von Makao ab, (hielt denselben Lauf wie im vorigen Jahre) und langte im August zu (Nutka) King George's Sund an. (Von da segelte er längs der Küste bis zum 53sten Grade, nachdem er den, von Herrn Strange kurz vorher entdeckten Sund, der im 51 Gr. N. Br. und 120 Gr. Westl. Länge liegt, Queen Charlotte's Sund, genannt hatte.) Es ist nie bekannt gemacht worden, welchen Erfolg er gehabt hat; allein ohne Zweifel hatte er weit geringeres Glück, als auf der vorigen Reise. Er langte im Februar 1787 zu Makao an.

In der Schnau die Lerche von 220 Tonnen und 40 Mann segelte Kapitain Peters im Julius 1786 von Makao ab. Seiner Instruktion zufolge, sollte er nach der Nordwest-Küste über Kamtschatka (und die Kupferinsel) segeln, und die Inseln Nordwärts von Japan untersuchen. Er langte den 20. August in Kamtschatka an, mit Ladungen von Arrak, Thee u. s. w. und verließ den Ort 1786 den 18. September. Man hat in der Folge Nachricht bekommen, daß das Schiff an der Kupferinsel zu Grunde gegangen und daß nur zwei Personen

---

*) Eine umständliche Nachricht von den Fellen, die an der Nordwestküste von Amerika gesammelt worden sind, wird in dem Werke selbst gegeben werden.

Einleitung.

gerettet worden sind. (Der Kapitain hatte auch den Auftrag, zwischen Japan und Korea hinzusegeln, und die nördlich von Japan gelegenen Kurilischen Inseln mit ihren sich nie scheerenden haarichten Eingebornen zu untersuchen. Allein wahrscheinlich sind seine Nachrichten mit dem Schiffe verloren gegangen.)

Im Anfange des Jahres 1786 wurden die Schnau Kapitain Cook von 300 Tonnen, und die Schnau Experiment von 100 Tonnen, zu Bombay ausgerüstet. (Ihr Führer war Kapitain Jakob Strange, einer von den vornehmsten Eigenthümern; und beide Schiffe waren mit Kupfer beschlagen.) Sie segelten in Gesellschaft von Bombay nach Batavia, und gingen durch die Straße von Makassar. Hier blieb die Experiment auf einem Riefe sitzen und mußte auf Borneo zum Ausbessern ans Land gebracht werden. Dann fuhren sie, ostwärts von den Palaos- oder Pelew- (Pelju) Inseln, die Schwefel-Insel vorbei, und erreichten zu Ende des Junius die Nutka-Bucht. Von da segelten sie bis zum Prinz William's Sunde. (Sie ließen den Unterwundarzt Mac Key in Nutka zurück, um die Sprache zu erlernen. Auf der Fahrt entdeckten sie die vielen Inseln, welche der Kapitain Hanna, wie oben gemeldet worden ist, für einen Sund angesehen und Queen Charlotte's Sund benennt hatte.) Nach einigem Aufenthalte im Prinz William's Sunde verließen sie die Küste, und langten glücklich zu Makao an; allein die Pelzwaaren, die sie zusammengebracht haben, sollen, wie man glaubt, nur sehr unbeträchtlich gewesen seyn.

Im Frühlinge desselben Jahres 1786 wurden auch zwei (mit Kupfer beschlagene) Schiffe in Bengalen (von einer Gesellschaft angesehener Männer) ausgerüstet: nehmlich die (Schnau) Nutka von 200 Tonnen unter Kapitain Meares, und die (Schnau) Seeotter, unter Kapitain Tipping, (zwei Lieutenants auf der Königlichen Flotte.)

Kapitain Meares segelte im März 1786 von Bengalen ab, (durchlief das chinesische Meer, berührte die Baschie Inseln, wo er von den Spaniern, welche diese Inseln in Besitz genommen haben, sehr höflich empfangen ward, und kam im Anfange des August in Unalaschka an. Hier fanden die Schiffe eine Russische Galiote, und einige ihrer Pelzhändler entdeckten nahe bei Kap Greville

Nordwestwärts eine neue, funfzehn Meilen breite und dreißig Meilen lange, Einfahrt in den Cooks-Fluß. Sie sahen einige Russische Jäger in einer kleinen Bucht zwischen Kap Elisabeth und Kap Beda, und erreichten zu Ende Septembers den Prinz William's Sund. Hier beschlossen sie, in Snug Corner Bucht unter 60 Gr. 30 Min. N. Br. zu überwintern. Dieser Entschluß zog ihnen vieles Ungemach zu, und sie verloren dadurch ihren dritten und vierten Steuermann, ihren Wundarzt, den Bootsmann, den Zimmermann, den Böttcher, und zwölf Matrosen; indem sie vom Ende des Novembers bis zum Ende des Mays da eingefroren blieben. Sie sahen sich genöthigt, vom King George und der Queen Charlotte Unterstützung und Leute zu erbitten. Bei Kap Edgekumbe schaften sie sich einen Vorrath von Fischen, gingen nach den Sandwich-Inseln, nahmen von Atuai den Anführer Teiana, der beinahe sieben Fuß hoch, wohl gebauet, schön und von guten Geisteskräften war, mit nach Makao, wo sie am Ende des Oktobers 1787 ankamen, ohne große Vortheile im Pelzhandel erlangt zu haben.)

Die Schnau Seeotter, unter Kapitain Tipping, verließ Kalkutta wenige Tage nach der Nutka. (Sie ging durch die Straße Malakka durch das Chinesische Meer, zwischen Korea und Japan, hatte einige Gemeinschaft mit den Japanern, besuchte die Nordöstlich von Japan belegenen Kurilischen Inseln,) langte im September im Prinz Williams Sunde an, und ging gleich, als sie die vorhingenannten Schiffe, Kapitain Cook und Experiment, daselbst vor Anker fand, wahrscheinlich nach dem Cook's-Flusse, weil sie an der Westseite der Montague-Insel auslief. Dort ist dies Schiff vermuthlich verlohren gegangen, weil man nichts weiter davon gehört hat.

Der Kaiserliche Adler, unter Kapitain Berkley, verließ Ostende zu Ende des Novembers 1786, (lief in die Allerheiligen Bay in Brasilien ein, und von da gerade bis nach den Sandwich-Inseln. Als das Schiff hier einige Erfrischungen eingenommen hatte, kam es im Anfange des Junius zu Nutka an. Es segelte von da nach Süden bis zum 47 Gr. 30 Min. N. Br. wo es verschiedene gute Häfen entdeckte. In 47 Gr. 46 Min. verlor der Kapitain vier von seinen Leuten, die, da sie unvorsichtigerweise des Handels wegen unbewafnet landeten,

Einleitung.

von den Eingebornen umgebracht wurden. Sonst weiß man wenig von dem Handelsglücke des Kaiserlichen Adlers, auffer das, was in der nachfolgenden Reise anzutreffen ist.)

(Da die Portugiesen zu Makao so viele Schiffe mit Pelzwaaren von der Amerikanischen Küste, welche zum Theil einen ansehnlichen Gewinn gehabt hatten, in ihrem Hafen ankommen sahen: so fand sich ein unternehmender Portugiesischer Kaufmann, der im Januar 1788 zwei Schiffe, eins von 100 und das andere von 200 Tonnen, ausrüstete. Eins davon ward der Führung des Kapitain Meares anvertrauet, der den Anführer Teiana von Atuai mitnahm. Da dieser durch die Freigebigkeit seiner Freunde vieles zum Nutzen und Vergnügen erhielt, so werden nun die Sandwich-Inseln wahrscheinlich mit Stieren, Kühen, Schaafen, Ziegen, Kaninchen, Fasanen, welschen Hühnern, Pomeranzen, Mangofrüchten (*Gareinia Mangustuna*) und andern nützlichen Thieren und Gewächsen versehen sein, und Teiana, wenn Alles glücklich in seinem Vaterlande anlangt, und sich gut fortpflanzt, ein Wohlthäter seines Volkes werden. Eins dieser Schiffe wird wohl schon im December vorigen Jahres nach Makao zurückgesegelt und vielleicht daselbst angekommen sein; das andere war Willens auf den Sandwich-Inseln zu überwintern, und dann wieder zum Pelzhandel nach Amerika zu segeln. Vielleicht ist auch das schon auf seiner Zurückreise begriffen.)

(Daß der Französische Kapitain Peyrouse mit den Schiffen Boussole und Astrolabe Nutka-Sund und die übrige Amerikanische Küste besucht, und daselbst auch zwei Boote mit vielen jungen Leuten von Stande verloren hat, ist bekannt. Da man seine Rückkehr nächstens erwartet, so wird das Publikum von seinen Entdeckungen bald mehr erfahren.)

Nun, da ich eine kurze Nachricht von den verschiedenen Reisen, die man bisher nach der Küste von Nordamerika unternommen hat, mitgetheilt habe, muß ich noch anmerken, daß lange vor allen diesen eine Unternehmung entworfen war, die wenn sie wirklich ausgeführt worden wäre, für die Eigenthümer sehr günstig hätte ausfallen müssen; denn diese würden den vortheilhaften Handelszweig wahrscheinlich gänzlich an sich gezogen haben.

Einleitung.

Schon 1787 rüstete Herr William Bolts den Kobenzel, ein bewafnetes Schiff von 700 Tonnen, für die Nord-West-Küste von Amerika aus. Es sollte von Triest (in Gesellschaft eines kleinen Schiffes von 45 Tonnen) unter Kaiserlicher Flagge aussegeln, und war so wohl zum Handel als zu einer Entdeckungsreise ausgerüstet. Es sollten Männer von vorzüglicher Geschicklichkeit in den verschiedenen Fächern der Wissenschaften mit an Bord gehen; alle Seemächte in Europa waren ersucht worden, diesen Schiffen in ihren sämmtlichen Häfen eine gute Aufnahme widerfahren zu lassen, und man hatte günstige Antworten erhalten. Aber doch ward dieses Unternehmen, welches in aller Absicht so viele Hofnung von sich erwarten ließ, durch eine Gesellschaft eigennütziger Männer, die damals in Wien viele Gewalt hatten, gänzlich vereitelt.

Dieser kurze Entwurf von allem, was man bisher im Pelzhandel gethan hat, wird schon zeigen, daß die Aufmerksamkeit aller Pelzhändler an der Küste von Nordamerika vorzüglich auf den Cooks-Fluß, Prinz Williams Sund und Nutka geheftet gewesen ist; allein der Leser wird bei dem Durchlesen dieser Reise finden, daß mit Grunde an manchen andren Oerten der Küste eine größere Menge von Pelzwaaren erwartet werden kann, als in den bisher genannten Häfen; und er wird mich also nicht der Eitelkeit beschuldigen, wenn ich behaupte, daß nie ein werkthätigeres Unternehmen von einzelnen Männern nach ächten Handlungs-Grundsätzen, angefangen worden ist, als das in diesem Buche beschriebene.

Was wir zu den Entdeckungen des Kapitain Cook hinzugefügt haben, kann leicht übersehen werden, wenn man sein Auge nur auf die beigefügte General-Karte werfen will. Da ich aber nicht Alles darin nach meinem eigenen Aufnehmen verzeichnet habe, so muß ich billig die verschiedenen Gewährsmänner anführen, von denen das übrige entlehnt ist.

Von Kadjak nach Kapitain Cook (dem Westlichsten Theile meiner Karte) bis zur Pfingst Bay, ist alles nach der gestochenen Karte des Kapitain Cook; von da an bis Kap Douglas habe ich die Fahrt der Schnau Nutka unter Kapitain Meares, von der Karte welche Herr Roß, erster Steuermann, mir mitgetheilt hat, entlehnt, und die Fahrt mit einer punktirten Linie bezeichnet. Vom Kap Douglas bis zum Cooks-Flusse und Süd- und Ostwärts bis zu

Einleitung.

Portlock's Hafen, ist die Karte nach meinen und Kapitain Portlock's Wahrnehmungen verzeichnet; und hier gehen wir in vielen Stücken von Kapitain Cook's Generalkarte ab.

Von Portlock's Hafen Südwärts bis zur Beresfords Insel ist alles gänzlich nach meinen Bemerkungen verzeichnet.

Der unschattirte Theil der Karte, von der Holzigen Landspitze um Kap Cox herum, ist von zwei Karten genommen worden, die mir Herr Cox sehr verbindlich mitgetheilt hat. Die eine war vom Kapitain Guise, dem Befehlshaber der Schnau Experiment, und die andre vom Kapitain Hanna, Befehlshaber der Schnau Seeotter. Der Theil von der Landspitze Breakers (Brandung) Südlich, habe ich von einer Karte des Kapitain Berkley, Befehlshabers des Kaiserlichen Adlers, genommen.

Noch habe ich die Güte und Nachsicht des Lesers, der das folgende Werk durchlaufen wird, zu erbitten, da es von einem Manne an Bord der Queen Charlotte geschrieben worden ist, der weder mit den Wissenschaften, noch mit der Lebensart eines Seefahrers im geringsten bekannt war. Doch, um jedem Einwurf vorzubeugen, der in Rücksicht der Kenntnisse die zur Schiffahrt erforderlich sind, gemacht werden könnte, bin ich selbst äußerst sorgfältig gewesen, diesen Theil des Werkes zu verbessern. Ueberdies habe ich in einem Anhange eine kurze Nachricht von den wenigen zur Naturgeschichte gehörigen Gegenständen mitgetheilt, die uns vorgekommen sind, und die vielleicht die Aufmerksamkeit der Kenner auf sich ziehen möchten; und ich hoffe, daß eine ungekünstelte Erzählung von Thatsachen, die zu der Zeit niedergeschrieben wurden, als sie sich zutrugen, doch interessant sein wird, wenn ihnen gleich an dem Aufpuze der Sprache und der Eleganz des Stils etwas abgehen sollte.

George Dixon.

Einleitung.

N. S.

Noch muß hier angemerkt werden, daß 1786, (ein Jahr nach der Abfahrt der Schiffe, welche die hier beschriebene Reise gemacht haben) eben dieselbe Gesellschaft in London noch zwei andre Schiffe ausgerüstet hat, nehmlich den **Prinz von Wallis** von 200 Tonnen, und die **Kronprinzessin** von 60 Tonnen, unter der Führung der Kapitaine **Kolinet** und **Dunkan**, welche beide unter Kapitain **Cook** gedient hatten. Beide Schiffe verliessen England im August 1786, liefen im Neujahrshafen auf Staaten-Land ein, wo sie, bis zur Ankunft eines andern Schiffes, das ihnen nachfolgen sollte, einen Officier und zwölf Matrosen liessen, um Robben zu schlagen. Von da segelten sie gerade bis nach **Nutka-Sund**, wo sie den 6. Julius 1787 den **Kaiserlichen Adler** von Ostende unter Kapitain **Berkley** antrafen. Sie liefen hierauf weiter Nördlich, und trafen die **Queen Charlotte** unter Kapitain **Dixon** an. Nach dessen Rathe sollten sie die **Dixons-Straße** und die zwischen **Kap Cox**, **Kap Dalrymple**, **Kap Chatham** und **Kap Pitt** noch unentdeckten Gegenden untersuchen, wo sie auch wahrscheinlich noch manche Pelzwaaren antreffen würden. Von da waren sie Willens zum Ueberwintern nach den **Sandwichs-Inseln** zu gehen, im Frühlinge die Nordwestliche Küste von Amerika noch einmal zu besuchen, im November oder December 1788 in Kanton anzulangen, und im Sommer 1789 endlich wieder in England einzutreffen. Dies mußte zur Ergänzung der Geschichte des Handels und der Entdeckungen noch hinzugesetzt werden. Welchen Erfolg die Schiffe gehabt haben, wird die Zeit lehren.

F.

Inhalt.

Inhalt.

Erster Brief.
Ursachen, weshalb man die Nachrichten von der Reise aufgesetzt hat . Seite 3

Zweiter Brief.
Nachricht von den Schiffen und ihrer Bestimmung . — 4

Dritter Brief.
Die Schiffe verlassen die Themse — gehen zu Gravesend vor Anker — fahren von da ab — werden in den Dünen von einem starken Sturme überfallen. — Ankunft der Schiffe zu Spithead . . . . — 5

Vierter Brief.
Kurze Nachricht von Spithead und Portsmouth . . — 11

Fünfter Brief.
Fahrt von Portsmouth nach Guernsey — Gefahr bei den Felsen, welche die Kasketts genannt werden — Ankunft zu Guernsey — Beschreibung davon — 13

Sechster Brief.
Abreise von Guernsey. — Wir finden im Meere ein Faß mit Wein — gehen bei Madera vorbei, und schicken von da Briefe nach London. . — 15

Siebenter Brief.
Die Schiffe segeln vor Palma, Ferro, Bonavista vorbei. — Ankunft zu St. Jago und Verhandlungen daselbst. . . — 22

Achter Brief.
Nachricht von St. Jago und dessen Einwohnern. . . — 26

Inhalt.

Neunter Brief.
Abreise von St. Jago. — Die Schiffe paßiren die Linie. — Verschiedene andere Vorfälle. . . . . Seite 30

Zehnter Brief.
Fortsetzung der Reise von St. Jago bis zu den Falklands-Inseln. — Ankunft daselbst. . . . . . . — 35

Eilfter Brief.
Nachricht von den Verrichtungen der Schiffe während ihres Aufenthalts in den Falklands-Inseln. — Beschreibung derselben und ihrer Produkte. . — 40

Zwölfter Brief.
Fahrt von den Falklands-Inseln rund um Kap Horn. . . — 47

Dreizehnter Brief.
Die Fahrt von Kap Horn bis Owaihi. . . . — 50

Vierzehnter Brief.
Die Schiffe bekommen in Owaihi kein Wasser. — Kaufen es sich in Whahu. — Verlassen diese Insel. — Gehen fort nach Oniehau, und bekommen daselbst einen Vorrath von Yams. . . . . . . — 55

Funfzehnter Brief.
Fahrt von den Sandwich-Inseln nach Cook's Fluß. — Die Schiffe treffen da einige Russen an, und ankern im Kohlen-Hafen. . . — 58

Sechzehnter Brief.
Fortgesetzte Nachricht von dem Aufenthalte im Cook's Flusse — nebst einer Beschreibung der benachbarten Gegend. . . . . — 64

Siebzehnter Brief.
Fahrt von Cook's Flusse längs der Küste. . . . — 68

Achtzehnter Brief.
Fernere Nachricht von der Fahrt längs der Küste des Cook's Flusses bis zum King George's Sunde. . . . . . — 73

Neunzehnter Brief.
Die Schiffe werden durch übles Wetter gehindert, in King George's Sund einzulaufen. — Betrachtungen darüber. . . . . — 78

Inhalt.

Zwanzigster Brief.
Nachricht von dem im Cooks Flusse eingehandelten Pelzwaaren. — Auf der Fahrt von der Küste nach den Sandwich-Eilanden wird die Insel St. Maria la Gorta gesucht. — Ankunft in den Sandwich-Eilanden. . Seite 82

Ein und zwanzigster Brief.
Verhandlungen mit den Eingebornen während des Aufenthaltes in den Sandwich-Inseln. — Die Schiffe ankern zu Whahu. . — 89

Zwei und zwanzigster Brief.
Die Schiffe kaufen zu Whahu Wasser und Holz. — Beschreibung von des Königs Neffen. — Ein Versuch das Fischerboot zu stehlen wird vereitelt. . — 93

Drei und zwanzigster Brief.
Weitere Nachricht von den Vorfällen zu Whahu. — Die Schiffe verlassen die Insel, und gehen nach Atual. . — 99

Vier und zwanzigster Brief.
Es werden Lebensmittel, Holz, Wasser ꝛc. zu Atual eingekauft. — Die Schiffe verlassen den Ort und segeln nach Oniehau. — Auch der King George langt da an, sieht sich aber genöthigt, das Ankertau zu kappen und wieder in See zu stechen. — 105

Fünf und zwanzigster Brief.
Die Schiffe verlassen Oniehau, und langen zu Atual an. — Die Oberhäupter erzeigen uns Freundschaft. — Wir erhalten einen Besuch von dem Könige. . — 112

Sechs und zwanzigster Brief.
Eine Wanderung auf Atual. — Freundschaftliche Aufnahme daselbst. — Mahlzeit die Teiheira bereitet hatte. — Nachricht von den Pflanzungen der Tarrowurzel. — Andere Vorfälle. . . . . — 117

Sieben und zwanzigster Brief.
Die Schiffe verlassen Atual, und gehen nach Oniehau. — Sie finden die vom King George da gelassenen Anker, und segeln von Oniehau wieder nach Atual. — 126

Acht und zwanzigster Brief.
Ursachen, warum wir nicht länger zu Oniehau blieben. — Fahrt von den Sandwich-Inseln nach der Nordwestlichen Küste von Amerika — Fehler in Kapitain Cook's Seekarte. — Wir ankern bei der Montague-Insel. . — 132

Inhalt.

Neun und zwanzigster Brief.
Es kommen im Hafen Indianer an, die Englisch sprechen. — Die Schiffe fahren in Prinz William's Sund. — Kapitain Dixon unternimmt eine Fahrt nach Snug Corner Bay — findet daselbst ein Schiff von Bengalen. — Nachricht von den Unglücksfällen, die demselben zugestoßen sind. . . . Seite 136

Dreißigster Brief.
Das lange Boot des King George wird nach dem Cook's-Flusse geschickt. — Die zum Fischen ausgeschickten Leute laufen Gefahr von den Indianern umgebracht zu werden. — Die Schiffe verlassen Montague-Eiland, und trennen sich hernach. — Die Queen Charlotte langt zu Port Mulgrave an. — 148

Ein und dreißigster Brief.
Vorfälle zu Port-Mulgrave. — Nachricht von den Eingebornen. — Ihre Methode beim Fischen. — Kochen. — Begräbnißörter. — Waaren, die ihnen beim Handel nicht gefielen. . . . . . — 155

Zwei und dreißigster Brief.
Abreise von Port-Mulgrave. — Ankunft in Norfolk-Sund, und Vorfälle in demselben. . . . . — 164

Drei und dreißigster Brief.
Beschreibung von Norfolk-Sund. — Die Zahl der Einwohner, — ihre Sitten, Gewohnheiten und ihr Betragen im Handel. . . — 169

Vier und dreißigster Brief.
Wir verlassen Norfolk-Sund, — gehen längs der Amerikanischen Küste. — Ankunft in Port-Banks. — Beschreibung des Orts. — Ereignisse daselbst. — Wir verlassen Port-Banks, gehen längs der Küste fort, und treffen Indianer an, die einiges schöne Pelzwerk besitzen. . . . — 176

Fünf und dreißigster Brief.
Handel mit verschiedenen Stämmen der Indianer längs der Amerikanischen Küste. — Es wird eine Menge schöner Felle eingekauft. — Die Hippa-Insel wird entdeckt. — Die Handelsartikel beim Tausche. — Ein Lippenstück eingekauft. — 182

Sechs und dreißigster Brief.
Fortgang des Handels mit den Indianern längs der Amerik. Küste. — Ursachen, welche vermuthen lassen, daß das Land, längs dem wir wegfuhren, eine Menge nie zuvor entdeckter Inseln ist. — Beschreibung von einem Oberhaupte der Indianer. — 191

Inhalt.

Sieben und dreißigster Brief.

Versuch der Indianer Felle zu stehlen. — Gefahr bei Kap St. James. — Das Land wird Queen Charlotten's-Inseln genannt. — Allgemeine Beschreibung der Eingebornen. — Wir treffen zwei Englische Schiffe an, die im King George's Sunde gewesen waren, und daselbst ein Schiff von Ostende gefunden hatten. Seite 199

Acht und dreißigster Brief.

Allgemeine Nachrichten von der Amerikanischen Küste. — Die Anzahl der Einwohner. — Ihre Gemüthsart. — Anlagen. — Handlungsart. — Verschiedene Proben ihrer Sprache. — 213

Neun und dreißigster Brief.

Abreise von der Amerikanischen Küste. — Fahrt von da zu den Sandwich-Eilanden. — Ankunft zu Owaihi. — Verhandlungen daselbst. — Wir ankern zu Whahu, und kaufen daselbst Holz und Wasser ein. — 223

Vierzigster Brief.

Abreise von Whahu und Fahrt nach Atuai. — Verhandlungen daselbst. — Ein merkwürdiges Beispiel von Gefühl bei einem Oberhaupte. — Allgemeine Nachricht von den Sandwich-Inseln. — 239

Ein und vierzigster Brief.

Fortsetzung der Nachricht von den Sandwich-Eilanden. — Ihre Sitten. — Gebräuche. — Kleidung. — Ergötzlichkeiten und eine Probe ihrer Sprache. — 248

Zwei und vierzigster Brief.

Abfahrt von den Sandwich-Inseln. — Wir gehen Tinian vorbei. — Ankunft zu Makao. — 252

Drei und vierzigster Brief.

Fernere Reise nach Wampo. — Ereignisse daselbst. — Ankunft des King George. — Tod des Herrn Macleod's, des ersten Steuermanns unter Kapitain Portlock. — 259

Vier und vierzigster Brief.

Weitere Nachrichten von den Vorfällen zu Kanton. — Verkauf der Pelzwaaren. — Ursachen weshalb sie nicht höher verkauft worden sind. — Die Schiffe verlassen Wampo, und gehen nach Makao. — 267

Fünf und vierzigster Brief.

Allgemeine Uebersicht von Kanton. — Beschreibung der Eingebornen. — Ihre Sitten und Gewohnheiten, — ihr Handel. — Die Produkte ihres Landes. — Religion ꝛc. Seite 272

Sechs und vierzigster Brief.

Umständliche Nachricht vom Pelzhandel. . . . . — 280

Sieben und vierzigster Brief.

Die Schiffe verlassen Makao. — Tod des Herren Lauder, Wundarztes der Queen Charlotte. — Sie gehen durch die Straße von Banka und Sunda. — Ankern bei Nord-Eiland. — Sind dem Vorgebirge von Java gegenüber in Gefahr. . . . . — 286

Acht und vierzigster Brief.

Die Schiffe trennen sich. — Ein starker Sturm. — Die Pumpen sind mit Sand angefüllt. — Sie werden ausgehoben und gereinigt. — Wir fahren um das Vorgebirge der guten Hofnung. . . . — 296

Neun und vierzigster Brief.

Ankunft zu St. Helena. — Wir finden daselbst den King George. — Abreise von da, und Ankunft in England. . . . . — 306

Anhang.

Naturgeschichte. . . . . — 309

Der Kapitaine

Portlock's und Dixon's

Reise um die Welt

besonders nach

der Nordwestlichen Küste von Amerika

während der Jahre 1785 bis 1788

in den Schiffen

King George und Queen Charlotte ausgeführt;

herausgegeben

von dem

Kapitain Georg Dixon.

Reise um die Welt
in Briefen.

Erster Brief.
Ursachen, weshalb man die Nachrichten von der Reise aufgesetzt hat.

Mein bester Hamlen,

Als ich bei meiner Abreise von London von Dir Abschied nahm, drangst Du mir aller Wärme der Freundschaft in mich, Dir nicht nur eine Beschreibung aller der Länder und Plätze zu schicken, die ich zu sehen Gelegenheit haben würde, sondern auch eine umständliche Nachricht von jedem auch noch so geringfügigen Vorfall, der mir während meiner Wanderschaft zur See etwa begegnen möchte. Ich werde mich mit dem größten Vergnügen bemühen, Dein Gesuch zu erfüllen, theils um Dir gefällig zu sein, theils um für meine müßigen Stunden Beschäftigung zu haben. Da Deine Wasserfahrten, wo ich nicht irre, sich nie weiter als bis nach Deptford*) oder nach Blackwell**) erstreckt haben, so brauche ich

1784.
August.

---

*) Deptford, ein kleiner Ort, zwischen der zu Southwerk gehörigen Vorstadt Rotherhithe oder Redrif und Greenwich, am südlichen Ufer der Themse. Es wohnen daselbst lauter Schiffer, Matrosen, Wirthe, Leute welche mit Sachen zur Ausrüstung der Schiffe handeln, und Schiffszimmerleute. Außer dem Königlichen Schiffswerfte und einem Magazine zur Ausrüstung der Schiffe, giebt es hier auch viele Privatschiffswerfte. S.

**) In Blackwell befinden sich die Vorrathshäuser der Ostindischen Kompagnie. Der Ort liegt etwas weiter nach der See zu, als Greenwich, am nördlichen Ufer der Themse, und nahe bei Poplar, welches unmittelbar mit Stepney, einer Vorstadt von London am östlichen Ende, zusammenhängt. Dies Stepney ist die Pfarre, welche den größten Umfang unter allen

nicht besorgt zu sein, daß ich Fehler in der Schiffsprache begehen möchte, da Du Dich nicht auf meine Kosten lustig machen kannst. Ausserdem weiß ich, daß Du zu edeldenkend bist, um mich dem Spotte der Sachverständigen auszusetzen. Uebrigens schmeichle ich mir, daß Dir alles, was ich nur schicke, es sei gut oder schlecht, willkommen sein wird, wenn es auch nur darum wäre, daß es von Deinem wahren Freunde kommt.

Gravesend, d. 29. Aug.   W. B.

Zweiter Brief.
Nachricht von den Schiffen und ihrer Bestimmung.

Mein bester Hamlen,

Ehe ich Dir einige Vorfälle zur See erzähle, wird es wohl nöthig sein, Dir vorläufig Einiges zu Deiner Nachricht zu melden. Vorher, ehe ich an Bord ging, hatte ich nur einen so unvollkommenen Begriff von der Reise, daß es mir ganz unmöglich war, Dir etwas von unserer Bestimmung zu schreiben. Jetzt kann ich Dir sagen, daß man während des seel. Kapitain Cook's letzter Reise nach der Südsee bemerkte, es würde sehr leicht sein, einen sehr einträglichen Handel mit Pelzwerk an der Amerikanischen Küste zu stiften, und diese Waaren mit großem Vortheil in China abzusetzen. Ob dies gleich schon 1780 geschah, so blieb die Ausführung eines solchen Plans doch bis gegen das letzte Frühjahr ausgesetzt, da einige Herren einen Freibrief von der Südseekompagnie erhielten, und ausdrücklich zu einer privilegirten Gesellschaft vereinigt wurden, um diesen Handel zu ihrem besten Vortheile zu treiben. Zu dessen Ausführung kauften sie nun zwei Schiffe, und ließen sie mit aller Geschwindigkeit in seegelfertigen Stand setzen.

Das größere Schiff heißt *King George* (König Georg), und steht unter dem Kapitain Portlock, der zugleich Oberbefehlshaber der ganzen Unternehmung ist; das kleinere, auf dem ich mich befinde, Namens *Queen Charlotte* (Königin Charlotte,) führt Kapitain Dixon.

auf Erden hat; denn alle Matrosen und Seefahrer gehören zu ihr, und die auf der See gestorbenen müssen in den Kirchenbüchern von Stepney eingezeichnet werden. Folglich gehört ein jedes englisches Schif auf dem Meere zu dieser Pfarre.   S.

Reise um die Welt. 5

Diese Männer wurden mit Recht zu Führung dieser Unternehmung auserse-
hen, da sie nicht nur geschickte Seefahrer sind, sondern auch mit Kapitain Cook
schon die Reise gemacht hatten*). Sie wußten also sehr wohl, welche Theile von
Amerika zum besten Handel wahrscheinliche Hofnung gäben, und konnten sich
daher auch von dem Charakter und der Denkungsart der Eingebornen am ersten
einen Begrif machen. Ueberdies sind sie Männer von Gefühl und menschlicher
Empfindung, und tragen die genaueste Sorge für das Wohlsein ihres Schiffsvolks;
und dies ist bei einer Reise, wie diese, die wahrscheinlich sehr lange währen wird,
sehr wichtig! Nachdem ich dies vorläufig gemeldet habe, werde ich anfangen, Dich
von jedem Vorfalle auf unserer Reise zu benachrichtigen; aber da ich so eben Gelegenheit habe, diesen Brief an Dich abzuschicken, so kann ich Dir nur noch sagen,
daß ich gesund und Dein wahrer Freund bin.

Gravesend, d. 29. Aug. W. B.

Dritter Brief.

Die Schiffe verlassen die Themse — gehen zu Gravesend vor Anker — fahren von da ab —
werden in den Dünen von einem starken Sturme überfallen. — Ankunft der Schiffe
zu Spithead.

Den 27sten August, Sonnabend Abends, ging ich an Bord der *Queen*, und ward
von meiner Speisegesellschaft mit großer Höflichkeit empfangen. Diese bestand
aus dem ersten, zweiten und dritten Steuermanne, dem Wundarzte und dem Schreiber des Kapitains. Der Doktor**) (ein junger Schottländer von zwei und zwanzig
Jahren) erklärte mir sehr artig die Beschaffenheit und Einrichtung unserer Speise-

A 3

---

*) Da in dem Verzeichnisse der Officiere, welche mit den Kapitainen Cook und Clerk die letzte
Reise unternommen haben, weder Portlod noch Dixen vorkommen, so sind sie wahrscheinlich
unter den Steuermannsgehülfen (*Masters-Mate*) oder den Milchmännern, oder auch vielleicht
des Kapitains Schreiber gewesen. S.

**) Gemeiniglich heißen die Schiffs-Wundärzte in Englischen Schiffen Doktoren; allein sehr oft
haben sie wirklich promovirt. Fast alle Schiffs-Wundärzte auf Königlichen Kriegesschiffen, auf den
Ostindienfahrern und andren Kauffartheischiffen, sind Schottländer, weil diese auf ihren vier Univer-
sitäten Gelegenheit haben, die Medicin und Chirurgie leicht und wohlfeil zu erlernen. In England kostet diese Art von Studien weit mehr. S.

1785.
August.

gesellschaft, und jeden andern Umstand, so weit es die Zeit erlauben wollte. Als es Zeit zum Schlafengehen ward, fand ich mich in einer traurigen Lage, denn meine Hangematte*) (cot) war aus Versehen an Bord des King George geschickt worden; allein mein Freund, der Doktor, erbot sich sehr höflich, mir eine Stelle in der seinigen zu geben. Ich nahm dies nur ungern an, da ich wohl einsah, daß es ihm nicht wenig beschwerlich fallen müßte; doch, wir behalfen uns ziemlich. Ungefähr um Mitternacht brach die Hangematte, und meine Lage ward sehr unbequem; allein ich ertrug es mit Geduld, um meinen Schlafgesellen nicht zu stören. Aber „der graue Morgen im purpurnen Mantel gekleidet" war nicht leicht jemand willkommner, als die Annäherung des heutigen mir.

Weil die Lebensart, die ich nun anfing, mir ganz neu war, so will ich Dir doch den Plan vorlegen, den ich für mein künftiges Betragen festsetzte; und ich hoffe, Du wirst mit mir darin übereinstimmen, daß es die beste Methode sei, mir während meiner Reise ein gutes Theil Ruhe und Zufriedenheit zuzusichern. Da ich von allen Leuten im Schiffe niemand kenne, und auch mit den Sitten und Gewohnheiten der seefahrenden Lebensart unbekannt bin, so habe ich mir vorgenommen, mich zu beiden so viel als möglich umzustimmen, oder, wie Chesterfield es ausdrückt: „Allen Alles zu werden."**) Dies wird freilich, wie ich besorge, kein leichtes Ge-

---

*) Das Wort Hangematte bedeutet am Borde eines Schiffs ein von starkem Canevas gemachtes viereckiges Stück Zeug, worin der Matrose seine aus Wolle verfertigte Matratze und eine Decke gesteckt hat, und welches an zwei an den Schiffbalken befestigten Nägeln an beiden Enden angehangen wird. Da auf diese Weise das Kopf- und Fußende dieses schwankenden Bettes sehr zusammen gezogen werden müssen, so sind diese sehr unbequemen Betten in heißen Ländern äußerst unangenehm. Die Engländer nähen einen viereckigen Rahmen von einem Bettgestelle in diese Leinwand, haben hinten und vorn Kopf- und Fußstücke von Leinwand oder Canevas, die an runden starken Hölzern befestigt sind, welche des Nachts, vermittelst vieler an einem eisernen Ringe befestigten Marlinge, an eiserne Nägel der Schiffbalken angehängt werden; an den beiden Seiten sind gleichfalls aufstehende Stücken Leinwand befestigt, und auf diesen Rahmen legt man die Matratze, Oberdecke, Bettücher und Kopfkissen. Diese letztere Art von Hangematte nennt man Englisch cot; so wie die gewöhnliche hammock heißt. Der cots bedienen sich nur die Officiere im Schiff und die Passagiere, die bisweilen auch ein an der Seitenwand des Schiffs befestigtes Bettgestelle haben. F.

**) Diese schöne Vorschrift hätte der Verfasser nicht nöthig gehabt, erst von einem Chesterfield zu entlehnen, da er sie aus einer älteren, reineren und zuverlässigeren Quelle schöpfen konnte: I. Kor. 9. v. 22. S.

schäft sein; allein der Zweck dabei ist wahrlich auch der größten Mühe werth, die ich mir geben kann, um ihn zu erreichen.

Ich weiß, Du lernst so gern Charaktere von Menschen kennen, daß Du schon ungeduldig bist, mit meiner Schiffsgesellschaft bekannt zu sein; aber sei nur nicht zu eilfertig, vielleicht könnte ich Dir bei einer andern Gelegenheit mit einem Versuche in Beschreibungen gefällig werden.

Als unsre Lootse*) an Bord gekommen und alles zur Abfahrt bereit war, lichteten wir am 29sten Morgens um 9 Uhr die Anker, und gingen den Fluß hinab nach Gravesend. Die Aussichten an beiden Seiten des Flusses sind sehr angenehm. Zwar sind sie nicht so mit herrschaftlichen Landsitzen, oder Lustgehölzen verschönert, wie auf der Seite aufwärts von London; doch erstrecken sie sich in die Ferne, sind mannichfaltig und beweisen unwidersprechlich, daß die Natur oft alle Verfeinerungen der Kunst übertrift.

Da die Ebbe und der Wind uns beide günstig waren, so ankerten wir um 2 Uhr bei Gravesend. Diesem Orte gegenüber und nahe bei ihm, liegt Tilbury-Fort, dessen Anblick mich an Georg Alexander Stevens's Politiker**), in seinen berühmten Vorlesungen über Köpfe, erinnerte. Nach Mittage fuhr ich mit dem Wundarzte in einem unsrer Boote nach Gravesend, um für unsre Speisegesellschaft einige Bedürfnisse einzukaufen, und meine Neugierde mit der Besichtigung des Ortes zu befriedigen. Ich kann Dir aber keine weitere Beschreibung davon

---

*) Wenn Schiffe sich einem Hafen nähern oder ihn verlassen wollen, so geben sie ein Signal, und es kommt sogleich, selbst bei Stürmen, (wenn es nur möglich ist, mit einem Boote in See zu gehen), an Bord des Schiffes ein Mann, der von der Obrigkeit, wegen seiner Bekanntschaft mit der Küste, dem Hafen, den Untiefen und Gefahren, bestellt ist, die Schiffe in den Hafen hereinoder herauszuführen; für welche Mühe er eine bestimmte, an einigen Orten eine zu verdingende, Belohnung bekommt. Dieser Mann heißt der Lootse, und so bald man mit ihm einig ist, befiehlt er allein auf dem Verdecke, und jeder ist eifrig beflissen, auf seine Befehle und Winke beim Steuern des Schiffes oder bei der Richtung der Segel, zu gehorchen. *F.*

**) Georg Alexander Stevens war ein Mann, der in dem Entwurfe eines Charakters und in der Mimik ganz außerordentliche Talente besaß. Er pflegte sich über eine große Menge Köpfe, die verkleidet waren, auf dem Theater mit vielem launigen Witze und bitterer Satire aufzuhalten, und Stunden lang eine ansehnliche Versammlung zu unterhalten. Seine Vorlesungen sind nach seinem Tode von seinem Freunde Pilon herausgegeben worden. *S.*

geben, als daß er enge und schmutzige Straßen hat, und daß seine Einwohner ihre Nahrung vorzüglich von Beschäftigungen zur See oder auf dem Flusse haben.

Ob wir gleich schon so weit gekommen waren, so hätte doch unsere Reise durch folgenden Umstand leicht sehr verzögert werden können. Nachdem man an diesem Abende dem Schiffsvolke die Vergleichspunkte vorgelesen hatte, so weigerten sich die Leute, dieselben zu unterzeichnen, wenn man ihnen nicht einen höhern Sold als gewöhnlich zugestände. Allein dies schlug Kapitain Portlock gänzlich ab. Nachdem er ihnen darüber eine Zeitlang vernünftige Vorstellungen gemacht hatte; so waren sie es gutwillig zufrieden, die Reise anzutreten. So kam man durch Kapitain Portlock's Geschicklichkeit glücklich über diese Schwierigkeit, welche sonst vielleicht sehr unangenehme Folgen gehabt, oder um derentwillen man die gute Jahreszeit versäumt hätte.

Am 30ten des Morgens zahlte man der Mannschaft beider Schiffe den rückständigen Sold, und einen Monat voraus. Dieses Geld verwandten sie sogleich dazu, daß sie von den Handelsbooten, die sich an die Schiffe angelegt hatten, allerlei Bedürfnisse kauften. Dergleichen Boote bleiben bei solchen Gelegenheiten nie aus; denn sie wissen, daß ein braver Schiffsmann nicht mit gutem Gewissen zur See gehen kann, so lange er noch einen Pfennig in der Tasche hat. Da die Ebbe uns gegen 11 Uhr begünstigte, lichteten wir die Anker, und gingen auf die Dünen zu. Das Wasser fing nun an eine grünliche Farbe zu bekommen. Da das Schiff sich ziemlich stark bewegte, so ward mir etwas übel; es ging aber bald vorüber, und ich bemerkte in der Folge keine weitere Anwandlung davon. Dies ist um so außerordentlicher, da sehr wenige von denen, die nie zur See gefahren sind, von der Seekrankheit verschont bleiben. Nun nahm die Gegend mehr das Ansehen eines Seestückes an, da unsere Entfernung von dem Ufer beträchtlich war, ob wir gleich das Land nie aus dem Gesichte verloren.

Der Tag war mild und angenehm, und wir kamen ohne irgend einen Vorfall gegen 8 Uhr Abends bei Margate vor Anker. Dieser Ort wird in der schönen Jahreszeit von den Weibern und Töchtern der ansehnlicheren Londoner Bürger häufig besucht. Sie kommen hieher, um das Seewasser zu trinken, den Rauch und Staub von London abzuspühlen, die Manieren der Leute von Stande nachzuäffen, öffen, den guten Leumund ihrer Nachbaren zu Grunde zu richten, und die Fehler in ihrem eigenen guten Rufe sorgfältig zu verhehlen. Da der Wind wieder günstig ward, so lichteten wir früh Morgens unsere Anker, und nach einer den ganzen Tag dauernden angenehmen Fahrt, legten wir des Abends, Deal gegenüber, das Schiff bei.

Die Lage von Deal ist ziemlich angenehm, und besonders wohlgelegen zum Schleichhandel, der hier sehr stark getrieben wird; weil hier die Dünen, welche den ankommenden Schiffen Schutz geben, so nahe sind*). Ueberdies sind die Einwohner Leute von äußerst unternehmendem und unerschrocknem Geiste, die alle Gefahren verachten, und sich über Alles wegsetzen, um das Unternommene auszuführen. Und in der That kann niemand ohne diese Eigenschaften ein vollkommener Schleichhändler werden.

Da uns der Wind zuwider war, so lagen wir hier den ganzen 1ten September; allein da am Morgen des 2ten ein günstiger Wind aufstieg, so lichteten wir die Anker, und gingen unter Seegel. Die benachbarte Küste scheint nicht in dem höchsten Stande der Kultur zu sein; und doch gewährt sie, hin und wieder, besonders bei Dover und in dessen Nachbarschaft, sehr angenehme Aussichten. Ich konnte das Schloß nicht ansehen, ohne mich zugleich an die berühmte Beschreibung der Aussicht von demselben in unsers unsterblichen Shakespear's König Lear zu erinnern. Da der Tag ziemlich heiter war, so konnten wir deutlich die Küste von Frankreich sehen, und waren im Angesichte von Albions Kreidehügeln, den Gegenständen, die einem Seefahrer nach einer langen Reise so angenehm sind, und welche auch ich nach einigen Jahren zu meinem Vergnügen wiederzusehen, sehnlichst hoffe. Wie

---

*) Der Schleichhandel ward in England zuerst durch die hohen Auflagen, die man auf gewisse Waaren legte, veranlaßt. — Die Nachbarschaft und Rivalität Frankreichs und der Niederlande trugen viel dazu bei, denselben zu befördern. Die vielen seichten Stellen und Kanäle bei dem Ausflusse der Themse, und die öftere Nothwendigkeit, beim Wechsel der Ebbe und Fluth zu ankern, veranlaßten, daß hier immer, selbst des Nachts, Boote die ankernden Schiffe besuchten, ihnen Kontrebande-Güter abnahmen, und sie heimlich landeten. Die große Gefahr, wie der große Gewinn, gab den Menschen, welche dies Gewerbe fleißig trieben, Muth, so daß sie sich oft den Zollbedienten und sogar den Königlichen Schiffen auf der See und den Truppen auf dem Lande mit Gewalt widersetzten und endlich sich in großer Menge vereinigten, um ihr verbotenes Gewerbe sicher zu treiben. In den Scharmützeln, die bei solchen Gelegenheiten entstehen, verlieren oft von beiden Seiten viele Menschen ihr Leben. F.

1785.
Septemb. hatten bei unser Fahrt wenig Abwechselung, bis am 5ten ein heftiger Sturm entstand, und unser Schiff als ein Spiel von Wind und Meer herumgeworfen ward. Ueberall war jetzt Gewirre und Unordnung; das Krachen der Schiffhölzer, das Lärmen der auf dem Verdecke hin und her laufenden Seeleute, und das Heulen der Winde zwischen den Masten und Raaen vermehrte das allgemeine Getöse.

Während dieses Auftrittes hielt ich mich ruhig im zweiten Zimmer in einer Lage auf, die, wie Du denken kannst, nicht eben die angenehmste war. In der That, hätte ich den ersten Anwandlungen von Furcht nachgegeben, so müßte ich mehr todt als lebendig gewesen sein; allein ich hatte Ueberlegung genug zu bedenken, daß unser erster und zweiter Steuermann erfahrne Seeleute wären, und daß ich, wenn wir in irgend einer großen Gefahr sein sollten, es wohl auf ihren Gesichtern lesen würde, die ich als ein Barometer ansah, nach dessen Standpunkte ich meine Besorgnisse stimmen wollte. Dieser kluge Vorsatz verminderte meine Unruhe um ein Beträchtliches; denn ich erfuhr aus ihren Reden, daß sie hier keine große Gefahr befürchteten, außer von einem Ufer, welches unter dem Winde lag; es war aber zu unserm Glücke Tag, und wir befanden uns weit ab vom Lande. Gegen Abend legte sich der Sturm; dies beruhigte meine Besorgnisse, und ich wagte mich auf das Verdeck. Allein gütiger Gott! wie erschrack ich, da ich die See in Berge hohen Wogen herrollen sah, ihr Getöse auf eine schreckliche Weise hörte, und jede Welle fürchterlich genug fand, um unser Schiffchen zu verschlingen.

Das Wasser hatte am folgenden Tage seine gewöhnliche helle Farbe angenommen, und die ganze Natur sah aus, als wäre sie erneuert. Wie kräftig ist nicht das Gleichniß des alten guten Patriarchen, da er die Unstätigkeit seines Sohnes beschreibt: „Er wird unbeständig sein wie Wasser."*) Du wirst mir diese geringfügigen Digressionen verzeihen. Sind sie (wenn ich mich des Ausdrucks bedienen

---

*) Unsere Deutsche Uebersetzung sagt 1. B. Mos. 49. v. 4. Er fuhr leichtfertig dahin wie Wasser. Herr Geh. Just. R. Michaelis übersetzt, besonders in den Anmerkungen: Du hast geschäumet oder gerast als vom Wasser, und versteht die Redensart von der Wuth, welche von der Wasserscheue herrührt. Die Beschlafung eines Kebsweibes seines Vaters scheint aber wohl nicht einer krampfhaften Bewegung von Wasserscheue ähnlich zu sein; eigentlicher verräth diese Handlung Leichtsinn, Mangel an Festigkeit in edlen Grundsätzen, ein Hin- und Herfahren und Bewegen wie die Wellen des Meeres.
S.

darf,) bis zur Federspitze aufgestiegen, so mag ich sie nicht zurückhalten; und vielleicht gefallen sie Dir besser, als die regelmäßigsten Paragraphen.

Mein Brief scheint zu einer unschicklichen Länge angewachsen zu sein; daher will ich nur noch anmerken, daß wir den 8ten Nachmittags hier vor Anker kamen, nachdem wir den Tag hindurch eine angenehme Fahrt gehabt hatten. Du kannst bei der ersten Gelegenheit eine weitere Fortsetzung erwarten. Der Deinige x.

Spithead, den 9. Sept.
M. B.

Vierter Brief.
Kurze Nachricht von Spithead und Portsmouth.

Dieser Ort liegt zwischen Portsmouth und der Insel Wight, ungefähr acht oder zehn Meilen davon ab, und ist nur ein Hafen für Schiffe, die gelegentlich einlaufen, oder für diejenigen von der Königlichen Flotte, welche unmittelbar zum Dienste fertig liegen. Der Ort für die Schiffe, welche außer Dienst sind oder ausgebessert werden, liegt in einem engen Gewässer, höher hinauf, zwischen Portsmouth und Gosport.

Einer der ersten Gegenstände, die mir in die Augen fielen, da wir den Anker warfen, waren die Masten des Royal George, welches Schiff, wie Du Dich erinnern wirst, vor einigen Jahren zu Grunde ging. Es ist eine sehr traurige Betrachtung, daß beinahe funfzehnhundert arme Menschen, unter welchen manche zu den ersten Familien des Reichs gehörten, in einem Augenblicke umkommen mußten. Hier liegen viele Linienschiffe vor Anker, deren Anblick mir ganz neu ist; allein die schöne Landschaft, welche die Insel Wight dem Auge darbietet, macht die Aussicht ganz bezaubernd. Nichts in der ganzen Natur kann einen entzückenderen Anblick gewähren, als das reizende Grün ihrer Felder und Wiesen. Ich kann nichts von der Beschaffenheit der inneren Gegenden sagen; aber man hat mir erzählt, sie komme wenigstens der Küste gleich. Wenn dies wahr ist, so muß es ein wünschenswürdiger Aufenthalt für die sein, welche die ländliche Einsamkeit lieben.

Spithead ist ein vortreflicher Markt, auf dem der Landmann seine mannichfaltigen Erzeugnisse gut absetzt; denn die Menge der beständig hier liegenden Schiffe verzehrt mehr, als derselbe ihnen nur immer schaffen kann. Gemeiniglich werden die

Sachen gut bezahlt, besonders wenn es Krieg ist; indeß kauften wir für unsre Speisegesellschaft lebendige Thiere und andere Bedürfnisse; z. B. Schweine, Gänse, Hühner, Kaninchen und Enten; so wie auch Schinken, Käse, Butter, Zwiebeln, Kartoffeln ꝛc. zu billigen Preisen.

Unter den hier vor Anker liegenden Kriegesschiffen, ist auch der Goliath von 74 Kanonen, unter dem Befehle des Ritter Hyde Parker. Herr Lauder (unser Wundarzt) war in dem Schiffe Unterwundarzt gewesen; und da er auf demselben viele Bekannte hatte, so lud er mich höflich ein, mit ihm dahin zu gehen. Du kannst versichert sein, daß mir die Gelegenheit meine Neugierde zu befriedigen besonderes Vergnügen machte, und daß ich daher seine Einladung mit Freuden annahm. Wir blieben zwar einige Stunden im Schiffe; allein ich bin in Seesachen zu unerfahren, als daß ich Dir eine nur erträgliche Beschreibung von einem Kriegesschiffe geben könnte. Ja, ich wäre es selbst dann nicht im Stande, wenn ich auch die dazu erforderliche Geschicklichkeit hätte; denn da ich niemand kannte, und der Doktor ganz mit seiner vorigen Speisegesellschaft beschäftigt war, so konnte ich wohl niemand schicklich Fragen vorlegen. Das kann ich Dir aber doch erzählen, daß man die Verdecke, und sogar jede Treppe und jeden engen Gang, so reinlich und sauber hielt, wie eine gute hausmütterliche Bauerfrau ihre Teller. Die Schiffe haben zwar lange nicht so viele Leute am Bord, als zur Kriegeszeit; allein man erzählte mir, auch sogar dann würde eben so sorgfältig auf Reinlichkeit gehalten. Dies mag wohl vor Zeiten nicht so gewesen sein, bis man durch unumgängliche Nothwendigkeit von dem Nutzen der Sache überzeugt worden ist. In despotischen Staaten sieht man freilich den gemeinen Mann in gehöriger Unterwürfigkeit gehalten; aber ein Engländer kann diese nur schlecht erdulden, indem Freiheit und Freiheitssinn bei ihm angeborne Grundsätze sind. Indeß ist doch der Kapitain eines Kriegesschiffes, wie ich weiß, despotischer, als der unabhängigste Monarch. Zuweilen mag die Vorsicht diese unbeschränkte Uebung der Gewalt nothwendig machen; denn ein Kriegesschiff ist so wie ein Kloak: ein Behältniß der lüderlichsten und gottlosesten Menschen. Wir speiseten im Schiffe mit mehr als zwanzig Mitschmännern, Unterwundärzten ꝛc. und es ging dabei alles mit der größten Ordnung, Wohlanständigkeit, und mit einer Höflichkeit zu, die ich gar nicht auf der See erwartete, und welche, wie ich glaube, wohl nicht allezeit Statt haben mag; denn Harmonie, Wohlstand, ja sogar Sittlichkeit sind daselbst sehr oft gänzlich verbannt.

Von der Stadt Portsmouth kann ich nicht viel sagen, da ich mich nur wenige Stunden darin aufgehalten habe. Man hat mich versichert, es sei der am besten befestigte Platz im Königreiche, und das will ich gern glauben. Rechnet man die Königlichen Schiffswerfte und andere öffentliche Anstalten ab, so ist die Stadt unbeträchtlich, ob sie gleich die größte in diesem Theile des Landes ist. Zu Kriegszeiten pflegen die Wirthe in den Gasthöfen und andern öffentlichen Häusern übertriebene Rechnungen zu machen; denn vermuthlich finden sie, wie wahr das Sprichwort ist: „die Seefahrer verdienen ihr Geld wie Pferde, und verthun es wie Esel." Indeß ist es doch nicht immer so; ich aß zu Abend mit unserm ersten Steuermann und einem Verwandten des Kapitain Dixon in dem Wirthshause zum Stern und Hosenbande, wo wir den Abend sehr fröhlich zubrachten, und das man für eins der theuersten Häuser hält. Aber ob wir gleich, die ganze Bewirthung vortreflich fanden, so war die Rechnung doch sehr billig.

Es leben hier viele Juden, welche hauptsächlich in einer Straße wohnen, die daher Jewstreet (die Judenstraße) heißt; ferner eine große Menge feiler Dirnen von der niedrigsten Klasse, die allemal zu Kriegszeiten von dem Solde und den Prisegeldern der unvorsichtigen Seeleute eine reiche Erndte halten.

Da nun unsere hiesigen Geschäfte (nehmlich das Auffüllen unsrer Wasserfässer, das Anschaffen von Schiffsbedürfnissen ꝛc.) beendiget sind, so werden wir mit dem ersten guten Winde absegeln; aber Du kannst noch von Guernsey aus, wo wir auch hingehen sollen, eine Fortsetzung meiner Nachrichten erwarten. Lebe wohl. Der Deinige ꝛc.

Spithead, den 14. Sept.   W. B.

Fünfter Brief.

Fahrt von Portsmouth nach Guernsey — Gefahr bei den Felsen, welche die Kasketts genannt werden — Ankunft zu Guernsey — Beschreibung davon.

Meinem Versprechen zufolge, setze ich mich nieder, um Dir weitere Nachricht von unserer Fahrt zu geben, obgleich so starker Wind ist, und das Schiff, (ungeachtet man es mit zwei Ankern befestigt hat), sich so heftig bewegt, daß ich nur mit Mühe leserlich schreiben kann.

Wir verließen Spithead am 16ten dieses, Morgens um 8 Uhr, und gingen um 11 Uhr bei St. Helen's vorbei. Allein, da uns der Wind entgegen und das Wetter trübe und feucht war; so kehrten wir nach der Rhede*) von St. Helen's zurück, und kamen des Abends vor Anker. Um 7 Uhr des nächsten Morgens lichteten wir den Anker, und gingen unter Segel. Das Wetter war diesen und die zwei folgenden Tage hindurch gelinde, und der Wind veränderlich. Am Borde des Schiffes King George befanden sich verschiedene Frauenzimmer, die eine Spatzierfahrt nach Guernsey machen wollten; um sie zurückzubringen, begleitete uns ein unsern Schiffseigenthümeern zugehöriger Kutter**) von Gosport. Am 19ten des Abends warfen wir den kleinen Flußanker (*kedge*,) und der Kutter ward am Hintertheile unseres Schiffes mit einem starken Taue befestigt; allein ungeachtet des sehr gelinden Wetters war doch die Fluth so reißend, daß das Tau zerriß und der Kutter davon trieb. Ein Blatt an unserm Anker brach gleichfalls ab; doch hatte dieser Unfall keine sonderliche Folgen. Ob ich gleich nur ein angehender Seemann bin, so war ich doch schon in Gefahr, wie Du wissen wirst, wenn Du Dich an den Sturm erinnerst, den wir einmal Beachy-Head***) gegenüber hatten; und nun war ich dazu bestimmt, durch eine entgegengesetzte Ursache, nehmlich durch eine Windstille, noch einmal in eine weit ärgere Lage zu kommen. Dieses muß Dir ganz außerordentlich scheinen; denn ihr Leutchen, die ihr nie Salzwasser gesehen habt, müßt nothwendig glauben, es sei das erwünschteste Wetter, wenn die Luft heiter und das Wasser glatt ist. Am 20ten Nachmittags sahen wir die

*) Rhede unterscheidet sich von einem Hafen. Dieser ist ein nahe am Lande befindlicher Ankerplatz, der von zwei, drei und mehr Seiten gegen die Winde durch Land, oder Inseln oder Riefe gedeckt wird; jener hingegen ein weiter vom Lande entfernter offener, höchstens an Einer Seite gegen die Winde gedeckter Ankerplatz. §.

**) Kutter, ein einmastiges kleines Schiff, welches beinahe, so wie eine Slupp (*Sloop*) zugetakelt ist. Diese Schiffe tragen viele Segel, gehen scharf am Winde, und sind schnell. Daher bedienen sich ihrer die Schleichhändler im Kanale, und jetzt auch die Zollhaus-Küstenbewohner in England. §.

***) Beachy-Head ist ein steiles Vorgebirge in der Grafschaft Sussex, zwischen Hastings und Seaford. §.

Kasketts, (Kästchen), einen Haufen Felsen, denen die Seefahrer, wie ich vermuthe, wegen ihrer Aehnlichkeit, den Namen beigelegt haben. Diese Felsen sind den Seefahrenden vielleicht gefährlicher gewesen, als wohl jemals die so berühmten Scylla und Charybdis den Alten. Die Fluth trieb uns gerade auf sie zu: wir hatten gar keinen Wind, und folglich konnte das Schiff auf keine Weise regiert werden. Abends gegen 8 Uhr waren wir nur noch etwas mehr als eine Seemeile, (eine deutsche Viertel-Meile) davon ab. Wir hatten zwar mit dem Senkbleie 18 oder 20 Faden (Klafter) Grund; allein der Boden bestand aus lauter scharfen Felsen, so daß, wenn wir auch aus Noth hätten Anker werfen müssen, doch kaum die geringste Wahrscheinlichkeit vorhanden war, daß es uns irgend etwas helfen könnte. Allein um 9 Uhr änderte sich die Fluth, und alle Besorgnisse waren nun vorbei. Dieser Umstand wird Dir auf einmal zeigen, daß Windstillen, wenn man dem Lande nahe ist, zuweilen gefährlicher sind, als heftige Stürme.

Am 21sten gegen 1 Uhr, brachten uns unsere Schiffseigenthümer einen Lootsen an Bord, (denn der Hafen von Guernsey lag recht vor uns) um uns einzusteuern. Es war lächerlich, daß der Mann sich stellte, als könnte er nicht Englisch sprechen, und wir hatten niemand am Bord, der Französisch verstand; doch wir fanden bald, daß dieser Monsieur etwas Englisch konnte, da man ihm zu verstehen gab: wenn er unsre Sprache nicht wüßte, so würden wir genöthigt sein, uns noch einem andern Lootsen umzusehen*).

Wir ankerten Abends gegen 6 Uhr, bei feuchtem und trüben Wetter, auf der Rhede von Guernsey. Du wirst wohl von mir erwarten, daß ich etwas von diesem Orte sage, und ich will Dir auch gern alle die Nachrichten, die ich nur kann, mit Vergnügen mittheilen, obgleich meine Beschreibung beschränkt ausfallen wird,

---

*) Die Inseln Jersey, Guernsey, Sark und Alderney, welche auf der Küste von der Normandie liegen, gehören der Krone England, als die einzigen Ueberbleibsel von ihren vormaligen Besitzungen in Frankreich. Die Einwohner sprechen alle Französisch, doch verstehen die mehresten auch Englisch. Die große Abneigung der Engländer gegen die Franzosen pflanzt sich besonders bei dem gemeinen Manne und dem Schiffahrer fort; daher kommt es denn auch, daß nur äußerst wenige Englische Seeleute, selbst unter den Officieren, die Französische Sprache sprechen oder verstehen. In dem Schiffe Resolution befand sich, außer dem Doctor Sparrmann, meinem Sohne und mir, nur ein einziger Midshipmann, Namens Syms, dessen Mutter von Französischer Abkunft war, und der daher Französisch verstand. F.

1785. Septemb. als ich es wohl wünschte. Indeß kannst Du doch versichert sein, daß ich nie die Gränzen der Wahrheit und Wahrscheinlichkeit verlassen werde, um meine Erzählung anschwellen zu können. Das Schloß steht auf einem vom Meere gänzlich umgebenen Felsen, etwa drei Viertelmeilen weit von der Stadt; allein es hat nichts von dem Gothischen Geschmacke an sich, welchen Gebäude dieser Art gemeiniglich haben. Es ist sehr niedrig, und, wie ich glaube, sehr alt. Seit Kurzem hat man den größern Theil desselben ausgebessert; daher sieht es denn wie lauter Flickwerk aus. Es ist mit einer Menge Kanonen und einer Wache von Soldaten besetzt; allein die Zahl von Beiden kann ich nicht genau bestimmen. Es dient auch zum Gefängnisse für die ganze Insel, sowohl in Civil- als in Kriminalfällen. Das Einzige wodurch die Rhede auf der wir lagen, sich für Schiffe die hier vor Anker sind, empfiehlt, besteht darin, daß sie vortreflichen Ankergrund hat. In anderer Rücksicht ist ihre Lage schlecht, da sie den Winden sehr offen steht; allein die Einwohner haben einen vortreflichen Ort, dicht an der Stadt, worin sie ihre eigenen Schiffe halten, und der gegen jeden Wind und alles Wetter gesichert ist. Guernsey liegt an der Seite eines ziemlich steilen Hügels, der einen steinigen oder vielmehr felsigen Boden hat. Es besteht aus verschiedenen Straßen, welche finster, enge und unbequem, aber allezeit rein sind; theils wegen ihres harten Bodens, theils auch wegen ihres Abhanges, vermöge dessen bei dem geringsten Regenschauer aller Koth oder Unreinigkeit weggespühlt wird.

Die Häuser sind durchgehends von einem groben Sand und Kalksteine gebauet; nur wenige davon scheinen bequem zu sein, und elegant ist gar keins. Man scheint selbst bei den neuesten nur auf Schicklichkeit Rücksicht genommen zu haben. Die Insel ist, wie ich glaube, nicht sehr volkreich, und die mehresten ihrer Einwohner werden zur Schiffahrt angeführt; und so ist vielleicht nicht ihre Unfruchtbarkeit, sondern vielmehr Mangel an gehöriger Bearbeitung, Schuld daran, daß sie nicht alle Bedürfnisse des Lebens in hinlänglicher Menge erzeugt. Dieser Mangel wird wenig empfunden; denn da die Guernsey-Kreuzer stets an der Küste von England liegen, dessen fruchtbare Ebenen die Arbeiten des sorgfältigen Landmannes so reichlich belohnen: so bringen sie von da alles, was sie bedürfen, zu wohlfeilen Preisen mit nach Hause.

Die

Die Kaufleute, welche sich zu Guernsey aufhalten, sind zahlreich, und einige derselben wohlhabend. In Kriegeszeiten rüsten sie eine Menge Kaper aus, und sind überhaupt genommen ziemlich glücklich; aber ich möchte fast glauben, daß mehr Liebe zum Gewinn, als Liebe zu ihrem Vaterlande, sie zu diesen Unternehmungen antreibt. Was ihren Handel betrift, so besteht er vorzüglich im Schleichhandel, der ins Große geht, indem er sich nicht bloß auf ihre Nachbaren die Franzosen, sondern auch auf Spanien, Portugall und das Mittelländische Meer erstreckt. In ihrem Gottesdienste, den sie nach den Englischen Kirchengebräuchen verrichten, sollen sie sehr genau sein, und den Sonntag mit sehr großer Pünktlichkeit feiern. Du wirst sagen: dies stimmt schlecht mit ihrem Leben überein, welches eine beständige Uebertretung göttlicher und menschlicher Gesetze ist. Ich bin zwar eben der Meinung; allein ich hebe mir diesen scheinbaren Widerspruch dadurch, daß ich voraussetze, der Text im Evangelium: **Gebet dem Kaiser** ec. ec. sei aus ihren Ausgaben der Bibel ausgelassen, und **Freiheit, Eigenthum und keine Accise,** der erste Grundsatz ihrer **Magna Charta.** *) Uebrigens haben sie von ihren häufigen Scharmützeln mit den Englischen Zollhausbedienten einen Vortheil. Da sie nehmlich wissen, wie gesetzwidrig sie handeln, so härten sich ihre Mannspersonen gegen alle Gefühle der Menschlichkeit ab; und da sie auf die Art ganz fern von aller Menschenfreundlichkeit sind, so fechten sie wie Teufel; und man kann hauptsächlich diesem Umstande die großen Vortheile bei ihren Kapereien zuschreiben. Die vorzüglichsten Waaren, mit denen sie handeln, sind Weine, Brandteweine ec. ec. Diese zahlen, wie Du wohl weißt, in England hohen Zoll, und verdienen daher ihre Aufmerksamkeit am meisten. Der Thee war gleichfalls

---

*) Der Engländer hält persönliche Freiheit und sichern Besitz seines Eigenthums, welche ihm durch den vom Könige Johann 1215 den 19ten Junius den Ständen ausgefertigten Freibrief, den man gemeiniglich *Magna Charta* nennt, zugesichert sind, für so große Wohlthaten, daß er die Worte *liberty and property* (Freiheit und Eigenthum) stets im Munde führt, und sie bei Gelagen als Gesundheit ausbringt. Da die Einwohner von Guernsey die Wohlthaten der gelinden Englischen Regierung genießen, aber auch keine Auflagen vom Brandteweinbrennen und der Einfuhr des Weins geben, und durch den Schleichhandel diese und andere in England mit Zoll und Accise hochbelegten Artikel aus Frankreich in England heimlich einbringen: so ist ihnen die Accise sehr verhaßt. F.

eine Stapelwaare; allein, da Herrn Pitt's Bill die Abgaben davon vor kurzem so sehr herunter gesetzt hat, so bekümmern sie sich nicht mehr um diesen Artikel.

Die wenigen Frauenzimmer, die ich hier sah, waren gar nicht schön. In der That konnte man gar nicht bestimmen, was für einen Teint sie hätten, da sie so reichlich mit Schminke und Puder belegt waren. Ihre Sprache scheint eine Mischung von schlechtem Französisch mit einer Provinzialmundart zu sein, wodurch sie zu einem Kauderwälsch wird, das allen Menschen, außer ihnen selbst, unverständlich ist. Doch der größte Theil von den Einwohnern der Stadt sprach ziemlich gut Englisch.

Unser vorzüglichstes Geschäft bestand hier darin, daß wir einige Artikel aus dem King Georg an Bord unsers Schiffes einnahmen, und für das Schiffsvolk einen Vorrath von Brandtwein auf die ganze Reise einlegten. Dies ist nun vollendet, und wir warten nur auf einen günstigen Wind, um unsre Anker lichten und unsre Reise fortsetzen zu können. Ach!.. Ich kann nicht umhin zu seufzen, wenn ich daran denke, wie bald ich Gott weiß wie weit von.... Doch weg mit allen trübsinnigen Gedanken! Glaube, daß ich so lange ich lebe, stets bin ꝛc. ꝛc.

Guernsey, den 25. Sept.
W. B.

Sechster Brief.

Abreise von Guernsey. — Wir finden im Meere ein Faß mit Wein — gehen bei Madera vorbei, und schicken von da Briefe nach London.

Am Schluße meines letzten Briefes meldete ich Dir, daß wir, um Guernsey zu verlaßen, nur auf einen günstigen Wind warteten. Dieser erfolgte glücklicherweise den Tag darauf, nehmlich den 26sten September, und wir stachen nun in See. Am 27sten sahen wir sieben Inseln, in der Entfernung von etwa sieben großen Seemeilen *). Am 28sten ward unter die Schiffsleute gesalzenes Fleisch ausgetheilt. Ich sehe schon zum voraus, daß, wenn ich Dir, Deinem Verlangen gemäß,

---

*) Die Englischen Seemeilen sind einer deutschen Viertels oder geographischen Meile gleich, und also gehen 60 auf einen Grad. Allein drei von diesen Seemeilen gehen auf eine große Seemeile (League, lieue, Leuca, eine Stunde), deren also 20 auf einen Grad ausmachen. Die Englischen Statutarischen Landmeilen sind kleiner, als die gewöhnlichen Seemeilen; denn es gehen 69½ solcher Landmeilen auf einen Grad.
S.

jeden Umstand schreibe, ich meine Briefe zu einer abgeschmackten Wiederholung langwieriger und geringfügiger Vorfälle machen werde. Mir däucht, ich sehe, wie Du hier im Lesen anhältst, und lächelnd für Dich hin murrest: „Wo zum Teufel denkt der Mensch hin? Er ist doch gewiß nicht so eitel, zu denken, selbst das Beste in seinen Briefen sei etwas mehr, als ein Haufe abgeschmackten, langweiligen Zeuges?" Gut, wenn das Deine Meinung ist, so bin ich von Herzen gern mit Dir einstimmig; denn wäre auch meine Geschicklichkeit größer, so würde es mir doch unmöglich sein, allezeit Wiederholungen zu vermeiden.

Am 30sten theilte man Grog (Brandtwein und Wasser) aus, und Alles war daher lebhaft und vergnügt. Du mußt aber nicht denken, daß diese Anmerkung auch unsre Speisegesellschaft angeht; denn wir hatten, die gewöhnliche Schiffsportion abgerechnet, einen ansehnlichen Vorrath von Brandtwein, den wir für uns gekauft. Nach unsrer Abreise bekamen wir einen heftigen Wind; daran war ich aber schon gewöhnt. Ehe ich Dir einen Vorfall berichte, der sich am 2ten Oktober zutrug, muß ich Dir sagen, daß wir den Sonntag auf eine ehrerbietige und ordentliche Weise feiern. Alle erscheinen, wie der Spectator sich bei einer ähnlichen Gelegenheit von Landleuten ausdrückt: „mit ihrem reinlichsten Ansehen und in den besten Kleidern, nachdem sie den Wust der letzten Woche weggeräumt haben," und beschäftigen sich mit dem Lesen guter Bücher, weil man, wenn es nur vermieden werden kann, keine Dienstarbeit thun läßt.

Am 2ten gegen Mittag, sah einer von den Schiffsleuten in der Entfernung etwas auf dem Wasser schwimmen. Dies erregte jedermanns Neugier, und wir wünschten es in der Nähe zu sehen; aber da wir nur wenigen oder gar keinen Wind hatten, so ließ sich das Schiff nicht vom Steuer lenken. Wir machten uns fertig ein Boot auszusetzen; allein die Scheibengewinde waren nicht zur Hand. In dieser Verlegenheit wünschten verschiedene von den Schiffsleuten, über Bord zu springen, um zu sehen, was das wäre, was uns so aufmerksam gemacht hatte, und um es aufzunehmen, falls es sich der Mühe lohnte. Anfangs war Kapitain Dixon dawider, weil er die Haifische oder andere Anfälle besorgte; allein es blieb kein andres Mittel zu wählen übrig, da der erwartete Fund mit jedem Augenblicke weiter trieb. Er erlaubte es also zweien Schiffsleuten; diese waren nun sogleich im Was-

1785.
Oktober.

ſer, und fanden, daß es ein großes Faß wäre, das ganz mit der Art von Schaalenthieren bedeckt war, die man die Meereichel (*Lepas balanus L.*) nennt. Sie brachten es ſogleich an die Seite des Schiffes, und wir zogen es auf. Es war unſtreitig ſchon lange im Waſſer geweſen; denn man konnte die Schaalenthiere nur mit Mühe abſchaben, ja ſie hatten ſich ſo gar beinahe durch das Holz durchgefreſſen*). Bei näherer Unterſuchung fand man, daß es ein Orthoft rother Franzöſiſcher Wein war. Dies konnten wir mit Recht als einen Fund anſehen; doch war der Gedanke traurig, daß nicht leicht ein Schiff das Faß würde über Bord geworfen haben, wenn es nicht die größte Noth erfordert hätte, und daß wir alſo nur aus dem Unglücke Anderer Vortheil zögen.

Bis zum 13ten trug ſich nichts merkwürdiges zu. Zwar hatten wir ein paar oder gar drei Schiffe bemerkt; allein in einer ſolchen Entfernung, daß man nicht entſcheiden konnte, aus welchem Lande ſie wären**). Des Morgens früh an dem angegebenen Tage ſahen wir die Inſel Porto Santo in der Entfernung von ſechs großen Seemeilen, (Du mußt nehmlich wiſſen, daß eine große Seemeile [*league*] drei gemeine Seemeilen iſt;) und Madera noch etwas näher. Da das Wetter ſchön und heiter war, ſo fuhren wir eine Meile weit vom Lande längs demſelben hin. Dieſe Inſel, welche in der handelnden, oder vielmehr, in der üppigen Welt, wegen ihres Weines ſo berühmt iſt, ſcheint bergig aber nicht auf eine unangenehme Art, indem das Land bis an das Meerufer hin ſanft und allmählig abhängt. Die zahlreichen Weinberge ſind voll reifer Bündel der ſaftvollen Trauben, welche den ſorgfältigen Winzer zum Keltern einzuladen ſcheinen, werden aber hin und wieder von andern Pflanzungen unterbrochen, ſo wie auch von Klöſtern und anderen der gottesdienſtlichen Eingezogenheit gewidmeten öffentlichen Gebäuden. Dieſe ſcheinen hier ſehr zahlreich zu ſein, und erinnern mich an Foote's Mutter Cole, welche

---

*) Die Seereichel allein hätte wohl nicht Löcher durch das Faß bohren können; es mögen wohl außer dies Bohrmuſcheln, (*Pholas.*) Pfahlwürmer, (*Teredo.*) und Wurmröhren (*Serpula.*) ſich auf dem Faſſe angeſetzt, und Löcher in das Holz gefreſſen haben. S.

**) Der Seemann hat durch die Erfahrung ein ſo geübtes Auge, daß er, ſelbſt ohne die Flagge eines Schiffes zu ſehen, ſchon aus dem Baue deſſelben, aus der Beſchaffenheit und dem Schnitte der Segel und der Tauwerke, und aus tauſend andern Kleinigkeiten, die er mit Hülfe der Fernglaſer unterſucht, ſogleich beſtimmen kann, zu welcher Nation das Schiff gehöre. S.

über die grausamen Bösewichter klagt, „die solche süße junge Geschöpfe auf Lebens-
lang einsperren" ꝛc. Funchal, die Hauptstadt der Insel, ist, wie es scheint, ganz
voll gottesdienstlicher Gebäude, und hat gerade Straßen. Hiermit mußt Du Dich
begnügen; denn ich habe keine andere Gelegenheit, die Stadt zu sehen, als durch
einen Tubus in der Entfernung von drei Seemeilen.

Als ich meinen Brief anfing, war ich noch nicht gewiß, ob ich so glücklich sein
würde, eine Gelegenheit zu finden, mit der ich ihn von Madera abschicken könnte;
allein da wir der Bai gerade gegenüber kamen, so fanden wir hier zwei Königliche
Schiffe, die nach England segeln sollten; und wir haben so lange beigelegt, bis die
Packete fertig sein werden.

Wenn ich mich recht besinne, so habe ich Dir die Zahl der Schiffsleute, die wir
am Borde haben, nicht gemeldet, als ich Dir von unseren Schiffen und ihrer Bestimmung zuerst Nachricht gab. In unserm Schiffe sind überhaupt, den Kapitain Dixon mit eingeschlossen, zwei und dreißig Mann; auf dem Schiffe King
George aber beinahe, wo nicht ganz, noch einmal so viel. Doch manche von
diesen sind noch Kinder, und gehören angesehenen Leuten an, welche sie dem See-
dienste widmen wollen, und, wie ich muthmaße, der Meinung waren, sie könnten
nichts Besseres thun, als sich dieser Gelegenheit bedienen, um sie frühzeitig zu dieser Lebensart anführen zu lassen. Um dies recht gehörig zu thun, hat Kapitain
Portlock einen jungen Menschen aus der mathematischen Schule in Christ's
Hospital an Bord genommen, der sie im theoretischen Theile der Schiffarth unterrichten soll, indeß Er sie im praktischen übt.

Unter den „Veränderungen und Zufällen dieses vergänglichen Lebens" siehst
Du nun Deinen Freund dazu bestimmt, verschiedene Jahre von dem seinigen, wenn
die Vorsehung es ihm fristet, in einer gänzlichen Entfernung von der geschäftigen
Welt zuzubringen. Einem Einsiedler würde dies sehr wünschenswürdig sein; aber
ich kann nicht sagen, daß dies mit mir der Fall ist. Du könntest vielleicht einwen-
den: ich sei des Vortheils eines angenehmen Umganges nicht ganz beraubt. . . .
Wohl wahr . . . allein Du mußt wissen, daß ich, außer mit meiner Tischgesell-
schaft, wenigen Umgang habe; und da die Seeleute gemeiniglich Seedisskurse füh-

ren, und darin so zu Werke gehen, daß man wohl sieht, sie haben die Vernunftlehre beim Studieren überschlagen, so kann meine Unterhaltung nicht sehr groß sein.

Oft gehe ich ganzer vier Stunden auf dem Verdecke, ohne ein Wort zu sprechen: in dieser Zeit beschäftige ich mich mit Betrachtungen über mancherlei Gegenstände, und ich habe mir vorgenommen, meine Gedanken aufzusetzen, theils zu meinem Vergnügen, theils um Deine Anmerkungen darüber zu sehen, die ich Dich freimüthig zu machen bitte. Unsres Kapitains Briefe sind fertig, das Boot wartet. Lebe wohl. Ich bin stets der Deinige.

Auf der Bai vor Funchall, (Madera)   W. B.
den 14. Oktober.

Siebenter Brief.

Die Schiffe seegeln vor Palma, Ferro, Bonavista vorbei — Ankunft zu St. Jago und Verhandlungen daselbst.

Giebt es für mich noch irgend ein größeres Vergnügen, als das an Dich zu schreiben, so habe ich es dann, wenn ich meine Füße wieder auf festen Boden setze. Hieraus wirst Du schon schließen können, daß ich am Lande gewesen bin, und folglich eine Beschreibung dieser Insel erwarten. So gut als ich sie geben kann, steht sie Dir zu Diensten; aber erst laß mich meine Erzählung da wieder anfangen, wo ich sie abbrach.

Nachdem wir unsre Briefe an Bord der Kriegsschiffe geschickt hatten, verließen wir Funchall-Bay, und nahmen bei gemäßigtem Winde und schönem Wetter unsern Lauf nach San-Jago.

Am 16ten sahen wir Palma und Ferro, (zwei von den Kanarischen Inseln), die uns in der Entfernung von 12 großen Seemeilen nach Süden bei Osten lagen. Du wirst vielleicht lächeln, daß ich die Lage und Abstände der Oerter angebe; aber ich muß Dir sagen, daß dies methodisch und seefahrermäßig ist: dies wird mich, wie ich hoffe, nicht nur gegen Deine Anmerkungen schützen, sondern auch Deinen Beifall verdienen *).

*) Auf dem Verdeck der Königlichen oder Kriegsschiffe wird eine Tafel gehalten, an welcher der nachthabende Pilotengehülfe (Masters mate) alle halbe Stunden oder Stunden die Richtung oder den Lauf des Schiffes, dessen Schnelligkeit, den Wind, das Wetter überhaupt, die gesehenen Län-

Am 19ten befanden wir uns im zwei und zwanzigsten Grade N. Br. Da wir heitern Himmel hatten, so war das Wetter heiß und schwül. Unsere Decken waren sehr leck, und unsere Zimmerleute sehr stark damit beschäftigt, sie zu kalfatern.

Früh Morgens am 24sten sahen wir die Insel Bonavista in der Entfernung von sieben großen Seemeilen. Wenn ich nicht irre, erblickte Kolumbus, als er auf die Entdeckung einer neuen Welt aussegelte, dies Eiland zuerst*). Um 10 Uhr war die Insel Mayo gegen N.N.O. vier, und St. Jago, (unser künftige Hafen), acht große Seemeilen weit von uns entfernt.

Aus der Geographie wirst Du wohl wissen, daß diese Eilande mit unter den Kapverde-Inseln sind, die den Portugiesen gehören. Um Mittag kamen wir in Porto Praya Bay auf St. Jago, in acht Faden Tiefe, vor Anker. Das Aeußerste von dem Lande, welches die Bay einschließt, war von O. bei Süden bis Südwest gelegen. Das Fort und Schloß**) lag uns N.W. bei West, und der Abstand vom Ufer betrug zwei Seemeilen.

Die Insel St. Jago liegt unter dem 14. Gr. 54 M. N. Br. und unter dem 23. Gr. 29 M. W. Länge. Ihren Umfang kann ich nicht mit Gewißheit

<small>der, ihre Lage und Entfernung, die gesehenen Schiffe und andere Vorfälle anmerkt. Alle Tage um 12 Uhr Mittags wird der Inhalt dieser Tafel, nebst der obserwirten Breite, der beobachteten Abweichung der Magnetnadel, der Beobachtung der Länge u. s. w. von dem Piloten (*Master*) in das Schiffsjournal eingetragen. Dieses trägt dann ein jeder Officier am Bord des Schiffes in sein besonderes Journal ein, und vermehrt es mit seinen eigenen Anmerkungen. Aus diesem oder einem ähnlichen Journale konnte der Verfasser dieser Reisebeschreibung leicht die Lagen und Abstände der gesehenen Länder in sein Tagebuch eintragen, ohne dabei zu verstehen, wie man mit dem Kompasse diese Lagen bestimmt und die Abstände schätzt.   F.

*) Seitdem Christopher Colom die Kanarischen Inseln verlassen hatte, sah er kein Land, bis er die Insel Guanahani, eine von den Lukaischen Inseln, entdeckte, die er San Salvador nannte. Antonio Herrera sagt dies ausdrücklich im 12ten Kapitel des 1sten Buchs der 1sten Dekade seiner *Historia general de los hechos de los castellanos, en las Islas y tierra firma del Mar Oceano*. Madrid. 1601. Fol. Es ist also ungegründet, daß er die Insel Bonavista gesehen habe.   F.

**) Im Jahre 1772 bestand dies Fort bloß in einigen Häusern und einer Kirche, welche auf einem nahe noch der See zu liegenden Felsen gebauet, und von einer etliche Fuß hohen Mauer eingeschlossen waren. Nach der innern Seite zu war die Mauer nur 3 Fuß hoch von losen Steinen ohne Mörtel aufgeführt, und noch weiter nach Osten fehlte die Mauer ganz und gar. Von einem besondern Schlosse war damals nichts vorhanden.   F.</small>

bestimmen; allein ich glaube doch, daß sie höchstens nicht mehr als hundert See-meilen in der Runde hält.

Bei ihrer Lage läßt sich leicht voraussetzen, daß ihr Klima sehr heiß ist. Die Hitze wird noch durch die östlichen Winde sehr vermehrt, die hier gemeiniglich wehen; denn da diese beständig über die Afrikanischen Sandwüsten herkommen, so müssen sie die natürliche Hitze des Klimas noch vergrößern.

Unsere Beschäftigungen an diesem Orte bestanden darin, die Schiffe mit Wasser zu versehen, und uns frische Lebensmittel, desgleichen alle die Bedürfnisse zu verschaffen, die hier vorhanden waren, und die auf irgend eine Art zu unserm jetzigen oder künftigen Auskommen dienen konnten. Zu diesem Ende ergriffen unsere Kapitaine die erste Gelegenheit ans Land zu gehen, um dadurch die beste Art, wie das Alles ins Werk zu richten wäre, zu bestimmen.

Der Befehlshaber der Festung begegnete ihnen zuerst ziemlich stolz; nachdem man ihm aber ein kleines Geschenk gemacht hatte, ward er höflich, und erlaubte ihnen, die Schiffe mit Wasser zu versorgen. Dies war Alles, was er thun konnte; denn die übrigen Bedürfnisse wurden von einem Portugiesischen Kaufmanne geliefert, der ungefähr eine Viertelmeile (Englisch) von dem Ufer wohnte.

Nachdem Alles zur Beschleunigung unsrer Geschäfte verabredet war, hatte ich das Vergnügen, mit unsern Kapitains ans Land zu gehen. Ein alter Schwarzer, (ein Eingeborner des Eilandes,) der etwas gebrochen Englisch sprechen konnte, empfing uns am Ufer. Nachdem er vernommen hatte, was unsere Geschäfte wären, ging er mit uns zu der Wohnung des Kaufmanns, und war uns sehr nützlich; denn da keiner von uns ein Wort Portugiesisch verstand, und jener kein Englisch sprechen konnte, so verrichtete der alte Mann die Dienste eines Dolmetschers.

Wir wurden mit großer Freundlichkeit und Höflichkeit aufgenommen; man setzte uns vortreflichen Maderawein, Sirup kapillaire, Pomeranzen ꝛc. vor. Wir zahlten eine Guinee für jedes Schiff, als eine Art von Hafengebühren, und schrieben die Namen der Schiffe, nebst ihrer Bestimmung und dem Orte wo sie herkamen, in ein Buch, das man zu dem Ende hielt.

Kapitain Portlock vereinigte sich mit diesem Herrn wegen etwas Rindfleisch und einiger andern Bedürfnisse; allein unser Dolmetscher sagte uns, daß das

Landvolk uns mit manchen Dingen, die wir nöthig hätten, zu wohlfeileren Preisen versehen würde, als dieser Herr.

Da wir nach Praya gingen, fanden wir, daß man daselbst einen Markt hielt. Es versammlete sich von verschiedenen Theilen der Insel eine Menge Leute, die mancherlei Artikel zu verkaufen hatten, als Schweine, Schaafe, Ziegen, Hüner, Truthüner 2c., so wie auch Pomeranzen, Citronen, Limonien, Kokosnüsse, Pisangs, einige Ananas und kleine Portionen von weißem Speisezucker, den man so wie bei uns das Salz in ganz kleine Körbchen eingepackt hatte. Die Früchte aller Art waren schön, und uns besonders angenehm, nicht nur, weil sie den Durst auf eine angenehme Art löschten, sondern auch weil sie ganz vortrefliche antiskorbutische Mittel sind.

Von ihrem lebendigen Viehe waren die Schweine und Truthühner bei weitem das beste; ihre Ziegen und Schaafe aber mager und dünn, und ihre Ochsen, (denn wie es schien, benannten sie dieselben so), nicht so groß, wie ein Englisches einjähriges Kalb. Uebrigens waren die Leute hier so arm, daß uns keiner mit Rindfleisch versehen konnte; und, wie es schien, war der Kaufmann allein im Stande, diesen Theil des Handels zu führen. Man fand, daß alte Kleider und kurze Waaren bei diesen Leuten in höherem Werthe standen, als baares Geld, besonders im Umsatze gegen ihre minder wichtigen Handelsartikel, z. B. Ziegen, Hühner, Früchte 2c. Dies war ein glücklicher Umstand für uns, indem das Englische Geld hier nicht gäng und gebe war. Indeß mußte man doch etwas baares Geld haben; und dies erhielten wir von dem Kaufmanne, der unsere Guineen gegen vier Spanische Thaler auswechselte; diese gelten hier fünf Schillinge; und so war der Wechselcours uns beinahe fünfzehn Procent nachtheilig. Für jeden Kapitain, der es sich vornimmt, wegen Ergänzung seines Vorrathes an Lebensmitteln hier einzulaufen, wäre es wohl am rathsamsten, etwas Weniges von Eisenwaaren, z. E. Messer, Schnallen, Scheermesser 2c. mitzubringen; die würden gewiß gut bezahlt werden, und ihm zu seinen Bedürfnissen baares Geld genug verschaffen.

Ich habe für jetzt keine Zeit, mehr hinzuzusetzen, werde Dir aber in meinem nächsten Briefe die noch übrigen Nachrichten von diesem Orte liefern. Der Deinige.

Porto-Praya (San Jago) den 26. Oktober.   W. B.

Achter Brief.

Nachricht von San Jago und deſſen Einwohnern.

Seit meinem letzten Briefe ſind verſchiedene Schiffe hier angelangt, nehmlich drei von London, und eine Amerikaniſche Brig.

Des Amerikaners Geſchäft war, wie es ſcheint, Pferde oder andres Vieh, das er nur bekommen konnte, aufzukaufen; allein, da hier keins vorhanden war, ſo ſeegelte er nach wenigen Stunden wieder fort. Die Londoner Schiffe werden zu dem ſüdlichen Wallfiſchfange*) gebraucht. Eines derſelben, das eben ausgelaufen iſt, gehört einem Herrn Montgommery in Prescott-Street, Goodmansfield; von der Brig**) habe ich nichts erfahren. Das dritte Schiff gehörte ... Hamet Esqr. (jetzigem Ritter Benjamin Hamet); es heißt nach ſeinem Eigenthümer der Hamet, und wird vom Kapitain Clarke geführt, der, ein guter, herzlicher Mann iſt, und die Güte hat, unſere Briefe mitzunehmen.

Ich werde nun fortfahren, Dir die Nachrichten von dieſem Orte, die ich noch habe, mitzutheilen. Das Fort und Schloß, (oder vielmehr die elenden Oerter, welche ſie vorſtellen ſollen), liegen auf einer Höhe, etwa eine halbe Meile weit vom Ufer, und werden von einem Kapitain kommandirt. Dieſer hat eine Parthie Soldaten, welche gerade hinreichen, die Inſel in Unterwürfigkeit zu erhalten, aber gewiß nicht im Stande ſind, irgend einer fremden Macht zu widerſtehen.

Unmittelbar hinter dieſer Feſtung, auf einer großen Ebene, liegt die Stadt Praya. Sie beſteht aus funfzig oder ſechzig Hütten, die in beträchtlichen Ent-

---

*) Seitdem die Portugieſen Braſilien beſitzen, haben ſie auch ſchon längſt angefangen, in der ſüdlichen Hälfte des Atlantiſchen Meeres den Wallfiſchfang zu betreiben; indeſs gingen ſie niemals weit nach Süden hin, indem ſie für ihre Bedürfniſſe Wallfiſche genug in der Nachbarſchaft anzutreffen waren. Allein als die Engländer von den Falklandsinſeln oder Malouinen Beſitz genommen hatten, fielen ſie auf den Gedanken, in der Nachbarſchaft dieſer Inſeln den Wallfiſchfang zu betreiben; und es gehen ſeitdem jährlich einige Schiffe auf die Fiſcherei aus, die wegen der Menge von Wallfiſchen leicht und vortheilhaft iſt. Im Jahre 1774 ſahen wir in der Straße le Maire, zwiſchen dem Feuerlande und dem Staatenlande, am letzten December 30 oder 40 Wallfiſche umher ſpielen. S.

**) Eine Brig oder Brigantine iſt ein niedriges Kauffartheiſchiff, welches einen großen Maſt, einen Beſahn- oder Fockmaſt und einen Bogspriet hat. Beide Maſten haben 2 Stangen, und das große Segel iſt ſo eingerichtet, wie in einigen Schiffen bei dem Beſaanmaſte. Die Engliſche Nation bedient ſich der Brigs oder Brigantinen mehr, als irgend eine andere ſeefahrende Nation. S.

Reife um die Welt. 27

fernungen von einander zerstreut liegen, und ein großes Viereck ausmachen, worin man den Markt hält. Ungefähr in der Mitte sieht man einen Steinhaufen, der zu einem Krucifixe dient. Diese Hütten, (denn einen besseren Namen kann ich ihnen nicht geben,) sind aus Steinen ohne Mörtel erbauet, und so elend aufgeführt, als der armseligste Schoppen eines Englischen Landmannes. Sie bestehen bloß aus einem Grundstockwerke, welches gemeiniglich in zwei oder höchstens drei Zimmer abgetheilt ist.

Betten sind ein Luxus, den man hier gar nicht kennt, indem das Volk auf Matten schläft. Ich sahe zwar ein Bette in des schon erwähnten Kaufmanns Hause; allein selbst ein geringer Dienstbote in England würde Bedenken getragen haben, darin zu schlafen.

Die Einwohner sind Schwarze*), und überhaupt genommen im Dienste der vielen Portugiesen, die sich hier aufhalten. Sie bekennen sich zur Römischkatholischen Kirche, der sie eifrig anhängen. Als ich mich zu Praya aufhielt, gingen die Leute eines Tages zur Kirche. Aus Neugierde eilte ich gleichfalls nach der Kapelle,

1785. October.

---

*) Von den ursprünglichen Portugiesischen Einwohnern, welche diese Inseln im Jahre 1449 entdeckten, und im Jahre 1460 sie zu bewohnen anfingen, stammen die Schwarzen auf denselben wohl nicht ab; denn man weiß gar nicht, ob die Entdecker auf diesen Inseln Leute gefunden haben. Kapitain George Roberts, der diese Inseln von 1721 bis 1724 bewohnte, sagt: die Schwarzen, welche sich da befinden, wären Abkömmlinge von den Guineischen Negersklaven, welche die Portugiesischen ersten Ansiedler auf San Jago dahin gebracht, und nach und nach, bei Gelegenheit des Absterbens eines Mannes oder einer Frau, (als ein gutes Werk) in Freiheit gesetzt hätten. Diese Schwarzen nahmen die christliche Religion an, und verheiratheten sich unter einander. Da sie das Klima besser, als die Portugiesen, ertragen konnten; so war es natürlich, daß sie sich stark vermehrten, und von San Jago aus auf alle Kapverde-Inseln ausbreiteten. Die Wälder dieser Inseln sind theils durch die Einwohner, theils durch Zufall, entzündet worden. Dies hat die Dürre und Unfruchtbarkeit der Inseln erzeugt, so daß jetzt die armen Einwohner oft verhungern, oder sich den Europäischen Schiffen freiwillig zu Sklaven anbieten, weil sie die Sklaverei dem Hungerstode vorziehen. Da sich die Portugiesen mit den schwarzen Weibern vermischen und verheirathen, so entstehen daraus Mulatten, die man sehr gut unterscheiden kann. Daß aber, nach der Meinung des Kanonikus Pauw in Xanten, die ersten Portugiesen zu Schwarzen ausgeartet sein sollten, ist mir nicht wahrscheinlich, da die Seewinde diese Inseln doch abkühlen, und hier keine so große Hitze herrscht, als auf dem festen Lande. Des Kapitain Roberts Nachricht ist daher wahrscheinlicher. F.

um die Art zu sehen, wie sie Messe halten; allein da mich der Befehlshaber des Forts erblickte, ließ er mir durch einen seiner Soldaten befehlen, daß ich umkehren sollte. Die Portugiesen begegnen den Fremden freundlich; doch dies kann vielleicht aus eigennützigen Absichten geschehen, indem wir in ihre Häuser kamen, um Früchte ꝛc. zu kaufen. Eine gute Frau in einem dieser Häuser machte mir ein Gericht von gekochtem (Mais) Türkischen Weizen, mit Ziegenmilch und mit Zucker versüßt, so wie einer guten Englischen Hausfrau ihre *Firmity* *). Von diesem nöthigte sie mich mit so vieler Gutherzigkeit zu essen, daß ich es nicht abschlagen konnte; und ich fand, daß es eine recht angenehme Speise war. Man möchte aus der Wärme des Klima's schließen, daß das Frauenzimmer von Natur sehr verliebt sein müsse; und doch widerstanden die Schwarzen so wohl, als die Portugiesinnen, den Bewerbungen unsrer jungen Herren, ob sie gleich ihre Beredsamkeit mit sehr ansehnlichen Geschenken unterstützten. Ob diese standhaften abschlägigen Antworten aus wahrer Keuschheitsliebe entsprangen, überlasse ich Dir selbst zur Entscheidung **).

Ich glaube, daß der Boden der Insel eben so ist, wie der in allen Inseln zwischen den Wendezirkeln; und wäre er auch einer solchen Kultur fähig, wie der in England, so würden die Einwohner doch zu träge sein, ihn zu bearbeiten.

Schon vorher habe ich die vornehmsten Artikel erwähnt, welche an diesem Orte wachsen. Diese erfordern überhaupt genommen wenige oder gar keine Arbeit, außer das Anpflanzen des Türkischen Weizens (Mais) und die Bearbeitung des wenigen

---

*) Das Wort *Firmity* wird in England nur von gemeinen Leuten statt des Wortes *Flummery* gebraucht, um ein Essen zu bezeichnen, welches man für Kinder oder kranke Personen aus Weizen oder Habermehl mit Milch und Zucker bereitet. *S.*

**) Der Verfasser thut sehr unrecht, diese Entscheidung seinem Freunde zu überlassen, der einige hundert Meilen von dem Orte entfernt war, wo dieser seltne Vorfall sich zutrug. Er selbst, der die Umstände genauer kannte, und Gelegenheit hatte, aus Gründen zu entscheiden, hätte dies thun sollen; denn war dieser Widerstand gegen die Versuchungen der jungen Engländer eine Folge wahrer moralischer Grundsätze; so mußte der Verfasser es zur Steuer der Wahrheit öffentlich sagen. Ein solcher Wink, als sei diese Keuschheit noch sehr problematisch, ist boshaft. Lieber hätte der Verfasser gar schweigen, als so zweifelhaft davon sprechen sollen. So schwer ist es, dem Hange zu launichtem Witze zu widerstehen! Man überläßt sich ihm, und sollte man auch unschuldiger Leute Moralität darüber verdächtig machen. Wenigstens hat der Verfasser leichtsinnig gehandelt. *S.*

Zuckerrohrs, das auf der Insel wächst. Aus diesem verfertigen sie eine Art geistigen Getränkes, das sie hier Rum nennen, die Matrosen aber Aqua ardiente. Es wird Punsch daraus verfertigt, den man dadurch wohlschmeckend macht, daß man eine ansehnliche Menge Citronen- oder Limoniensaft*) und Zucker zugießt.

Diese Insel hat viele Ziegen, deren Milch einen großen Theil von der Nahrung der Einwohner auszumachen scheint; denn ich bemerkte in allen den Hütten, die ich besuchte, Schaalen mit dieser Milch, und überhaupt viele Käse. Dies möchte ich um so mehr glauben, da ich in keinem Hause Anstalten zum Kochen der Speisen sah, ja nicht einmal Feuer bemerkte, ob ich gleich viele zu verschiedenen Tageszeiten besuchte.

Die Hitze des Klima's erfordert wenige Bekleidung, und in dieser Rücksicht ist es dem Vermögen der Einwohner angemessen; denn die wenigen Kleidungsstücke, die sie besitzen, (der Soldaten ihre ausgenommen,) scheinen von den Schiffen, die hieher kommen, um Erfrischungen zu holen, als gekauft worden zu sein. Die Frauensleute, (ich hätte bald gesagt, das schöne Geschlecht,) muß ich von dieser Bemerkung ausnehmen; denn diese tragen nur ein loses Stück Zeug von Baumwolle, die auf der Insel selbst wächst. Dieses Zeug, in welches sie sich einwickeln, ist gemeiniglich blau gestreift, aber nach verschiedenen Mustern, so wie es einem jeden gefällt. Dieses Wickeltuch nebst einem leichten Unterrock und einer Haube machen größtentheils die weiblichen Kleidungsstücke aus. Als Zierrath hängen sie um den Hals und in die Ohren Glasperlen, oder irgend ein andres Spielwerk von geringem Werthe; von dem Halse aber hängt gemeiniglich ein Kreuz herunter. Die Portugiesen sehen krank, verfallen, mager und gelb aus; ich kann aber nicht bestimmen, ob dies der Nation eigenthümlich ist, oder ob es vom Klima herrührt. Die Eingebornen hingegen sehen durchgängig gesund aus. Von ihrer

---

*) *Limes* sind eine Art sehr kleiner den Citronen ähnlicher Früchte, die man in Jamaika und auch in den Kapverdischen Inseln, in Senegal, in Indien und an andern Orten häufig antrifft. Sie haben eine eigenthümliche große Säure. Der Ritter von Linné nennt sie *Limonia acidissima*. Die eingesalzenen Limonien, welche man aus Portugal und Italien ausführt, sind nicht von dieser Geschlechte, sondern gehören wirklich zum Geschlechte der Citronen, welches man in Italien, so wie die Pomeranzen, Apfelsinen und Pompelmuse u. *Agrumi* nennt. *F.*

1785. Oktober.

Regierungsart kann ich nichts sagen; indeß sollte ich wohl muthmaßen, daß sie großentheils der Portugiesischen gleich sei.

So viel von San Jago. Unsere Zeit erlaubt es uns nicht, daß wir uns länger hier aufhalten, als nöthig ist, um unsern Wasservorrath zu ergänzen, und den Schiffsleuten eine kleine Erholung auf dem Lande zu erlauben, welche sie zur Erhaltung ihrer Gesundheit nothwendig brauchen. Da dies größtentheils schon geschehen ist, so erwarte ich jeden Augenblick: „Alle auf zum Ankerlichten!" vom Bootsmanne mit allem dem lärmenden Getöse erschallen zu hören, welches ein Paar gute Lungen hervorbringen können. Und so will ich mit den Worten von Hamlet's Vater schließen: „Leb wohl! ... gedenke meiner!" Stets der Deinige.

San Jago, den 28. Oktober.

W. B.

Neunter Brief.

Abreise von San Jago. — Die Schiffe passiren die Linie. — Verschiedene andre Vorfälle.

Ich habe schon sonst bemerkt, daß ich mich mit Dir so wohl zu meinem eigenen Vergnügen, als auch zu Deiner Belehrung ... ich bitte um Vergebung ... ich wollte nur sagen, zu Befriedigung Deiner Neugier, in einen Briefwechsel eingelassen habe: Du wirst Dich daher nicht wundern, wenn Du meine Briefe oft von der See datirt siehst; denn da ich unsre täglichen Vorfälle zu Papiere bringe, so hange ich gänzlich vom guten Wetter und der Veranlassung ab. Ich kenne Dich überdies als so nachsichtig, daß diese Vorrede kaum nöthig gewesen wäre; und daher will ich ohne weitere Umstände meine Erzählung fortsetzen.

Da wir alles das erreicht hatten, um besfentwillen wir nach San Jago gekommen waren, und da eben ein günstiger Wind aufstieg: so lichteten wir den 29sten Oktober des Morgens um 9 Uhr unsere Anker, nachdem wir mit dreimaligem freudigen Zurufen unserer Seeleute Abschied von unserm guten Freunde Kapitain Clarke genommen, den wir, so wie auch das Herrn Montgommery zugehörige Schiff, in der Bay vor Anker zurückliessen. Da der Vorrath von lebendigem Vieh, den wir von der Insel Wight mitgenommen, beinahe aufgezehrt war, so hatten wir verschiedene Ziegen Truthühner und Schaafe hier eingekauft, um uns unsere Reise erträglich zu machen, und uns gegen den Schaarbock zu bewahren.

Ich habe schon der großen Hitze zu San Jago erwähnt, und einigermaßen die Ursachen derselben anzugeben gesucht. Du kannst daher leicht erachten, daß, je mehr wir uns der Linie näherten, das Wetter desto unerträglicher heiß geworden ist. Und die Hitze wird noch sehr durch Windstillen vermehrt, die in der Nachbarschaft der Linie allezeit sehr häufig sind, da im Gegentheil frischer Wind die Hitze allezeit erträglicher macht.

Am 3ten November, da wir uns im achten Grade Nordlicher Breite befanden und das Wetter äußerst heiß war, beschäftigten sich unsre Schiffsleute, das Schiff zwischen den Verdecken und allenthalben zu schrobben und zu reinigen, und es nachher mit Weineßig zu waschen. Diese Methode hat der verstorbene Kapitain Cook auf seinen langen Reisen immer beobachtet, und sie allezeit, zur Erhaltung der Gesundheit, von glücklichem Erfolge gefunden. Solche gütige und menschliche Fürsorge für die Gesundheit des Schiffsvolkes, das ein Befehlshaber unter seiner Aufsicht hat, muß ihm als Menschen und als Christen Hochachtung von einem jeden gefühlvollen und menschenfreundlichen Manne erwerben.

Ich kann in der That nicht umhin, diese Fürsorge als eine ihm aufgelegte schuldige Pflicht anzusehen; denn wenn ein Hausherr auf dem Lande es als seine Pflicht betrachtet, sich seiner Dienstboten während ihrer Krankheit anzunehmen, da sie doch daselbst Mittel in Händen haben, auf manche andere Weise Unterstützung zu erhalten: wie viel mehr kommt es einem Schiffskapitain zu, alle nur mögliche Fürsorge für das Wohlsein seiner Dienstboten zu tragen? Wo sollten sie mitten auf dem großen Ocean hingehen, um Beistand zu suchen? Es ist da kein großmüthiges Publikum, dessen milde Liebe sie anrufen können, und welches selten ermangelt, den Hülflosen im Unglücke beizuspringen! Und doch giebt es, wie ich befürchten muß, nur zu viele Kapitaine, die, ungeachtet dieser mächtig wirkenden Bewegungsgründe, sich wenig um dergleichen in ihren Augen geringfügige Sachen bekümmern, sondern die in Absicht auf die Gesundheit oder Krankheit ihres Schiffsvolkes sich lediglich auf den Zufall verlassen.

Vom 4ten bis zum 12ten November hatten wir veränderliches Wetter. Zuweilen war es klar und beinahe windstille; aber gleich darauf veränderte es sich plötzlich in starke Windstöße und Regengüsse, die von Donner und Blitz begleitet waren.

32   Portlock's und Dixon's

1785.
Novemb. Ich habe zu bemerken vergessen, daß man dem Schiffsvolke am 9ten eine halbe Pinte Erbsen zur Beköstigung auf drei Tage in der Woche austheilte. Dieses Zugemüse machte mit unserm gesalzenen Schweinefleische ein vortrefliches Gericht. Den 13ten befanden wir uns im zweiten Grade N. Br. und das Wetter ward beständiger und günstiger: wir hatten einen frischen östlichen Wind, mit heitrer Luft, ohne plötzliche Windstöße oder Blitz und Donnerwetter. Am 16ten passirten wir die Linie, und kamen in zwei und zwanzig Meilen (oder Minuten) Südlicher Breite.

Vielleicht ist es nöthig, Dir die Methode zu beschreiben, durch welche man ausfindig macht, in welcher Breite sich das Schiff befindet. Man nimmt die Höhe der Sonne, wenn sie gerade im Mittagskreise steht, (und dies ist allemal um 12 Uhr Mittags;) diese Höhe giebt dann, nach einer leichten Art berechnet, die Breite*).

Die Seefahrer haben, wenn sie die Linie passiren, die Gewohnheit, einen jeden im Schiffe, der nicht schon einmal südwärts der Linie gewesen ist, über Hals und Kopf in eine große Wanne mit Wasser zu stürzen. Da diese Ceremonie einigen von unsern Schiffsleuten nicht sonderlich gefiel, so versprach Kapitain Dixon allen eine doppelte Portion Grog, wenn sie dieselbe unterlassen wollten. Dies ward mit großer Bereitwilligkeit angenommen, und das gute Vernehmen wieder her-

---

*) Es ist bekannt, daß jeder Pol von der Linie 90 Grade entfernt ist; da nun die Sonne zwischen den beiden Wendezirkeln sich vorwärts und rückwärts zu bewegen scheint, so weiß man den Ort, wo sie sich täglich zwischen den Wendezirkeln befindet genau zu bestimmen, und hat dies für jeden Tag in Tafeln angezeigt. Wenn ich nun durch ein Instrument beobachte, wie viele Grade und Minuten die Sonne um Mittag sich über den Horizont des Meeres erhebt, und in den Tafeln sehe, daß sie heute um Mittag sich gerade entweder in der nördlichen oder südlichen Halbkugel befinden sollte: so darf ich dies nur mit der durch Beobachtung gefundenen Höhe vergleichen, hiernächst nach den dabei befindlichen Tafeln die Strahlenbrechung mit berechnen; dann ist die Breite oder Polshöhe sogleich bestimmt. Die Sonne scheint, bis es Mittag ist, stets zu steigen; so bald man nun bemerkt, daß sie nicht mehr steigt, oder gar fällt, so ist die nächst vorhergehende Beobachtung die höchste Stelle der Sonne, und dann ist sie im Mittagskreise. Die Hadleischen Quadranten oder Sextanten sind die Instrumente, mit deren Hülfe man heut zu Tage diese Beobachtung leicht und fertig machen, und also die Breite genau bestimmen kann. — Ich habe sogar Matrosen in der Flotte gesehen, welche diese Beobachtung mit Leichtigkeit und Genauigkeit anstellen konnten.   S.

hergestellt; allein Grog und gute Laune vertrugen sich bald nicht gut; und einige Leute wurden so unverträglich und lärmend, daß man sie in Ketten legen mußte. Dies brachte sie in kurzer Zeit zur Vernunft, und nun ließ man sie, auf ihr Versprechen sich besser aufzuführen, wieder los.

Ich bezeugte meinen Tischkameraden meine Verwunderung und meinen Kummer, daß solche Unordnung vorfiele; allein sie lachten und sagten: Dinge dieser Art wären zur See so gemein, daß sie kaum bemerkt zu werden verdienten. Hierbei konnte ich nicht umhin, mit Salomo zu bemerken: „Es ist nichts Neues unter der Sonnen."

Am 21sten, Nachmittags um 2 Uhr, sahen wir ostwärts von uns ein Seegel; allein in einer zu großen Entfernung, als daß wir erkennen konnten, zu welchem Lande das Schiff gehöre. Den 24sten theilte man unter die Schiffsleute Weinessig aus, weil dieser unsere gesalzene Speisen angenehmer und gesunder machte. Vorzüglich diente er auch zur Bereitung der Fische, deren wir viele fingen, z. B. Boniten, Albekoren, Goldkarpfen rc.*). Am 15ten gab man den Schiffsleuten die Kleidungsstücke, die sie nöthig hatten; und so beendigte man ihre Besorgniß, daß, wenn ihr Vorrath von Kleidungsstücken abgetragen wäre, sie nicht im Stande sein würden, sich neue anzuschaffen**). Am 26sten theilte man unter die

---

*) Von diesen Fischen ist noch etwas zu erinnern. Die Boniten und Albekore gehören beide zum Makrelengeschlechte. Die Bonitmakrele ist Linné's *Scomber pelamys*. Allein die Albekore ist ebenfalls eine Makrelenart, die aber vom Ritter Linné mit dem Thunfisch verwechselt wird. Die Bonite hat auf der Seite schwarze Striche längs dem Bauche, die der Albekore fehlen. Die Bonite ist rund und hat kleine Brustflossen, die Albekore hingegen hat zusammengedrückte platte Seiten und lange Brustflossen. Der Thunfisch ist aber ein großer Fisch, und sein halbmondförmiger schmaler, aber sehr gewölbter großer Schwanz zeichnet ihn von den beiden vorigen Arten aus. Der Albekore sollte also *Scomber albicans* heißen und eine neue Art ausmachen; so wie der Goldkarpfe die *Coryphaena Hippuris L.* ist. S.

**) Sowohl auf den Königlichen als auf den Kauffartheischiffen giebt man den Schiffsleuten eine oder höchstens zwei Monatssöhnungen voraus, welche sie zu Anschaffung der nöthigen Kleidungsstücke anwenden sollen. Man zahlt sie den letztern Tag vor der Abfahrt des Schiffes, und läßt niemand mehr ans Land, ausgenommen Leute, auf die man sich verlassen kann; denn sonst würden die Schiffsleute mit diesem Gelde durchgehen. Damit sie sich aber mit einigen Kleidern zu der Reise versehen können, so erlauben die Kapitaine gewissen Kaufleuten, die sie begünstigen, mit solchen Waaren an Bord zu kommen, und eine Art von Markt zu halten.

34   Portlock's und Dixon's

1785.
Novemb.

Schiffsleute Thee und Zucker in Portionen aus, die hinlänglich waren, jeden Morgen zum Frühstücke zu dienen. Dies war eine willkommne Zugabe zu unsern Speisen, und zugleich eine angenehme Abwechselung; und außerdem sind es antiskorbutische Mittel, und als solche auf langen Reisen sehr wünschenswürdig. Für unsre Speisegesellschaft hatten wir zwar einen großen Vorrath von Thee, Kaffee und Zucker von einer feineren Gattung, als den man den Schiffsleuten austheilete; allein diesen mußte dies um so mehr eine sehr willkommne Zulage sein, da man dergleichen weder auf den Königlichen, noch auf den Kauffartheischiffen auszutheilen pflegt*). Am 30sten spannte man über das Verdeck des Hintertheils vom Schiffe ein großes Seegel, das man auf einen etwanigen Fall mitgenommen hatte, als einen Schutz gegen die Sonne. Dies machte nicht nur die Hitze auf dem Verdeck erträglicher, sondern diente auch sehr dazu, es gegen die Sonne zu schützen: (damit es nicht zu sehr zusammentrocknete, und das Schiff dadurch leck würde.)

Am 6ten December waren wir bereits ganz außerhalb den Wendezirkeln; denn wir befanden uns im 26sten Grade 16 Min. S. Br. Das Wetter fing nun an, mit frischen beständigen östlichen Winden angenehm und behaglich zu werden. Um

---

Sehr oft will der Matrose lieber zum letztenmal seine Lust mit einer feilen Metze büßen, oder sich in Branntwein betrinken, und kauft sich keine Kleider. Daher hat die Regierung verordnet, daß, wenn Königliche Schiffe auf solche Reisen gehen, wo sie nachher keine Gelegenheit finden, sich Kleider zu kaufen, die sie doch nöthig brauchen, alsdann der (Purser) Proviantmeister des Schiffes dergleichen Kleider zu gewissen Preisen von der Regierung mitnehmen muß. Es wird ihm ein kleiner Prefit darauf erlaubt, und er hält alle Monathe oder alle 2 bis 3 Monathe eine Art von Markt. Der Matrose nimmt sich was er braucht: fertige Schuhe, Strümpfe, Beinkleider, Hemden, Kamisoler, Jacken, Hüte, Tücher, Tabak ꝛc. Der Betrag wird zu Buche gebracht, und wenn das Schiff zurückkommt, und der Matrose seine Löhnung bekommt, davon abgezogen. In kleinern Königl. Schiffen ist der Kapitain zugleich Purser, und verdient bei langen Reisen von 2 bis 3 Jahren sehr viel auf die Kleidung, und noch mehr auf den Tabak. Auf Kauffartheischiffen, die lange Reisen thun, folgt man dem Beispiel der Königl. Schiffe, und pflegt auch Kleider in Vorrath für die Matrosen einzulegen. Hierauf bezieht sich der Verfasser in dem obenstehenden.

*) Daß Zucker ein Mittel gegen den Scharbock sei, ist heut zu Tage ausgemacht; und da der Thee in beiden Ländern das beste durstlöschende Mittel ist, so sind diese beide Waaren freilich gut für Seefahrer. Da ferner das oft faule stinkende Wasser durch das Kochen ziemlich gereinigt und durch den Theeaufguß schmackhaft gemacht wird; so ist dies noch eine Ursache mehr, weshalb man den Seefahrern das Theetrinken erlauben sollte. Freilich muß man aber etwas bei dem Theetrinken essen, und keinen so schwachen Thee trinken, daß er bloß warmes Wasser ist.   S.

9 Uhr Morgens am 7ten machte der King George ein Signal, um anzuzeigen, daß man ein Schiff gegen Südwest sähe; allein es kam nicht nahe genug, um zu unterscheiden, wo es zu Hause gehöre.

Ich glaube, Kapitain Portlock ist Willens, bei den Falklands-Inseln anzulegen; wenn dies geschieht, so kannst Du Dich darauf verlassen, daß Du von daher eine weitere Fortsetzung bekomunst. Stets der Deinige.

Zur See, den 10. December.   W. B.

Zehnter Brief.

Fortsetzung der Reise von San Jago bis zu den Falklands-Inseln — Ankunft daselbst.

Ob ich mich gleich an die Lebensart zur See nun ziemlich gewöhnt habe, so bin ich doch bei dem Anblick des Landes auf eine Zeit lang ganz voll Freude. Ich sage: auf eine Zeit lang; denn sie hört bald auf, da noch einige Jahre verfließen müssen, ehe ich die herzliche Zufriedenheit erlebe, mein Vaterland wiederzusehen.

Ich schäme mich, daß ich Dir so oft mit diesen Digressionen beschwerlich falle; allein ich will mich bemühen, sie in der Folge zu unterdrücken, und nichts von dem Vergangenen oder der Zukunft schreiben, sondern mich bloß auf das Gegenwärtige einschränken.

Am 11ten December, da wir uns im 33. Grade 16 Min. S. Br. befanden, hatten wir einen heftigen Wind, der uns nöthigte, alle Reefe in den großen und in den Marsseegeln einzunehmen; sich aber in einigen Stunden ziemlich wieder legte. Wir fanden, daß die Abweichung der Magnetnadel 11 Grade 16 Minuten östlich war*). Den 16ten, da es eben gelinde und schönes Wetter war, sahen wir in dem

---

*) Da die Magnetnadel auf dem Erdboden nicht allemal gerade nach dem wahren Norden hinweiset, sondern zuweilen etwas westlich, oder an andern Orten etwas östlich, von der wahren Mittagslinie abweicht; so würde man, wenn man bloß der Magnetnadel trauete, seinen Lauf falsch richten, und nicht dahin kommen, wohin man wollte. Daher muß man durch eine Beobachtung mit dem Azimuthkompaße, die man gerade um 4 oder 5 Uhr Nachmittags anzustellen pflegt, oder durch eine Beobachtung der Amplitude, (die allezeit am Abende beim Untergange der Sonne, oder des Morgens in dem Augenblicke ihres Hervorblickens am Horizonte, genommen wird,) diese Abweis

1785.
December.

41. Gr. S. Br. eine große Anzahl Kaschelot-Wallfische um das Schiff herum schwimmen *). Am 21sten hatten wir wieder einen Sturm, der uns nöthigte, unsere Bram- und Marssegel ganz einzunehmen und unser großes einzureffen. Wir befestigen an unsern Marsstengen zur Vorsicht außerordentliche Halttaue, und eben so unsere Boote auf dem Verdeck mit neuen Tauen. Die großen und vorderen Lukendeckel wurden aufgelegt und mit Leisten festgenagelt, damit keine über das Schiff wegspühlende Wellen eindringen könnten; kurz, man brauchte jede Vorsicht, das Schiff trocken und dicht zu erhalten. Dieser Tag war für alle Orte südwärts der Linie der längste. Du würdest Dich sehr verwundert haben, wenn Du schon vor 4 Uhr des Morgens den Aufgang der Sonne gesehen hättest; und ich weiß gewiß, daß es viele Leute in London giebt, die man nie wird überreden können, die Sonne gehe im December vor 4 Uhr auf.

Am 23sten, als wir im 46. Gr. S. Br. waren, hatte die See ein sehr kothiges schmutziges Ansehen. Wir sahen eine Robbe; und es spielte eine große Menge verschiedener Fischarten um das Schiff herum.

Früh Morgens am 24sten hatten wir ein heftiges Schnee- und Schloßenwetter; überhaupt waren schon seit dem 21sten fast immer große Stürme und Windstöße gewesen. Diesen Vormittag starb unsere letzte Ziege, welche wirklich im buchstäblichen Sinne zu Tode gefroren war, ob wir gleich alle mögliche Vorsorge angewandt hatten, sie beim Leben zu erhalten. Ihr Verlust war uns einige Zeit lang um so empfindlicher, da sie uns täglich zweimal Milch gegeben, wodurch wir unsern Thee sehr angenehm gemacht hatten. Des Mittags war die Breite 47 Gr. 2 Minuten.

Am 25sten hatten wir zuerst frischen Wind und klares Wetter; aber um 4 Uhr Nachmittags nöthigte uns ein heftiger Sturm, die Marssegel einzunehmen, und

chung bestimmen. Dem zufolge rechnet man alsdann so und so viele Grade von der Richtung des Schiffes ab.   S.

*) Diese Kaschelot-Wallfische haben in gewissen Behältnissen ihres Hinterkopfes, hinter dem Gehirne, eine große Menge milchweißes Oel, das geronnen: Wallrath oder *Sperma ceti* genannt wird, und aus dem man heut zu Tage schöne Lichte verfertigt, die den Wachslichten am nächsten kommen. Diese Kaschelotte haben Zähne in ihrem Unterkiefer, und verschlingen Heeringe tonnenweise, auch große Haifische in Menge.   S.

die großen Seegel einzutreffen. Da an diesem Tage das Weihnachtsfest einfiel, so feierten wir es so gut, als es unsere Lage erlaubte; besonders darum, weil die Seefahrer diesen Tag für ein größeres Fest halten, als selbst den Sonntag. Uebrigens stimmt ihre Art, dies Fest zu begehen, gar nicht mit ihrer hohen Meinung davon überein; denn sie feiern es in lärmender Fröhlichkeit und tumultuarischer Freude, die dadurch verursacht wird, daß sie oft große volle Gläser Grog auf die Gesundheit ihrer abwesenden Freunde und Liebchen austrinken. Die Breite war 48 Gr. 14 Min. Südlich.

Vom 26ten bis zum 31ten war das Wetter veränderlich: zuweilen hatten wir gelinde Winde und wolkichtes Wetter, und dann wieder harte Stürme mit Regen. So ist die Sommerwitterung in diesem Theile des Erdbodens beschaffen. Die Breite, in der wir uns befanden, (nehmlich 50 Gr. 30 Min. S.) war beinahe dieselbe, in der ein Theil von England (bei London) liegt; und doch hatten wir Witterung, die mehr dem dortigen März, als der Mitte des Sommers glich.

Am 1sten Januar 1786 umgaben uns große Schaaren von Robben und Pinguins, so wie auch eine große Menge verschiedener Vögel, welches uns deutlich genug anzeigte, daß wir nicht weit vom Lande wären.

Am 2ten um 3 Uhr Morgens sahen wir ungefähr in einer Entfernung von 9 großen Seemeilen Land, dessen äußerste Enden sich von Südosten bei Süden bis nach Süden bei Westen erstreckten. Um 10 Uhr fanden wir 78 Faden mit dem Senkbleie, und einen feinen sandigen mit schwarzen Körnern gemischten Boden. Zu Mittage lagen uns die äußersten Enden des Landes von Südost nach Südwest; das Wetter war dick und bezogen mit Regen. Den ganzen Nachmittag hatten wir leichte Winde, die fast einer Windstille nahe kamen. Abends zeigte das Senkblei abermals 78 Faden und eben den Boden, wie zuvor.

Am 3ten Morgens um 8 Uhr sahen wir das Land gegen Osten bei Norden: um 10 Uhr war das Aeußerste des Landes von S. O. nach S. W. bei Süden, in der Entfernung von 9 oder 10 großen Seemeilen. Das Meer sah sehr schwarz und schlammig aus. Um 11 Uhr sahen wir, etwa 7 große Seemeilen entfernt, einen Felsen, der nach S. O. lag, und ganz das Ansehen eines Schiffes unter Seegel hatte, so daß wir ihn Anfangs wirklich dafür hielten. Wir haben seitdem

dem erfahren, daß er der Eddystone heißt *). Unsere Breite um Mittag war 51 Gr. 2 Minut. S. und die Länge 58 Gr. 48 Minut. Westlich.

Ich bemerke die Breite öfters, damit Du Dir einen Begriff von unseren Fortschritten machen, und dadurch, so wie durch die Länge **), (welche ich künftig bei jeder Gelegenheit angeben will,) mit leichter Mühe jede Stelle auffinden kannst, an der wir uns auf der Erdkugel befunden haben.

Des Nachmittags hatten wir frische Winde und trübes Wetter. Damit wir das Land nicht aus dem Gesichte verlören, seegelten wir auf das Ufer zu, und lavirten gelegentlich.

Um 8 Uhr Abends war das am meisten windwärts zu liegende Land W.S.W. und der Eddystone N.O. Wir hatten frische Winde, mit trübem Wetter, zuweilen auch mit dickem Nebel.

Den 4ten Vormittags sahen wir zwei kleine Inseln, die S. b. O. und S. b. W. lagen, mit hohem Lande dahinter. Um Mittag war das westlichste Land, das wir im Gesichte hatten, ungefähr vier, das östlichste aber 8 große Seemeilen von uns entfernt. Die Breite betrug 51 Gr. 10 Min. S. Während des Nachmittags fuhren wir längs dem Ufer hin, da wir glaubten, daß Port Egmont, (der Hafen, in welchem wir ankern wollten,) nicht weit ab liegen könnte. Um Mitternacht, als wir drei Meilen weit von dem westlichsten Lande entfernt waren, machte Kapitain Portlock das Signal, daß wir uns vom Lande entfernen sollten. Ich habe schon

*) Eddystone ist der Name eines Felsen, der nicht weit vom Eingange des Hafens zu Plymouth in England liegt, und auf dem man einen Leuchtthurm erbauet hat. Wahrscheinlich haben die Brittischen Seefahrer von irgend einer Aehnlichkeit mit den Felsen unweit der Falklands-Inseln, ebenfalls Eddystone genannt. S.

**) Die Engländer berechnen ihre Länge nach dem Mittagskreise von Greenwich, wo das Königliche Observatorium auf der Höhe des Berges erbauet ist. Die Oerter nun, welche mehr Abendwärts von Greenwich liegen, haben westliche Länge, und die mehr nach Morgen gelegenen, östliche. Wenn aber die Reise, wie es hier der Fall war, rund um die Erde geht, so zählt man die Länge in eins fort westlich, bis man 360 Grade vollendet hat. Die Franzosen berechnen die Länge von der Sternwarte zu Paris, welche 20 Grade östlicher liegt, als die Insel Ferro, eine von den Kanarischen Inseln. Diese verschiedenen Bestimmungen der Länge rühren daher, daß die Astronomischen Kalender beider Nationen nach dem Mittagskreise ihrer Sternwarten berechnet sind. Der Brittische nach dem Meridian von Greenwich im *Nautical Almanac*, und der Französische in der *Connoissance de temps*, nach dem Mittagskreise der Pariser Sternwarte. S.

oben bemerkt, daß die Tage lang waren; ja, wir hatten in der That beinahe gar keine Nacht: und da auch das Wetter gelinde war, so hätten wir es wohl wagen dürfen, während der Nacht dem Lande nahe zu bleiben.

Am 5ten früh um 2 Uhr änderten wir den Lauf, und seegelten weiter. Um 3 Uhr schickte Kapitain Portlock sein starkes Fischerboot mit Herrn Macleod, seinem ersten Steuermanne, um da zu peilen, wohin unser Lauf gerichtet war, und einen Hafen zu suchen. Herr Macleod ließ uns am Borde der Queen eine Nachricht von den verschiedenen Signalen, die er machen sollte, um uns darnach zu richten, indem unser Schiff vor dem King George voraus seegelte.

Um halb acht feuerte der genannte Steuermann eine Flinte ab, zum Zeichen, daß Gefahr vorhanden sei. Dies veranlaßte uns, von dem Lande abzuseegeln, und öfters das Schiff gelegentlich umzulegen, damit wir die Bewegungen der Boote desto besser beobachten könnten. Gegen 9 Uhr, da wir dem Orte nahe waren, an dem Herr Macleod das Signal der Gefahr gemacht hatte, ward unser Fischerboot*) ausgesetzt, um vor dem Schiffe her zu peilen.

Ungefähr um halb zehn Uhr errichtete Herr Macleod oben an der Spitze des hohen Landes die Flagge, zum Zeichen, daß er einen Hafen gefunden habe. Dem zufolge liefen beide Schiffe in den Sund**) ein; Kapitain Portlock aber feuerte eine Kanone ab, um dem Boote das Zeichen zu geben, daß es zurückkommen sollte.

Herr Macleod sagte uns: er habe einen kleinen Rief von Felsen gesehen, und sei dadurch veranlaßt worden, eine Flinte abzufeuern; und im Hafen befinde sich ein schöner Ort zum Wasserschöpfen. Um 11 Uhr kamen beide Schiffe in Port Egmont in 17 Faden Tiefe auf sandigem Boden vor Anker.

Ich habe jeden Umstand, so geringfügig er auch sein mag, zu erwähnen gesucht, und hoffe, daß diese Aufmerksamkeit auf Kleinigkeiten Dir nicht nur gefal-

---

*) Fischerboot (whale-boat) ist eine Art von mehr breiten und starken Booten. Man braucht sie besonders zum Wallfischfange, weil sie dem Eise und den stürmischen Wellen am besten widerstehen können. S.

**) Sund heißt in der Seesprache nicht allein die Meerenge zwischen Schonen in Schweden und der Insel Seeland in Dännemark; sondern auch jedes große weit ins Land gehende Gewässer, das enge ist, hohe Ufer hat, und einen guten Hafen giebt. S.

len, sondern gewissermaßen die Mängel meiner Erzählung ersetzen wird. In meinem nächsten Schreiben kannst Du eine Nachricht von diesem Orte ꝛc. erwarten. Der Deinige.

Falklands-Inseln, den 7. Januar.
W. B.

Eilfter Brief.

Nachricht von den Verrichtungen der Schiffe während ihres Aufenthalts in den Falklands-Inseln — Beschreibung derselben und ihrer Produkte.

Als wir die Seegel eingezogen und alles in Ordnung gebracht hatten, legten wir uns mit dem Stromanker und dem Zugtaue vor Anker; allein da am folgenden Tage (den 6ten) der Wind frisch wehete, und das Schiff von schweren Wogen bewegt ward: so zogen wir den Stromanker auf, und befestigten das Schiff mit den beiden Bugankern. Unsere vorzüglichste Absicht war keine andre, als die Schiffe mit frischem Wasser zu versehen; hiezu war nun, wie ich schon bemerkt habe, unsre Lage sehr bequem. Wir hatten während unsrer Fahrt bemerkt, daß die Queen nicht tief genug im Wasser ginge; daher mußten einige von der Mannschaft Steine holen, um sie als Ballast in den Schiffsraum zu legen. An diese Arbeiten machten wir uns unverzüglich, und beide würden längstens in drei oder vier Tagen beendigt gewesen sein, wenn uns nicht so oft Windstöße und Stürme daran verhindert hätten. Allein dennoch hatten wir beide Geschäfte den 14ten gänzlich vollendet, und überdies den ganzen Schiffsraum von neuem umgepackt. Während der Zeit waren alle Schiffsleute am Lande gewesen, um sich zu erholen, indem man von der Landluft glaubt, sie sei den Seefahrern sehr gesund und zuträglich.

Am 14ten waren unsere Leute beschäftigt, das Tauwerk und die Takelage vorn und hinten am Schiffe zu befestigen. Am 15ten kam eine Englische Slupp *) in den

---

*) Slupp, heißt ein sehr rund gebauetes einmastiges Schiff von 20 bis 120 Tonnen. Es pflegt sehr viele Stachseegel zu tragen, geht schnell, und bis auf 4 Striche vom Winde, da andere Schiffe nur 6 Striche vom Winde gehen können. Aber hat diese Art Schiffe den Wind ganz von hinten, so verliert sie alle ihre Vortheile. Es giebt auch Kriegsfluppen, welche alle Kriegsschiffe, die bis 20 Kanonen führen, unter sich begreifen; diese sind oft dreimastig. Im Französischen heißen die Kriegsfluppen *Corvettes*.
S.

den Hafen, und legte sich vor Anker. Da ihr Boot an Bord des King George fuhr, so bekamen wir Nachricht, daß sie zu einem Schiffe gehörte, welches Kapitain Hussey führte, und welches die vereinigten Staaten hieß, aber doch Großbritannisch war. Dies Schiff lag, nebst einem Amerikanischen, im Husseyhafen, Staaten-Bay, auf der Schwaneninsel, und gehörte der Madame Hayley, Wittwe von George Hayley Esqr. *), einer Schwester des berühmten Herrn Wilkes.

1786. Januar.

Diese Schiffe hatten sich schon über ein Jahr in den Falklandinseln aufgehalten, und in dem obengemeldeten Husseyhafen überwintert. Sie waren daher mit der Ebbe und Fluth, so wie auch mit den Strömungen, kurz, mit jedem Umstande völlig bekannt, den man wissen muß, um ein Schiff sicher in irgend eine Rhede, Bai und Sund (und deren giebt es hier eine große Anzahl) zu führen.

Während der Zeit, daß man die nöthigen Arbeiten vornahm, bemüheten sich unsere beiden Kapitaine, den Hafen und die verschiedenen Theile des Landes aufzunehmen. Auf einer dieser Fahrten entdeckten sie an der Westseite der Bai einen Hafen für die Schiffe, der dem, worin wir lagen, bei weitem vorzuziehen war. Da sie sich vorgenommen hatten, hier einige Tage länger zu verweilen, so beschlossen sie, die Schiffe dahin zu bringen. Wir lichteten daher früh am 16ten die Anker, gingen um 8 Uhr unter Seegel, und ankerten schon um 10 Uhr in 7 Faden Tiefe. Wir bemerkten bald, daß wir uns in einer besseren Lage befänden, indem wir gegen den Wind gedeckt waren, und kein Wellendruck uns beschwerlich sein konnte. Höchst wahrscheinlich lag nahe bei diesem Ort im Jahre 766 Kapitain Macbride, als er hier überwinterte; denn wir fanden an dem benachbarten Ufer die Ueberbleibsel

----

*) Esqr. Dieses Wort ist abgekürzt für Esquire, Écuyer. Im Teutschen bedeutet es so viel, als ehemals die Schildknappen; das heißt: solche Leute, die zwar nicht zum hohen Adel gehörten, allein doch das Recht hatten, ein Wapen zu führen. In Frankreich heißen sie *Gentilshommes Écuyers* und gehören zur *petite noblesse*. Alle die, welche der König in England öffentlich mündlich oder schriftlich einmal Esquire nennt, ferner alle Kapitaine bei der Landarmee, alle Lieutenants bei der Flotte und drüber, alle Friedensrichter, Sheriffs, die Königlichen Pagen und Kammerdiener, alle Obermänner der Städte London und York und noch einige mehr, sind Esquires. Man sieht in teutschen Schriften Esquire oft durch Ritter übersetzt; dies ist falsch. Eben so sieht man wohl: Herr Heinrich Swinburne Esquire; hier ist Herr überflüssig, weil es nach Englischer Sitte schon der Esquire-Titel ausdrückt. F.

verschiedener Häuser, die er gebauet haben soll, die aber nachher von den Spaniern zerstört worden sind.

Vom 16ten bis zum 19ten war das Schiffsvolk wechselsweise am Lande, um sich zu erholen, da die Landluft (wie ich schon bemerkt habe) für Leute in unsrer Lage sehr heilsam und zuträglich ist. Ueberdies bietet dieser Ort, wie ich sogleich bemerken werde, nur wenige andere Erfrischungen dar.

Da wir von Herrn Coffin, dem Piloten der Slupp erfuhren, daß ein gutes Fahrwasser für uns durch die Inseln ginge, und er sich gefällig erbot, uns als Lootse zu führen, so beschlossen unsre Kapitaine, mit der ersten Gelegenheit in See zu stechen, weil die Jahreszeit zu weit vorwärts gerückt war, als daß wir eine gute Fahrt um Kap Horn erwarten konnten. Dem zufolge lichteten wir die Anker, und setzten früh Morgens am 19ten Januar unsere Seegel auf. Um 8 Uhr war die Flaggenstange auf Keppels Eiland (an welchem Herr Macleod für uns das Signal in Port Egmont einzulaufen, aufzog,) Osten bei Süden; Sandybay S. O. bei S. und die Westliche Landspitze lag S. W. ungefähr in einer Entfernung von 2 großen Seemeilen.

Um halb neun Uhr Abends warfen wir, ohne irgend einen Vorfall, dem Ende von der Karkasse-Insel gegenüber, den Anker in zwölf Faden. Am 20sten des Morgens seegelten wir weiter, und ließen um Mittag den Anker wieder in West-Point-Hafen in acht Faden Tiefe fallen.

Am 21sten des Morgens gingen wir wieder unter Seegel. Herr Coffin warnte uns, auf unsrer Hut zu sein, wenn wir um West-Point seegelten, indem der Wind vom hohen Lande wie ein reißender Strom auf uns einstürzen würde. Der Morgen war schön und heiter, und der Wind gelinde; wir verachteten aber zum guten Glück seine Warnung nicht, und das sämtliche Schiffsvolk stand bereit, die Seegel einzunehmen. Wir hatten wohl daran gethan, diese Anstalten zu treffen; denn ehe wir noch ganz um die Landspitze herumkamen, stürzte schon der Wind wie ein Orkan auf uns ein, und blies über eine Stunde mit außerordentlichem Ungestüme fort, so daß wir in der ganzen Zeit nicht das kleinste Seegel aufsetzen durften. So bald wir aber vom hohen Lande entfernt waren, ward der Wind wieder gelinde. Um 1 Uhr sahen wir die zwei Schiffe im Hussey-Hafen vor Anker liegen;

und um 3 Uhr legten wir uns in Staaten-Bay auf der Schwaneninsel, nahe bei Elephanten-Point, in 17 Faden vor Anker, und zwar etwa eine Meile weit von den Amerikanischen Schiffen. Ehe ich schließe, will ich Dir noch von diesen Inseln eine Beschreibung geben, so gut ich es nach den Beobachtungen kann, die ich während meines hiesigen Aufenthaltes gemacht habe.

Diese Inseln wurden zuerst vom Ritter Richard Hawkins im Jahre 1594 entdeckt*); allein Kapitain Strong nannte sie Falklands-Eiland, oder eigentlicher Falklands-Eilande, da ihrer eine beträchtliche Zahl ist. Es scheint, als wenn die Engländer Willens gewesen wären, hier eine Kolonie anzulegen, da Kapitain Macbride hier ein ganzes Jahr aushielt, und verschiedene Häuser erbauet hatte, die aber von den Spaniern, welche uns im Jahr 1770 aus dem Besitze dieses Ortes setzten, zerstört worden sind.

Diese Sache machte in London vieles Aufsehen, und veranlaßte unter den Politikern zu der Zeit großes Geschrei; ich werde also über diese Materie nichts weiter sagen, da Du in der politischen Geschichte dieser Inseln besser bewandert bist, als ich. Nur bemerke ich noch, daß man sich gar nicht zu wundern braucht, wie die Spanier uns den Besitz dieser Inseln beneiden konnten, da ihre Lage die Fahrt nach den Spanischen Besitzungen in der Südsee bestreicht.

Port Egmont (der Theil nehmlich davon, wo wir zuletzt ankerten) liegt unter dem 51. Gr. 12 Min. S. Br. und 59. Gr. 54 Min. Westlicher Länge; es ist ein geräumiger Hafen, und vielleicht groß genug, allen Großbritannischen Schiffen Ankergrund zu geben.

Wie weit sich diese Inseln erstrecken, kann ich nicht mit Gewißheit bestimmen; allein muthmaßlich weiter, als einen Grad in die Breite, und mehr als zwei in die Länge.

Die Lage von Port Egmont ist beinahe im Mittelpunkte, so daß Du Dir hieraus und aus der vorigen Muthmaßung einen ziemlich richtigen Begriff von ihrem Umfange wirst machen können.

---

*) Diese höchst mangelhaften Nachrichten von den Falklands-Eilanden können durch die ausführliche Geschichte derselben ergänzt werden, welche Hr. Prof. Sprengel S. 119 — 142 der Beiträge zur Völker- und Länderkunde Th. 1. eingerückt hat. S.

1786.
Januar.

Obgleich diese Eilande unter dem allgemeinen Namen der Falklands-Eilande bekannt sind, so haben doch manche derselben besondere Benennungen, wie es die Laune verschiedener Schiffahrer für gut befunden hat. Ich erwähne gerade dieses Umstandes, um Deiner Bewunderung zuvorzukommen, wenn Du bemerkst, daß die eine Schwanen-Eiland, die andere Keppels-Eiland ꝛc. heißt.

Man würde natürlich von der Lage schließen, das hiesige Klima müsse beinahe mit dem in England übereinstimmen; indeß scheint dies doch nicht der Fall zu sein. Denn ob wir gleich jetzt beinahe mitten im Sommner sind, so ist doch das Wetter öfters kalt und wintermäßig, und das Thermometer steht nie höher als 53 Grade. Die Winde sind itzt gemeiniglich westlich, mit häufigen Windstößen und starkem Regen.

Der Boden scheint von einer leichten freien Gattung zu sein, und sich so wohl zu Wiesen als zu Weiden zu schicken. Man kann aber an einigen Orten schwerlich bestimmen, von welcher Art er ist; denn der Wachsthum der Pflanzen ist fortgegangen, und sie sind verfault und wieder gewachsen, bis daß daraus viele große Hügel entstanden sind. An der Spitze derselben wachsen große Grasbüsche hervor, welche natürlicherweise sich gegen einander neigen, einen Bogen bilden, und gelegentliche Schlupfwinkel für die Robben, Seelöwen, Pinguine ꝛc. abgeben, deren man hier eine Menge antrifft*).

Nahe bei den Ueberbleibseln der Stadt sind verschiedene kleine mit Rasen eingeschlossene Grundstücke,**) welche ohne Zweifel zu Gärten bestimmt waren, da

*) Eine Grasart, die *Dactylis glomerata* Linn. bildet hier solche Büsche und Hügel mit ihren fort wachsenden Wurzeln, die dagegen von den zwischen diesen Hügeln wegkriechenden und vom Seewasser triefenden Robben ihrer sie umgebenden Erde noch mehr beraubt werden. In tiefen Gängen steht Regen- und Seewasser; die Robben ragen daher oft eines halben Mannes hoch daraus hervor. Wenn aber Pinguine diese Grasbüsche zu ihrer Wohnung erwählen, dann werden die Zwischenräume zwischen den Hügeln bald durch ihren Dünger erhöht und eingeebnet. Hier legen diese Vögel und die Seeraben (*Pelecanus* L.) ihre Eier, und brüten sie gemeinschaftlich aus; denn sie sitzen nicht, sondern stehen nur gedrängt neben einander, und geben so den Eiern die nöthige Wärme. S.

**) Die heftigen Winde, die in den Falklands-Inseln herrschen, hindern das Wachsthum hoher baumartiger Pflanzen; und nur durch Rasenwände beschirmt konnten die Engländer einige Küchengewächse mühsam aufziehen. S.

man noch leicht erkennen kann, daß sie bearbeitet worden sind: In einem derselben bemerkte ich verschiedene Blumengattungen und auch schönen Meerrettig. Es ist sehr merkwürdig, daß alle diese Eilande nicht Einen Baum, oder etwas, das dem ähnlich wäre, hervorbringen. Unser Schiffsvolk fand nach vielem Suchen einiges Gesträuch, welches aber so klein war, daß man kaum Besen für das Schiff daraus verfertigen konnte.

Man traf hier wenige oder gar keine Insekten an*), obgleich Herr Hogan, Wundarzt auf dem King George, der die Naturgeschichte ziemlich verstehr, sich äußerst viele Mühe gab, einige aufzufinden.

Längs den Seeufern giebt es eine große Menge von Gänsen und Enten,**) die aber viel kleiner und von einer andern Gattung sind, als die unsrigen. Sie sind ziemlich zahm, und man kann sie leicht im Rennen einholen. Unsre Schiffsleute freueten sich ungemein bei dem Anblick derselben, indem sie sich vorstellten, wie herrlich sie während unsers Aufenthalts davon schmausen würden; allein sie betrogen sich entsetzlich in ihrer Erwartung: so wohl die Gänse als die Enten schmecken fischig und thranig, da sie ohne Zweifel von Seethieren leben. Man ward ihrer daher als Nahrungsmittel bald überdrüßig, obgleich die Bewegung sie mit Laufen einzuholen angenehm und auch gesund war.

Außer diesem Geflügel giebt es hier noch mehrere Arten gefiederter Thiere. Die vorzüglichsten derselben sind die Port-Egmont-Henne, (welche Pennant die

F 3

---

*) Die heftigen Winde hindern auf diesen eben Inseln auch das Fortkommen der Insekten; so daß die Witterung sehr ungünstig ist, Hausthiere und Pflanzen zur menschlichen Nahrung zu erziehen. S.

**) So viel wir selbst auf dem Feuerlande, der Neujahrsinsel und in Süd-Georgien bemerkten, (auch nach den Bemerkungen des Herrn de Bougainville, des Wundarztes Penrose und des Abtes Pernetty) sind nur zwei Gattungen Gänse und drei oder vier Gattungen Enten hier anzutreffen. Die eine Gans ist beinahe so groß, wie unsere Europäische zahme; bei der zweiten ist der Gänserich ganz weiß, die Gans aber schwarzgrau mit weißgrauen Rändern der Federn. Von den Enten sind einige größer als die Europäische zahme, andere kleiner. Vor und nach der Sommerwende in den dortigen Gegenden maustern sich die Gänse und Enten, und verlieren so viele Federn, daß sie nicht fliegen können; daher kann man sie denn leicht mit Laufen einholen, welches zu andern Zeiten nicht möglich ist, weil sie dann ihre Flügel gebrauchen. Nur die große dickköpfige Ente schmeckt thranig und fischig; die übrigen sind eßbar und haben keinen üblen Geschmack. Es sind beide Gänsegattungen sehr gut zu essen. F.

1786.
Januar.

Skua-Möwe nennt) und das Albatroß*). Pennant unterscheidet diese Gattung durch den Namen des wandernden Albatrosses. Ob ich gleich nicht sagen kann, zu welcher Jahrszeit sie auswandern: so weiß ich doch gewiß, daß dies ihre Zeit zum Brüten ist, da ich viele Hunderte derselben an ihren Nestern und eine Menge noch nicht befiederter Jungen zu sehen bekam. Die Port-Egmont-Henne ist ein sehr gefräßiger Vogel, dem Habichte etwas ähnlich, nur noch größer. Ihrer sind hier sehr viele; allein es giebt noch so manche andre Gattungen von Vögeln, von denen ich keine Beschreibung geben kann. Ich will daher diese Nachricht mit der Anmerkung beschließen, daß der einzige Vogel, den wir hier fingen, und den man essen konnte, weil er keinen widrigen fischigen Geschmack hatte, von unserm Schiffsvolk eine Meerälster genannt ward**). Dieser Vogel hat keine Schwimmfüße, sondern beinahe solche Klauen, wie unsere Hühner, nährt sich vorzüglich von Würmern ꝛc. und entfernt sich selten oder niemals vom Seeufer.

Unser Schiffsvolk versuchte es oft, Fische zu fangen, konnte aber nie welche bekommen. Wir fingen daher schon an zu muthmaßen, daß diese Eilande gar nicht mit einem so vorzüglichen Theile der Schöpfung gesegnet wären; allein da Kapitain Hussey uns mit schönen Meeräschen (*Mugil L.*) beschenkte, so überzeugte uns dies, daß wir uns geirrt hätten. Es scheint, als wenn dies die einzige hier befindliche Fischart ist; denn wir fingen nur von ihr oft einen ansehnlichen Vorrath.

*) Die Skua-Möwe (*Larus catarractes*, Linn.) ein großer starker Vogel, pflegt die Albatrosse auf dem Meere zu verfolgen, und bemüht sich, mit ihrem starken Schnabel unter den Bauch derselben zu kommen, der nur einen äußerst kurzen Brustknochen hat. Dies nöthigt das Albatroß, sich auf das Meer zu setzen, wo sein noch stärkerer Schnabel die Skua-Möwe in Ehrerbietung erhält. Den Albatrossen giebt es in den südlichen Meeren drei, wo nicht vier Gattungen. Diese Vögel sind über den ganzen südlichen Ocean bis dreihundert und mehrere Meilen von irgend einem Lande verbreitet, und daher nennt sie Herr Pennant wandernd, keineswegs aber weil sie wahre Zugvögel wären. Hiernächst nahm Pennant auch dabei auf den Linnéischen Namen, *Diomedea exulans*, den der Ritter aus der Mythologie entlehnte, Rücksicht, ob er gleich von den Alten nicht dieser Art von Vögeln beigelegt ward, sondern dem *Pelecanus Bassanus*. F.

**) Die Seeälster der Matrosen ist der Austermann (*Haematopus ostralegus*, Linn.). In Neu-Seeland sind alle Vögel dieser Gattung ganz schwarz; auf dem Feuerlande fanden wir schwarze und bunte; in der nördlichen Halbkugel giebt es schwarze und weiße, und sie haben von dieser Aehnlichkeit in England den Namen Meerälster bekommen. Sie leben von Würmern, Schaalenthieren und sogar von Austern, welche sie mit ihrem Schnabel geschickt zu öffnen wissen. F.

Reise um die Welt.   47

1786.
Januar.

An verschiedenen Ufern traf man große Lager von Muscheln und Napfschnecken und manche andere Seethiere an, von denen einige den Pinguinen, so wie auch den Gänsen rc. zur Speise dienen. Und es läßt sich gar nicht zweifeln, daß ein jedes derselben nützlich ist, da wir sehr wohl versichert sein können, daß der allmächtige Schöpfer der Welten nichts vergeblich gemacht hat.

Ich habe mich bemühet, Dir von allem, was ich hier bemerkte, einige Nachricht zu ertheilen; und Du kannst die Ursache, weshalb ich Dir keine bessere Beschreibung dieses Ortes gebe, nicht nur in dem Mangel an Gelegenheit, sondern sogar in einer weit schlimmern, in Mangel an Geschicklichkeit, suchen.

Unsere Geschäfte sind nun ganz vollendet, und alles in Bereitschaft, um in See zu stechen, so daß uns der erste günstige Wind von hier weg und ums Kap Horn führen wird, um diesen Ort, der so sehr von so vielen Abentheurern auf der Ehestandsreise gefürchtet wird, und an welchem viele Schiffbruch leiden. Uebrigens hoffe ich, dieses Schicksal werde nie betreffen Deinen rc.

Falklands-Inseln, den 22. Januar.   W. B.

Zwölfter Brief.
Fahrt von den Falklands-Inseln rund um Kap Horn.

Den 23ten Januar früh Morgens lichteten wir die Anker, und gingen unter Segel. Um 9 Uhr lag uns das nordwestliche Ende von Neu-Eiland S. W. bei Süden, in einer Entfernung von fünf Meilen. Unsere Breite war Mittags 51 Gr. 35 Min. S. und die Länge 60 Gr. 54 Min. W. Nachmittags ward das Wetter trübe und neblicht, mit kleinem Staubregen.

Um 8 Uhr Morgens am 24ten lag uns die westliche Spitze von den Falklands-Eilanden nach N. W. zehn große Seemeilen entfernt. Unsere Breite war zu Mittage 52 Gr. 3 Min. Südlich. Wir fuhren fort nach Süden zu steuern, weil wir die Absicht hatten, vom Kap Horn ziemlich entfernt zu bleiben, damit wir, wenn uns auch der Wind entgegen sein sollte, doch mit Sicherheit um dasselbe herum kommen möchten.

Vom 24ten bis zum 26ten hatten wir trübes Wetter mit nordwestlichen Winden. Die Breite am 26ten war 53 Gr. 39 Min. Südlich. Wir fanden hier die

1786.
Februar.

Abweichung der Magnetnadel 25 Grade nach Osten. Um 10 Uhr Abends erblickten wir Staaten-Land nach Südosten zu. In der Nacht hatten wir häufige Windstöße, von Blitzen begleitet.

Um 8 Uhr Morgens am 27sten lagen die äußersten Enden von Staaten-Land von Süden ¼ West, bis West ¾ Süden. Der Abstand vom Lande mochte etwa 5 Meilen sein. Gegen 9 Uhr bemerkten wir, daß die See sich vorwärts kräuselte. Dies veranlaßte uns, einige Seegel einzuziehen und uns weiter von dem Winde zu halten. Allein wir entdeckten bald darauf, daß dies von der Strömung des Meeres verursacht ward; deshalb legten wir uns wieder südwärts dem Winde näher, und zogen die Seegel auf.

Die nordwestliche Seite von Staaten-Land ist sehr gebirgig, und sieht sehr unfruchtbar aus; allein man hat mir gesagt, die Ostseite sei beholzt und ziemlich eben*). Am Abend lagen die äußersten Enden des Landes von W. N. W. bis Norden bei Westen, in einer Entfernung von neun großen Seemeilen. Vom 28sten bis zum 30sten hatten wir heftige Stürme und wiederholte Windstöße; und dabei drehete der Wind sich von Süden bei Osten bis gen Westen herum.

Vom 31sten bis zum 4ten Februar war das Wetter gemäßigter. Wir hatten uns nun ziemlich vom Kap Horn entfernt; denn unsere Breite war zu Mittage am 4ten 60 Gr. 14 Min. Südlich, unsere Länge aber 67 Gr. 30 Min. Westlich. Nun ward unser Lauf nach N. W. geändert, weil unsre Kapitaine noch weiter westwärts zu kommen wünschten, damit wir, wenn wir ja westliche Winde bekämen, weit vom festen Lande entfernt bleiben könnten. Seitdem wir die Falklands-Eilande verlassen, haben wir kaltes und schlechtes Wetter, mit häufigen Stürmen, Regen und Schloßen, gehabt, und das Thermometer hat gemeiniglich auf 44 Gr. (nach Fahrenheits Abtheilung) gestanden. Wir sind zwar später in der Jahreszeit, als wir es wohl gewünscht hätten; allein jetzt sollte doch in dieser Weltgegend Sommer sein. — Den ganzen Februar hindurch hatten wir beständige und heftige Stürme aus Norden und

---

*) An der nordöstlichen Seite von Staaten-Land, den Neujahrseinseln gegenüber, drei große Seemeilen von St. Johannis Kap, liegt die Neujahrsbay, welche am Neujahrstage 1775 von Herrn Gilbert, den Kapitain Cook dahin geschickt hatte, entdeckt ward. Er fand Waldungen, Flüsse, einen guten Hafen und viele Robben und Seegeflügel.   s.

Reise um die Welt. 49

und Nordwesten, mit hohen überzwerch kommenden Wogen. Dies hindert unsern Lauf sehr*). Am 28ten war unsere Breite 52 Gr. 14 Min. Südlich, und die Länge 84 Gr. 34 Min. Westlich. 1726. Februar.

Ich habe oft die emphatische Beschreibung von Menschen im Sturme, Psalm CVII V. 23 - 27 bewundert; aber jetzt drängt sich mir, weil wir uns in derselben Lage befunden haben, die Schönheit dieser Stelle so stark ans Herz, daß ich nicht umhin kann, sie hier abzuschreiben:

„Die, welche sich in Schiffen auf die See begeben, und ihre Geschäfte in den „großen Wassern treiben, die sehen Jehova's Werke und seine Wunder in „der tiefen Fluth. Denn auf sein Wort macht sich auf der Sturmwind, der „die Wellen erhebt. Sie fahren auf gen Himmel, und sinken zum Abgrunde „wieder: und ihre Seele zerschmelzet vor dem Ungemache. Sie straucheln und „taumeln wie die Trunkenen, und alle ihre Klugheit stehet beschämt da"**).

Ich will keine Entschuldigung darüber machen, daß ich Dir mit einer Stelle aus der Heiligen Schrift beschwerlich gefallen bin, nicht nur weil ich weiß, daß Du gelegentlich auch ernsthaft sein kannst; sondern auch, weil sie die Empfindungen eines Menschen in der Noth besser ausdrückt, als ein ganzer Band über diese Materie.

Ich vergaß zu erwähnen, daß wir am 27ten bemerkten, die Befestigung des Bogspriets durch Taue an das Vordertheil des Schiffes sei weggesprungen; deshalb zogen wir die Seegel ein, und liessen es mit neuem Tauwerke wieder befestigen.

*) Wenn der Wind eine Zeit lang beständig aus einer Gegend geweht hat, so bekommen die Wogen diese Richtung; und wenn nun gleich ein anderer Wind zu wehen anfängt, so behalten sie doch noch die alte, und sehen oft quer über die von dem neuen Winde getriebenen Wellen. Diese doppelte Bewegung des Meeres pflegt den Schiffahrern nicht nur eine höchst unangenehme Empfindung zu verursachen, sondern sie hält auch den Lauf des Schiffes auf. Dieses bekommt überdies noch einen Stoß in der Richtung der Zwerchwogen; daher muß denn der Druck des Meeres mit in Rechnung gebracht werden, wenn man den wahren Lauf des Schiffes bestimmen will. F.

**) Da mir weder die Englische Bibelübersetzung, noch die von D. Luther, noch die vom Herrn Geh. Just. R. Michaelis gänzlich Genüge that, so wagte ich es, mit Hülfe des Grundtextes, eine neue zu machen. Vielleicht entspricht sie dem Gefühle der Kritiker nicht ganz. Ich will gern Belehrung annehmen; denn es ist lange, seitdem ich die morgenländischen Sprachen und die Kritik nicht mehr treibe. Indeß habe ich doch noch Gefühl für dieses wichtige Studium beibehalten. Es ist übrigens nicht zu läugnen, daß die schöne Stelle des Psalmes sehr viel Wahres und große in einer kraftvollen Sprache ausgedruckte Bilder enthält. F.

G

1786. März.
Das Wetter wird nunmehr gelinder, und wir haben frischen westlichen Wind, so daß wir auf unserer Reise stark fortrücken. So bald ich mich vom Ungemache des letzten stürmischen Wetters wieder erholt habe, sollst Du mehr hören von Deinem ꝛc.

Zur See, den 6. März.   W. B.

Dreizehnter Brief.
Die Fahrt von Kap Horn bis Owaihie.

Ich bemerkte zu Ende meines letzten Briefes, daß die Witterung gelinder und schön geworden wäre, und daß alle Umstände einen guten Fortgang zu versprechen schienen. Da es noch ungewiß ist, wie lange es dauren wird, bis wir wieder vor Anker liegen: so fand es Kapitain Dixon am 7ten März nöthig, den Leuten auf dem Schiffe täglich zwei Quart Wasser zur täglichen Portion zu bestimmen, doch wöchentlich drei Portionen zu Erbsen ungerechnet. Die Breite war zu Mittage 44 Gr. 13 Min. Südlich, die Länge 83 Gr. 25 Min. Westlich.

Am 23sten Mittags befanden wir uns in 34 Gr. 8 Min. S. Br. Ob man gleich außerhalb den Wendezirkeln selten Passatwinde*) erwarten kann, so waren wir doch so glücklich, schon in dieser Breite einen regelmäßigen Passatwind anzutreffen. Dies veranlaßte unsere Kapitaine, auf die Insel los Majos zu steuern, (eine Insel oder eine Menge von Inseln, welche die Spanier gesehen haben, und deren Lage sie im 20. Gr. Nördlicher Breite und 130 Gr. Westlicher Länge angeben) weil diese uns wahrscheinlich alle Erfrischungen darbieten würden, deren wir benöthigt wären, und zugleich uns wenig aus dem Wege lägen.

Um 6 Uhr am 25sten sahen wir ein fremdes Schiff gegen N. W., und um 10 Uhr war es uns so nahe, daß man einander zurufen konnte. Wir erwarteten, man sollte mit uns sprechen; allein es ward vermieden. Wir konnten das Schiff nicht deut-

---

*) Die Passatwinde sind unveränderliche Winde, welche zwischen den Wendezirkeln herrschen, und von Osten herkommen, überhaupt aber bis nach S. O. und N. O. sich erstrecken. Sie werden sogar außer den Wendezirkeln in der Hälfte der Erdkugel verspürt, über welcher die Sonne weilt, deren Stralen und Wärme die vorzüglichste Ursache dieser Ostwinde sind. Siehe Forsters Bemerkungen ꝛc. S. 105 — 111.   S.

Reise um die Welt. 51

lich genug sehen, um zu erkennen, woher es käme; allein es war höchst wahrscheinlich ein Spanisches, das nach Valdivia ging. Wir hatten zwei Fässer Aepfelmost mitgebracht; diese wurden nun am 3ten April auszutheilen angefangen, so daß jedermann täglich ein Rößel bekam. Dies war ein höchst angenehmes Getränk, da das Wetter anfing, äußerst heiß und schwül zu werden, wobei der Wind von Osten bis zu Nordosten blies.

Am 5ten brachte man des Büchsenschmidts Werkstäte auf das Verdeck, und befestigte sie. Er fing sogleich an zu arbeiten, und verfertigte manche Sachen zum Gebrauche für das Schiff, und auch Toees *) (Tohis) für unsern künftigen Handel. Diese Tohis sind lange flache Stücken Eisen, die einem Zimmermanns-Hobeleisen nicht unähnlich, nur etwas schmaler sind. Die Indianer halten sie in hohem Werthe, und wir erwarten daher, daß sie uns in unserm Handel vorzüglich nützlich sein sollen.

Am 6ten waren die Zimmerleute geschäftig, Schließlöcher für Kanonen und Stöcke zu den Drehbassen zu verfertigen; und am 10ten hatten wir zwei vierpfündige Kanonen und acht Drehbassen auf dem Orlope **) befestigt.

Am 20sten, da wir uns im 1. Gr. N. Breite befanden und das Wetter äußerst schwül war, vermehrte man unsere Portion Wasser bis auf drei Quart für jeden Mann täglich. Gegen das Ende dieses Monats fingen wir viele Haifische.

G 2

*) In der Tahitischen Sprache (welche fast in allen Südsee-Inseln bis nach Neu-Seeland und bis zu den Sandwich-Inseln in verschiedenen Mundarten gesprochen wird) heißt eine Art: Tohi. Die Aexte der Eingebornen sind aus einem harten schwarzen, thonartigen, basaltähnlichen Steine gemacht, und werden auf dem Griffe oder Helme, so wie die Dächsel der Zimmerleute, befestigt, nehmlich so, daß das steinerne Instrument horizontal und queer vor der Spitze des Helms steht, da unsere Aexte mit dem Helme parallel stehen. Um nun den Eingebornen unsere Eisen angenehmer und ihrem Gebrauche gemäßer zu machen, ließen die Befehlshaber der Schiffe Aexte verfertigen, die einem Hobeleisen ähnlich waren. Diese wurden mit ihrem eigenthümlichen Namen Tobi belegt, welches man in Neu-Seeland und in den freundschaftlichen Inseln härter durch Toghi aussprach. S.

**) Der Theil des Verdecks, der sich von dem großen Maste bis zum Hackebrett erstreckt, heißt der Orlop, welches man vom Holländischen Overlop, Oerlop, in Orlop zusammen gezogen hat. Daher heißt dieser Theil des Schiffes zuweilen auch der Ueberlauf, welches der Name Overlop übersetzt ist. S.

1786.
Mai.

Man pflegt sie für eine grobe und widrige Nahrung zu halten, und sie sind es auch wirklich; uns aber, die schon so lange bloß von eingesalzenem Fleische gelebt hatten, waren sie ein Fund: und wenn man daraus ein Gericht macht, das die Seefahrer Tschauder*) nennen, so schmecken sie recht gut. Das Wetter war heiß und schwül, mit häufigen sehr gelinden Lüftchen, die zuweilen in Windstillen ausarteten.

Vom 1sten bis zum 3ten Mai sahen wir viele Seeschildkröten, welches uns vermuthen ließ, daß wir auf eine Schildkröteninsel**) stoßen würden, besonders da Kapitain Cook auf seiner letzten Reise nur wenige Grade von dem Orte, wo wir uns befanden, eine gefunden hatte; allein diesmal entsprach der Erfolg nicht der Erwartung.

Wir fingen nach aller unsrer Bemühung doch nur Eine; aber Kapitain Portlock war glücklicher, und dies hatte er dem Umstande zu verdanken, daß sein Fischboot auf dem Quartiere des Schiffes von außen befestiget war. So bald man also eine Seeschildkröte sah, konnte das Volk das Boot sogleich ins Meer lassen und sie den Augenblick einholen. Auf diese Art fingen sie täglich zehn bis vierzehn, von denen einige zu uns an Bord geschickt wurden. Aber obgleich Seeschildkröten ein Leckerbissen für uns waren, so fingen wir doch an ihrer überdrüßig zu werden. Indeß muß diese Zeit, in der wir keine gesalzene Speisen aßen, nothwendig der Mannschaft beider Schiffe äußerst zuträglich gewesen sein.

---

*) Der Seefahrer pflegt Fische und Zwiebacke zu einer etwas dicken Suppe zu kochen, und es ist gewiß eine angenehme und gesunde Speise, welche jeder, auch wenn er nicht so sehr um frische Lebensmittel verlegen wäre, essen würde. Diese Schüssel nennt man auf Englischen Schiffen Tschauder.   S.

**) Nahe an der Linie und unter derselben sind nicht weit vom Spanischen festen Lande in Südamerika, unfern Guajaquil, die Galapagos-Inseln, auf welchen die Amerikanischen Freibeuter viele Seeschildkröten antrafen. Cook fand die Christmeß-Insel, und es waren Seeschildkröten darauf. Auch hatte Anson das Glück, einige große im Schlafe auf dem Meere schwimmende Schildkröten zu finden, welche man so fing, daß ein guter Schwimmer ohne Geräusch sich der schlafenden Schildkröte näherte, und sich von hinten auf sie warf und an ihren Hinterfüßen fest hielt. Die Schildkröte bestrebte sich sogleich, mit dem Kopfe unterzutauchen; sie konnte es aber nicht wegen des auf ihr liegenden Menschen; und nun kam denn das Boot zu Hülfe, und bemächtigte sich der Schildkröte. Galapagos heißen auf Spanisch Seeschildkröten, und es war daher natürlich, daß unsre Reisenden in diesen Gewässern Seeschildkröten erwarteten.   S.

Unsere Beobachtung zu Mittage am 8ten zeigte 17 Gr. 4 Min. N. Br. und 129 Gr. 57 Min. W. Länge. In dieser Gegend sahen wir uns nach einer Insel um, welche von den Spaniern *Roca partida* genannt wird; allein vergebens. Wir liefen unter mäßigem Seegeln gemächlich nach Norden zu, und sahen scharf umher, indem wir hofften, bald auf die schon erwähnte Gruppe von Inseln zu stoßen.

Vom 11ten bis zum 14ten legten wir allemal des Nachts bei: und wenn wir des Morgens wieder weiter seegelten, fuhren wir acht bis zehn Meilen weit aus einander, indem wir nach Westen liefen; denn die Spanier konnten, wenn sie auch in Bestimmung der Breite ziemlich genau gewesen waren, sich doch in der Länge leicht um verschiedene Grade geirrt haben. Aber da unsere Breite am 15ten Mittags 20 Gr. 9 Min. Nordlich und die Länge 140 Gr. 1 Min. Westlich war, (also um ein Beträchtliches mehr nach Westen, als irgend eine von den Spaniern verzeichnete Insel;) so schlossen wir daraus mit Recht, daß in ihrer Seekarte irgend ein großer Fehler sein müsse.

Bis jetzt war das Schiffsvolk am Bord der Queen ziemlich gesund gewesen, Herrn Turner, unsern zweiten Steuermann, der bald nachher als wir St. Jago verlassen hatten, krank geworden, und den Kapitain Dixon ausgenommen, der von verschiedenen Krankheiten zugleich befallen war; allein jetzt brach der Schaarbock unter uns aus. Verschiedene Personen wurden mehr oder weniger davon angegriffen, und einer ward sogar bettlägerig. Ob man gleich alle Mittel gegen den Schaarbock mit der größten Sorgfalt und Regelmäßigkeit brauchte, so waren sie doch unwirksam, ohne die Beihülfe von frischer Luft, frischem Wasser, frischen Nahrungsmitteln, frischer Pflanzennahrung ꝛc.; und es ward daher beschlossen, so geschwind als möglich nach den Sandwich-Inseln zu eilen.

Da wir uns schon in der gehörigen Breite befanden, so liefen wir mit einem schönen günstigen Winde nach Westen; und am 27sten Morgens um 7 Uhr sahen wir Owaihi, die vornehmste der Sandwich-Inseln, nach Westen zu, in der Entfernung von vierzehn großen Seemeilen. Um Mittag lag die nordöstliche Spitze im Norden drei große Seemeilen von uns. Da man wohl wußte, daß diese Insel mit allem, was wir bedurften, in großer Menge versehen war: so erweckte der Anblick derselben bei Allen an Bord neue Munterkeit. Nachdem wir längs dem Ufer zwei Tage hindurch bei schwachen Winden, welche oft in Windstillen zu ersterben schienen, hingesegelt waren: so kamen wir am 26sten um 1 Uhr auf der Westseite der Insel in Karakakua-Bay, etwa eine Meile weit vom Ufer in acht Faden Tiefe vor Anker, und zwar so, daß die Westliche Spitze der Bay gen Westen bei Norden, und die Südliche Spitze nach Süden ⅓ Westen lag. Nachmittags wurden wir von einer unzähligen Menge Kanohs und einer großen Anzahl Menschen beiderlei Geschlechts, welche an uns heran schwammen, umgeben. Viele derselben kamen ohne Zweifel bloß aus Neugier; allein sehr viele brachten allerlei Waaren zum Verkaufe, als Schweine, süße Kartoffeln (*Convolvulus Batatas* L.), wilde Pisangs (*Musa paradisiaca* Linn. var. *coriacea exsucca et corniculata*), Brodtfrüchte (*Artocarpus incisa*, Forst. monogr.) ꝛc. Diese kauften wir für Tohis, Angelhaken, Nägel und andere Waaren von geringem Werthe; das Schiffsvolk tauschte Angelschnüre, Matten und andere Seltenheiten ein.

Am 27sten früh machten wir alles zum Wasserholen bereit, und nahmen uns vor, dies Geschäft mit der größten Geschwindigkeit zu verrichten; allein als Kapitein Dixon an Bord des King-George ging, erfuhr er zu unserm größten Leidwesen, daß die Eingebornen beschwerlich würden, und daß sie den Wasserplatz schon tabuhed hätten. Diese Ceremonie des Tabuhens verrichten ihre Priester, und sie besteht darin, daß sie eine Menge dünner Stöcke, an deren Spitzen Büschel von weißen Haaren befestigt sind, rund um den Ort in die Erde stecken, den sie unberührt wissen wollen. Wenn dies geschehen ist, wagt es niemand, sich dem Orte zu nähern; und ich glaube, daß die Todesstrafe auf die Uebertretung dieses Verbotes gesetzt ist. Zuerst besorgten wir, diese Begegnung möchte von der Erinnerung an ihren Verlust nach dem tragischen Tode des Kapitain Cook, der in diesem Hafen getödtet ward, herrühren; allein dies war nicht der Fall. Als die Veranlassung zu diesem Verfahren gaben sie den Umstand an, daß alle ihre Oberhäupter abwesend, und mit einem benachbarten Eilande in Krieg verwickelt wären, und daß sie daher auf keinerlei Weise Erlaubniß hätten, Fremdlingen das Landen zu gestatten.

Da auf diese Art eine unserer vornehmsten Absichten vereitelt war, so entschlossen sich unsere Kapitaine, diesen Ort so geschwind als möglich zu verlassen. Indessen fahren wir aber fort, Schweine, Hühner, Gewächse ꝛc. in Menge zu kaufen; und ich glaube, jedermann im Schiffe fängt schon an, die guten Wirkungen frischer Lebensmittel zu empfinden; doch vielleicht niemand so sehr, als Dein ꝛc.

Sandwich-Inseln, den 28. Mai.

W. B.

Vierzehnter Brief.

Die Schiffe bekommen in Owaihi kein Wasser — Kaufen es sich in Wahuh — Verlassen diese Insel — Gehen fort nach Oniehau, und bekommen daselbst einen Vorrath von Yams.

Ehe ich in meiner Erzählung fortfahre, erlaube mir, Dir zu sagen, daß die Sandwich-Inseln von dem verstorbenen Kapitain Cook, während seiner letzten Reise in das Südmeer, entdeckt worden sind. Auf Owaihi, die vornehmste, trifft man zuerst, wenn man von Süden und Osten kommt; die übrigen liegen beinahe in Nordwestlicher Richtung. Die vorzüglichsten heißen Maui, Morotay, Ranay, Wahuh, Atuai und Oniehau*). Dies wird, denke ich, fürs erste zu Deiner Belehrung hinlänglich sein.

Am 27ten um 8 Uhr Abends lichteten wir die Anker, und gingen unter Seegel; in der Nacht lavirten wir gelegentlich, so wie auch den ganzen 28ten hindurch, weil wir schwache und veränderliche Winde hatten. Unsre Leute waren mit dem Schlachten und Einsalzen der Schweine zum Gebrauch für das Schiff beschäftigt, und es folgte uns noch eine Menge von Booten mit Schweinen, Gewächsen ꝛc. nach.

Am 29ten Mittags, log uns Karakakua gegen Nordost bei Osten, etwa in einer Entfernung von sieben oder acht großen Seemeilen, und wir hatten das

---

*) Die Engländer schreiben fremde Namen äußerst willkührlich, und man kann daher nicht genau bestimmen, welches nach unsrer Art die wahre Aussprache sei. Indeß, da schon Kapitain Cook die Namen geschrieben, und auch Kapitain King mit ihm ziemlich einstimmig ist; ferner da diese beyden Kapitaine sich länger in den Sandwich-Inseln aufgehalten haben, als unser Verfasser, und da Cook insbesondere durch den langen Umgang mit den Einwohnern fremder Länder sein Ohr gewöhnt hatte, die Namen ziemlich richtig zu fassen und eben so richtig Englisch zu schreiben: so ist es wohl billig, daß man, ihm zufolge, eine einförmige Rechtschreibung der Namen einführt. Ich habe deshalb die Namen der Inseln so geschrieben, wie sie ein Deutscher aussprechen sollte: folglich Owhyhee, Owaihi; Mowee, Maui; Morotoy, oder Morotai, Morotay (wie es Cook schrieb); Ranai, Ranay; Whahee, (oder wie es Cook schrieb: Wheahoo) Wahuh; Attooi, Atuai, und Oneehow, Oniehau. Diese Rechtschreibung werde ich in der Folge allezeit beobachten.

S.

hohe Land von Maui (der Insel, auf der wir zunächst landen wollten) im Gesichte. Den ganzen 30ten hinderte uns ein starker Wind, in Maui zu landen. Den folgenden Morgen lag Ranay Nord-Nordwest 6 große Seemeilen von uns. Um Mittag sahen wir Westwärts einen hohen Hügel gerade auf dem Striche Norden bei Westen, in der Entfernung einer großen Seemeile. Wir seegelten nun mit einem frischen östlichen Winde auf Wahuh.

Am 31sten um 8 Uhr Morgens, lag uns das Nordöstliche Ende von Morotay ungefähr 6 große Seemeilen weit nach Nordost. Um Mittag sahen wir Wahuh, dessen Südöstlicher Theil nach W. S. W. und dessen Nordöstlicher nach N. W. lag; die Breite war 21 Gr. 14 Min. Nördlich.

Am 1ten Junius um 1 Uhr Nachmittags, ankerten wir in einer Bay an der Südlichen Seite von Wahuh, in neuntehalb Faden Tiefe, auf sandigem Boden. Das Aeußerste des Landes an beiden Enden erstreckte sich von O. S. O. bis W. bei S. zwei Meilen weit vom Ufer. Wir hatten sogleich eine Menge Boote an der Seite des Schiffes; aber Schweine und grüne Gewächse waren hier seltener, als in Owalhi.

Früh Morgens am 2ten, gingen unsere Kapitaine ans Land, um einen Ort zu suchen, wo man Wasser schöpfen und Bequemlichkeiten für die Kranken haben könnte. Sie fanden bald gutes Wasser; aber es war schwer zu demselben zu kommen. Hieran war ein Rief von Felsen schuld, der sich in einem beträchtlichen Abstande vom Ufer beinahe längs der ganzen Bay erstreckte, und so hoch war, daß man es nicht wagen konnte, mit einem beladenen Boote darüber wegzufahren. Dieser Umstand machte, daß wir daran verzweifelten, uns auf dieser Insel mit frischem Wasser versehen zu können. Allein Kapitain Dixon bemerkte, daß der größte Theil der Eingebornen in ihren Booten verschiedene Kürbisschaalen, oder sogenannte Kalabassen, mit Wasser angefüllt hatte; er befahl uns daher, sie einzukaufen. Dies thaten wir denn bald für Nägel, Knöpfe und andre dergleichen Kleinigkeiten. Den Einwohnern gefiel diese Art von Handel so sehr, daß sie alles andere darüber vernachlässigten, und daß die ganze Insel, wenigstens der uns zunächst gelegene Theil derselben, bloß mit der Wasserzufuhr beschäftigt war. Für eine kleine Kalabasse oder eine von mittlerer Größe, welche etwa zwei oder drei Gal-

lons

lons (d. i. acht oder zwölf Maaß) enthielt, gaben wir einen kleinen Nagel; und für größere verhältnißmäßig mehr. So wurden beide Schiffe, auf eine besondere, ja, ich möchte beinahe sagen, unerhörte Weise, hinlänglich mit Wasser versehen; und wir hatten dabei geringe Kosten, schonten unsre Boote, Tonnen und Geräthe, und bewahrten unser Schiffsvolk vor Naßwerden und Verkältung. Indeß wir uns mit Wasser versehen ec. beschäftigten sich unsere Leute damit, daß sie das Tauwerk hinten und vorn befestigten, die Seiten des Schiffes beschabten und andere nöthige Arbeiten verrichteten. Der Wundarzt nahm am 2ten die Kranken ans Ufer, da er glaubte, daß die Landluft ihnen heilsam sein könnte; allein das Wetter war überaus schwül, und die Einwohner drängten sich in solcher Menge um sie her, daß sie wieder an Bord zurückkehren mußten, und daß sie durch die Spazierfahrt, welche sie hätte erfrischen sollen, ermüdet waren.

Einer von unsren wichtigen Endzwecken war nun erreicht, und unsere Kranken hatten sich ziemlich erholt; allein wir wünschten, wo möglich, einen noch größeren Vorrath von Schweinen, Gewächsen ec. zu bekommen. Da Wahuh nur wenig von beiden lieferte, so ward beschlossen, so bald als möglich nach Atuai zu gehen, indem diese Insel mit allem, was wir wünschten, reichlich versehen war.

Am 5ten um 1 Uhr Morgens, lichteten wir die Anker, und seegelten mit gemäßigten Winden und bei trübem Wetter auf Atuai zu. Um Mittag lag uns die südliche Spitze von Wahuh O. S. O. in einer Entfernung von 6 großen Seemeilen. Die Breite war 21 Gr. 15 Min. Nördlich.

Am 6ten Morgens, sahen wir Atuai, und des Mittags lag die hohe Spitze des Südöstlichen Endes gegen W. N. W. 9 große Seemeilen weit von uns, wobei wir Wahuh noch im Gesichte hatten.

Um 3 Uhr Nachmittags waren wir vor der Bay von Waimoa auf Atuai, dem Orte, wo wir vor Anker gehen wollten; allein, da der Wind ziemlich stark von Südosten wehete, und da die Bay nach dieser Gegend zu ganz offen ist: so fand Kapitain Portlock es nicht rathsam, hier einzulaufen, und beschloß daher nach Oniehau überzustechen, welches um 4 Uhr 5 Meilen weit nach W. S. W. von uns entlegen war. In der Nacht lavirten wir; und um 10 Uhr Morgens am 8ten ankerten wir in der Yamsbay auf Oniehau, in 17 Faden Tiefe, auf sandigem Bo-

1786. Junius.

den. Die nördliche Spitze der Bay lag nach N. N. O. und die südliche Süden bei Osten, anderthalb Meilen weit vom Ufer. Diese Insel erzeugt eine große Menge vortrefflicher Yams*), und die Einwohner brachten uns reichlichen Vorrath davon, den wir für Nägel und dergleichen Kleinigkeiten kauften. Außerdem aber trägt die Insel wenig andere Sachen, indem sie überhaupt nicht sonderlich bevölkert ist, wenn man Atuai, Wahuh ıc. mit ihr vergleicht. Unsere Kranken wurden hier ans Land gebracht, und fanden die Landluft sehr zuträglich, da sie nach ihrer Gemächlichkeit herumgehen konnten, ohne von den Einwohnern gedrängt zu werden. Das vornehmste Oberhaupt der Insel heißt Abenui; es scheint ein sehr thätiger, verständiger Mann zu sein. Da Kapitain Portlock ihm einige geringe Geschenke gemacht hatte, war er uns ganz ergeben, so, daß unsere Kranken dieserhalb besser aufgenommen wurden. Wir bekamen hier nur wenige Schweine, die man überdies größtentheils von Atuai brachte. Da nun unsere Leute sich ziemlich wieder erholt, und wir an Bord der Schiffe alle nöthigen Geschäfte vollendet haben: so wollen wir keine Zeit zu unsrer Reise verlieren, und deshalb so bald als möglich wieder in See stechen. Verlaß Dich übrigens bei der ersten Gelegenheit auf eine weitere Fortsetzung von Deinem ıc.

Sandwich-Inseln, den 12 Junius. W. B.

Funfzehnter Brief.

Fahrt von den Sandwich-Inseln nach Cook's Fluß — Die Schiffe treffen da einige Russen an, und ankern im Kohlen-Hafen.

Aus dem Namen des Ortes, von wo ich dieses Schreiben datire, kannst Du wohl sehen, daß wir endlich auf dem Schauplatze angelangt sind, wo wir thätig und wirksam sein können. Vielleicht wirst Du daraus schließen, daß wir den Gipfel unsrer Hofnungen, Wünsche und Erwartungen erreicht haben. Aber, mein guter Freund, nur ein wenig Geduld, so wirst Du schon sehen, „daß nicht alles Gold ist, was glänzt."

---

*) Die Yams haben ihren Namen von der Spanischen und Portugiesischen Benennung *Igname* oder *Inhame*. Bei den Malayischen Völkerschaften, welche sich selbst bis in die Südsee-Inseln ausgebreitet haben, heißt diese Pflanze Ufi oder Uwi. Es ist die *Dioscurea alata* des Ritters Linné, welche von allen Einwohnern in großer Menge gezogen wird. S.

Ich meldete Dir am Schlusse meines vorigen Briefes, daß wir uns mit aller möglichen Eile bereiteten, in See zu gehen; denn unsere ganze Aufmerksamkeit war so unabänderlich nach der Küste von Amerika gerichtet, wie die Magnetnadel nach Norden. Da wir uns so viele Schweine verschaft, als unsere Zeit hatte erlauben wollen, und da wir auch einen vortreflichen Vorrath von Yams eingenommen hatten: so lichteten wir den 13 Junius, um 10 Uhr Morgens, die Anker, und segelten bei gelinden Winden und schönem Wetter nach Nordwest.

Wahrscheinlich werden wir auf unsrer Reise die Sandwich-Inseln mehr als einmal besuchen, und so will ich es aufschieben, Dir eine weitläuftigere Nachricht von denselben zu geben; da ich in dem Falle im Stande sein werde, sie genauer zu beschrreiben, als ich es jetzt thun kann.

Während der ganzen Fahrt von den Inseln bis zum Cooks-Flusse begegnete uns nichts Wichtiges. Doch, da Du alle Kleinigkeiten, so geringfügig sie auch sind, gern hörst, so will ich Dir gefällig zu sein suchen.

Am 15ten veränderten wir, weil wir weit genug vom Lande entfernt waren, unsren Lauf nach Norden und Norden bei Osten, und hatten von dem Tage an bis zum 22ten gelinden Wind und schönes Wetter.

Vom 23ten bis zum 28ten waren oft starke Winde mit Regen. Der Wind ging von Südwest nach Nordwest herum, und veränderte sich öfters, seitdem wir die Passatwinde verloren, welches ungefähr im 26ten Gr. N. Br. geschah.

Vom 29ten Junius bis zum 1ten Julius hatten wir sanfte veränderliche Winde, mit dickem Nebel und Staubregen. Die Breite war am 30ten Junius 40 Gr. 30 Min. Nordlich; die Länge aber 151 Gr. 42 Min. Westlich.

Am 2ten Julius veränderte das Meerwasser seine Farbe; und da zugleich eine Menge Robben um das Schiff spielten, von denen am Bord des King George eine mit einem Harpun getroffen ward: so warfen wir das Senkblei mit 120 Faden aus, konnten aber damit keinen Grund erreichen. Am 3ten sahen wir ein Stück Holz auf dem Wasser treiben, auf welchem eine Menge von Vögeln saß. Wir hatten oft starke Winde aus Nordwesten, mit Regen. Am 4ten, da wir uns im 45 Gr. 2 Min. N. Br. und 150 Gr. 10 Min. W. Länge befanden, bemerkten wir eine starke Strömung, die nach Südwesten ging.

1786.
Julius.

Vom 5ten bis zum 11ten hatten wir ziemlich starke Winde von S. O. bis zu S. W. mit neblichtem Wetter und vielem Regen. Am 10ten ergab die Beobachtung, daß wir uns Mittags im 51 Gr. 24. Min. N. Br. und im 149 Gr. 35 Min. W. Länge befänden. Das Wetter war trübe und wolkicht.

Wir bemerkten oft eine große Menge von dem Tang, den die Seeleute Seelauch nennen *), und eine Art von Vögeln, welche den Kaptauben (*Procellaria capensis L.*) sehr ähnlich war. Den 11ten fiel eine totale Mondfinsterniß ein; allein der Abend und die Nacht waren so dick und neblicht, daß wir nichts davon zu Gesicht bekamen.

Am 13ten war unser Vorrath von Yams beinahe ganz verzehrt. Dies fiel uns sehr schwer, da sie uns sowohl statt des Brodtes als der Kartoffeln dienten. Wir fuhren oft vor Stücken von Holz und vor Tang vorbei, und bemerkten verschiedene Arten von Vögeln. Die Breite war am 13ten 54 Gr. 55 Min. Nördlich; die Länge aber 148 Gr. 34 Min. Westlich.

Am 15ten warf der King George, da sich die Farbe des Wassers veränderte, oft das Senkblei aus, erreichte aber mit 90 bis 120 Faden keinen Grund. Die Breite war Mittags 57 Gr. 4 Minut. Nördlich, die Länge 149 Gr. 22 Minut. Westlich.

Am 16ten hatten wir eine große Menge Puffins (*Procellaria puffinus Linn.*), Möwen (*Larus*), Papageitaucher (*Alca arctica Linn.*) und andere Seevögel um uns her, auch schwamm Seelauch-Tang nebst Holzblöcken bei uns vorbei. Hierauf warfen wir um 10 Uhr Vormittags das Senkblei aus, erreichten aber wieder keinen Grund. Unsrer Beobachtung nach, waren wir Mittags in 58 Gr. 34 Min. N. Br. und in 151 Gr. 4 Min. W. Länge. Um 6 Uhr Nachmittags zeigte das Senkblei mit 55 Faden schwarzen, selfigen, mit Sand und einer schwarzen Muschelart gemischten Boden. Wir liefen nun beinahe gänzlich nach Norden, und sahen um 7 Uhr zu unserer großen Freude Land, welches nach N. W. bei W. acht große Seemeilen von uns entfernt war, und von dem wir urtheilten, daß es nicht

---

*) Aus dieser unbestimmten Seemanns-Benennung läßt sich unmöglich die hier gemeinte besondere Art von Tang bestimmen; denn *Fucus dentatus*, *Aliquosus*, *furcellatus* und *esculentus* sehen alle dem Lauche etwas ähnlich.   S.

Ansicht in der Bay von Wahuh, einer der Sandwich Inseln.

weit vom Cooks-Flusse entlegen sein könne. Den ganzen Abend über spielte eine Menge Wallfische um unser Schiff herum. Ich vergaß zu erwähnen, daß unsere Bestimmung eigentlich zuerst nach König Georgens Sund hinging; allein da es schon viel später im Jahre war, als wir es wohl erwartet hatten, so glaubten unsere Kapitaine, es sei am rathsamsten, zuerst nach Cook's Flusse hinzusegeln, und, so wie die späte Jahrszeit anrückte, stets längs der Küste nach Süden fortzugehen.

Da uns der Wind gerade entgegen blies, so lavirten wir den 17ten und 18ten, und fanden, daß am 16ten gesehene Land wäre eine Gruppe von Inseln, die Kapitain Cook die unfruchtbaren (*the barren Islands*) genannt hat, und die am Eingange des Cooks-Flusses liegen.

Am 18ten um 4 Uhr Nachmittags sahen wir die Insel St. Hermogenes*), welche von S. S. W. nach Westen drei große Seemeilen weit von uns entfernt lag. Die Wallfische waren nahe am Lande so häufig, daß ihr Wasseraufblasen einem großen Felsenriefe ähnlich schien.

Am 19ten um 11 Uhr Morgens kamen wir in die Mündung des Cooks-Flusses, und ließen die unfruchtbaren Inseln nach Süden und Osten zu liegen. Da Wind und Fluth uns jetzt begünstigten, hielten wir uns nach dem östlichen Ufer hin und nahmen uns vor, wo möglich nicht eher vor Anker zu gehen, als bis wir die Ankerspitze erreicht hätten. Allein um 7 Uhr Nachmittags erschraken wir über einen Kanonenschuß, der von einer uns beinahe gegenüber liegenden und etwa vier Meilen weit von uns entfernten Bay herkam. Kapitain Portlock ließ gleich darauf eine Kanone abfeuern, um dies Signal zu beantworten; und da es das Ansehen hatte, als wenn daselbst ein guter Hafen wäre, so entschloß er sich, daselbst einzulaufen und zu ankern, um doch zu erfahren, welche Nation uns zuvorgekommen wäre.

Wir hatten mancherlei Muthmaßungen über diesen Punkt: einige glaubten, es könnten vielleicht Landsleute von uns sein; andere aber: es wären Franzosen.

---

*) Die Insel St. Hermogenes ward im Jahre 1741 vom Kapitain Kommandeur Bering im Jahns entdeckt; und er muthmaßte, daß zwischen dieser Spitze und dem Kap. St. Elias ein Meerbusen und Hafen sei, welches vom Kapitain Cook, durch die Entdeckung des nach ihm benannten Flusses berichtigt ward. S. Sammlung Russ. Gesch. 3. Band. S. 203. S.

1786.
Julius.

Die letztere Muthmaßung hatte in der That ziemlich viel Gewicht bei uns, da wir gehört hatten, daß zur Zeit unserer Abreise von England zwei für diese Küste bestimmte Schiffe in Frankreich ausgerüstet würden. Unser Umherrathen ward indeß bald in Gewißheit verwandelt; denn da wir mit einem schwachen Winde in die Bay einlaufen wollten, kam ein Boot vom Ufer an den King George heran, und man sah, daß die Leute darauf Russen waren.

Um 8 Uhr, da wir uns schon ganz in der Bay befanden, gingen wir in 35 Faden Tiefe vor Anker. Die Spitze Beba lag O. N. O. drei Meilen von uns; und der Berg St. Augustin S. W. bei W.

Bald nachher, als wir den Anker geworfen hatten, kamen vier bis fünf Boote, jedes mit einer Person bemannt, an die Seite des Schiffes. Dieser Anblick machte uns so erfreut, daß sogleich ein Sortiment von unsern verschiedenen Handlungsartikeln herbei geholt ward, und in unsrer Einbildung schon eine Menge Pelzwerk am Bord war; allein diese angenehmen Vorstellungen verschwanden, denn wir bemerkten bald, daß alle diese Leute zu den Russen gehörten.

Ob wir uns gleich in der Erwartung, hier Eingeborne anzutreffen, getäuscht sahen, so machten wir doch alle erforderliche Anstalten, da wir den Ort sehr gelegen fanden, um Holz und Wasser einzunehmen. Man schickte daher Morgens am 20sten Leute ans Land, um Holz zu fällen und Wasser zu füllen. Zu gleicher Zeit gingen unsere Kapitaine in dem Fischboote des King George nach der Faktorei der Russen, um alle mögliche Nachrichten von ihren Geschäften an dieser Küste einzuziehen.

Die Russen hielten sich hier, wie es schien, nicht für immer, sondern nur eine kurze Zeit auf. Zu diesem Ende hatten sie ihre Boote ans Land genommen und umgekehrt, hiernächst vorn und hinten Felle übergezogen, um sich gegen das Ungemach des Wetters zu schützen. Alles, was wir erfahren konnten, bestand darin, daß sie in einer Slupp von Unalaschka*) gekommen, und daß die Leute, die wir in den Booten gesehen, Indianer von Kadjak**) wären, welche sie mitgebracht hät-

---

*) Unalaschka, (nicht wie der Verfasser schreibt: Onalaska) ist eine vom Kapitain Krenitzin entdeckte Insel.   S.

**) Kapitain Cook schreibt zwar den Namen einer Insel, welche unter dem festen Lande von Amerika liegt, und 1772 von Brogin entdeckt ward, Kodiak; allein der Ritter Pallas nennt sie

ten, um ihren Handel mit den Einwohnern vom Cooks-Flusse und der benachbarten Gegend desto mehr zu erleichtern; allein dessen ungeachtet hätten sie oft mit den Eingebornen Streit gehabt, ja sogar gefochten, und wären jetzt mit ihnen auf einem so üblen Fuß, daß sie sich nie zur Ruhe niederlegten, ohne ihre geladenen Gewehre bei sich liegen zu haben. Doch stimmten die Nachrichten, die wir erhielten, selten überein, und gaben uns keinen rechten Begriff von ihrem Verfahren; ob dies gleich größtentheils auch daher rühren konnte, daß wir von der Russischen Sprache nicht viel verstanden. Uebrigens waren wir darüber ziemlich gewiß, daß sie nur sehr wenige oder beinahe gar keine Felle bekamen, ob sie gleich Nankins und Persische Seidenzeuge zum Verhandeln mitgebracht hatten.

Der Ort zum Wassereinnehmen ist hier so gelegen, daß wir in einem Tage, nehmlich am 21sten, den nöthigen Wasserbedarf einnahmen. Hierauf fällten die Schiffsleute bis zum 26sten Holz, und erholten sich am Ufer.

Am 24sten fuhren unsere Kapitaine aus, die Bay aufzunehmen. Auf der Südöstlichen Spitze, wo sie landeten, entdeckten sie ein Kohlenflöz, und brachten etwas davon an Bord. Von diesem Umstande nannten sie den Ort den Steinkohlenhafen.

Unsere Mannschaft versuchte es oft, mit Angel und Schnur Fische zu fangen; allein vergebens. Da indeß Kapitain Portlock ein Netz an Bord hatte, so fischte man mit demselben oft sehr glücklich, und fing eine Menge schöner Lachse, die immer an beide Schiffe vertheilt wurden.

Die Gegend ist hier sehr bergicht: die zunächst nach dem Ufer niederwärts abhängigen Hügel sind ganz mit Tannen, Birken, Ellern und mancherlei andern Bäumen und Sträuchern bewachsen; die mehr entfernten Berge aber, deren hohe Gipfel über die Wolken hinausreichen, sind gänzlich mit Schnee bedeckt, und haben das Ansehen eines ewigen Winters. Doch für jetzt will ich die Beschreibung eines Landes, mit dem ich noch so wenig bekannt bin, nicht versuchen. Ich will Dir daher

Kadjak. Dies scheint mir die richtigste Aussprache zu seyn; denn die Russen sind oft in dieser Gegend gewesen, und verstehen die Sprache der Aleuten sowohl, als auch des Völkerstamms Konäga, der auf Kadjak wohnet; ja, sie brauchten dieselben in den weiter nach Osten gelegenen Ländern zu Dollmetschern. N. s. Pallas Nordische Beiträge 3. Band S. 284. 1c. Die Reise des Steuermann Saikof währte von 1775 bis 1778. S.

für jetzt weiter nichts sagen, als daß das Wetter, obgleich der Julius fast zu Ende geht, doch durchgängig kalt, feucht und unangenehm ist, und daß dabei häufig Regen- und Hagelschauer fallen. Die Landschaft um uns her ist unfruchtbar, kahl und unbehaglich. So viel für jetzt von dem Lande der Verheissung. Auf ewig der Deine.

Cooks-Fluß, den 25. Julius. W. B.

Sechszehnter Brief.

Fortgesetzte Nachricht von dem Aufenthalte im Cooks-Flusse — nebst einer Beschreibung der benachbarten Gegend.

Nachdem wir uns mit Wasser versehen, und eine hinlängliche Menge Holz zum täglichen Gebrauch an Bord genommen hatten, lichteten wir früh am 26sten die Anker, und liefen in den großen Fluß ein. Unsere Kapitaine wußten nehmlich, daß wir weiter nach Norden hin Einwohner antreffen würden; und es war kein Zweifel, daß auch Felle zu bekommen wären, sobald wir nur Einwohner fänden. — Die Fluth ist in dem Flusse sehr schnell, indem sie wenigstens vier Meilen in der Stunde läuft. Dieser Umstand machte es nothwendig, jedesmal mit der Ebbe den Anker zu werfen, wenn wir anders nicht einen frischen günstigen Wind hatten. Allein dies kam bei uns fast gar nicht in Betrachtung, da wir einen so starken Handel erwarteten, daß öfteres Ankerwerfen uns sogar nothwendig seyn würde; jedoch unsre Erwartung in diesem Stück ward getäuscht.

Den 26sten und 27sten liefen wir mit veränderlichen Winden und bei gelinder Witterung stets den Fluß hinan; doch kamen keine Einwohner zu uns, und es fiel auch sonst nichts Besonderes vor. Am 27sten Mittags lag uns der brennende Berg gegen S. W. bei W. Aus seiner sehr hohen Spitze dampfte ein beträchtlicher Rauch hervor. Indeß sahen wir keinen Ausbruch von Feuer; auch sagte mir Kapitain Dixon auf meine Nachfrage, daß er auf der letzten Reise, wo dieser Berg zuerst entdeckt ward, bei der Fahrt längs dem Flusse hinauf, an demselben nie stärkere Anzeigen von einem Vulkan bemerkt habe.

Am 28sten um 3 Uhr Nachmittags kamen wir in 11 Faden Tiefe auf sandigem Boden vor Anker. Die nach Westen zu gelegene Küste war drei Meilen weit ziemlich

ziemlich eben, und die Kapitaine meinten, daß sie wohl Pelzwerk liefern könnte. Des Abends kam ein einzelnes Boot mit einem Manne darin an unser Schiff; allein er brachte nichts mit, außer einen getrockneten Lachs, den wir für ein Paar Glaskorallen einkauften, womit er vollkommen zufrieden schien. Höchst wahrscheinlich kam dieser Mann ausdrücklich, um uns zu rekognosciren und unsere Absicht zu erforschen; denn als er merkte, daß wir friedlich handeln wollten, und als man ihm verschiedene Handlungsartikel zeigte, war er sehr wohl zufrieden, und gab, indem er nach dem Ufer hinwies, zu verstehen, daß die Leute den nächsten Tag mit Sonnenaufgang uns Felle in Menge bringen würden. Früh am 29ten kamen verschiedene Boote an die Schiffe; einige waren so klein, daß sie nur eine oder zwei Personen hielten, in andern hingegen befanden sich zehn bis 14 Personen. Sie brachten uns Felle von allerlei Arten, z. E. von Land- und Seeottern (*Lutra vulgaris et marina*), Bären, Rakuhns (*Ursus Lotor Linn.*), Murmelthieren (*Mus marmotta et monax Linn.*) ɩc., und nahmen Tohies und blaue Glaskorallen dafür. Doch die Tohies waren in dem größten Werthe; denn man konnte für eins von mittlerer Größe das beste Otterfell bekommen, das sie nur hatten. Wir handelten beinahe den ganzen Tag mit gutem Erfolge. Die Eingebornen verhielten sich ruhig und ordentlich, und wir unsrer Seits thaten alles Mögliche, um diese freundschaftliche wechselseitige Begegnung zu unterhalten; denn wir waren völlig überzeugt, daß eine freundliche und milde Behandlung das sicherste Mittel wäre, uns von diesen Wilden das zu verschaffen, was wir brauchten.

Gegen Abend, da der Wind stark ging, wagten sich keine Boote nahe an uns heran; allein, da am 30ten das Wetter gelinder war, kamen viele kleine und zwei große, von denen wir alles kauften, was nur der Mühe lohnte.

Nach der Beobachtung, die wir heute um Mittag anstellten, war unser Ankerplatz im 60. Gr. 48 Min. N. Br. und im 152. Gr. 11 Min. W. Länge. Von diesem Tage bis zum 3ten August blieb das Wetter schön und gelinde. Unsre Freunde fuhren fort, uns Felle von allen Arten zu bringen; allein sie gaben uns dabei zu verstehen, daß ihre eigenen nunmehr alle verkauft wären, und daß sie daher mit Stämmen, welche in abgelegenen Gegenden des Landes wohnten, handeln müßten, um uns mehrere zu schaffen. Sie brachten uns auch eine große Menge

1786.
August.

vortreflichen frischen Lachs. Diesen kauften wir sehr wohlfeil ein, denn wir gaben nur eine Glaskoralle für einen großen Fisch; ja, er war in solchem Ueberflusse vorhanden, daß sie, wenn wir sie ihnen zuweilen nicht abkaufen wollten, lieber den Fisch auf das Schiff warfen, ehe sie sich die Mühe gaben, ihn wieder mitzunehmen. Die Lachse kommen in dieser Jahreszeit in unzähligen Haufen den Fluß hinan, und die Eingebornen fangen sie sehr leicht in großer Menge in Wehren. Man räuchert und trocknet sie in den Hütten, und sie machen einen beträchtlichen Theil der dortigen Winternahrung aus. Dies ist ein neuer Beweis von Gottes Güte gegen seine Geschöpfe! Wie reichlich mildthätig hat er nicht für die armen Unglücklichen in diesem unfruchtbaren Theile der Erde gesorgt! Gewiß kann nach diesem Beispiele niemand mit den unzufriedenen Israeliten fragen: „Kann Gott auch eine Tafel in der Wildniß bereiten?"

Am 4ten August hatten wir einen scharfen Wind aus S. S. O., der die Boote hinderte, an uns heran zu kommen. Doch da am 5ten das Wetter ziemlich gelinde war, so kamen verschiedene ans Schiff, die aber wenige Felle hatten, und zu verstehen gaben, daß die Gegend ganz erschöpft wäre. Wir waren mit beiden Buganfern befestiget; allein diesen Morgen nahmen wir den besten davon auf, um zum Abseegeln fertig zu sein, so bald Kapitain Portlock das Signal dazu geben würde.

Am 6ten Morgens hatten wir starke Winde von S. S. W. mit Regen; dies Wetter hielt bis um Mittag am 7ten an, wo es freundlicher zu werden anfing. Des Nachmittags kam Kapitain Portlock auf unser Schiff, und schlug vor, daß wir den folgenden Morgen um 4 Uhr die Anker lichten wollten. Wir nahmen dem zufolge den Anker ein, und setzten die Seegel auf; allein Kapitain Portlock schickte seinen dritten Steuermann an uns ab, um uns sagen zu lassen: da das Wetter unfreundlich werden zu wollen schiene, so würden wir wohl besser thun, wenn wir da blieben, wo wir wären, als wenn wir uns in Gefahr setzten, durch einen Sturm in eine üble Lage zu kommen. Wir ließen also unsern Anker wieder fallen, und fanden bald, daß des Kapitains Vorschlag gut gewesen war. Am Abend kam nehmlich ein schwerer Sturm, der den größten Theil der Nacht hindurch anhielt. Wir befestigten das Schiff wieder mit dem besten Buganker; allein, da am 9ten Morgens das

Wetter gelinde ward, so nahmen wir ihn wieder ein, um bei dem ersten günstigen Winde seegeln zu können. Verschiedene Tage lang waren nur wenige Boote zu uns gekommen, die überdies weiter nichts, als abgenutzte zerfetzte Stücke, die Ueberbleibsel von schmutzigen Fellen mitbrachten, welche die Einwohner wahrscheinlich getragen, um sich gegen die rauhe Witterung zu schützen. Auch hatten diese schon seit einiger Zeit die guten Felle nur in schmale Streifen zerschnitten gebracht, wahrscheinlich in der Absicht, so sie theurer zu verkaufen; doch von diesem Verfahren suchten wir sie so viel als möglich abzubringen.

Ehe ich weiter fortfahre, will ich Dir von der Gegend nahe bei dem Orte, wo wir lagen, einen Begriff zu geben suchen. Gewiß kann man sich kaum eine schrecklicher und unwirthbarer denken, als die, welche wir nach Nord-Westen vor uns sahen. Das Land dicht an der See ist ziemlich eben, und trägt einige wenige Fichten. Diese, nebst einigen Gesträuchen und jungem Holzanflug, wozwischen hohes Gras wächst, machen die Landschaft so ziemlich angenehm; aber die daran stoßenden Berge, deren rauhe Gipfel weit über die Wolken hinausreichen, gehen über alle Beschreibung. Sie sind ewig mit Schnee bedeckt, ausgenommen, wenn der wilde Nordwind ihn von ihren felsichten Spitzen herunterjagt. Schon bei ihrem Anblick erstarrt das Blut, und ihre ungeheure Höhe und ihre fürchterlichen Jähen machen es Menschen und Thieren unmöglich, sie zu ersteigen.

Ich habe vergessen, daß ich in meinem letzten Briefe sagte: ich wollte für jetzt keine weitere Beschreibung von diesem Lande versuchen; aber die so eben erwähnte Aussicht hat etwas so majestätisch schreckliches, daß ich nicht umhin konnte, einige Worte davon zu sagen. Ohnedies weiß ich ja, daß Du dergleichen kleine Unachtsamkeiten mir leicht verzeihen wirst, da ich keinen andern Wunsch habe, als Dir die Zeit zu vertreiben, Dich zu unterhalten — wie gern möchte ich hinzusetzen können: und zu belehren. Du kannst in kurzem eine Fortsetzung erwarten. Leb wohl. Dein ꝛc.

Cooks-Fluß, den 10. August. W. B.

Siebzehnter Brief.
Fahrt von Cooks-Flusse längs der Küste.

Ich bemerkte in meinem letzten Schreiben, daß wir uns in Bereitschaft hielten, mit dem ersten günstigen Winde wieder in See zu gehen. Den 10ten August Morgens um 5 Uhr lichteten wir den Anker, und seegelten bei gemäßigtem Winde und schönem Wetter ab. Um 8 Uhr ließen wir in 10 Faden auf steinichtem Boden einen Anker fallen, da wir fanden, daß uns die Fluth stark nach dem Lande zu, und südwärts sehr nahe an eine lange Sandstrecke hinantrieb; südwärts lag etwas über eine Meile weit von uns eine Insel. Um 5 Uhr Nachmittags nahmen wir den Anker ein, und seegelten weiter; aber da der Wind nicht so stark war, daß wir dem Strohme entgegen gehen konnten, so mußten wir in 12 Klafter Tiefe auf einem selsichten Boden den Anker abermals auswerfen. Das nordwestliche Ende der kleinen südwärts gelegenen Insel war in der Richtung von W. N. W. Die Entfernung des nördlichen Ufers, betrug 5 Meilen. Das Wetter war gemäßigt und schön.

Den 11ten um 5 Uhr Morgens, lichteten wir den Anker, und liefen mit dem Strohme des Flusses. Um 8 Uhr sahen wir zwei Russische Boote, von denen jedes mit 18 Personen bemannt war, und die nach der südwärts liegenden Insel zu steuerten. Ohne Zweifel befanden sich eben die Leute darin, die wir, als wir den Fluß herauf kamen, gesehen hatten. Wie es scheint, haben sie den Plan, die armen Indianer zu unterjochen, und hernach so viele Felle, wie sie nur können, als einen Tribut von ihnen zu fordern. Aber die Einwohner sind in so viele verschiedene Gegenden zerstreuet, daß ihnen dieses Vorhaben gewiß nie gelingen kann. Um 11 Uhr kamen wir in 19 Faden tiefes Wasser; die Ankerspitze war in der Richtung von S. bei O., und die Entfernung vom Ufer vier Meilen. — Unsre Beobachtung zu Mittage gab 60 Gr. 9 Min. N. Br. Da wir nur schwachen Wind hatten, so mußten wir auf die Fluth warten, indem wir den Fluß hinab fuhren.

Am 12ten, Mittags, lag Kap Beda nach O. S. O. und der Kohlen-Hafen nach Osten bei Süden. Um 12 Uhr kamen wir in 29 Faden Wasser, und die unfruchtbaren Inseln lagen uns in der Richtung S. S. O.; der Vulkan W. N. W.; der Berg St. Augustin S. W. und der Kohlen-Hafen O. Aus unsrer Beobach-

Reise um die Welt.

tung ergaben sich 59 Gr. 28 Min. N. Br., und 151 Gr. W. Länge. Das Wetter war gut und gemäßigt, und wir konnten mit vielem Grunde hoffen, daß uns die nächste Fluth, mit einem nur mäßigen Winde, völlig aus dem Strohme bringen würde.

Von der Größe dieses Flusses kann ich nichts mit einiger Gewißheit sagen; aber wir wissen, daß er sich um ein Beträchtliches weiter nordwärts erstreckt, als bis da, wo wir vor Anker lagen. Seine Breite aber beträgt selten mehr, als 20 Meilen.

Die Einwohner scheinen sich bei der Wahl ihres Wohnorts nicht auf eine besondre Stelle eingeschränkt zu haben, sondern sie leben hier und dort umher zerstreut, so wie es ihrer Bequemlichkeit oder Neigung am gemäßesten ist. Wahrscheinlich sind sie in Geschlechter oder Stämme vertheilt; denn in jedem großen Kahne bemerkten wir wenigstens Eine Person von größerem Ansehen, die nicht nur über den Handel der Uebrigen die Aufsicht hatte, sondern sie auch in einem gehörigen Grade von Unterwürfigkeit erhielt. In ihren Sitten schienen sie unschuldig und nicht zu Beleidigungen geneigt; allein dies ist wohl unsrer Begegnung zuzuschreiben, welche sich von der Art, wie die Russen sie behandelt hatten, sehr unterschied. Die Waffen, die wir sahen, waren Bogen, Pfeile und Speere. Diese sind sowohl bei der Jagd, als beim Fechten gut zu gebrauchen. Das Fleisch der mancherlei Thiere, welche die Einwohner tödten, dient ihnen zur Speise, so wie die Häute derselben zur Bekleidung. Man sollte mit gutem Grunde voraussetzen, die Häute der größeren Thiere, z. B. der Bären, Wölfe ꝛc. müßten als Stücke zur Kleidung von diesen Leuten sehr geschätzt werden; dies ist aber nicht der Fall: denn die meisten tragen Mäntel von Murmelthierfellen, die sehr nett zusammengenähet sind, so, daß ein Mantel vielleicht aus mehr als hundert Fellen besteht. Sehr wahrscheinlich beschäftigen sich vorzüglich ihre Weiber mit solchen Arbeiten. Außer der Seeotter giebt es hier Bären, Wölfe, Füchse, Rakuhns, (*Ursus Lotor Linn.*) Murmelthiere oder Feldmäuse (*Mus marmotta Linn.*) Bisamratzen (*Castor Zibethicus Linn.*) Hermeline ꝛc. Besonders scheinen Murmelthiere und Füchse in der größten Menge da zu sein. Am liebsten handelt dies Volk für seine Felle Tabies und hellblaue Glaskorallen ein. Die andern Sorten, ob wir gleich deren sehr viele verschiedene hatten, wurden fast gar nicht geachtet.

Die Einwohner sind von mittlerer Größe und gut proportioniert; ihre Züge scheinen regelmäßig zu sein, aber ihre Gesichter sind so voll Koth und Schmutz, daß sich unmöglich bestimmen läßt, was für eine Gesichtsfarbe sie haben. Derjenige scheint unter ihnen für den größten Stutzer zu gelten, dessen ganzes Gesicht Eine Masse von Unflath und Fett ist, und der auch sein Haar wohl damit eingesalbt hat. Ihre Nasen und Ohren sind mit Glaskorallen, oder, wenn sie sonst nichts habhaft werden können, mit Zähnen geziert. In der Unterlippe haben sie einen langen mit dem Munde parallel laufenden Einschnitt, welcher eben so, wie die Nase und Ohren, geschmückt ist; aber dies richtete sich, wie ich bemerkte, allemal nach dem Reichthume der Person. Wir sahen nur ein Frauenzimmer; dieser begneten ihre Leute auf das höflichste, und bedienten sie mit vieler Ehrfurcht. Ihr Gesicht war gegen die allgemeine Gewohnheit ziemlich rein, und ihre Farbe und Miene gar nicht unangenehm: ich habe in England wirklich weit schlechter aussehende Frauenzimmer gefunden.

Ihre kleine Kähne sind so gebauet, daß sie nur Eine, höchstens zwei Personen halten; und sowohl diese, als die größeren sind mit Häuten bedeckt. — Es ist leicht möglich, daß ich vor dem Beschlusse unserer Reise Dir weitere Nachricht von diesem Volke geben kann. Sollte dies der Fall sein, so kannst Du sicher darauf rechnen. Indeß fahre ich mit der Erzählung unserer Unternehmungen fort. —

Ich habe schon angemerkt, daß den 12ten Nachmittags schönes Wetter war. Da es noch günstig blieb, so lichteten wir am 13ten August um 4 Uhr Morgens bei günstigem Winde und heiterm Himmel die Anker. Wir fuhren gegen Ost-Nord-Ost den Fluß hinab, und ließen die unfruchtbaren Inseln südwärts liegen. —

Noch Vormittags waren wir völlig aus dem Cooks-Flusse heraus, und da wir uns vorgenommen hatten, nach Prinz Wilhelms Sund zu gehen; so fuhren wir gegen Nord-Osten ungefähr zwei große Seemeilen weit vom Ufer ab. Gegen Abend hörte unser Wind auf, und während der Nacht hatten wir schwache veränderliche Winde.

Während der ersten Hälfte des 14ten hielten wir uns längs dem Ufer. Die Breite betrug am Mittage 59 Gr. 6 Min. Nördlich. Nachmittags ward das Wetter wolkicht und neblicht. Um 4 Uhr legten wir um, und standen gegen Nordwesten; aber da wir nicht gewiß wußten, wie unsre Lage in Ansehung der Passage in Prinz Williams Sund war, so legten wir um 8 Uhr abermals um, und fuhren bis 12 Uhr an.

Am 15ten hatten wir leichte Winde und trübes Wetter. Das Land war uns gänzlich aus dem Gesichte gekommen; aber um 2 Uhr erblickten wir es wieder. Es erstreckte sich von Nord-Nord-West bis West-Nord-West. Als wir das Senkblei geworfen hatten, fanden wir mit 103 Klaftern einen schlammichten thonichten Boden.

Am 16ten waren leichte Lüftchen und trübes Wetter. Wir hielten uns noch längs dem Ufer ungefähr in der Entfernung von zwei großen Seemeilen; das Land erstreckte sich von West-Süd-West bis Norden.

Am 17ten hatten wir noch schwache veränderliche Winde und einen bewölkten Himmel. Da wir seit dem 14ten keine Mittagshöhe genommen hatten, so konnten wir unsre Lage nicht genau wissen; indeß vermutheten wir, das Land, welches wir in Nordosten sahen, sei die Montague-Insel. Da fast eine gänzliche Windstille war, und das Senkblei merklich kürzer ward: so ankerten wir um 3 Uhr, ungefähr drei Meilen weit vom Ufer, in 43 Faden Tiefe auf sandichtem Boden. Ich muß noch anmerken, daß seit einigen Tagen das Senkblei von 120 bis zu 28 Faden gezeigt hatte, und zwar gemeiniglich auf einem schlammichten Boden. Eine nach Norden gelegene Insel erstreckte sich von N. O. bei O. bis N. N. O. Eine andere Landspitze lag gerade nach Norden, sechs Meilen weit von uns. Indeß wir vor Anker lagen, warfen viele von unsern Leuten Fischangeln aus, weil wir glaubten, wir lägen an einer Stockfischbank. Sie fingen einige Drachenbarse (*Scorpaena*) und ein Paar Heilbutten (*Pleuronectes Hippoglossus Linn.*); aber ihre Erwartung, Stockfische (*Gadus Morrhua Linn.*) zu fangen, schlug fehl.

Das Wetter blieb dick und neblicht; als aber den 18ten, um 6 Uhr Nachmittags, ein Wind von Südwesten bei Süden aufstieg, so lichteten wir die Anker, und nahmen unsren Lauf nach dem Ufer. Um 10 Uhr hatten wir 45 Klafter Tiefe, auf einem sandichten mit Muscheln vermischten Boden; um 12 Uhr fanden wir mit 80 Klaftern noch keinen Grund.

1786.
August.

Früh Morgens am 19ten war es so neblicht, daß wir das Land aus den Augen verloren; aber um 8 Uhr sahen wir Land in N. O. bei N. Wir lavirten gegen den Wind, um, wo möglich, durch die südwestliche Durchfahrt in Prinz Wilhelms Sund zu kommen. Diese lag um 4 Uhr Nachmittags nach N. O. bei N., die östliche Spitze des gesehenen Landes O. bei N., die Foot-Insel von N. bei O. bis W. N. W., Leg-Eiland nach W. bis N. W. bei N., und das feste Land nach S. W. Der Wind blies frisch von N. O.; und da schwere Wogen uns immer westwärts trieben, so gewannen wir wenig oder gar nichts. Um 8 Uhr Abends lag uns die südwestliche Spitze von der Montague-Insel O. N. O. in einer Entfernung von vier Meilen. Da die Nacht über veränderliche Winde herrschten, so lavirten wir, je nachdem es nöthig war. Um 10 Uhr hatten wir 40 Klafter Tiefe auf einem sandichten Boden.

Den 20sten Morgens, da das Land, das wir vor uns sahen, sich von N. N. O. bis N. halb W. erstreckte, erreichten wir mit 50 Klaftern keinen Grund. Wir lavirten noch gegen den Wind, aber mit keinem besseren Erfolge, als an den vorigen Tagen, welches von frischen nordöstlichen Winden und von einer Ströhmung herrührte, deren Lauf nach Westen zu ging. — Den 21sten war es zuerst trübe und regnicht. Um 4 Uhr Nachmittags hatten wir große Hoffnung, in eine Bay nahe bei der erwünschten Durchfahrt zu kommen; denn wir hatten 17 Faden Wasser, und waren nur 1½ Meile weit vom Lande. Aber wir bemerkten, daß eine starke Ströhmung, wozu auch die Wogen von ostwärts kamen, unsere Schiffe in der Queer unter den Wind trieb. Am Abend und gegen die Nacht hatten wir starke nordöstliche Winde mit vielem Regen, und die erste Hälfte des 22sten trübes und regnichtes Wetter; wobei indeß der Wind gemäßigter war.

Wir machten am Mittage eine ziemlich gute Beobachtung, welche 59 Gr. 15 Min. N. Br. angab. Dies war die einzige, die wir seit zehn Tagen hatten machen können.

Nachmittags und den ganzen 23sten hindurch war das Wetter trübe und wolkicht; zugleich hatten wir frische unbeständige Winde, die indeß hauptsächlich von N. O. her weheten. Vom Lande war nichts zu erblicken.

Den

Den 24ten um 4 Uhr Morgens drehete sich der Wind nach Südosten; deshalb seegelten wir auf das Land zu, das wir um 3 Uhr Nachmittags in der Richtung von Norden bei Osten bis Westen bei Norden in einer Entfernung von 10 Meilen erblickten. Wir hatten in 70 Klaftern Grund auf schlammigem Boden.

Gegen 8 Uhr Abends veränderte sich der Wind wieder nach Nordosten; und wir gingen Nachts vom Lande ab, da es sehr ungewiß war, wie die Ströhmung liefe. Ich werde hierüber in kurzem wieder schreiben. Der Deinige.

Der Montague-Insel gegenüber, den 27. August. W. B.

Achtzehnter Brief.

Fernere Nachricht von der Fahrt längs der Küste des Cooks-Flusses bis zum King George's Sunde.

Den 25ten und 26ten August hatten wir schwache Winde und trübes Wetter. Um 7 Uhr Abends ging der Wind gegen Süden, und wir hatten große Hoffnung, den folgenden Tag das Land zu erreichen. Gegen 10 Uhr fing der Wind an sich sehr stark aufzumachen; daher legten wir bis 3 Uhr Morgens am 27sten bei, seegelten aber dann wieder weiter, und hielten uns Nordwärts. Um Mittag sahen wir Land, das gegen Norden lag. Aus unsrer Beobachtung, der einzigen guten, die wir seit 14 Tagen hatten machen können, ergaben sich 59 Gr. N. Br. Die Länge war 145 Gr. 44 Min. Westlich. Da wir uns viel zu weit gegen Osten befanden, als daß wir einige Hoffnung gehabt hätten, durch die Südwestliche Durchfahrt in Prinz Wilhelms Sund zu gelangen: so beschlossen unsere Kapitaine, es durch die Einfahrt beim Kap Hinchinbrook zu versuchen, da überdies der Wind günstig und das Wetter gemäßigt war. Ich hätte bemerken sollen, daß es zwei Einfahrten in den Sund giebt: eine, die wir einige Zeit vorher vergebens versucht hatten, und die westwärts, aber auch eine andre, die ostwärts von Montague-Eiland liegt. Nachmittags um 5 Uhr sahen wir etwas niedriges flaches Land, das nach N. O. gelegen war, und das wir für die Insel Kayes hielten. Um 8 Uhr lag das Land vor uns nach Norden bei Westen, in einer Entfernung von zehn Meilen. Da der Wind frisch blies, so legten wir um, und hielten uns die Nacht über vom Ufer entfernt, weil wir es nicht rathsam fanden, uns dem Lande zu nähern.

Morgens den 28sten lag das Land westlich in einer Entfernung von zwölf oder vierzehn Meilen, und zu Mittage hatten wir es fast ganz aus dem Gesichte verloren. Das Wetter war trübe, und es regnete bei einem nordöstlichen Winde. Alle Hoffnung bei dieser Jahreszeit in Prinz Wilhelms Sund einzulaufen, ward jetzt aufgegeben, und unsere Kapitaine beschlossen, ihren Lauf nach Croß-Sund zu richten, da dies der nächste bekannte Hafen nach Süden zu war, von dem sich hoffen ließ, daß wir darin Pelzwerk würden bekommen können.

Vom 29sten August bis zum 3ten September hatten wir frische östliche Winde mit trübem Wetter. Den 4ten ward das Wetter mäßig und ziemlich angenehm, mit leicht veränderlichen Winden, und blieb beinahe beständig so bis zum 7ten. An diesem Tage hatten wir ein frisches Lüftchen von Nordost; aber gegen Abend verlor sich der Wind fast gänzlich. Den 8ten erhob sich ein frischer Wind von S. S. W. Unsere Beobachtung zu Mittage gab 57 Gr. 35 Min. N. Breite; und unsere Länge war 137 Gr. Westlich. Da dies ziemlich die Gegend von Croß-Sund war, so wie ihn Kapitain Cook verzeichnet hat, so steuerten wir nach Nordost bei Ost; und da unser südliche Wind fortwehete, so sahen wir den 9ten, Vormittags um 11 Uhr, gerade vor uns hin Land, das uns um 2 Uhr von N. W. bis O. bei S. in einer Entfernung von sechs Meilen lag.

Da wir uns nun einen Monat lang in See befunden, anstatt daß wir nur ein Kreuzen von zwei oder drei Tagen erwartet hatten: so kannst Du leicht denken, daß wir uns sehr mit der Aussicht schmeichelten, bald ankern und unsern Handel anfangen zu können. Aber unsre Hoffnung verschwand bald; denn nachdem wir bis um 4 Uhr längs dem Ufer in einer Entfernung von weniger als drei Meilen gesegelt waren, so konnten wir doch nicht das geringste von dem Sunde sehen, den Kapitain Cook erwähnt. Die Küste bildete zwar eine Art von Bay; aber es gab in dieser Gegend keinen Ort, wo ein Schiff mit irgend einem Grade von Sicherheit hätte ankern können. Wir warfen das Senkblei mit einer Leine von 110 Klaftern aus, fanden aber keinen Grund; auch war die Farbe des Wassers nicht im Geringsten verändert, so daß man Ursache hat, ganz dicht an dem Ufer tiefes Wasser zu vermuthen.

Da wir uns in der Erwartung, in Croß-Sund einzulaufen, getäuscht sahen: so hielten wir es für unnütze Zeitverschwendung, ihn in irgend einer andern Gegend aufzusuchen, besonders da Kapitain Cook nie darin geankert, sondern den Ort nur in einer beträchtlichen Entfernung gesehen hat, und da wir aus Erfahrung wußten, wie betrügerisch der Anblick des Landes an dieser Küste ist. Dies bewirkt nehmlich ein beständiger Nebel, der die Lage des Landes immer verändert, so daß man es in einiger Entfernung fast unmöglich mit irgend einem Grade von Gewißheit bestimmen kann.

Der nächste Hafen, den wir wählen konnten, war die Bay der Eilande, die ungefähr dreißig Meilen nach Süden und Osten zu lag. Da sich gegen Abend ein günstiger Wind erhob, so seegelten wir die Nacht hindurch gemächlich fort, und hatten die größte Wahrscheinlichkeit, diesen Hafen bald zu finden; aber den 10ten, Morgens, kam ein starker Sturm aus Süden, der bis den Abend anhielt, worauf wir denn einige wenige Stunden lang gänzliche Windstille hatten.

Den 11ten um 2 Uhr Morgens tobte der Sturm mit einem Regen stärker, als zuvor, und hielt ununterbrochen bis zum 13ten an, da gegen Mittag das Wetter endlich gelinde und ziemlich helle ward. Während des Sturms hatten wir gelegentlich umgelegt, um zu verhindern, daß wir nicht auf das Ufer unter dem Winde getrieben würden. Nun, da er sich gelegt hatte, befanden wir uns mehr als zehn Meilen weit vom Kap Edgecombe (dem nächsten Vorgebirge nach der Bay der Eilande), und, unserer Beobachtung zufolge, in 56 Gr. 50 Min. N. Breite. Indeß ward beschlossen, diesen Hafen wo möglich aufzusuchen; denn unsere Seegel und unser Tauwerk waren während des Sturms ziemlich stark beschädigt worden.

Dem zufolge steuerten wir O. n. O. mit einem mäßigen Winde aus Süden; und den 14ten Morgens um 6 Uhr sahen wir Land, das zu Mittage von O. bei N. bis N. W. in einer Entfernung von vierzehn Meilen von uns entlegen war. Um Mittag lag das Kap Edgecombe nach Süden und 60 Grade nach Osten in einer Entfernung von zehn Meilen. Unsrer Beobachtung zufolge, waren wir in 57 Gr. 6 Min. N. Breite. Wir steuerten bis um 5 Uhr Nachmittags immer westwärts, in der Hofnung, die Bay der Eilande zu finden; aber wir konnten keinen solchen Ort westwärts vom Kap antreffen. Der Theil der Küste, den wir untersuchten, bildet eine Art von seichter Bay, kann aber Schiffe, die etwa daselbst ankern wollten, nicht im geringsten schützen; auch konnten wir nicht die mindeste Spur von Bewohnern bemerken. Wir hatten zwar gehört, daß die Spanier im Jahre 1775 sehr nahe an diesem Orte geankert hätten; aber wir fürchteten, daß man sich auf diese Nachricht nicht geradezu verlassen könnte. Um 6 Uhr stellten wir südwärts die Seegel noch näher an dem Winde, weil wir die südöstliche Seite des Kaps untersuchen wollten; aber um Mitternacht erhob sich ein sehr heftiger Wind von Südosten, und blies den ganzen Tag vom 15ten mit heftigem und anhaltendem Regen. Dies machte, daß wir froh waren, uns so viel als möglich vom Lande entfernt halten zu können, so daß wir uns den 16ten Vormittags mehr als 20 große Seemeilen weit südwärts vom Kap Edgecombe befanden. Der Wind wurde mäßiger, aber veränderlich mit häufigen Windstößen und Regen. Das Wetter war trübe und so neblicht, daß wir kaum eine Meile vor uns hinsehen konnten. Da die Jahrszeit sehr schnell verstrich, so gaben wir alle Hoffnung auf, in die Bay der Eilande einzulaufen; und es ward beschlossen, auf King George's Sund loszusteuern. Indeß hielten wir uns immer am Ufer, um keine Gelegenheit zu versäumen, wenn wir etwa zufällig einen Hafen antreffen sollten.

Den 17ten ward das Wetter gelinde, und des Morgens früh erhob sich ein schöner westlicher Wind. Unsre Breite zu Mittage war 55 Gr. 15 Min. Nordlich, und unsre Länge 136 Gr. 14 Min. West. Der schöne Nordwind hielt an, und als wir den 18ten gerade nach Osten steuerten, sahen wir um 1 Uhr vor uns Land, auf welches wir nun gerade zu seegelten. Unsre Breite zu Mittage war 53 Gr. 46 Min. Nordlich, und unsre Länge 133 Gr. 53 Min. Westlich. Um 6 Uhr waren wir dem Lande ziemlich nahe; aber da wir weder einen Hafen noch das geringste Zeichen von Bewohnern fanden, so fuhren wir vom Lande ab, und seegelten südwärts. Das Land, das wir sahen, war hoch, und lag nach Norden und 65 Gr. östlich, in einer Entfernung von vier Meilen. Der Abend war schön, klar und heiter. Wir sahen einen Vogel, der sich von allen, welche wir bis dahin gesehen hatten, gänzlich unterschied. Seine Gestalt war lang und dünn, aber sein Flug dabei dennoch sehr schwer. Die Spitzen seiner Flügel und seines Schwanzes waren weiß, und seine Flügel schön bunt gezeichnet. Er war beinahe von der

Größe einer kleinen Möwe. Auch sahen wir verschiedene Arten von wilden Gänsen in großer Anzahl.

Der frische nördliche Wind wehete noch bis zum 19ten. Um 6 Uhr Morgens lag das Land vor uns von N. W. bis nach N. O., ungefähr in der Entfernung von neun großen Seemeilen. Unsre Beobachtung zu Mittage gab 51 Gr. und 56 Min. Nördlich, und unsre Länge war 133 Gr. West.

Den 20ten und 21ten war das Wetter gelinde. Wir segelten immer Ostwärts, und hatten die Küste in einer Entfernung von acht oder neun großen Seemeilen von uns. Den 21ten zu Mittage, da wir unter dem 50. Gr. 40 Min. N. Breite waren, sahen wir eine Insel, die nach Norden 53 Grade östlich gelegen war. Den Nachmittag hatten wir einen großen Haifisch zur Seite. Ich erwähne dieses Umstandes, da in einer so nördlichen Breite sehr selten Haie gesehen werden. Um 6 Uhr lag die Insel, oder vielmehr die Inseln, die wir zu Mittage gesehen hatten, von Norden 22 Gr. ostwärts, bis nach Norden 43 Gr. ostwärts in einer Entfernung von drei großen Seemeilen.

Den 22ten über segelten wir ostwärts nach King George's Sund, mit einem frischen nordöstlichen Winde. Um 1 Uhr lag die holzige Landspitze (Wooby Point) nach N. W. bei W., in einer Entfernung von zwei Meilen. In einigem Abstande westwärts von der Landspitze ist ein Felsen, der Splitrock genannt ward, und durch einen niedrigen Rief mit der Küste zusammen zu hängen scheint. Die östlichste Spitze des Landes lag nach N. N. O., und von da an bis Wooby Point bildet die Küste eine Art von Bucht. Diese ist ganz mit Fichten überwachsen, von denen einige ein sehr schönes Ansehn haben. Das Land zunächst an der Küste ist ziemlich flach und eben. Da der Tag trübe und neblicht war, so ließen sich keine Beobachtungen zur Bestimmung unsrer Breite anstellen; und da wir unmöglich bei Tage in den Sund einlaufen konnten, so hielt Kapitain Dixon es für das rathsamste, daß wir uns die Nacht über vom Ufer entfernt hielten, weil es sehr viele Felsen und Klippen hat. Kapitain Portlock setzte indeß sein Boot aus, und schickte seinen dritten Steuermann rund um die östlichste Spitze des Landes, damit er sich nach einem Ankerplatze umsehen sollte. Da er aber keinen fand, so segelten wir nach Südwesten, und hielten uns bis Morgens am 23ten vom Ufer ent-

78

1786.
Septbr.

fernt. Bei Sonnenaufgang befand sich die nächste Landspitze ungefähr sechs Meilen weit von uns. Wir warfen das Senkblei in 45 Klaftern Tiefe auf einem harten felsichten Boden.

Da dieser Hafen unsre letzte Zuflucht für diese Jahreszeit ist, so kannst Du Dir leicht vorstellen, daß wir alle Mühe anwenden, in ihn einzulaufen. Wie es ausfallen wird, sollst Du in meinem nächsten Briefe hören. Lebe wohl. Ewig der Deinige.

Bei King George's Sund,
den 24. Septbr.
B. B.

Neunzehnter Brief.

Die Schiffe werden durch übles Wetter gehindert, in King George's Sund einzulaufen. — Betrachtungen darüber.

Beim Schlusse meines letzten Briefes schmeichelten wir uns mit der Hoffnung, daß wir bald in unsern längst gewünschten Hafen einlaufen würden. Diese Hoffnung ist, wie ich Dir zu meinem wahren Leidwesen sagen muß, vorüber, wenigstens für dies Jahr. Doch, nicht das Letzte zuerst! — und also will ich lieber fortfahren, Dir eine ordentliche Nachricht von unserm Unsterne zu geben.

Ich bemerkte vorher, daß wir Abends den 22sten sechs Meilen vom Lande waren, und die Nacht hindurch südwärts seegelten. Den 23sten Morgens um sechs Uhr spannten wir die Seegel auf, und steuerten beinahe Nordost, mit einem frischen Winde aus Nordwest. Um 8 Uhr lag Splitrock nach Norden und 40 Grade Westlich, in einer Entfernung von sechs großen Seemeilen. Zufolge unsrer Beobachtung gegen Mittag, befanden wir uns in 49 Gr. 50 Min. N. Breite, und in 127 Gr. 52 Min. W. Länge, so daß wir beinahe zwanzig Meilen nordwärts und funfzig Meilen westwärts von unserm Hafen waren. Die abgestumpfte westliche Landspitze lag gegen Norden 69 Gr. Westlich; das östlichste Land aber gegen Süden und 60 Gr. gegen Osten in einer Entfernung von sechs Meilen. Den Nachmittag über ward der Wind gelinder, und gegen 5 ward es beinahe ganz stille, so daß es unmöglich war, in den Sund einzulaufen. Hierauf setzten wir die Seegel mehr südlich dem Winde näher. Unsre Beobachtung am Mittage hatte uns indeß in den Stand gesetzt, die Einfahrt in den Hafen mit gänzlicher Gewißheit zu bestimmen. Um 6 Uhr lag die Spitze des Sundes nach Norden und 60 Grade östlich in der Entfernung von sechszehn oder siebzehn Meilen. Um 8 Uhr liessen wir das Senkblei in 57 Klaftern auf schlammichtem Boden sinken. Die Nacht hindurch hatten wir leichte veränderliche Winde und bisweilen Windstöße mit Regen.

Den 24sten Morgens seegelten wir wieder dem Lande zu, indem wir N. O. bei O., mit einem gelinden Winde aus S. O. bei O. steuerten; aber wir bekamen bald drauf leichte unbeständige veränderliche Winde, und oft eine gänzliche Stille, so daß es nicht wohl möglich war, in den Hafen einzulaufen. Nach unsrer Beobachtung zu Mittage hatten wir 49 Gr. 28 Min. N. Breite. Die Landspitze an der Einfahrt des Sundes lag nach Nordost in einer Entfernung von vier großen Seemeilen, und Point Breakers war östlich 6 Gr. nach Süden in der Entfernung von sechs Meilen. Um 2 Uhr warfen wir das Senkblei mit 65 Klaftern Leine auf felsichtem Boden. Um 4 Uhr lag der Hafen N. 55 Grade nach O. vier große Seemeilen weit von uns, und um 6 Uhr waren die äußersten Landspitzen von Osten 9 Gr. südwärts bis nach N. und 25 Gr. Westlich gelegen. Wir warfen das Senkblei in 55 Klaftern auf einem schlammichten Boden.

Den 25sten hatten wir den ganzen Vormittag leichte veränderliche Lüfte mit häufigen Regengüssen. Ob wir gleich zu Mittage nur zehn Meilen von der Einfahrt des Sundes entfernt waren: so machten es dennoch die häufigen Windstillen mit leichten veränderlichen Winden aus jedem Striche her, desgleichen heftig rollende Wogen, die gerade auf das Land zu trieben, unthunlich, uns dem Ufer zu nähern, so daß wir um 5 Uhr umlegten und südwärts steuerten. Um 6 Uhr lagen die äußersten Landspitzen von O. bei S. bis nach W. N. W., ungefähr in einer Entfernung von acht Meilen. Den Abend blies der Wind frisch aus Südosten, und des Nachts um 10 verwandelte er sich in einen heftigen mit starkem Regen begleiteten Sturm.

Den 26sten, Morgens um 3 Uhr erhob sich ein fürchterlicher Sturm mit Donner und Blitz; der Regen hielt noch immer an. Die Schläge des Donners waren erstaunlich stark, und der Blitz so heftig, daß er die Leute auf dem Verdecke eine ganze Zeit blind machte, wobei jeder einen starken schwefelichten Geruch zurückließ.

Ich war während des Sturms meistentheils auf dem Verdeck; und ich muß Dir gestehen, daß der majestätisch furchtbare Anblick der Elemente (wenn ich mich so ausdrücken darf) mich sehr in Bewegung brachte. Wie oft dachte ich, daß nichts in der Natur dem Ungewitter gleich kommen könne, welches Thomson in seinen Jahreszeiten so schön beschreibt: allein hier ward jede erhabne Stelle seiner Schilderung in einem lebendigen Gemälde in den hellsten Gesichtspunkt gebracht, und die Majestät des Ganzen noch mehr durch das Heulen des Windes, das Toben des Meeres und eine mehr als gewöhnliche Dunkelheit, die über die uns umgebende Atmosphäre verbreitet war, erhöhet.

Des Morgens gegen 6 Uhr legte sich der Sturm, und wir hatten wieder leichte unbeständige Winde und sehr ungestüme hohe Queerwogen, wodurch wir gehindert wurden, uns dem Ufer zu nähern, besonders da der Morgen trübe und neblicht war. Um 10 Uhr sahen wir Land, welches von N. W. bis nach O. im Abstande von neun Meilen lag; aber häufige Windstillen und eine heftige Ströhmung, die nach dem Ufer hin lief, machten, daß wir froh waren, uns so viel als möglich vom Ufer entfernt halten zu können, insbesondere deswegen, weil von der Spitze des Hafens wenigstens zwei Meilen weit vom Ufer eine Reihe Klippen wohl zwei Meilen nordwärts hinläuft. Den Nachmittag und die Nacht hindurch hatten wir leichte veränderliche Winde mit Regen.

Da sich am 27ten um 4 Uhr Morgens ein frischer Wind von S. S. W. erhob, so seegelten wir ab, und richteten unsern Lauf nach dem Hafen. Gegen 10 Uhr ließ der Wind nach, und wir hatten nun veränderlichen Wind und aus Süden starke Wogen, die uns auf die vorhin erwähnten Brandungen hintrieben. Dadurch ward unsere Lage auf einige Zeit etwas bedenklich; aber gleich nach 11 Uhr waren wir außer aller Gefahr. Der King George war südwärts von uns, und Kapitain Portlock hatte also von seiner Seite nichts zu befürchten. Um Mittag lag die westliche Spitze des Hafens nach Norden und 60 Gr. ostwärts; und die äußersten Landspitzen von W. N. W. bis O. bei S. Den Nachmittag und Abend hatten wir starke Windstöße mit vielen heftigen Hagelschauern. Um 6 Uhr war der Eingang von Nutka-Sund nach N. 55 Gr. östlich gelegen. Die Nacht hindurch hatten wir schwache veränderliche Winde.

Am

Am 28ten um halb 6 Uhr Morgens richteten wir unsern Lauf wieder nach dem Sunde; aber unglücklicherweise hatten wir eben die schwachen Winde und auch eben so starke Wogen gegen uns, wie am vorigen Tage. Da wir es deswegen unmöglich fanden, den Hafen zu erreichen; so richteten wir um 11 Uhr die Seegel näher dem Winde zu südwärts. Um Mittag lag die Spitze des Hafens nach N. 65 Gr. ostwärts, in einer Entfernung von sieben Meilen. Da der Wind den ganzen Nachmittag noch immer schwach und veränderlich war, und die See hohe Wogen hatte; so hielten wir uns südwärts. Um 7 Uhr sprach Kapitain Portlock mit uns, und gab uns Nachricht, daß er Willens sei, die Küste zu verlassen, und seinen Lauf gerade nach den Sandwich-Inseln zu nehmen. Zugleich wies er uns an, nach S. S. W. oder S. bei W. zu steuern, wenn es nehmlich der Wind erlauben wollte. Der Hafen lag damals O. N. O. sieben große Seemeilen weit von uns. Die Nacht hindurch hatten wir schwache veränderliche Winde, von häufigen Regengüssen und Hagelschauern begleitet; aber gegen 5 Uhr Morgens am 29ten erhob sich wieder ein frischer Wind aus Westen, durch den wir in Stand gesetzt wurden, unsern Lauf der Anweisung des Kapitain Portlock gemäß einzurichten. Indeß muß ich gestehen, daß wir die Küste ungern verließen, und zwar um so mehr, da der Wind, den wir jetzt hatten, gerade der war, den wir bedurften, um in den Sund zu kommen. Auch muß ich anmerken, daß der Wind seit einigen Tagen, so bald wir uns in einiger Entfernung vom Ufer befanden, so günstig war, als wir es nur wünschen konnten; aber jedesmal, wenn wir uns dem Lande näherten, ward er schwach und veränderlich: und wir konnten daher mit Grunde vermuthen, daß dies auch jetzt der Fall sein würde. Wahrscheinlich hatten wir uns daher im Ganzen über diesen unerwarteten Entschluß zu freuen. Um Mittag lag der Hafen nach N. 40 Gr. ostwärts, ungefähr 12 große Seemeilen weit von uns. Unsere Breite war 49 Gr. 15 Min. Nördlich, und die Länge 127 Gr. 35 Min. Westlich. Ehe es Nacht ward, hatten wir die Küste gänzlich aus dem Gesichte verloren. So verschwand nun alle Hoffnung, noch in dieser Jahreszeit in King George's Sund zu kommen.

Wenn wir auf die Vorfälle zurücksehen, die uns seit unsrer Abfahrt vom Cooks-Fluß betroffen hatten: so sind wir, wie es scheint, bei allen unsern Versuchen, in einen zweiten Hafen an diesen unfreundlichen Küsten einzulaufen, besonders unglücklich gewesen. Freilich rührte das Fehlschlagen unsrer Versuche zweimal (nehmlich zu Croß-Sund und in der Eilandsbay (*Bay of Islands*) größtentheils von falsch verstandenen Nachrichten her; aber daß wir weder in Prinz Williams- noch in Nutka-Sund einlaufen konnten, kann mit Recht ungünstigen Winden und schlechtem Wetter zugeschrieben werden: und diese Zufälle vernichten beständig die stärkste Anstrengung menschlicher Klugheit. Ob uns gleich Kapitain Portlock's Bewegungsgründe, die Küste zu verlassen, nicht bekannt waren; so mußte er doch wohl ohne Zweifel überzeugt sein, daß jeder Versuch gemacht sei, den nur menschliche Klugheit angeben, und der mit der Erhaltung der Schiffe und der Leute bestehen könne.

So endigte sich nun unsere erste Reise. Ob sie gleich nicht ganz glücklich ausgefallen ist, so können doch daraus verschiedene sehr nützliche Lehren für mancherlei Lagen im Leben hergeleitet werden; und mir würde sie sehr vielen Stof darbieten, mich über die Ungewißheit und Unbeständigkeit aller weltlichen Erwartungen auszulassen. Du möchtest mich aber in Verdacht haben, als wollte ich Dir eine Menge alter abgenutzter Sittensprüche auftischen; daher will ich sogleich schließen. Immer der Deinige.

Auf der See, den 2. Oktober.   W. B.

Zwanzigster Brief.

Nachricht von den im Cooks-Flusse eingehandelten Pelzwaaren. — Auf der Fahrt von der Küste nach den Sandwich-Eilanden wird die Insel St. Maria la Gorta gesucht. — Ankunft in den Sandwich-Eilanden.

Nachdem wir uns darein gefunden hatten, daß unsre Erwartungen an der Amerikanischen Küste (wie es indeß nicht anders sein konnte) fehlgeschlagen waren: so richteten wir, wie ehemals die Israeliten, unsre Gedanken wieder auf die Fleischtöpfe Aegyptens; oder, ohne Metapher zu reden, wir trösteten uns mit der Hoffnung der herrlichen Mahlzeiten von Schweinefleisch, Yams und andern guten Lebensmitteln in den Sandwich-Inseln.

Vielleicht schließest Du aus dem, was ich Dir in meinem letzten Schreiben in Ansehung unsers unglücklichen Erfolges sagte: wir hätten die Küste verlassen, ohne etwas, das der Mühe werth wäre, ausgerichtet zu haben. Aber, um Dir Deinen Irrthum zu benehmen, muß ich Dir sagen, daß wir im Cooks-Fluß beinahe sechzig der besten Fischotterfelle, auch ungefähr eben so viele von geringerer Beschaffenheit, erhalten hatten; desgleichen auch zwanzig schöne Murmelthier-Mäntel, nebst verschiedenen Rakuhns-Fuchs- und andern Thierfellen, mit denen wir drei Fässer anfüllen konnten. Unser Einkauf war, wenn gleich nicht sehr groß, doch keinesweges ganz verächtlich. Kapitain Portlock hat, wie ich glaube, ungefähr eben so viel Stück gehabt, als wir.

Wir verließen, wie ich schon gesagt habe, König George's Sund den 29sten September mit einem guten Westwinde, der sich aber am 30sten nach ostwärts umsetzte, wobei das Wetter leidlich war.

Den 31sten kam der Wind aus Westen, und das Wetter war heiter und schön. Den 4ten Oktober hatten wir trübes und nebelichtes Wetter mit häufigen Windstößen. Den 7ten um Mittag war unsere Breite 43 Gr. 8 Min. und unsere Länge 131 Gr. 59 Min. Westlich; wir hatten veränderliche Winde, und das Wetter blieb noch immer nebelicht. Die Nacht hindurch kam der Wind sehr scharf aus Westen; aber den 8ten gegen Morgen ließ er etwas nach.

Am 11ten um 8 Uhr Abends sahen wir eine Art von feurigem Meteor um das Schiff spielen. Da die Matrosen ziemlich abergläubisch sind: so fürchten sie sich sehr vor einer solchen Erscheinung, die unter dem Namen Davy Jones*) allgemein bekannt ist. Davy's Nacht ist sehr groß; allein man glaubt von ihm,

F 2

---

*) Der gemeine Mann in England, besonders der rohe Seefahrer, ist, ungeachtet seines entschiedenen Muthes in Gefahren und seiner ausgezeichneten Tapferkeit, sehr abergläubisch. Bei seinem alten Hasse gegen die Einwohner von Wallis, welche er noch für Teufelsbanner, Herrenmeister und Geisterbeschwörer hält, giebt er sogar dem Teufel und seinen Gesellen einen unter den Wälschen sehr gewöhnlichen Vornamen, und nennt ihn Davy, oder, nach einer andern Aussprache: Taffy, weil David der Schutzpatron der Wälschen ist. Ueberdies legt er ihm auch einen unter den Wälschen häufig vorkommenden Zunamen bei, und nennt ihn Jones. (Es giebt noch einen Namen des Teufels in England, nehmlich: old Nick, alter Niklas.) Sieht nun der Matrose am Tauwerke oder an den Masten ein elektrisches Feuer, welches sich oft vor einem Sturme zeigt: so sagt er: da ist Davy Jones, d. i. der Teufel; denn er ist nicht einmal dreist genug, ihn zu nennen. So waren bei den Alten diese elektrischen Feuer den Dioskuris, Kastor und Pollux, heilig: so nennt der Südeuropäer sie das Feuer von Sankt Elmo. J.

1786.
October.

er habe unmittelbaren Einfluß auf Winde und Wellen, ob er gleich überhaupt selten oder niemals in einer guten Absicht erscheint; und das mag wohl die Ursache sein, weshalb die braven Seeleute sich vor Sr. Herrlichkeit so sehr fürchten.

Es ist gewissermaßen seltsam, daß ein Schlag von Leuten, welche wirkliche Gefahr, vor der die muthigsten Männer zittern würden, verachten, durch eingebildete von ihnen selbst geschaffene Schreckbilder außer sich kommen, da diese doch bloß für Kinder ein Popanz sein sollten.

Während der Nacht hatten wir starken Wind und Wogen aus Süden. Wenn sich solche Witterung so bald nach der Erscheinung des Davy Jones einfindet; so dient es dazu, den Aberglauben, den die Seeleute ohnedies schon von ihm haben, noch zu verstärken.

Morgens am 12ten war das Wetter leidlich; um 10 Uhr zog sich der Wind nordwärts, und war frisch und gut.

Um Mittag am 13ten war unsere Breite 37 Gr. 2 M. Nördlich, und unsere Länge, nach der Mittelzahl aus verschiedenen Mondsbeobachtungen, 134 Gr. 47 M. Westlich. In dieser Lage bemerkten wir eine Strömung, die uns stark nach Osten hin trieb.

Am 14ten fingen wir 3 große Haifische. Sie waren uns sehr willkommen, da sie uns Thran gaben, den wir nicht allein zu den Schiffslampen beim Kompasse, sondern auch zum Einschmieren unsrer Maste und Tauwerke gebrauchen konnten, indem unser Oehl beinahe aufgegangen war. Vom 14ten bis zum 24ten fiel nichts Merkwürdiges vor. Während dieser Zeit war der Wind veränderlich, und das Wetter sehr leidlich.

Am 25ten betrug unsere Breite 33 Gr. Nördlich; und die Länge 143 Gr. 36 M. Westlich. Wir hatten mäßigen Wind von Süd Süd Ost, mit häufigen Regengüssen. Diesen Nachmittag flogen eine Art Vögel um das Schiff her, welche mir Pennant's*) gestreifte Sandläufer zu sein schienen, und von denen zwei so zahm waren, daß unsere Leute sie beinahe gefangen hätten.

*) Bekanntlich hat Herr Thomas Pennant, ein wohlhabender gelehrter Mann, dessen Landgüter unweit Holywell in Flintshire in Nord-Wallis liegen, sich viel mit der Zoologie beschäftigt, und verschiedene gute Werke darüber herausgegeben. Des hier erwähnten Sandläufers, der Linné's *Tringa striata* ist, erwähnt er in seiner *Arctic Zoology* p. 472.   S.

Reise um die Welt.   85

Von da bis zum 31sten hatten wir wenig Neues. Das Wetter war im Ganzen ziemlich gut, obgleich bisweilen von Regen und starken Winden begleitet. Unsere Beobachtung um Mittag zeigte 29 Gr. 5 Min. N. Br. und 148 Gr. W. Länge.

Am 1sten November sahen wir uns nach der Insel St. Maria la Gorta um, welche in Cook's Charte unter 17 Gr. 50 Min. N. Breite, und 149 Gr. W. Länge gesetzt ist; aber wir seegelten denselben Nachmittag gerade über diese Stelle hin, ohne sie zu sehen. Wir erwarteten in der That kaum, eine solche Insel anzutreffen, da sie von Herrn Roberts nach eben den Nachrichten, welche wir schon in Ansehung der Inseln los Majos und Rocca Partida fehlerhaft gefunden hatten, in die erwähnte Karte eingetragen worden ist.

Am 5ten November, um Mittag, waren wir in 24 Gr. 32 Min. N. Breite; und da der Wind seit einigen Tagen aus Osten blies: so gab uns dies zu einem beständigen Passatwinde Hoffnung. Allein hierin wurden wir getäuscht; denn Nachmittags wendete sich der Wind nach Süden, und wir hatten eine sehr merkliche Veränderung des Wetters, das in beständige Windstöße und Regen ausartete. Diese Jahreszeit scheint bei den Sandwichinseln die stürmische zu seyn; denn ob wir gleich oft starke Windstöße hatten, so waren sie doch nie beständig und von Dauer, sondern überfielen uns plötzlich, und wurden von heftigen Regengüssen begleitet.

Den 8ten und 9ten war das Wetter außerordentlich schwül, und wir hatten beinahe in jeder Richtung Wetterleuchten, besonders am 9ten Abends. Am 10ten, um vier Uhr Morgens, kam ein sehr heftiger Windstoß, der ungefähr eine halbe Stunde anhielt. Er war von außerordentlich starkem Regen begleitet, der sehr viel dazu beitrug, die Atmosphäre kühl und angenehm zu machen.

Es ist merkwürdig, daß wir seit einigen Tagen nur sehr wenige Vögel sahen. Da die Tropischen Vögel*) in der Breite, in der wir uns befanden, besonders einheimisch sind; so war dies um so mehr zu verwundern. Am 9ten sahen wir einen einzelnen Fregattenvogel,**) und an eben dem Tage fingen wir mit Angeln und Schnur

L 3

*) *Phaëton aethereus Linn.*
**) *Pelecanus aquilus Linn.* Dieser Vogel wird, in Ansehung seiner Geschichte, selbst von guten und fleißigen Naturforschern mit dem Albatroß verwechselt; denn man glaubt von ihm, er habe mit dem Albatroß einerlei Vaterland, Aufenthalt und Lebensart. Dies ist

1786. Novembr.

zwei Delphine, welches die einzigen Fische waren, deren wir uns, seitdem wir das feste Land verliessen, hatten bemeistern können. Um Mittag betrug unsere Breite 22 Gr. 54 Min. Nördlich; und die Länge 151 Gr. 24 Min. Westlich.

Am 11ten Vormittags drehte der Wind sich nach Norden, und das Wetter ward gemäßigt und schön.

Am 12ten fingen wir einen Haifisch, der noch einen Vogel und einen Theil von einer Meerschildkröte in seinem Bauche hatte. Wir waren nun überzeugt, daß uns die Insel Atuai unter dem Winde läge. Um Mittag hatten wir 21 Gr. 30 M. Nördliche Breite; und nach der Mittelzahl von verschiedenen Mondsbeobachtungen betrug unsre Länge 152 Gr. 4 Min. Westlich, wobei wir einen schönen Nordostwind und klares Wetter hatten.

Gegen Abend flogen einige Flüge Sandläufer um unser Schiff. Seit einiger Zeit hatten wir unsern Lauf sehr südwärts gerichtet, weil wir vorher durch die südlichen Winde waren aufgehalten worden; aber gegen Abend sprach Kapitain Portlock mit uns, und wies uns an, nach S. S. W. zu steuern, da sich aus unsern Beobachtungen ergäbe, daß wir uns von allen den Inseln noch zu sehr windwärts befänden.

Am 13ten gegen Mittag war unsere Nördliche Breite 20 Gr. 36 Min.; und da wir nun selbst fanden, daß wir von Owaihie noch viel zu windwärts waren, so steuerten wir mit einem mäßigen östlichen Winde und bei schönem Wetter mehr westwärts.

Am 14ten gegen Mittag befanden wir uns im 20. Gr. 36 Min. Nördlicher Breite; und nach der Mittelzahl verschiedener angestellter Mondsbeobachtungen betrug unsere Westliche Länge 152 Gr. 39 Min. Wir steuerten nach W. bei S. Es flogen verschiedene Arten von Vögeln um unser Schiff, als Sandlerchen (*sandlarcs*), Fregattenvögel u. s. w. Die Delphine waren sehr zahlreich, und wir fingen auch

---

aber gänzlich falsch. Das Albatroß findet sich vom 66. bis zum 30. Grade höchstens, der Fregattvogel hingegen bloß zwischen den Wendezirkeln. Das Albatroß hebt sich in seinem Fluge selten 20 Fuß über das Meer, aber die Fregatte fliegt immer 70 bis 100, ja wohl einige hundert Fuß hoch über dem Waßer. Das Albatroß wird wohl 500 deutsche Meilen weit von irgend einem Lande angetroffen; hingegen ist die Fregatte selten weiter vom Lande, als 40 bis 60. Die Flügel der recht großen Albatroße sind 10, 12 bis 14 Fuß breit; an der Fregatte aber höchstens 6 bis 8. F.

verschiedene Haifische, von denen einer noch eine ganze große Meerschildkröte in seinem Bauche hatte. Am 15ten war unsere Nördliche Breite 20 Gr. 7 Min. Seit einigen Tagen war es uns so vorgekommen, als wenn eine starke Ströhmung nach Norden zwischen Owaihie und Maui hintriebe; und da es sich auswies, daß unser Lauf vom 14ten Mittags bis zum 15ten um viele Meilen zu Südlich war, so setzte dieser Umstand die Sache außer Zweifel. Ungefähr um 5 Uhr Nachmittags sahen wir, in einer Entfernung von zehn oder zwölf Seemeilen, hohes Land über den Wolken, das nach S. S. W. hin lag, und das wir sogleich für den Monakaah, ein hohes Gebirge auf Owaihie, erkannten. Während der Nacht ging unser Lauf unter gemächlichem Seegeln nach W. N. W., und am 16ten, Morgens um 7 Uhr, lag Monakaah nach Süden 25 Grade westwärts. Ein großer Theil seines Gipfels war mit Schnee bedeckt; und ich habe alle Gründe, zu glauben, daß dies Gebirge nie gänzlich davon frei ist.

Des Vormittags steuerten wir mit einem guten Ostwinde beinahe West zu Süd, ungefähr drei Meilen weit vom Ufer; aber da die See sehr hohe Wellen hatte, so wagten sich keine Boote zu uns. Um 2 Uhr sahen wir Maui; das nach Norden 70 Grade westwärts, ungefähr sieben große Seemeilen weit von uns lag. Da es diesen Tag sehr helle war, so ward unsere Aussicht nach Monakaah, dem höchsten Lande auf Owaihie, ganz und gar nicht unterbrochen. Obgleich dies Gebirge sehr hoch ist; so erregt dessen Anblick doch kein besonderes Erstaunen, da es sich von allen Seiten stufenweise und gemächlich zu erheben scheint:

Der Theil der Insel, an dessen Küste wir jetzt hinsegelten, ist sehr schön. Das Land scheint in abgesonderte Pflanzungen getheilt, und jede davon auch sehr gut angebauet zu seyn. Der höhere Boden ist mit Bäumen bedeckt, wodurch er mit einem bestäubigen Grün bekleidet wird; und an drei oder vier Orten im Lande sind jähe Risse oder Klüfte, die mit Ströhmen vom besten Wasser reichlich versehen sind, und die Landschaft in der That entzückend machen.

Da man wußte, daß Karakakua-Bay in mancher Rücksicht unbequem zum Ankern wäre; so ward beschlossen, eine andere, die um die Süd-Westspitze lag, zu untersuchen. In diese Bay hatte man schon, da Kapitain Cook hier gewesen war, hineingesehen; und wir erwarteten, daß sie uns einen guten Hafen geben würde.

1786. November. Allein Nachmittags um vier Uhr hörte der Wind auf; und da nun verschiedene Boote vom Ufer kamen, so legten wir bei, um mit den Eingebornen zu handeln. Diese brachten Schweine, wilde Pisangs, Brodfrüchte, süße Batatten, u. s. w. welches alles uns in unsrer jetzigen Lage sehr zu Statten kam, indem viele von unsern Leuten den Schaarbock hatten. Indeß, wenn wir in Erwägung ziehen, wie viele Zeit seit unsrer Abreise von diesen Inseln vergangen war, und wie wenige frische Lebensmittel wir uns diese Zeit über hatten anschaffen können; so ist es in der That noch ein großes Wunder, daß wir so gesund sein konnten, als wir es wirklich waren. Aber dies verdankten wir, nächst der Vorsehung, einigermaaßen dem freien Gebrauche der mancherlei der Fäulniß widerstehenden Mittel, die wir in großer Menge an Bord hatten. Am Abend und während der Nacht herrschte bei heißem, schwülen Wetter eine gänzliche Windstille, die von vielen Blitzen begleitet war.

Am 17ten, Morgens, erhob sich ein schwacher Wind aus Süd-Süd-West, und wir befanden uns vor der oben erwähnten Bay. Indeß, da wir gern so viel Lebensmittel als möglich einkaufen wollten, so sandte Kapitain Portlock seinen ersten Steuermann (Herrn Macleod) in dem Fischerboote aus, um die Bay zu untersuchen; und während der Zeit legten die Schiffe bei, um mit den Eingebornen zu handeln. Um 5 Uhr Nachmittags kehrte Herr Macleod zurück, und berichtete, daß man in der Bay nicht sicher ankern könne, theils wegen des schlechten Bodens, theils weil sie den Südwestwinden gänzlich ausgesetzt sei. Da dies der Fall war, so ward unsre Absicht, zu Owaihi zu ankern, aufgegeben; indeß beschlossen wir, uns noch einige Zeit nahe an diesem Theile der Insel aufzuhalten, wenn der Wind es nur einigermaßen erlauben wollte, da wir wußten, daß es daselbst Schweine in Menge gäbe.

Den 18ten legten wir bei, oder lavirten gelegentlich, so wie es unsern Handel zu befördern dienlich war. Das Schiffsvolk beschäftigte sich indessen mit dem Schlachten und Einpöckeln der Schweine für die Schiffe. Dieser Theil der Insel erzeugt nur wenige Kokosnüsse oder wilde Pisangs; von anderen Gewächsen hingegen sind Brodtfrüchte und süße Batatten in der größten Menge da. — Unter den verschiednen Seltenheiten, die uns die Eingebornen zum Verkaufe brachten, befanden sich eine Art von Körben, die ungefähr 18 Zoll hoch waren, und 5 oder 6 Zoll im Durchmesser hatten.

hatten. Die Form war rund und die Arbeit außerordentlich nett. Das Flechtwerk, aus welchem sie bestanden, hatte man häufig mit rothen Zweigen untermischt, welches sich vortreflich ausnahm. Diese Körbe waren für uns etwas ganz Neues; denn als wir uns vorher auf diese Inseln befanden, sahen wir nichts von der Art. Weil am 19ten der schöne Morgen und das Wetter viel versprach, so besuchte uns der Kapitain Portlock, und nahm sich vor, sich den größten Theil des Tages bei uns aufzuhalten; aber ein starker Wind, der von Südwest aufstieg, nöthigte ihn, sich Nachmittags bei guter Zeit auf sein eignes Schiff zu begeben. Da Maui uns damals gegen Westen lag, so beschlossen wir, nach der östlichen Spitze hin zu fahren und dort zu ankern. Ich schließe für jetzt; aber ungeachtet der mannichfaltigen Gegenstände um uns her werde ich meine Feder bald wieder ergreifen. Leb wohl. Dein

Sandwich-Inseln, den 20. Novembr.   W. B.

Ein und zwanzigster Brief.

Verhandlungen mit den Eingebornen während des Aufenthaltes in den Sandwich-Inseln. — Die Schiffe ankern zu Wahuh.

Widrige Winde und unbeständiges Wetter vereitelten unser Vorhaben, zu Maui zu ankern; aber ich will Dir Alles lieber nach der Ordnung erzählen.

Den 19ten Nachmittags blies der Wind frisch aus Südwesten; gegen Abend aber wehete er sehr stark, wobei es donnerte, blitzte und häufig regnete. Wir legten daher während der ganzen Nacht bei, und bedienten uns jeder Methode, um uns vor allen Unfällen zu hüten, die uns etwa durch plötzliche Windstöße, die man in diesen Inseln häufig verspürt, hätten betreffen können. — Da es Morgens den 20ten ziemlich ruhig und der Wind noch Südwestlich war; so seegelten wir, und liefen gerade nach der östlichsten Spitze von Maui, indem wir W. N. W. steuerten. Aber als wir um Mittag vom Lande gegen den Wind gedeckt waren, nahm der Wind ab, und wir hatten beinahe eine Windstille. Es kamen einige Kanots zu uns; aber was sie zum Verkauf brachten, waren nur Kleinigkeiten, nehmlich drei oder vier kleine Ferkel, einige wenige Batatten und etwas Brodtfrucht. Um Mittag lag die Nordwestliche Spitze von Maui gegen W. N. W. in einer Entfernung von fünf oder sechs großen Seemeilen. Das Wetter war außerordentlich heiß und schwül, so daß das Thermometer auf 90 Grade stand. Da wir schwache veränderliche Winde hatten, so hielten wir uns längs dem Ufer, um alle Erfrischungen, welche die Einwohner uns nur brächten, einzukaufen.

Die Insel Maui hat nichts besonders Hervorstechendes in ihrem Anblick. Das östliche Ende derselben ist sehr hoch; aber es scheint nicht bergicht zu sein, denn es senkt sich in einem allmähligen Abhange bis an den Rand des Wassers hinab. In der Landschaft machen Bäume von mancherlei Art, Pflanzungen u. s. w. ziemlich viele Abwechslungen; aber sie scheinen bei weitem nicht so beträchtlich zu sein, als die, welche ich zu Owaihie sah.

Ungefähr um 5 Uhr Nachmittags hatten wir einen starken Wind aus Südwest, und es gab oft Windstöße. Wir nahmen daher einige Seegel ein, und steuerten gegen Nordwest. Um 8 Uhr lag die Westspitze von Maui nach S. W. in einer Entfernung von fünf großen Seemeilen. Während der Nacht war das Wetter ziemlich gemäßigt.

Den 21sten um 6 Uhr Morgens legten wir um, und liefen nach S. Um 8 Uhr lag das östliche Ende von Maui nach S. 20 Gr. ostwärts, und Morotai nach W. S. W. Unsere Beobachtungen gaben um Mittag 21 Grade 12 Min. N. Breite. Die äußersten Spitzen von Maui lagen von Süden und 60 Grade Ostwärts, bis nach Süden und 60 Grade Westwärts, der Mittelpunkt aber nach Süden 76 Grade Westlich. Das Wetter war Nachmittags heiß und schwül, und es weheten schwache und veränderliche Winde.

Den 22sten Morgens hatten wir eine Anzahl Boote bei uns, von denen wir Batatten, Tarro*) Pisange, Zuckerrohr und viele andere für die Schiffe brauchbare Artikel kauften. Die Winde blieben schwach und veränderlich, und die Richtung des Windes ging oft rund um den Kompaß. Um Mittag lag Morotai nach W. bei S. in einer Entfernung von sechs oder neun Meilen.

Es ist bemerkenswerth, daß die Leute, welche von Maui und Marotai zu uns kamen, unsre Schiffe mehr zu bewundern schienen, als die andern, die wir

---

*) Tarro bedeutet in der Tahitischen Sprache das *Arum esculentum Linn.*, dessen Wurzeln eßbar sind. Die Batatten aber sind die Wurzeln des *Convolvulus chrysorrhizus*. S.

bisher angetroffen hatte. Wahrscheinlich waren vielen von ihnen vorher noch niemals Schiffe zu Gesicht gekommen.

Den 23ten hatten wir schwache Winde, die bisweilen aus Osten oder O. S. O. kamen, aber häufig veränderlich waren. Da wir uns in einer beträchtlichen Entfernung vom Ufer befanden, so kamen keine Boote zu uns. Um Mittag lag das südliche Ende von Marotai nach S. 8 Grad Oestlich, fünf große Seemeilen weit von uns. Unsre Breite war 21 Gr. 30 Min. Nördlich. Um 6 Uhr lag Marotai nach S. ¼ Westlich, und Maui nach S. O. bei S., ungefähr sechs Meilen weit vom Ufer. Fast die ganze Nacht hindurch hatten wir einen frischen Wind aus Südosten.

Den 24ten legten wir um und seegelten um 4 Uhr Morgens nach S. S. W. Um Mittag aus lag die östliche Spitze von Maui nach Süden 25 Gr. Oestlich. Aber wir waren so weit vom Lande ab, daß keine Boote zu uns kamen. Um 5 Uhr sahen wir Owaihi, welches nach S. 25 Gr. Oestlich gelegen war, so wie die westliche Spitze von Maui ganz Südlich ungefähr in einer Entfernung von sieben großen Seemeilen.

Die Nacht und den größten Theil des 25ten hindurch hatten wir schwache veränderliche Winde. Da schon viele von unsern Schweinen und Vegetabilien aufgezehrt waren, so wollten wir so geschwind als möglich nach Owaihi gehen, um uns mit frischem Vorrath zu versorgen. Abends am 25ten erhob sich von Süden her ein frischer Wind, welcher mit sehr weniger Veränderung bis zum 26ten und 27ten stehen blieb. Unsre Breite war den 26ten Mittags 21 Gr. 25 Min. Nördlich. Die östlichste Spitze von Maui lag damals nach S. ¼ östlich. Mittags den 27ten war Maui nach S. bei O. gelegen und Morotai nach Süden 24 Grade Westlich. Das Wetter war ziemlich schön und der Wind S. S. W.

Der Wind scheint zwischen diesen Inseln nie lange von Einer Seite her zu wehen; auch kann man zu dieser Jahreszeit auf keinen anhaltenden Paßatwind einigermaßen rechnen. Bisweilen hatten wir Wind aus Osten, dann wieder aus Süden, aus Südwest, West, Nordwest, Nord; kurz, alle Winde rings um den Kompaß, je nachdem wir um eine frische Landecke herum kamen.

1786.
December.

Da der Wind noch aus der südlichen Gegend wehete, so wurde das ganze Vorhaben, nach Owaihie zu kommen, aufgegeben.

Den 28sten hatten wir, als wir noch nicht völlig vier Meilen von Morotai entfernt waren, einige Boote neben dem Schiffe, welche uns einige wenige kleine Schweine, nebst einigen Tarrowurzeln und Batatten brachten. Da dies für unsre Bedürfnisse bei weitem nicht zureichte, so beschlossen wir, nach Wahuh zu steuern. Es traf sich unglücklicher weise, daß alle die frischen Winde, die wir hatten, gemeiniglich bei Nachtzeit aufstiegen, wenn es die Klugheit nicht erlaubte, viele Seegel aufzusetzen; am Tage aber hatten wir meistentheils schwache veränderliche Winde.

Mittags den 28sten lag die abgestumpfte Landspitze von Morotai nach S. W. bei W. ungefähr in einer Entfernung von zwölf Meilen. Nachmittags hatten wir einige frische Regengüsse, welche das Wetter abkühlten und es weit angenehmer machten, als es seit einiger Zeit gewesen war.

Um 8 Uhr Morgens den 29sten sahen wir Wahuh; und Mittags lag der östliche Hügel nach W. S. W., ungefähr acht große Seemeilen weit von uns. Unsere Beobachtung gab 21 Grade 26 Min. N. Breite. Nachmittags hielten wir uns längs der Küste von Morotai. Um 8 Uhr lag der runde Hügel auf Wahuh nach W. S. W. und die westliche Spitze von Morotai nach Süden bei Osten. Wir lavirten und steuerten gegen Nordost bis 12 Uhr, worauf wir wieder umlegten, und den Lauf nach S. W. bei W. richteten.

Den 30sten Vormittags hielten wir uns mit einem günstigen Winde aus S. O. nach S. W. Unsere Beobachtung am Mittage gab 21 Gr. 20 Min. Nördliche Breite. Die westliche Spitze von Morotai lag nach Süden 45 Gr. Oestlich; und Wahuh nach S. W. ungefähr zwei große Seemeilen weit entfernt.

Um 5 Uhr Nachmittags ankerten wir in acht Faden in der Bay, in der wir vorher gewesen waren, und sehr nahe an unsrer damaligen Stelle. Das äußerste Oestliche Ende der Bay lag O. bei S., und das Westliche Land nach W. bei S. halb Süden, ungefähr zwei Meilen vom Ufer. Abends befestigten wir das Schiff mit dem Strohmanker.

Da es länger als vierzehn Tage her ist, seitdem wir zuerst die Inseln erblickt haben; so kann es Dir etwas außerordentlich scheinen, daß wir nicht eher in einen

Hafen gelangten; allein Du mußt auch erwägen, daß wir bei unsern Hin- und Herfahrten Schweine und Vegetabilien, woran wir hauptsächlich Mangel hatten, eben so leicht bekamen, als wenn wir ankerten. Und da wir auch eine geraume Zeit bei diesen Inseln zubringen konnten, so mochten wir nicht gern die zu windwärts gelegenen Inseln verlassen, weil es in dem Falle fast unmöglich gewesen wäre, wieder zu ihnen zu gelangen.

Wenn diese Gründe, nebst den widrigen und schwachen Winden, die wir seit einiger Zeit hatten, Dir nicht zureichend sind, so kann ich Dir keine bessern anführen. Doch wirklich kümmert mich das auch wenig; denn ich denke überhaupt mit Pape: Was einmal ist, das ist auch gut.

Bei dem Allen muß ich mir zu meiner jetzigen Lage Glück wünschen, wenn ich sie mit dem vergleiche, was uns dann widerfahren sein würde, wenn wir in King George's Sund überwintert hätten. Vielleicht möchte der größte Theil von uns in dieser Zeit — — aber ich will Dir mit keinen Vielleichts beschwerlich sein. Genug, daß wir Mann für Mann ziemlich gesund und bei der vortreflichsten Laune sind.

Ich werde die erste Gelegenheit nutzen, Dir Nachricht von unsern Geschäften an diesem Orte mitzutheilen. Indeß halte mich immer für Deinen ꝛc.

Wahah, den 1. December.   W. B.

Zwei und zwanzigster Brief.

Die Schiffe kaufen zu Wahah Wasser und Holz. — Beschreibung von des Königs Neffen. — Ein Versuch das Fischerboot zu stehlen wird vereitelt.

Den 1sten December fingen die Leute früh Morgens an, unser Tauwerk vorn und hinten neu aufzusetzen, weil es sehr in Unordnung war. Als der Tag anbrach, hatten wir eine Menge hauptsächlich mit Wasser beladener Boote neben unseren Schiffen. Dies kauften wir um einen eben so guten Preis, wie ehemals, nehmlich eine große Kürbisflasche für einen 8 oder 10 Pfennigs-Nagel, und so kleinere verhältnißmäßig.

1786. December.

Viele von diesen Kürbissen oder Kalabassen sind am Halse sehr weit, und die Eingebornen brauchen sie zu mancherlei Endzwecken; besonders, um eine Art von Pudding, der von Tarro gemacht wird, darin aufzuheben. Sie waren so eifrig bei ihrem einträglichen Handel, daß sie selten ihre Gefäße auswuschen, und wir also nothwendig Tarro-Pudding unter dem Wasser bekamen. Wir fanden aber, daß dies wenig oder gar keinen Schaden that, wenn auch schon der Anblick für einen Epikuräer eben nicht gar lieblich gewesen sein möchte. Das Volk brachte einige Schweine, Batatten und Tarro, aber nicht in hinlänglicher Menge, um uns von Tage zu Tage zu versehen. Als wir nach der Ursache hiervon fragten, gab man uns zu verstehen, daß die Schweine und die Vegetabilien so lange tabu blieben, bis der König am Borde des Schiffes gewesen wäre, daß sie aber vermutheten, er würde uns sehr bald besuchen. Wenn ich mich recht erinnere, so erwähnte ich des Tabus, als wir neulich auf den Inseln waren. Ich will also jetzt nur bemerken, daß dessen Wirkung von großem Umfange ist, und nicht nur Oerter, sondern auch Nahrungsmittel, kurz, jede Handlung des Lebens betreffen kann.

Nachmittags den 1sten hatten wir häufige, von vielem Regen begleitete Windstöße.

Den 3ten gegen Mittag waren wir hinlänglich mit Wasser versehen, und hätten noch viel mehr einnehmen können, da die Einwohner es noch immer mit dem größten Eifer brachten. In der That ist dies nicht zu verwundern, wenn man bedenkt, daß sie so großen Werth auf das Eisen setzen, und daß das Wasser ihnen nur die Mühe kostet, es vom Ufer zu holen.

Ausser Nägeln, waren uns bei unserm Handel mit diesem Volke Knöpfe sehr nützlich. Zum Ruhme der Männer muß ich sagen, daß sie dieselben als Dinge ohne allen Werth ansahen; aber die Weiber betrachteten sie aus einem ganz andern Gesichtspunkte, und trugen sie sehr gern als Geschmeide um das Armgelenke und um die Knöchel; sie nannten sie B u b u und bisweilen P o r i h m a *). Da vielleicht die

---

*) Wahrscheinlich sollen diese Worte heißen: Pupu und Pubribma; denn Aepuhribma heißt auf Tahcitisch (der allgemeinen Sprache der Südseeinseln) die Hand. Dies Wort kommt von Ribma fünf, weil alle fünf Finger die Hand ausmachen. Aep und bedeutet etwas rundes, geballtes. Aepuhrima wäre also die Rundung der Hand; Pubrub hingegen die runden kleinen Korallen oder Knöpfe, aus welchen sie die Geschmeide um die Hand und ihr Gelenke verfertigen. S.

Galanterie hier eben so herrschend ist, wie bei andern mehr gesitteten Nationen: so zogen die Männer bei ihrem Handel, ihrer bessern Urtheilskraft zuwider, öfters Knöpfe den Nägeln vor. Dies ist ein unleugbarer Beweis, daß die Macht der Schönheit nicht in die engen Gränzen der feinen Europäischen Gesellschaften eingeschränkt ist, sondern in der ganzen Welt gleichen Einfluß hat.

Nachmittags den 4ten stattete uns der König Tiretire einen Besuch ab. Er kam in einem großen Doppelkanot, und ward von zwei jungen Männern, die, wie wir hörten, seine Neffen waren, und von einigen andern Vornehmen begleitet. Der König sieht wohl aus, und scheint ungefähr fünf und vierzig oder funfzig Jahr alt zu sein. Er ist groß, schön und wohlgebauet; aber seine Augen scheinen schwach und mit einer Art von Fluß behaftet. Ob hieran eine Krankheit, oder eine vorübergehende Erkältung Schuld hat, kann ich nicht sagen. Alle Vornehmen hatten nichts Auffallendes in ihrem Aeussern, ob man gleich leicht sehen konnte, daß sie nicht zu den gemeinen Leuten gehörten.

Des Königs Neffen waren bei weitem die schönsten Männer, die wir auf irgend einer der Inseln gesehen hatten: sie sind keine Brüder. Peiapeia, der Aeltere, ist, wenn wir anders recht verstanden haben, der Sohn des Königs von Atuai; und Maiaro, der jüngere, ein Schwestersohn des Tiretire.

Peiapeia ist ungefähr fünf Fuß neun Zoll hoch, schlank und wohlproportioniert; seine Füße und Schenkel sehr musculös, sein Tritt fest und voll Grazie; und in seinem Betragen liegt eine Würde, welche zeigt, daß er zum ersten Range gehört. Sein Gesicht ist frei und offen, aber etwas entstellt durch den Verlust von drei Vorderzähnen, welche, wie man mir sagte, ihm bei dem Tode eines Verwandten ausgebrochen worden sind; denn es ist hier Sitte, daß die Eriys oder Vornehmen bei dem Verluste eines Freundes sich einen Zahn ausnehmen lassen. Seine Füße, Hüften, Arme und verschiedne andre Theile des Körpers sind auf eine ganz besondre Art tatuiet.

Maiaro ist beinahe so groß als sein Vetter, aber, (wenn ich mich so ausdrücken darf,) in einer feinern Form gebildet. Er geht gerade und stattlich einher, und sein Gang ist voll Grazie und Anstand. Es würde, glaube ich, die vereinigten

1786.
December.

Kräfte eines Wilton, Bacon, und Roubillac*) beschämen, die genaue Symmetrie und den schönen Zuschnitt seiner Füße, Hüften, oder in der That, seines ganzen Körpers zu kopiren. Kurz, seine Figur hat etwas außerordentlich Einnehmendes.

Nachdem Tiretire seine Neugierde für jetzt befriedigt, und Kapitän Dixon ihm einige Korallen und andre Kleinigkeiten präsentirt hatte, verließ er uns ungefähr um 2 Uhr. Nachmittags. Wir empfanden bald die guten Wirkungen seines Besuchs; denn die Einwohner brachten Schweine und Gemüse in viel größerer Menge, als vorher. Wir ließen uns Anfangs durch die geringe Ehrfurcht, die sie ihm zu bezeigen schienen, zu der Meinung verleiten, daß sein Einfluß auf sie eben nicht groß wäre; indessen hatten wir uns in diesem Stück geirrt.

Um Dich gehörig auf einen Umstand hinzuleiten, den ich Dir jetzt erzählen will, wird es nöthig sein, sogar bis auf unsre Ausrüstung zurückzugehen.

Als wir England verließen, war die Quantität Kohlen, womit man unser Schiff versorgt hatte, für eine Reise wie die unsrige zu klein, ob sie gleich beständig mit Sparsamkeit gebraucht wurden.

Da die Falklands-Inseln kein Holz hatten, so war die Küste von Amerika der einzige Ort, wo wir welches bekommen konnten. Da wir ganz gewiß erwarteten, daß wir verschiedne Häfen besuchen und vielleicht in King George's Sund überwintern würden: so ward das Holz, das wir im Cook's-Flusse erhielten, bald aufgebraucht.

Du kannst noch nicht vergessen haben, unter welchen Umständen und wie ungern wir die Amerikanische Küste verließen, besonders darum, weil es uns vorzüglich an Brennholz fehlte; denn ob wir gleich wußten, daß die Sandwich-Inseln die meisten Bedürfnisse des Lebens in großer Menge hervorbringen, so verzweifelten wir doch fast, Brennholz dort zu bekommen. Aber in diesem Punkte wurden wir sehr angenehm getäuscht; denn kaum hatten wir die Eingebornen verständigt, was uns

---

*) Wilton, Bacon und Roubillac sind Namen geschickter Bildhauer, von denen die beiden erstern noch am Leben sind. Diesen konnte auch der Bildhauer Nollekens (ein Mitglied der Akademie der Mahler und Bildhauer in London, ob er gleich von Geburt ein Schwede ist,) an die Seite gesetzt werden.   S.

Reise um die Welt.   97

uns fehlte, als sie uns Holz die Menge brachten, und noch dazu solches, das unsrer 1786.
Absicht außerordentlich entsprach, und das wir unter eben so leichten Bedingungen, December.
wie das Wasser, erhielten.

Den 5ten und 6ten über waren wir alle sehr beschäftigt: einige kauften von den Eingebornen Holz; andre setzten das Tauwerk von neuem auf u. s. w. und die übrigen schlachteten Schweine und pökelten sie zum Schiffsvorrath ein.

Vom 7ten bis zum 10ten blies der Wind frisch aus O. N. O.; und da die See ziemlich hoch ging, so kamen sehr wenige Boote zu uns. Indeß hielt dies Wetter den König und seine Begleiter nicht ab, uns häufige Besuche abzustatten. Aber es war augenscheinlich, daß mehr Eigennutz als Neugierde ihn dazu bewog, so oft an Bord zu kommen; denn ob er gleich jedesmal etwas als ein Matano oder Geschenk mitbrachte, so war es doch gemeiniglich sehr geringfügig, z. B. ein kleines Schwein, ein Paar Kokosnüsse, zuweilen auch ein Paar kleine Barben; wofür Kapitain Dixon ihm jederzeit zehnmal so viel an Werthe gab. In der That würde es sehr unvorsichtig gewesen sein, ihm nicht unsre Ehrerbietung und Aufmerksamkeit auf diese Art zu bezeigen, da er, wenn er die Einwohner Tabu machte, es leicht dahin bringen konnte, daß nicht ein einziges Boot mehr zu uns kam; aber da wir auf solche Art seiner Habsucht Nahrung gaben und seinen Ehrgeiz befriedigten, so gab er seinem Volke nicht nur Erlaubniß, uns zu bringen was nur die Insel hervorbrächte, sondern munterte es sogar dazu auf. Der Wind blieb immer noch in O. N. O., das Wetter war mäßig und schön.

Bald nachher, als wir uns vor Anker gelegt hatten, ward unser Fischerboot ausgesetzt, damit es in Bereitschaft wäre, so bald es die Gelegenheit erforderte. Es ward mit einem Taue an dem Hintertheil des Schiffes befestigt. Ein Junge ward befehligt, den Tag über darnach zu sehen, und des Nachts that dies immer die Wache. Da wir Mondschein hatten, so war das Boot immer in Sicherheit geblieben; aber Abends den 11ten, da der Mond erst nach Mitternacht aufging, hatten einige von den Eingebornen einen Anschlag gemacht, es zu stehlen; und wir sahen verschiedene Boote um das Tau, womit es fest gemacht war, beschäftigt. Hierauf feuerte Kapitain Dixon zwei Musketen über ihre Köpfe ab. Dies machte, daß sie schnell

N

davongingen; doch nahmen wir das Boot aus Furcht vor einem zweiten Besuche von der Art den folgenden Tag an Bord.

Den 12ten des Vormittags fingen wir einen großen Haifisch; und da Kapitain Dixon wußte, daß dieser für den König ein sehr angenehmes Geschenk sein würde, so ließ er einige von dessen Leuten, die gerade an Bord des King Georg waren, davon benachrichtigen.

Tiretire schickte sogleich seinen Sohn mit verschiedenen Begleitern in einem großen Boote ab, um den Haifisch zu holen, der ihnen sehr zu gefallen schien. Sein Sohn sollte uns ein schönes Schwein als ein Aequivalent für unser Geschenk mitbringen; allein der junge Mann verkaufte uns das Schwein mit einem Grade von Ehrlichkeit, der seinem Vaterlande eigen ist, für ein großes Tohi.

Das letztemal, da wir in Wahu waren, und von da nach Atuai seegelten, passirten wir, westwärts von unsrer gegenwärtigen Lage, eine Bay, welche einen guten Hafen abzugeben schien, und welche fruchtbares und gut bevölkertes Land um sich her hat. Damals hatten wir gerade keine Zeit, sie zu untersuchen; aber jetzt, da es uns nicht daran fehlt, schickte Kapitain Portlock den 13ten sein langes Boot aus, (welches, seitdem wir uns in Wahu befanden, eine Decke und das Tauwerk eines Schoners bekommen hatte,) damit Herr Hayward, sein dritter Steuermann, in Gesellschaft unsres dritten Steuermanns, Hrn. White, die Bay genau in Augenschein nehmen sollte.

Herr Hayward kam den 15ten des Morgens zurück, und berichtete, daß daselbst in keinem Theile der Bay ein bequemer Ankerplatz, und das Wasser dicht am Ufer sechs und sechzig Klafter tief sei. Wir erfuhren jetzt, daß Tiretire sich gewöhnlich in dieser Bay aufhält, welche die Eingebornen Wheitette-Bay nennen.

Die Geschichte mit dem Fischerboote ausgenommen, hatten wir sehr wenig Diebstähle entdeckt; aber dies haben wir ohne Zweifel mehr dem Umstande, daß wir das Schiff so rein als möglich von Eingebornen hielten, als ihrer Ehrlichkeit zu verdanken, auf die man sich gewiß nicht im geringsten verlassen kann.

Ich werde jede Gelegenheit nutzen, Dich mit unserm fernern Verfahren bekannt zu machen; unterdessen sei versichert, daß ich der Deinige bin u. s. w.

Wahu, den 16. December. W. B.

Reise um die Welt.

Drei und zwanzigster Brief.

Weitere Nachricht von den Vorfällen zu Wahu — Die Schiffe verlassen die Insel und gehen nach Atuai.

Unter den Wenigen, denen wir, außer dem Könige und seinen Begleitern, erlaubten, uns zu besuchen, war ein alter Priester, welcher viel Ansehen unter den Eingebornen zu haben schien. Er brachte jederzeit zwei Begleiter mit, von denen der eine ihm seine Ava zubereiten, und der andre immer um seine Person sein mußte, wenn er ihn etwa nöthig hätte. Die Ava*) ist eine Wurzel, welche unserm Süßholze an Gestalt und Farbe gleichkommt, aber im Geschmacke ganz verschieden davon ist. Niemand als die Eriks oder Vornehmen dürfen sich ihrer bedienen, und sie bereiten sie nie selbst, sondern halten beständig einen Bedienten, der, gleich einem Ganymed, das einzige Geschäft hat, diesen köstlichen Trank zu bereiten und ihn seinem Gebieter darzureichen. Er fängt damit an, daß er eine hinlängliche Quantität von der Wurzel kauet, bis sie genug durchgearbeitet ist; dann thut man sie in eine reine, bloß zu diesem Behufe bestimmte hölzerne Schüssel. Nachdem etwas Wasser darauf gegossen worden ist, wird die Masse gepreßt, und das Getränk hernach durch ein Stück Tuch geseihet. Nun ist der köstliche Trank fertig, und wird mit dem größten Wohlgefallen getrunken.

Diese Wurzel ist von berauschender Natur; doch scheint sie den Geist eher dumm als fröhlich zu machen. Die Wirkungen derselben sind sehr gefährlich, wenn wir von dem alten Priester urtheilen können; denn dieser schien sehr ausgezehrt, und sein Körper war mit einem weißen Ausschlage bedeckt, der den Anschein des Aussatzes hatte. — Der Wind blieb noch immer in N. O. und O. N. O.; aber vom

---

*) Die Ava ist die Wurzel einer Art von Pfeffer, die auf den Societäts-, den freundschaftlichen und den Sandwich-Inseln sehr sorgfältig gezogen wird, und die wir wegen ihrer berauschenden oder betäubenden Kraft *Piper methysticum* nannten. Eine andere Art wild wachsenden breitblättrigen Pfeffers, welcher ebenfalls in den freundschaftlichen und Neu-Habribischen Inseln angetroffen wird, kann bei genauerer Beobachtung leicht vom Taumelpfeffer unterschieden werden. Die Eingebornen düngen das Land, welches sie zu Pflanzungen für diesen Pfeffer zubereiten, mit Muschelschalen und Korallenkalk. J.

1786. December. 13ten bis zum 16ten schlugen die Wellen heftig in die Bay von Südosten, wodurch das Schiff sehr zum Schwanken gebracht ward.

Den 14ten bemerkten wir, daß die Eingebornen auf dem Hügel an dem südöstlichen äussersten Ende der Insel sich sehr stark beschäftigten; und zu Mittage den 15ten waren sie so weit mit ihrer Arbeit gekommen, daß wir, obgleich die Entfernung von uns beträchtlich war, deutlich sehen konnten, es würde ein Haus gebauet. Denselben Nachmittag verliessen alle Boote beide Schiffe, und es kam nicht Eins den Abend wieder. Diesen Fall hatten wir bis jetzt noch nicht gehabt; denn da der Umgang mit den Frauenzimmern erlaubt war, (welches in der That nicht leicht zu verhindern gewesen wäre:) so ermangelten unsre Leute nie, des Nachts eine große Menge an Bord zu behalten. Wir argwohnten, das Volk wäre getabuht; und unsre Muthmaßung bestätigte sich. Den ganzen 26ten hindurch ließ sich nicht ein einziges Boot in der Bay blicken; aber der Gipfel des Berges um das neuerrichtete Gebäude war den ganzen Tag über voll von Menschen; und den Abend wurden, so nahe an dem Orte als es der Wind erlauben wollte, eine Menge Feuer angezündet.

Den 17ten, Morgens, waren wir in derselben geschäftslosen Lage; es ließ sich nicht ein einziges Boot sehen, aber der Hügel schien ziemlich leer von seinen Wallfahrtern. Um 10 Uhr Vormittags kam ein Mann, den wir nicht kannten, an Bord, und brachte uns ein sehr kleines Ferkel zum Geschenk, und einen Zweig von der Kokospalme, den wir an dem Hauptmaste befestigen sollten. Dies ließ uns hoffen, daß der Tabu aufgehoben wäre; und wir wünschten dies um so mehr, da alle unsre Schweine und Vegetabilien aufgezehrt waren. Bald nachher stattete uns unser alter Bekannte, der Priester, einen Besuch ab. Er brachte, wie gewöhnlich, ein paar Kleinigkeiten als ein Geschenk mit, wofür wir ihm jederzeit fünfmal soviel an Werth gaben. Wir hatten sehr geargwohnt, daß dieser alte Mann die Ursache des Tabu sei, da er das Schiff den 15ten dem Anschein nach sehr unzufrieden über irgend etwas verlassen, und bis jetzt sich nicht wieder bei uns eingefunden hatte; aber wir wurden überzeugt, daß unsre Muthmaßungen ungegründet wären, ob er gleich keine befriedigende Antwort wegen der neuerlichen Verhandlung am Ufer gab, sondern nur mit großem Geschrei und ziemlich lange hinter einander die Worte wiederholte: „Titeitē puḥnepuḥne, Titeitē arreaure" oder, der König wäre ein Lügner, ein Schurke und Betrüger; denn Puhnepuhne und Arreaure*) sind Schimpfwörter. Hieraus erhellte deutlich, daß etwas den eingeführten Gewohnheiten oder den Regeln des Landes entgegen laufendes vorgenommen worden war. Gegen Mittag kam Tiretire an Bord, und brachte sein gewöhnliches Geschenk: ein Schwein, etwas Fisch und ein paar Kokosnüsse. Nun kamen eine Menge Boote ans Schiff, von denen wir einige Schweine und Vegetabilien kauften; aber wir konnten von Niemand befriedigende Auskunft erhalten, warum den Einwohnern der Tabu wäre aufgelegt worden. Einige gaben uns zu verstehen, daß man auf dem Gipfel des Berges eine Feierlichkeit begangen habe. Wenn wir recht verstanden, so war ein Mensch geopfert worden; ob aber ein Mann oder ein Frauenzimmer, das konnten wir nicht erfahren. Die Weiber waren indessen noch immer tabu, und keine durfte sich dem Schiffe nahen.

Gegen Mitternacht zerriß uns ein plötzlicher Windstoß unser kleines Bugankertau, und wir ließen deshalb unsern besten Buganker hinunter. Nachdem wir das Tau eingehoben hatten, fanden wir es sehr beschädigt, woran vermuthlich der schlechte Boden schuld sein mochte.

Den 18ten brachten wir einen halben Tag damit zu, unsern Anker zu suchen; wir fanden ihn erst um Mittag, indem der Ankerwächter versunken war. Es wurde keine Zeit und Mühe gespart, ihn an Bord zu bringen; und gegen sechs Uhr Nachmittags hatten wir unsern Zweck beinahe erreicht, als ein heftiger Windstoß kam. Dieser zerriß den kleinen Ankertau, welchen wir an das Stück von dem Thaue, das sich noch an dem Anker befand, geknüpft hatten, als er beinahe am Buge des Schiffes war. Bei diesem verdrüßlichen Umstande besürchteten wir, daß es Schwierigkeit machen würde, unsern Anker wiederzufinden, da der Abend finster aussah und stürmisches Wetter anzukündigen schien; aber, als die Nacht einbrach, klärte sich der Himmel auf; der folgende Morgen war schön, und es ging wenig oder gar kein Wind, so, daß wir den Anker um elf Uhr an Bord bekamen.

Wir waren jetzt mit Schweinen und Vegetabilien hinlänglich versehen; aber es durfte noch kein Frauenzimmer an Bord der Schiffe kommen. Die Ursach hier-

---

*) In der Tahettischen Sprache würde ein Lügner Hawarre heißen, oder Thahata hawarre; also hier: Tiretire hawarre. G.

von fag, wie wir verstanden, in der Entdeckung, daß ein Frauenzimmer am Bord eines von den Schiffen Schweinefleisch gegessen hatte. Es scheint, daß die Weiber jederzeit wegen des Schweinefleischessens am Ufer tabu werden, und es wird für ein Verbrechen der ersten Größe gehalten, gegen Einschränkungen dieser Art zu sündigen; ja, man versicherte uns sogar, daß die arme Unglückliche, als ein Opfer für die Gesetze ihres Vaterlandes, wirklich wäre getödtet worden, vermuthlich um den Zorn ihrer Götter über ein so abscheuliches Verbrechen zu versöhnen. Aber außer der Angelegenheit wegen des Opfers war, wie es scheint, noch eine andre Ursache vorhanden, welche den großen Zusammenflaß von Menschen, die wir vor kurzem auf dem Gipfel des Berges gesehen, veranlaßt hatte, und welche über das strenge Tabu, das den Eingebornen während der Zeit dieser allgemeinen Versammlung war auferlegt worden, Auskunft giebt.

Tiretire hatte das Haus, dessen ich erwähnt habe, auf dem Gipfel des Berges als eine Art von Repositorium oder Magazin für solche Artikel bauen lassen, welche die Eingebornen durch ihren Handel mit unsren Schiffen erhalten würden. Als es fertig war, ließ er die Bay mit dem Tabu belegen, berief eine große Versammlung von den Bewohnern auf den Gipfel des Berges, und befahl ihnen zugleich, Alles, was sie erhandelt hätten, mitzubringen, um es in dem neuerrichteten Gebäude niederzulegen. Da dies geschehen war, fand er Mittel, unter einem oder dem andren Vorwande sich die Hälfte dieses Vorrathes zu seinem Gebrauche zuzueignen. Nun wunderten wir uns nicht länger, warum der alte Priester so freigebig mit seinem Schimpfen war, da es ziemlich stark einleuchtete, daß Tiretire seine Autorität den Regeln der Gerechtigkeit und Billigkeit zuwider ausgeübt hatte.

Obgleich das Wenige, das wir von diesen Verhandlungen sahen, oder das wir von den Eingebornen erfuhren, nicht hinreichend ist, daß ich daraus etwas Bestimmtes in Rücksicht ihrer Gesetze folgern könnte; so sind wir doch davon überzeugt, daß die grausame Gewohnheit, Menschen zu opfern, wirklich auf diesen Inseln herrsche, und daß des Königs Macht unumschränkt ist.

Aus unserm neulichen Unfalle mit dem Anker war es einleuchtend, daß wir unsere gegenwärtige Stellung nicht behalten konnten, ohne die Taue zu beschädi-

Reise um die Welt.

gen; wir beschlossen daher, diese Insel zu verlassen, und bei der ersten Gelegenheit nach Atuai zu gehen.

1786.
December.

Den 19ten Nachmittags um 5 Uhr gab Kapitain Portlock das Zeichen, den Anker zu lichten. Dies thaten wir in kurzer Zeit, und segelten dann mit einem mäßigen Ostwinde aus der Bay. Nachdem wir einige Zeit gefahren waren, sahen wir, daß uns der King George nicht folgte; wir legten daher um und steuerten wieder in die Bay. Als wir Kapitain Portlock sprachen, hörten wir, daß seine Mannschaft ihren Anker noch nicht aufziehen könnte, und daß sie zweifelte, ob sie es noch diesen Abend bewerkstelligen würde. Indeß segelten wir gemächlich fort, und legten oft das Schiff um, bis nach 8 Uhr Kapitain Portlock uns das Signal gab, zu ankern.

Den 20sten Morgens gegen 10 Uhr, als der King George eben den Anker aufgebracht hatte, lichteten wir auch, und segelten mit einem mäßigen Winde aus Nordosten von der Bay ab. Gegen Mittag waren wir ungefähr 10 Meilen weit davon entfernt. Wir hörten vom Kapitain Portlock, daß die Indianer sein bestes Ankertau abgehauen hätten, welches denn sein langes Zögern am vorigen Abend und an diesem Morgen verursacht habe. Kapitain Portlock hatte den Peiapeia, des Königs Neffen, und den Menschen, welcher die Ava für Tireire zu kauen pflegte, an Bord. Wie es scheint, war Peiapeia's Anhänglichkeit an Kapitain Portlock so groß, daß er mit ihm nach Pritane, wie sie England nannten, gehen wollte; und der Mundschenk hatte Neigung, seinem jungen Herrn zu folgen. Da der Tag schön war, so folgten verschiedene Boote mit den Freunden und Verwandten dieser neuen Reisenden dem King George ziemlich weit von Wahu nach. Als sie von ihnen, wie sie glaubten, auf immer Abschied nahmen, äußerten sie ihren Schmerz sehr lebhaft, rangen ihre Hände, und stießen die bittersten Klagen aus, so lange sie das Schiff sehen konnten. Auch nahmen Peiapela und sein Bediente von ihren Freunden und ihrem Vaterlande nicht ohne Rührung Abschied; aber ihre Betrübniß war jetzt geringer, da ihre Aufmerksamkeit sehr stark mit der Neuheit ihrer Lage beschäftigt war.

Wir hatten leichte veränderliche Lüftchen bis zum 21sten Abends, da ein starker Wind aus Nordosten her wehete, worauf wir den 22sten Morgens Atuai sehen

1786. Dezember. konnten. Zu Mittage war unsere Breite 22 Gr. 12 Min. Nördlich; die östliche Spitze des Landes lag O. N. O., ungefähr 6 Meilen weit vom Ufer entfernt; die Insel Oniehau W. S. W., und Wrymoa-Bay, der Ort, wo wir uns zu ankern vorgenommen hatten, südostwärts. Ungefähr um 2 Uhr, da wir noch ziemlich ostwärts von unserm bestimmten Ankerplatze waren, fuhren wir über viel seichtes Wasser, wo wir selten mehr als fünf Klafter auf einem sandigen Boden hatten. Das umliegende Ufer, welches mehr als zwei Meilen entfernt war, schien eben und gut kultivirt zu sein.

Um 3 Uhr warf Kapitain Portlock seinen Anker aus. Da wir in fünf und zwanzig Klaftern Grund hatten, und in einer gehörigen Entfernung vom King George waren, so wollten wir dasselbe thun; aber, ob wir gleich so geschwind als möglich zu Werke gingen, und das Ankertau über funfzig Klafter auslaufen ließen, so wollte das Schiff doch nicht fest werden. Hieraus vermutheten wir, daß wir über die Bank weggetrieben wären; und unsre Meinung ward bestätigt, als wir das Senkblei fallen ließen, und mit achtzig Klaftern keinen Grund fanden. Indeß wir nun unsern Anker wieder heraufzogen, wurden wir, ohne es hindern zu können, unter den Wind hingetrieben, so daß es unmöglich war, die Stellung zu nehmen, die wir uns erst vorgesetzt hatten. Hierauf legten wir das Schiff einigemale um; und gegen 5 Uhr kamen wir, beinahe drei Meilen Nordwest vom King George, in achtzehn und einer halben Klafter Tiefe auf einem sandigen etwas schlammigen Boden, in eine gute Lage. Eine lange niedrige sandige Spitze lag nach Südwest in Westen bei Süden; die östlichste Spitze der Bay Ost-Süd-Ost; die Mündung eines Flusses mit frischem Wasser N. O. bei O., mehr als eine Meile vom Ufer entfernt; und die Insel Oniehau Süd-Süd-West.

Unsre Begebenheiten an diesem Orte sollen der Gegenstand meines nächsten Briefes sein.

Atooi, den 22. December.　　　　　　　　　　　　　　　W. B.

Vier

Reise um die Welt.

1776. December.

Vier und zwanzigster Brief.

Es werden Lebensmittel, Holz, Wasser ꝛc. zu Atuai eingekauft. — Die Schiffe verlassen den Ort und segeln nach Oniehau. — Auch der King George langt da an, sieht sich aber genöthigt, das Ankertau zu kappen und wieder in See zu stechen.

Atuai war Kapitain Cook's erster Ankerplatz, als er diese Inseln entdeckte, und man wußte also, daß es eine große Menge Schweine und Vegetabilien hervorbringt. Erstre brauchten wir, um sie zum Seevorrath einzupökeln, da die Schweine, die wir seit unsrer Abfahrt von Owaihi gekauft hatten, nur zu unsrem täglichen Gebrauche dienten.

Früh Morgens den 23sten December waren wir von einer Menge Boote umgeben, von denen die meisten mit Tarro, Batatten, Zuckerrohr, Kokosnüssen und einer guten Anzahl schöner Schweine wohl beladen waren. Dies zeigte deutlich, daß die Bewohner wußten, wir wären gekommen, um uns mit Lebensmitteln zu versorgen, und daß sie sich daher darauf vorbereitet hatten. Wir fanden die Wurzeln viel wohlfeiler und in größrer Menge, als zu Wahu; aber da sie sahen, daß wir gern große Schweine kaufen wollten, so waren sie zuerst unmäßig in ihren Forderungen, zum wenigsten im Verhältniß gegen die Preise, die wir auf den andern Inseln gegeben hatten. Hierauf thaten wir, als wäre uns nichts daran gelegen; und durch dies Mittel erhielten wir bald die größten Schweine für einen großen oder zwei mittelmäßige Tobies.

Als wir nach Wasser fragten, brachten sie uns sogleich etwas, und zwar ganz vortrefliches, bei weitem das beste, das wir bis dahin angetroffen hatten. Diese Art Handel war ihnen gänzlich neu, und sie versahen uns unter eben so leichten Bedingungen damit, als die Einwohner in Wahu. Kokosnüsse fanden wir in größter Menge; der festgesetzte Preis war für fünf Stück ein Nagel, von denen das Hundert acht Pence kostet. Das Zuckerrohr war außerordentlich schön und auch sehr wohlfeil. Der Tarro ist hier bei weitem schöner, als wir ihn bisher angetroffen hatten, und sehr häufig. Gewöhnlich bekamen wir fünf schöne Wurzeln für einen Nagel von der Sorte, von der das Hundert acht oder zehn Pence gilt. Yams bringt diese Insel nicht hervor, und Brodtfrucht sehr wenig, oder vielleicht ebenfalls gar nicht.

O

1787.
Januar.

Das Wetter war bis zum 27sten gelinde und schön; aber an diesem Tage erhob sich ein starker Wind aus O. N. O., und es stürzten große Wogen von O. S. O. gerade längs dem Ufer her. Wir lagen vor dem Strohmanker, und viel ruhiger, als in Wahu; überdies durften wir, da der Boden hier frei von Felsen war, für unsre Ankertaue weniger besorgt sein.

Der 28ste und zum Theil auch der 29ste waren naß und schmutzig; aber gegen Abend klärte sich der Himmel auf, und das Wetter war gemäßigt und schön.

Da jetzt Weihnachten war, (ein Fest, das so allgemein in der gesitteten Welt gefeiert wird;) so brachten wir unsre Zeit so angenehm und bei so vieler und so guter Kost zu, als wir uns nur verschaffen konnten. Dahin gehörten gebratene Ferkel, gefüllte Seeklöße u. s. w.; und um unsern verfeinerten Geschmack sogar bei unserm Getränke zu zeigen, tranken wir nicht länger Grog*) von bloßem Wasser, sondern brachten unser Weihnachts-Trankopfer in Punsch, vermischt mit dem Saft von Kokosnüssen, und tranken die Gesundheit unsrer Freunde und Schönen in vollen Gläsern von diesem Getränke, das vielleicht mehr wegen seiner Neuheit, als aus einem andern Grunde gefiel.

Das Wetter blieb selten mehr als Einen Tag beständig. Es kamen bisweilen starke Winde aus O. N. O., mit schweren Wogen aus S. O. dazwischen.

Am 4ten Januar 1787 hatten wir fünf Fässer voll Schweinefleisch als Seevorrath eingesalzen. Die Schweine wurden jetzt selten; allein wir hielten dafür, daß sie es nicht in der That wären, sondern wir schrieben diesen Umstand einem oder dem andern Plane der kleinen Fürsten zu. Wir hatten seit einiger Zeit einen Besuch von dem Könige erwartet, und es war uns zu verstehen gegeben worden, daß seine Gegenwart uns gleich einem Füllhorne mit Ueberfluß überschütten würde; aber Se. Majestät hatten bis jetzt noch nicht für gut befunden, uns so sehr zu beehren.

Fürst Abbenaue, den wir voriges Jahr in Oniehau antrafen, hielt sich gemeiniglich am Bord des King George auf: und da er dem Kapitain Portlock sehr zugethan war, so machte er, daß ihm schöne Schweine in Ueberfluß gebracht

---

*) Grog ist ein Getränk, welches aus bloßem Wasser mit Brantwein vermischt besteht, und von Seeleuten vorzüglich auf Brittischen Schiffen getrunken wird.   F.

wurden; aber jetzt fanden wir, daß nur sehr wenig durch seinen Einfluß an Bord unsrer Schiffe kam.

Vom 5ten bis 9ten war das Wetter sehr unbeständig; der Wind drehete sich oft westwärts, blies aber selten zwölf Stunden hinter einander aus dieser Gegend, und dann war es doch nur ein mäßiges Lüftchen. Während dieser Zeit wurden wir täglich von den Eingebornen besucht, welche fortfuhren, uns einige Schweine, Tarro, Kokosnüsse u. s. w. zu bringen; aber das Alles reichte bloß hin, uns von der Hand in den Mund zu versorgen. Außerdem, daß die Einwohner diesen Handel mit Lebensmitteln trieben, verkauften sie uns auch viele seltne Sachen von verschiedener Art, als Mäntel, Mützen, Matten, Angelschnüre und Haken, Halstücher u. s. w. wovon ich Dir vielleicht künftig einmal eine Beschreibung gebe. Auch brachten sie uns eine Menge ausgestopfter Vögel, die gewöhnlich partienweise zu sehn an einem kleinen hölzernen Spieße, den sie ihnen durch die Schnäbel gestoßen hatten, befestigt waren. Da wir gern einige lebendig haben wollten, so fanden sich bald eine Menge Vogelfänger, und die lebendigen wurden fast eben so wohlfeil verkauft, als die ausgestopften. Sie sind beinahe von der Größe eines Rothkehlchens, die Brust und der Hals von einem sehr schönen lebhaften Roth, mit einem langen Schnabel, die Flügel und der Rücken dunkelbraun. Herr Hogan, Wundarzt des King George, der, wie ich schon bemerkt habe, Naturgeschichte studiert hat, sagte mir, sie wären eine Gattung des Kolibri*). Da wir diese Vögel mit der größten Begierde kauften, so wurden die Eingebornen dadurch bewogen, alle Arten von Vögeln zu bringen, deren sie nur habhaft werden konnten, unter andern auch eine Art von wilden Enten. Als Kapitain Dixon diese sah, schloß er, die Insel müsse viel wildes Federvieh haben; und da er ein Liebhaber von der Jagd ist, so ging er zwei- oder dreimal mit seiner Flinte, und nur von einem Bedienten begleitet, in einem indianischen Boote ans Ufer. Der Mensch, dem das Boot gehörte, war sehr ämsig gewesen, uns Wasser und andere Artikel, die er haben konnte, zu bringen; in der

---

*) Nicht zum Geschlechte des Kolibri, sondern zu den Baumkletten (Certhia) gehören diese rothen Vögel, die auch auf der Insel Neu-Kaledonien angetroffen werden. Mein Sohn Georg hat einen im Göttingschen Magazine beschrieben. F.

1787.
Januar.

That hatten sich viele von uns, besonders Kapitain Dixon, häufig mit ihm abgegeben und ihn gütlich behandelt, da er große Aehnlichkeit mit einem unsrer Leute hatte. Er schien es sehr hoch aufzunehmen, daß wir ihm diesen Vorzug vor den übrigen gaben, und war nicht wenig stolz auf sein neues Amt.

Das erstemal, als unser Kapitain ans Ufer ging, befürchtete er, die Eingebornen würden sich um ihn herum drängen, und ihm sein Vergnügen verderben; aber er fand sich auf eine angenehme Art getäuscht. Die Neugierde war hier weit geringer, als in Wahu; anstatt von einer Menge müßiger neugieriger Angaffer umgeben zu werden, sah er, daß die Leute fast immer bei der Arbeit blieben, die sie gerade vorhatten, als Zeuge, Schnüre, Stricke ic. zu machen, so daß er das Land eben so ungehindert durchstreifte, als er es in England hätte thun können. Seiner Erwartung zuwider, fand er, daß das Wildpret nicht sehr häufig war; doch kam er jedesmal mit einiger Beute von der Jagd zurück, z. B. mit Enten, Seeschwalben (Sterna), einer Art von Wasserhühnern und verschiedenem andern Geflügel.

Um diese Zeit nahm das Holz, das wir in Wahu eingenommen hatten, nach und nach sehr ab, da wir beständig Feuer halten mußten, um Wasser zum Brühen der Schweine und zu andern Behufe heiß zu machen. Wir wendeten uns deshalb an die Eingebornen, obgleich ohne große Hoffnung, daß unser Verlangen erfüllt werden würde, da die Berge, wo das Holz wächst, auf dieser Insel tiefer in das Land hinein liegen, als auf irgend einer von den andern Inseln. Indeß ward unser Verlangen sehr bald erfüllt. Alle Eingebornen ohne Ausnahme legten sich auf diesen Handel, und jeder brachte uns mehr oder weniger von diesem uns nöthigen Bedürfnisse: ob man gleich aus den vielen Stangen und Sparren, die sie zum Verkauf brachten, und von denen einige erst ganz frisch aus der Erde gezogen waren, augenscheinlich sah, daß sie ihre Zäune und vielleicht auch ihre Häuser zu unsrer Bequemlichkeit, aber ich darf auch sagen, zu ihrem Nutzen, niedergerissen hatten. Dies Verfahren zeigt, daß man Alles, was nur diese Insel oder irgend eine andre in der ganzen Gruppe hervorbringt, sehr leicht erhalten kann. So großen Werth setzen sie auf das Eisen!

Da das Wetter noch immer unbeständig blieb, und der Vorrath von Vegetabilien zu unserm täglichen Gebrauche nicht hinreichte: so beschlossen wir, bei der ersten Gelegenheit nach Oniehau zu seegeln. Dem zufolge gab Kapitain Portlock früh Morgens den 10ten Januar das Signal, den Anker zu lichten. Ich habe vorher bemerkt, daß er weiter in der See hinaus lag, als wir; und so hatte er einen guten östlichen Wind, indeß bei uns gerade eine Windstille herrschte, so daß wir seinem Signale nicht wohl Folge leisten konnten. Nachdem wir nur einen kurzen Strich gelaufen waren, legten wir um, da wir den Wind schwach und veränderlich fanden, und Kapitain Portlock ankerte ziemlich nahe an seinem vorigen Platze.

1787. Januar.

Den 11ten, Morgens um 5 Uhr, erhob sich ein starker Wind von O. N. O.; wir lichteten also den Anker, gingen unter Seegel, und fuhren gerade auf Oniehau zu. Der Wind wehete den ganzen Vormittag bei Donner, Blitz und Regen fort. Zu Mittage lag das westliche Ende von Atuai nach Norden 21 Gr. Oestlich, in einer Entfernung von sieben Meilen, und das hohe Land im südlichen Ende von Oniehau nach Süden 70 Gr. Westlich. Wir erwarteten ganz gewiß, daß wir um 3 Uhr bei Oniehau geankert haben würden; allein noch vor dieser Zeit drehete sich der Wind westwärts, so daß wir es unmöglich wagen konnten.

Vom 11ten bis zum 18ten hatten wir frische westliche und nördliche, und dazwischen bisweilen leichte und veränderliche Winde.

Den 15ten ging der King George um die südliche Spitze von Oniehau; und den 16ten verloren wir ihn aus dem Gesichte. Hieraus schlossen wir, er müsse Gelegenheit gefunden haben, zu ankern. Da unser Schiff sehr unrein*) war, so konnte es nicht so gut windwärts seegeln, wie der King George; wir begnügten uns daher, zwischen den Inseln zu laviren, indem wir längere oder kürzere Striche seegelten, je nachdem es die Umstände erforderten. Indeß waren wir mißvergnügt über

O 3

*) Schiffe, welche lange die See halten, werden, so weit sie im Wasser gehen, zuletzt mit Lepaden oder Seeeicheln, Entenmuscheln und andern Schaalthieren überzogen, die sich an ihrem Boden fest setzen; eben so auch mit Seepflanzen, besonders mit einer Art sehr langer Wasserfäden (Conferva). Dies hält den Lauf des Schiffes auf, und zwar so beträchtlich, daß zuweilen ein Schiff auf jede 10, 15 bis 20 Meilen eine Meile in der Geschwindigkeit verliert. Um den Widerstand, den der unreine Schiffsboden verursacht, zu verhüten, beschlägt man die Kriegsschiffe und Kaper mit Kupfer, weil sich dann nie eine Pflanze oder ein Thier daran ansetzt. Allein der Kupferboden macht auf der andern Seite, daß alle Fische sich von dem Schiffe entfernt halten. F.

1787. Januar.

unsre Lage, wenn wir uns mit unsren Reisegefährten verglichen; aber der Erfolg zeigte, daß diese sich keinesweges in beneidenswürdigen Umständen befanden. Während dessen bemüheten wir uns, süd- und ostwärts zu kommen. Diese Vorsicht war, wie es sich zuletzt zeigte, sehr nöthig; denn den 19ten kam ein heftiger Windstoß aus Südwest mit ungestümen Queerwogen, welcher bis Mittags den 21sten anhielt.

Den 20sten Nachmittags war das Wetter dick und neblicht, so daß wir das Land aus dem Gesichte verloren, und es nicht eher wieder zu sehen bekamen, als den 22sten gegen Mittag, um welche Zeit Atuai von Norden 15 Gr. Oestlich, bis Norden 55 Gr. Westlich gelegen war. Die Entfernung betrug ungefähr vier Meilen.

Während dieses heftigen Windes waren wir sehr für Kapitain Portlock's Sicherheit besorgt; denn wir wußten, daß seine Lage sehr kritisch sein mußte, da kein Hafen in Oniehau Schutz gegen südliche oder westliche Winde gewährt. Aber den 22sten um 1 Uhr sahen wir, zu unser großen Freude, den King George ungefähr drei große Seemeilen von uns West bei Nord liegen.

Der Lage nach zu urtheilen, war er augenscheinlich rund um Oniehau gesegelt: und wir zweifelten nicht, daß er wegen des heftigen Windes seine Ankertaue hätte fahren oder abhauen lassen und in See laufen müssen. Der Wind kam noch immer aus Westen, bis er sich den 25sten nach Südosten, und bald darauf nach Nordnordosten drehete. Da dieser Wind für uns günstig war, und es sich mit Wahrscheinlichkeit vermuthen ließ, daß er aus diesem Striche fortwehen würde: so richteten wir unsern Lauf nach Oniehau zu; und den 26sten Abends kamen wir in der Yams-Bay in 29 Faden auf einem sandigen Boden vor Anker. Die äußersten Spitzen von Oniehau lagen von Südosten nach Norden bei Westen anderthalb Meilen vom Ufer entfernt; die Insel Tahura aber nach S. 48 Gr. Westlich.

Den 27sten über blieb der Wind in N.N.O.; aber er blies so stark, daß unsre Lage keinesweges die beste war. Unser Hauptbewegungsgrund, warum wir nach Oniehau kamen, war der, daß wir uns mit Yams versehen wollten, da dies auf diesen Inseln die einzige Wurzel ist, welche sich einige Zeit hält; aber das Meer lief so hoch, daß sehr wenig Boote sich an uns heran wagten. Eben diese Ursache hinderte auch uns, die Anker aufzusuchen, die Kapitain Portlock hier gelassen hatte.

Da der King George beinahe zwei Meilen weit von uns lag, so hoben wir den 28sten Morgens unsern Anker ein; und nachdem wir einige Strecken hin und her umgelegt hatten, warfen wir unsern besten Buganker aus, und zwar in vier und zwanzig Faden Wasser, auf einem sandigen mit Korallen vermischten Boden, ungefähr zwei Meilen weit vom Ufer, und in der gehörigen Entfernung vom King George. Die Besorgniß, die wir während des heftigen Windes um den Kapitain Portlock gehabt, war nur zu gegründet gewesen; er hatte sich nehmlich genöthigt gesehen, sein Ankertau zu kappen und in See zu laufen. Und ob er gleich die günstigste Gelegenheit, dies zu thun, ergriffen, so war ihm doch kaum Raum genug übrig geblieben, die Klippen an der Nördlichen Spitze der Bay vorüber zu segeln. Dies diente uns in Rücksicht unsers künftigen Verhaltens zu einem belehrenden Beispiel, und zeigte, wie offenbar unschicklich es ist, über — darf ich es sagen? — über die Verordnungen der Vorsehung zu murren! — Wären wir glücklich genug gewesen, die Yams-Bay zu gleicher Zeit mit dem King George zu erreichen; so läßt sich unmöglich sagen, wie dann unsre Lage gewesen sein würde, oder wo wir wären hingetrieben worden, da die Nothwendigkeit uns zwang sie zu verlassen: aber wenige von uns waren Philosophen genug, um mit dem Dichter zu gestehen:

> Verworren, dunkel ist des Himmels Weg,
> Von tausend Labyrinthen ist er voll.
> Vergebens späh't nach ihnen der Verstand
> Verloren, fruchtlos ist sein Suchen ganz;
> Er stehet nicht, mit welcher Kunst geführt
> Die Gänge sind, noch wo das Labyrinth,
> Das dennoch Regeln hat, sich enden wird.

Es ist mir unmöglich, wenn Umstände von der Art unmittelbar vor meinen Augen sind, nicht einige moralische Betrachtungen anzustellen, besonders wenn ich Leute antreffe, die jedes vermeinte Uebel, das sie betrifft, dem Mißgeschicke, und jeden zeitlichen Vortheil dem guten Glücke zuschreiben, und gänzlich vergessen, daß es eine gnädige Vorsicht giebt, die „Alles lenkt, regiert und treibt."

Ich werde daher in Zukunft keine weitere Entschuldigungen wegen Digressionen von dieser Art machen, so wenig diese auch zu meiner Erzählung gehören, zumal da ich weiß, daß Du gern Nachsicht hast mit den Unvollkommenheiten Deines aufrichtigen Freundes

Oniehou, den 29. Januar. W. B.

Fünf und zwanzigster Brief.

Die Schiffe verlassen Oniehau und langen zu Atuai an — Die Oberhäupter erzeigen uns Freundschaft — Wir erhalten einen Besuch von dem Könige.

Nachmittags den 28ten Januar drehete sich der Wind westwärts, und wehete frisch; dies ließ uns befürchten, daß wieder unbeständiges Wetter einfallen würde; und da uns die Erfahrung belehrt hatte, daß wir bei einem westlichen Winde hier nicht liegen konnten, so wurde beschlossen: falls der Wind auf diesem Striche fortwehen sollte, in See zu gehen.

Den 29ten gegen zwei Uhr, da der Wind noch westlich war, gab Kapitain Portlock das Signal den Anker zu lichten. Gegen drei Uhr gingen wir unter Segel, und liefen längs der Küste hin, da wir gern süd- und ostwärts weit hinaus laufen wollten, um auf alle Fälle vom Lande weit ab zu bleiben.

Den ganzen 30ten war das Wetter ziemlich schön; und da sich der Wind nach Nordwesten umsetzte, so ward für gut befunden, nach Weymoa-Bay auf Atuai zu steuern. Dies thaten wir auch; und gegen elf Uhr kamen wir, ungefähr zwei Meilen ostwärts von unserm alten Ankerplatze, in fünf und zwanzig Faden Tiefe auf einem sandigen Boden vor Anker. Die äussersten Spitzen des Landes lagen von Südosten bei Osten nach Westen drei Viertel Nördlich.

Den 31ten befestigten wir das Schiff an beiden Bugankern, und entschlossen uns so lange hier zu bleiben, als das Wetter es erlauben würde, indem diese Bay große Vorzüge vor der Rhede von Oniehau hatte; und da es noch um sechs Wochen zu früh war, an unsre Reise nach Norden zu denken, so dachten wir gegenwärtig forgfältig darauf, die Schiffe in die sicherste Lage zu bringen, und zugleich zu sehen, wo der beste Vorrath von Provisionen und Wasser zu haben wäre. In dieser Rücksicht war Atuai, wenn wir den Artikel der Yamswurzeln ausnehmen, die wünschenswertheste Lage, in die wir kommen konnten.

Vom

Vom 1ten bis 8ten Februar hatten wir leichte veränderliche Winde, mit schönem mäßigem Wetter. Da die Schiffe jetzt viel näher aneinander lagen, als vorher, so wurden wir oft mit Abbenauis Gesellschaft beehrt. Vermittelst einiger Geschenke ward er unser sehr guter Freund, und wir fanden häufig die guten Wirkungen seines nicht geringen Einflusses, wenn es darauf ankam, unsre verschiedne Bedürfnisse zu erhalten.

Abbenaui ist von mittlerer Statur, und scheint ungefähr fünfzig Jahre alt zu sein. Als wir ihn zuerst in Oniehau sahen, war sein Körper fast ganz mit einem weissen Schorfe bedeckt, und seine Augen schienen schwach, welches von dem unmäßigen Gebrauche der Ava herrührte; aber seitdem hatte er auf unsre Bitte das Trinken derselben unterlassen. Die gute Wirkung dieser Mäßigung war augenscheinlich; denn seine Haut fing an, ihre vorige Farbe wieder zu bekommen, seine Augen sahen frisch und lebhaft aus, und sein ganzes Aeussere verrieth Gesundheit und Stärke. Er hat einen Sohn Namens Teiheira, der, wie es schien, ziemlich große Autorität hatte, und sich eben so sorgfältig bemühete, uns freundschaftliche Dienste zu erzeigen; aber er besaß bei weitem nicht die Thätigkeit und den Verstand seines Vaters. Auch war seine Freundschaft nicht von derselben edlen uneigennützigen Art; denn auf alle seine Handlungen hatten augenscheinlich gewinnsüchtige, eigennützige Absichten Einfluß; und wir mußten, um uns seiner Anhänglichkeit zu versichern, bisweilen unsre Zuflucht zu einer Bestechung nehmen. Er nahm auch wohl ein kleines Tohie oder sogar einen Nagel an, ehe er ein Matano oder Geschenk entbehrt hätte. Ausserdem, daß Abbenaui und Teiheira uns freundschaftliche Dienste erwiesen, hatten wir auch häufige Besuche von zwei andern Oberhäuptern, die uns oft mit Schweinen und Vegetabilien versahen. Sie hiessen Toetoe und Nomeitaheite; aber der letztere ward unter uns jederzeit Longshanks (Langbein) genannt, weil er sehr groß und mager war, und seine Beine und Schenkel zu lang für seinen Körper schienen. Toetoe ist schon ziemlich in die Jahre; er scheint durch den unmäßigen Gebrauch der Ava sehr geschwächt, ist aber nicht im Stande, wie Abbenaui den Entschluß zu fassen, sie sich abzugewöhnen. Er scheint sehr viele Tarro-Pflanzungen zu besitzen, und versah uns mit einer größeren Menge von dieser Wurzel, als irgend einer von den andern Oberhäuptern. Mit dem, was wir ihm dafür anboten, war er jederzeit vollkommen zufrieden.

Auch Longschanks war sehr thätig unsren Bedürfnissen abzuhelfen; und ob er gleich weit weniger Ansehen hat, als Abbenaui oder Toetoe: so fanden wir ihn doch bei vielen Gelegenheiten sehr nützlich für uns. Indeß muß ich gestehen, daß er eben so wie Teiheira gewinnsüchtig in seinen Forderungen war, und sich beständig eins oder das andre als ein Matano ausbat. Noch muß ich bemerken, daß wir oft von einem Bruder des Königs besucht wurden, welcher jederzeit in einem schönen großen Doppel-Kanot kam, und von einer Anzahl geringerer Oberhäupter begleitet wurde; allein, entweder weil er den Handel unter seiner Würde fand, oder aus irgend einem andern Bewegungsgrunde, den ich nicht weiß, brachte er selten etwas zum Verkaufe mit, so daß ihn ohne Zweifel hauptsächlich Neugierde bewog, uns zu besuchen. Seine Tochter, ein schönes Kind von ungefähr sieben Jahren, kam gemeiniglich mit; er behandelte sie mit einer recht väterlichen Zärtlichkeit, und trug sie größtentheils auf seinen Armen. Wenn er müde war, so drängten sich seine Begleiter ängstlich um ihn, um zu sehen, wer die Ehre haben sollte, die kleine Miß zu tragen, bis der Vater seine angenehme Bürde wieder nahm. Da sie Verlangen äusserte an Bord zu kommen, so wurde sie mit der äussersten Sorgfalt hinaufgehoben. Als sie sich daselbst befand, durfte sie nie auf dem Verdeck stehen, sondern war immer in den Armen ihres Vaters oder eines von seinen Begleitern, der, wie wir verstanden, zu ihrer Familie gehörte. Kapitain Dixon machte ihr ein Geschenk mit einem Korallen Eraie, oder Halsbande, welches ihr ausserordentlich gefiel.

Die Aufmerksamkeit und Zärtlichkeit, die man diesem kleinen Mädchen erzeigte, und die so gänzlich von dem verschieden war, was wir bisher gesehen hatten, gab uns einen Begriff von der Art, wie die Töchter der Eriks behandelt werden, und kann dazu beitragen, einiges Licht über den allgemeinen Charakter dieser Leute zu verbreiten.

Einige Tage hindurch wurden wir, wie ich eben erwähnt habe, von den Oberhäuptern mit einigen Schweinen, Tarro u. s. w. hinlänglich, wie sie glaubten, zu unserm täglichen Bedarf, versehen; und während der Zeit kam keiner von den geringeren Oberhäuptern oder von dem gemeinen Volke zu uns. Abbenaui verständigte uns, das Volk sei tabu, und es dürfe Niemand etwas zum Verkaufe bringen, nicht einmal Wasser, bis der König uns einen Besuch abgestattet habe, welches er aber, wie er sich vorgenommen, sehr bald thun werde.

Wir konnten nie die wahre Ursache erfahren, weshalb dieser Tabu aufgelegt worden war, der, wie es scheint, sich nicht auf die Vornehmen erstreckte. Doch, wenn wir ihn mit derselben Lage und mit gleichen Umständen in Wahu vergleichen, so läßt sich mit Grund vermuthen, es sei geschehen, um von dem Volke, für die Erlaubniß mit uns handeln zu dürfen, einen Tribut oder eine Erkenntlichkeit einzutreiben.

Den 5ten Februar stattete uns der König den versprochenen Besuch ab. Er kam in einem großen doppelten Kanot, begleitet von einer Anzahl Vornehmer, die Leute nicht mitgerechnet, die das Boot ruderten. Unter den Begleitern war Peiapeia, den, wie ich Dir gesagt habe, Kapitain Portlock von Wahu mitbrachte. Wie es scheint, hat Peiapeia seine Umstände so lieb gewonnen, daß er in Atuai zu bleiben Willens ist, und seinen Entschluß, nach Pritane zu gehen, gänzlich aufgegeben hat. Wirklich errieth Kapitain Portlock, daß dies der Fall sein würde, und deswegen war er um desto bereitwilliger, ihn von Wahu mitzunehmen. Das Verlangen, sein Vaterland zu verlassen, entstand bei ihm ohne Zweifel aus Liebe zur Neuheit; und diese Liebe zur Neuheit oder Veränderung — nenne sie wie Du willst — zeigt sich bei jungen Leuten, auch in dem civilisirtesten Theile der Welt, in größerem oder geringerem Grade.

Diese Begierde zur Neuheit war ziemlich erkaltet, ehe wir in Atuai ankerten; und als Peiapeia dort ans Ufer ging und sich in der Mitte seiner Freunde und Verwandten befand, die er zum Theil eine geraume Zeit lang, zum Theil auch vielleicht noch gar nicht gesehen hatte: so erlosch (welches auch nicht zu verwundern ist) die kleine Vorliebe, die er jetzt für seine neue Reise hatte, gänzlich, und er entschloß sich, seinen Aufenthalt bei den älteren Freunden zu nehmen.

Doch, um wieder auf Se. Majestät zu kommen: — sein Name heißt, wenn ich ihn recht verstand, Teiara. Er ist ein wohlgebildeter Mann von mittleren

1787.
Februar.

Jahren, und begünstigte Tiretire, den König von Wahu, dessen Bruder er ganz zu sein scheint; doch glaube ich, daß er ein Mann von mehreren Einsichten und besseren Fähigkeiten ist. Er that viele Fragen in Ansehung des Schiffs: wie wir es steuerten? wie wir die Seegel regierten? u. s. w. Den Kompaß bewunderte er sehr, und schien zu begreifen, daß er unser Führer nach den verschiedenen Theilen der Welt sei. Besonders wollte er gern wissen, welcher Theil desselben nach Pritane zeigte, und wie weit es entfernt wäre; kurz, er war sehr wißbegierig. Viele seiner Fragen waren sehr passend. Anstatt zur Befriedigung einer eitlen Neugierde zu geschehen, (ob sie gleich auch dann natürlich genug gewesen wären) legten sie vielmehr ein heftiges Verlangen nach Belehrung an den Tag, und zeigten augenscheinlich, daß der Mann, der sie that, viele natürliche Fähigkeiten hatte.

Ehe Se. Majestät das Schiff verliessen, machte ihm Kapitain Dixon ein Geschenk von einigen Tobies und Glaskorallen. Diese gefielen ihm sehr, und er sagte uns: der Tabu sollte aufgehoben werden und das Volk mit uns handeln dürfen. Er hielt auch Wort, und in ein oder zwei Tagen war alles wieder im vorigen Gleise. Die Eingebornen brachten uns, wie gewöhnlich, Schweine, Tarro, Zuckerrohr, Kokosnüsse, wilde Pisangs, Wasser, Seltenheiten u. s. w.

Ich habe schon bemerkt, daß das Wetter gelinde und schön war. Damit diese Gelegenheit auf das vortheilhafteste genutzt würde, mußten die Zimmerleute beider Schiffe unablässig arbeiten, das Verdeck, die Seiten und was sonst noch nöthig war, zu kalfatern. Das Hintertheil, desgleichen die Hinter-Bugsplanken, wurden frisch angestrichen, und die Seiten mit einer Komposition von Pech, Theer und Oel überzogen. Auch ward das Tauwerk durchgesehen und die nöthigen Verbesserungen daran gemacht. Damit nichts unterlassen würde, was dazu beitragen könnte, die Gesundheit unsers Schiffsvolkes gänzlich herzustellen und uns in Stand zu setzen, der herannahenden Jahreszeit mit neuen Kräften entgegen zu gehen: so kamen wir mit Abbenaui überein, daß unsern Leuten erlaubte, sich am Ufer zu erholen, ohne dabei von den Eingebornen belästigt zu werden; und daß er, wenn sie dort wären, hinlängliche Erfrischungen für sie anschaffen sollte.

Ich war bei einer von diesen Lustpartien am Ufer. Eine Erzählung von dieser Exkursion und von dem köstlichen Mittagsmale, welches Abbenaui für uns hatte zubereiten laſſen, ſollen der Gegenſtand meines nächſten Briefes ſein. Unterdeſſen ſei verſichert, daß ich aufrichtig der Deinige bin.

Atuai, den 9. Februar. W. B.

Sechs und zwanzigſter Brief.

Eine Wanderung auf Atuai — Freundſchaftliche Aufnahme daſelbſt — Mahlzeit die Teibeira bereitet hatte — Nachricht von den Pflanzungen der Tarrowurzel — Andere Vorfälle.

Wenn mein Gedächtniß mich nicht trügt, ſo verſprach ich Dir beim Schluſſe meines letzten Briefes eine Beſchreibung von der Erkurſion, die ich auf dem Lande von Atuai vorgenommen hatte, und von der Art, wie ich daſelbſt wäre aufgenommen worden. Verſprechen ſollten, nach meiner geringen Meinung, was auch der größte Theil der Welt denken mag, jederzeit heilig und unverletzt gehalten werden; ich werde daher das meinige, ſo gut ich kann, zu erfüllen ſuchen.

Da das Wetter Morgens den 9ten Februar ſchön war, ſo ging ich mit Herrn White und verſchiedenen von unſern Leuten ans Ufer, um uns dieſen Tag über zu vergnügen. Als wir nahe an das flache Ufer kamen, lief die See ſo hoch, daß wir zwei Ankertaue davon entfernt unſer Boot vor Anker legen mußten; aber unſer gute Freund Abbenaui hatte Sorge dafür getragen, dieſer Unbequemlichkeit abzuhelfen. Er hielt eine Anzahl von ſeinen Leuten mit Kanots in Bereitſchaft, um uns zu landen; und ſie thaten dies auch ſo ſicher und geſchwind, als es nur ein Londoner Schiffer bei der Landungstreppe am Tower hätte thun können.

Wir landeten dicht neben dem friſchen Waſserflußſſe, deſſen ich ſchon erwähnte, als wir zuerſt bei dieſer Inſel ankerten, und der beinahe Nordoſt von den Schiffen war. Ehe wir in das Land hinein gingen, führte uns Abbenaui an einen Ort, dicht daneben, um uns zu zeigen, was zu unſrem Mittagsmahle bereitet würde. Wir fanden hier einige von ſeinen Dienern, welche ein ſehr ſchönes Schwein rein machten. Er ſagte uns: dies ſollte mit etwas Tarro gebacken werden, und er hofte, es würde arauarau *) oder vollauf ſein. Wir verſicherten ihn, es reiche

*) Dies Wort ſchien uns von den Tahitiern wie *so rau* ausgeſprochen zu werden; indeß kann es ſein, daß die Einwohner der Sandwich-Inſeln es nach einer ihnen eigenthümlichen Mundart

vollkommen für uns hin; dies schien ihm sehr zu gefallen. Er rieth uns, nicht zu weit zu gehen, da das Essen um 12 Uhr fertig sein würde. Dies gab er dadurch zu verstehen, daß er nach der Sonne hinzeigte*). Hierauf überließ Abbenaui die Anordnung des Festes dem Teiheira, weil er gern an Bord der Schiffe sein wollte.

Da ich unsre Leute, die am Ufer gewesen waren, oft von einem Dorfe, Namens A-Tappa, hatte reden hören, wo gemeiniglich eine große Menge Menschen beschäftigt waren, Zeuge zu machen: so trieb mich die Neugierde an, erst dorthin zu gehen, indem ich fand, daß es nur drei Meilen weit war, und ich also noch bequem zu Teiheira's Tischzeit zurück kommen konnte. Als wir zuerst landeten, sammelte sich eine große Menge von den Einwohnern um uns her; aber da unsre Leute verschiedene Wege gingen, je nachdem ihre Laune oder ihre Neigung sie da oder dorthin führte, so theilten sich die Eingebornen in verschiedene Partien, und ich ward also auf meinem Wege wenig gehindert. Ein Mann ließ es sich besonders angelegen sein, mir kleine Dienste zu erzeigen; er erbot sich, für einen großen Nagel mir nicht nur den Weg nach A-Tappa zu zeigen, sondern mich auch den ganzen Tag zu begleiten. Ob ich gleich ganz gewiß erwartete, daß er von mir weglaufen würde, wenn er seinen Nagel bekommen hätte (denn das hatte er sich ausbedungen, ehe wir unsern Weg antraten); so beschloß ich doch, ihn auf die Probe zu stellen, und suchte zugleich mich seiner Treue dadurch zu versichern, daß ich ihm auf den Abend ein Matano (Geschenk) versprach.

Die Gegend von dem Orte, wo wir landeten, bis nach A-Tappa, ist ziemlich eben, und ungefähr zwei Meilen weit sehr trocken. Der Boden besteht hier

---

arau ausgesprochen haben. Es bedeutet eigentlich: viel, eine Menge. Will man die Bedeutung schärfen oder vermehren, so wird es noch einmal wiederholt, so daß man arau worau, eine große Menge, oder sehr viel heißt. — Daß die Taro- oder Tarrowurzel das *arum esculentum Linn.* bedeutet, ist schon angemerkt worden. Hier setze ich noch hinzu, daß die Neuseeländer sie „Tallo" nannten. Die Einwohner der Insel Java, auf welcher Batavia liegt, sprechen das Wort: Tallas, aus. In den Moluckischen Inseln, und insbesondere auf Amboina, nennt man die Wurzel: Kellado. Diese Form weicht noch nicht ab, und behält doch Spuren von der gemeinschaftlichen Abstammung bei. §.

*) Um dies zu verstehen, muß man sich dabei denken, daß Abbenaui zuerst auf die Sonne, und dann auf den Ort am Himmel, wo sie am Mittage stehen würde, gezeigt hat; denn so pflegten es die Tahitier zu machen. §.

aus einer leichten rothen Erde, und würde bei gehöriger Kultur vortrefliche Kartoffeln, oder was sich sonst für einen trocknen Boden schickt, hervorbringen. Aber jetzt ist er gänzlich mit langem schlechten Grase bedeckt, vermuthlich weil die Bewohner genug Land nahe bei ihren Wohnungen finden, das ihnen in verschiedenen Rücksichten bequemer liegt. So weit ist der Raum vom Gestade bis an den Fuß der Berge ungefähr zwei Meilen breit; aber von hier bis A·Tappa wird er nach und nach schmäler, bis er sich in eine lange sandige Spitze endigt, welche, wie ich schon bemerkt habe, die Westliche Spitze von Weimoa-Bay ist.

A·Tappa ist ein ziemlich großes Dorf, und liegt hinter einer langen Reihe von Kokosnußbäumen, welche den Bewohnern vortreflichen Schutz gegen die brennende Hitze der Mittagssonne gewähren. Unter diesen Kokosbäumen ist eine große Strecke von nassem marschichten Boden, welcher zu Plantagen von Tarro und Zuckerrohr benutzt wird.

Ich hatte Rechnung darauf gemacht, daß ich ihre Methode zu fabriciren sehen würde; aber dies schlug mir fehl. Eine Anzahl von unsern Leuten war aus eben der Neugierde vor mir nach A·Tappa gekommen, wo „die Arbeit stillstand, als wir durchkamen." Das Volk sammelte sich neugierig um uns her; einige baten, wir möchten uns unter den schattigen Zweigen der Bäume, die vor ihren Thüren gepflanzt waren, ausruhen; andre holten Kokosnüsse von den Bäumen, und boten sie uns mit allen Zeichen der Freundschaft und Gutmüthigkeit an; kurz, jeder Einwohner des Dorfes war beschäftigt, entweder unsern Bedürfnissen abzuhelfen, oder seine Neugierde zu befriedigen und uns anzusehen.

Indeß ein Theil von uns vor der Thüre eines von diesen gütigen Freunden beschäftigt war, hörte ich ein Rasseln, als wenn Steine mit Gewalt geworfen würden; und in demselben Augenblicke liefen alle Eingebornen eiligst davon. Als ich mich umwandte, sah ich Teiheira auf uns zu kommen. Wie es schien, befürchtete er, die Leute würden uns durch ihre Zudringlichkeit beschwerlich fallen; und deswegen ergriff er jenes Mittel, sie wegzutreiben. Dies war der überzeugendste Beweis, den ich bis dahin von der großen Macht der Eriys über das gemeine Volk gesehen hatte. Der erste der beste von den Steinen, die Teiheira auf die Leute warf, wäre wenigstens hinlänglich gewesen, den zu lähmen, den er getrofsen hätte. Doch ertrugen die Eingebornen dies mit der geduldigsten Unterwürfigkeit.

Teiheira benachrichtigte uns, daß zu der Zeit, wenn wir nach unserm Landungsplatze zurückkämen, das Mittagsmal fertig seyn würde. Für diese Nachricht waren wir ihm verbunden; aber er verdarb den Augenblick alles wieder, indem er sehr ernstlich um ein Matano bat. Indessen lohnte es nicht der Mühe, es ihm abzuschlagen; und so sammelte er sechs oder sieben Nägel ein, mit denen er fürs erste recht wohl zufrieden schien.

Da der Tag sehr schwül war, so gingen wir gemächlich zurück, ich für mein Theil auf einem andern Fußsteige, als vorher bei dem Wege nach A-Tappa. Ich untersuchte das Gras, welches an den meisten Oertern über ein Knie hoch steht, und fand, daß es nicht durchgängig von rauher, grober Art, sondern mit verschiedenen Sorten von Blumen und wiesenartigen Gräsern untermischt ist. Daher zweifle ich nicht, daß es bei gehöriger Behandlung gutes Heu geben würde. Während dessen kam ich an das Gestade; das Mittagsmal war beinahe fertig, und ein geräumiges Haus, worin Abbenaui seine Boote aufzubewahren pflegte, zu unserer Aufnahme eingerichtet.

Diese Zeit über war Teiheira sehr geschäftig, unsre Leute zu versammeln; und als er dies gethan hatte, ließ er das Mittagsmahl auftragen. Ein Koch in einem Speisehause würde herzlich gelacht haben, wenn er unser Essen hätte herein bringen sehen: und ich kann Dich versichern, daß der Anblick sehr viel zu meiner Unterhaltung beitrug.

Nicht weniger als vier Bediente waren hierbei beschäftigt: einer brachte eine große Kürbisflasche mit Wasser; ein andrer eine Partie Kokosnüsse; ein dritter eine Schüssel mit gebackenem Tarro; und der letzte, welchen Teiheira selbst hereinführte, das Schwein, das sehr anständig auf einer großen runden Schüssel lag. Hierauf goß der letzte, welcher der Hauptkoch zu sein schien, etwas Wasser über das Schwein, und rieb es mit seinen Händen, wobei er uns zu verstehen gab, daß er hierdurch vortreffliche Brühe machen würde. Von diesem Theile der Ceremonie hätten wir ihn gern dispensirt; aber wir konnten sie, ohne unsren Wirth zu beleidigen, nicht verhindern: und in der That war unser Appetit jetzt eben nicht ausserordentlich

lich delikat. Ich für mein Theil aß tapfer darauf los, und die meisten von der Gesellschaft folgten meinem Beispiele. Diese ganze Zeit über standen Teihetra's Begleiter bereit, uns, so oft wir unsern Durst löschen wollten, Kokosnüsse zu öfnen;*) kurz, sie bezeigten uns alle Aufmerksamkeit die nur zu erwarten gewesen wäre, wenn wir in einem Speisequartiere für einer Guinee gegessen hätten.

Ich werde hernach Gelegenheit nehmen, ihre Art zu kochen zu beschreiben; das kann ich Dich versichern, daß das Schwein vollkommen gut und gar, und der Tarro viel besser gebacken war, als wir es an Bord thun konnten. Das ganze Mahl (wenn wir die Art Brühe zu machen ausnehmen) war mit einem Grade von Anständigkeit und Reinlichkeit bereitet, wie es an einem von civilisirter Verfeinerung so entfernten Orte, wo bloß Natur und Bedürfniß die Geräthe zu dergleichen Zubereitungen verschaft haben, sich nicht wohl erwarten ließ.

Nach dem Essen wollte ich eine Wanderung nach einem andren Theile des Landes machen, als wo ich den Vormittag gewesen war; und da das Thal längs dem Flusse, von allen Gegenden, die ich hätte wählen können, die größte Mannichfaltigkeit zu versprechen schien: so bestimmte ich es zu meinem Umherschweifen am Nachmittage.

Als ich an das Ufer des Flusses kam, sah ich einen von den Eingebornen, der sich in einem kleinen Boote, dem Anscheine nach zum Vergnügen, rückwärts und vorwärts ruderte. Da fiel mir ein, daß eine Fahrt zu Wasser eine angenehme Abwechselung sein würde, und mir vielleicht Gelegenheit verschaffen könnte, den Theil des Landes auf dem entgegengesetzten Ufer zu sehen. Dies wünschte ich besonders deswegen, weil auf der Seite des mir gegenüberstehenden Hügels ein hohes hölzernes, dem Anschein nach viereckiges Gebäude stand, welches ich gern untersuchen wollte. Ein paar Nägel gewannen meinen Schiffer, und er nahm mich mit Vergnügen als seinen Passagier ein.

*) In den tropischen Gegenden pflegen die Einwohner bei großen Festen und Gastmahlen die jungen Kokosnüsse mit ein paar Steinen, die sie zum Klopfen brauchen, und mit Hülfe der Zähne, von ihrer fasernartigen Bedeckung zu befreien, und dann wird die inwendige harte Schaale an einem Ende mit Steinen gedruckt. So lange die Kokosnüsse jung sind, ist die Feuchtigkeit, welche sie enthalten, ein angenehmes, kühles, erfrischendes Getränk, das man, ohne üble Folgen davon zu befürchten, in ziemlicher Menge trinken kann. Allein je älter sie werden, je milchigt-weißer wird ihr Saft; und er hat alsdann etwas Süßes, Schwerres, Oehlichtes und Stopfendes an sich, so daß man nicht gar zu viel davon trinken darf, ohne sich üblen Folgen auszusetzen. F.

Ich konnte den Mann nicht dahin bringen, mich nahe an dem Orte zu landen, von dem ich so eben geredet habe; er gab mir zu verstehen, das Gebäude, das ich gern sehen wolle, sei ein Morai *) oder ein Ort, wo ihre Todten begraben würden, und er dürfe sich ihm nicht nähern.

Da also meine Erwartung, diesen Beerdigungsplatz zu untersuchen, getäuscht ward, so ließ ich den Mann den Fluß gemächlich hinauf fahren, damit ich Gelegenheit hätte, der umliegenden Aussichten zu genießen. Indeß sind diese sehr beschränkt; denn das Thal ist nirgends über eine Meile breit, und verengt sich allmählig, so wie man höher hinaufkommt.

Der Fluß hat in seiner größten Breite nicht über hundert Ellen, aber an manchen Orten bei weitem nicht so viel: er gleitet in einem sanften durchsichtigen kaum bemerkbaren Strohme fort; doch mag dies wohl beim Regenwetter nicht der Fall sein, da das östliche Ufer steil und felsicht ist. Diese Felsen scheinen größtentheils mit einer dünnen Lage von der leichten rothen Erde, deren ich vorhin erwähnte, bedeckt zu sein. Ohne Zweifel wird sie durch jeden heftigen Regen in den Fluß hinunter gespült, so daß das Wasser dieses Flusses sehr schlammicht und der Strohm desselben reissend ist. Wie weit er sich in die Insel hinein erstreckt, kann ich nicht sagen; aber aus dem Ansehen des Landes läßt sich vermuthen, daß die Quelle desselben beinahe in der Mitte der Insel entspringe.

Nachdem wir den Fluß ungefähr eine halbe Meile weit hinaufgefahren waren, sprang mein Schiffer, ohne mir das geringste vorher zu sagen, eilig aus dem Boote, wodurch es beinahe wäre umgeworfen worden. Dies beunruhigte mich weiter nicht,

---

*) Ein Morai oder Marai ist in allen Südseeinseln ein zum Begräbnisse der Vornehmsten bestimmter Ort. Oft ist er von Steinen pyramidenförmig aufgeführt und auch wohl mit einer niedrigen Mauer von Steinen umgeben. Hier wird der Leichnam des Verstorbenen unter einem Schoppen, mit einem Tuche bedeckt, auf einem hohen Gerüste ausgelegt. Für diesen Ort bezeugen alle Einwohner besondere Achtung. Sie beten daselbst, und in Tahiti entblößen sie die Schultern, so wie sie es zu thun pflegen, wenn sie ihrem Fürsten ihre Ehrerbietung bezeigen wollen. Nur Verwandte, Priester und Freidenker (deren es auch unter jenen Inselbewohnern giebt) wagen es, sich dem heiligen Orte zu nähern. — Man pflegt den Geistern, die, wie man glaubt, an diesem Orte umherschweben, auch Früchte und ganze gebratene Schweine zu opfern. In den Sandwich-Inseln pflegen die Einwohner bei dem Marais aus Erden hohe thurmähnliche viereckige Gebäude aufzuführen; und von denen spricht der Verfasser wahrscheinlich. G.

da das Wasser nicht tief war; aber ich erstaunte, als ich laut Berre Berre von einer Stimme rufen hörte, die mir bekannt vorkam. Indem ich um mich blickte, sah ich einen von den Eingebornen eilig durch das Wasser auf mich zu kommen: und in dem Augenblick erkannte ich den Menschen, mit dem ich am Morgen überein gekommen war, daß er mich begleiten sollte. Ich hatte ihn während des Mittagessens vermißt; und da ich ihn nachher nicht sah, so glaubte ich, er habe mich verlassen. Aber, wie es scheint, wirkte das versprochne Matano so stark auf ihn, daß er meine Bewegungen den ganzen Nachmittag bewachte, und jetzt die Gelegenheit wahrnahm, mich an seine Pünktlichkeit, mich zu begleiten, und an seine Theilnahme für mein Wohl, indeß ich auf dem Wasser gewesen, zu erinnern.

Mein Bootsmann (wenn ich den Mann, der zum Kanot gehörte, so nennen darf) kam nun wieder, und wir fuhren den Fluß weiter hinauf. Indeß wir ungefähr zwei Meilen weiter gemacht hatten, war der Nachmittag ziemlich verstrichen. Ich dachte daher an die Rückkehr, besonders da das Thal, welches westwärts vom Flusse liegt, und durch welches ich auf meinem Wege nach dem Ufer mußte, viel Abwechselung zu versprechen schien.

Das Land auf der östlichen Seite des Flusses ist hier viel zugänglicher, als weiter hinunter bei dem Moral, so daß ich einen Spatziergang in diesem Theile des Landes hätte machen können, wenn die Zeit es erlaubt hätte. Da dies indeß nicht der Fall war, so mußte ich nicht nur dies aufgeben, sondern auch meinen ersten Vorsatz, den Fluß bis an seine Quelle zu verfolgen, obgleich, so viel ich bemerken konnte, der Weg von dem Orte, wo ich jetzt war, weiter hinauf in das Land, welchen man ungefähr zwei Meilen bis zu der See schätzen kann, für Boote nicht flach genug ist.

Nachdem ich das Boot entlassen hatte, ging ich auf ein Dorf von zerstreueten Häusern zu, das in einer kleinen Entfernung vom Flusse lag. Hier traf ich verschiedene von unsern Leuten an, welche das Thal zwischen den Pflanzungen hinauf gegangen waren.

Einige von ihnen hatten ein gutes Stück Weges hinauf gemacht, aber keiner die Quelle des Flusses erreicht. Indeß bestarkten sie mich in meiner Muthmaßung, daß er für Boote nicht mehr als noch eine halbe Meile höher hinauf schiffbar wäre.

Wir erfuhren, daß dies Dorf Abbenaui's Residenz sei, und man zeigte uns verschiedene Häuser, welche ihm zugehörten; man sagte uns aber auch: er wäre seit dem Morgen nicht am Lande gewesen, weil er sich den ganzen Tag über bei Popote*) oder Kapitain Portlock aufgehalten habe.

Es liegen, längs dem ganzen Wege von diesem Dorfe bis an das Gestade, hin und wieder viele Häuser zerstreuet; und da wir gemächlich zurückgingen, so drangen die Bewohner fast beständig in uns, daß wir eine Weile bleiben, und uns unter den Bäumen ausruhen sollten, welche gemeiniglich um ihre Wohnungen her wachsen. Es war augenscheinlich, daß dies nicht bloß zur Befriedigung einer wilden ungestümen Neugierde geschah, sondern daß es aus Gütigkeit und wohlgemeinter Gastfreundschaft herrührte, welches ihnen viele Ehre macht. Herzliche Freude glänzte sichtbar auf dem Gesichte eines jeden, bei dessen Hause wir zufällig still hielten; die ganze Familie kam alsdann heraus, brachte uns Kokosnüsse, um unsern Durst zu löschen, und fächelte diejenigen von uns, welche vom Gehen ermüdet zu seyn schienen; kurz, sie bemüheten sich eifrig, uns so viel Gutes zu erzeigen, als sie nur konnten.

Das Thal ist den ganzen Weg über, den wir gingen, bis an das Ufer, ganz mit Tarro bebauet; und diese Pflanzungen sind mit vieler Beurtheilungskraft angelegt.

Der Boden ist sehr niedrig, und die Tarrofelder gänzlich mit Wasser bedeckt. Es gehen nehmlich Gräben um sie her, so daß sie vermittelst des Flusses nach Gefallen abgezapft oder frisch gewässert werden können. Sie sind auf mannichfache Art angelegt, nach der Phantasie der verschiedenen Eigenthümer, deren Theile mit der gewissenhaftesten Genauigkeit bemerkt und in gehörigen Entfernungen durch erhöhete ungefähr zwei Fuß breite Pfade durchschnitten sind. Noch muß ich bemerken, daß diese Pflanzungen alle längs dem Flusse, die erwähnten Häuser aber westwärts von dem äußersten Fußsteige liegen. Die Bäume, welche in ziemlicher

---

*) Man sieht hieraus, daß auch in den Sandwichinseln die Eingebornen die Namen der Europäer nach ihrer Art verändert haben. In Tahiti, und in den Südseeinseln jenseits der Mittagslinie überhaupt, ward Cook von den Eingebornen Tute ausgesprochen. Clerke hieß Tabte; George sprachen sie Teori aus, und den Nahmen Forster verwandelten sie, weil sie das f nicht aussprechen können, in Matara. Wahrscheinlich haben also die Einwohner der Sandwichinseln Portlock durch Popete ausdrücken wollen. S.

Menge um die Häuser her stehen, sind gewöhnlich Papier-Maulbeerbäume (*Morus papyrifera Linn.*)

Ueber die Häuser und das, was ich noch sonst Bemerkenswerthes gesehen habe, will ich Dir in einem künftigen Briefe schreiben. Für jetzt will ich abbrechen, und nur noch bemerken, daß diese Pflanzungen, man mag nun die gesunde Urtheilskraft und (ich hätte beinahe gesagt, wissenschaftliche) Geschicklichkeit, womit sie angelegt sind, oder die genaue Aufmerksamkeit und den unermüdeten Fleiß, wovon der Anbau zeigt, in Erwägung ziehen, in einer oder der andern dieser Rücksichten, selbst einem brittischen Landwirthe Ehre machen würden.

Als wir nach dem Gestade kamen, war der Tag ziemlich vorüber; unser Boot hatte es schon vor uns erreicht, und lag fast in eben der Richtung, wie den Morgen, vor Anker. Es standen eine große Menge von Eingebornen am Ufer versammelt: viele wollten Abschied von uns nehmen; andre baten sehr ungestüm um ein Matano. Unter diesen war auch der Mann, den ich den Morgen zu meinem Begleiter gedungen hatte. Er bekam zwei Nägel von mir, womit er vollkommen zufrieden war. „Eine armselige Belohnung für eine tagelange mühselige Begleitung!" wirst Du sagen. Indeß dies erinnerte mich an jene alten glücklichen Zeiten in England, wo der fleißige Arbeitsmann entweder einen Penny oder eine Metze Weizen als seinen Tagelohn wählen konnte.

Abbenaui's Leute warteten auf uns mit ihren Kanots, um uns, so wie am Morgen, durch die Brandung,*) an unser Boot zu bringen; und wir kamen kurz nach Sonnenuntergang wohlbehalten an Bord.

Das Vergnügen, das mir diese Exkursion machte, ist unendlich größer, als ich es jemals bei irgend etwas von der Art empfunden habe. Und wenn diese unvollkomne Beschreibung Dir nur einigermaßen angenehm ist, so wird es noch erhöhet werden. Dein aufrichtiger Freund

Urnai, den 11. Febr.   W. B.

---

*) **Brandung** nennen die Seefahrer das ungestüme Anprellen der Wogen an das Gestade, oder auch an Felsen und Klippen, die nicht tief unter der Oberfläche des Meeres liegen. Dieses Auffetzen und Anprellen schnellt die See zuweilen 20, 30, 40 und mehrere Fuß hoch in die Luft.   F.

Sieben und zwanzigster Brief.

Die Schiffe verlassen Atual und gehen nach Oniehau — sie finden die vom King George da gelassenen Anker, und segeln von Oniehau wieder nach Atual.

Nun, da ich Dir eine Beschreibung von meiner Exkursion in Atuai gegeben habe, werde ich wieder zu den Vorfällen am Bord zurückkehren.

Gegen den 8ten Februar wurde das Wetter ängstlich und schwül, wobei es häufig blitzte. In der Nacht vom 9ten erhob sich ein frischer Wind aus Süden; und den nächsten Morgen um 5 Uhr zerriß unser kleines Ankertau, ein und zwanzig Klafter weit vom Anker.

Wir hatten noch immer einen Südlichen Wind und wachsende Wogen, so daß alle Bemühungen, unsern Anker wieder zu bekommen, fruchtlos gewesen sein würden: und so konnten wir für jetzt weiter nichts thun, als da, wo nach unsrer Muthmaßung der Anker lag, zwei oder drei Ankerwächter zurückzulassen; denn der, welchen wir beim Ankern am Strohmankertaue befestigt hatten, war gesunken.

Während des Nachmittags und Abends am 10ten befanden wir uns in einer sehr unangenehmen Lage. Das Wetter war stürmisch, mit Donner, Blitz und heftigem Regen; der Wind blies sehr stark aus S. W. und S. S. W.; und so hätten wir uns, wenn wir genöthigt gewesen wären, das Ankertau loszulassen, höchst wahrscheinlich nicht vom Lande entfernt halten können.

Nachmittags den 11ten drehte sich der Wind Westwärts und wurde gelinder, welches die Wogen merklich verringerte. Obgleich die See sehr hoch lief, kam unser Freund Longshanks (Langbein) dennoch zu uns, und brachte etwas Tarro mit. Er ermangelte übrigens nicht, dieses Freundschaftsstück sehr zu erheben; und wir belohnten ihn verhältnißmäßig dafür, ob es uns gleich noch nicht an Wurzeln fehlte, indem wir glücklicher Weise, ehe das schlechte Wetter einfiel, eine große Menge Tarro gekauft hatten.

Da die Witterung so sehr wenig versprach, so beschlossen wir, diesen Ort zu verlassen. Dem zufolge gab Kapitain Portlock den 12ten, Morgens, das Signal; hierauf lichteten wir die Anker, gingen unter Segel, und liefen mit einem leichten Winde aus Nordwesten nach Süden. Vom 12ten bis zum 15ten lavirten wir beständig nach Oniehau zu, konnten es aber wegen der leichten veränderlichen Winde nicht erreichen. Diese Zeit über hatten wir beängstigendes, schwüles, wolkiges Wetter.

Vormittags den 16ten erhob sich ein frischer Wind aus Nordosten, weshalb wir gerade auf Oniehau los steuerten; und Nachmittags ankerten wir in der Yamsbay, in neun und zwanzig Faden Tiefe, auf sandigem Boden. Die äussersten Spitzen der Bay lagen von Süden 20 Grad gegen Osten, bis nach Norden 15 Gr. gegen Osten; die Mitte von Orihaura von Norden 40 Gr. gegen Osten; und Tahaura von Süden 30 Gr. gegen Westen, ungefähr zwei Meilen vom Ufer entfernt.

Unsere Hauptabsicht ging dahin, an diesem Orte die Anker wieder zu suchen, welche Kapitain Porlock hier verloren hatte. Dem zufolge wurden den 17ten des Morgens bei Tagesanbruch die Boote beider Schiffe ausgeschickt; zum Glück war das Wetter gelinde, und die See ziemlich ruhig, so daß gegen zwei Uhr Nachmittags, der King George seine beiden Anker an Bord hatte. Diesen Umstand konnten wir als sehr glücklich ansehen, besonders deswegen, weil wir den Anker, den wir bei Atuai gelassen hatten, fast verloren geben mußten.

Während der Zeit waren wir an Bord sehr geschäftig, Yams und Wasser von den Eingebornen zu kaufen. Diese besuchten uns ziemlich zahlreich, und brachten uns eine Menge Yams, die uns sehr zu gelegner Zeit kamen, da unser Vorrath davon schon sehr abgenommen hatte.

Um drei Uhr Nachmittags veränderte sich der Wind nach Süden; wir lichteten also die Anker, und legten gegen Nordwest um, damit wir auf den Fall daß die südlichen Winde fortblasen sollten, Atuai durch die Straße bei Orihaura gewinnen, und einen Versuch machen könnten, wie sich uns're Anker wieder bekommen liesse. Aber wir hatten jetzt neuen Grund zu der Meinung, daß der Wind in der Gegend dieser Inseln sehr veränderlich ist; denn vom 17ten bis 23sten herrschten leichte veränderliche Winde, und dazwischen häufige Windstillen, so daß wir immer Nord- und Ostwärts steuerten, indem wir, so wie es die Gelegenheit erforderte, oft im Lavieren umlegten. Atuai lag gemeiniglich gegen Südsüdost, und Oniehau gegen Südwest.

17ter.
Februar.

Indeß wir in diesem ungewissen Zustande lavirten, hatten wir Gelegenheit, die nördliche Küste von Atuai, oder denjenigen Theil der Insel zu sehen, welcher der Weimoabay gerade gegenüber liegt. Das Ufer ist bis dicht an das Wasser größtentheils bergicht, und es läßt sich schwer hinaufkommen. Ich konnte keinen ebenen Boden sehen, und eben so wenig das geringste Anzeichen, daß dieser Theil der Insel bewohnt wäre. Wenigstens kann hier keine beträchtliche Anzahl Menschen sein, und es läßt sich mit aller Wahrscheinlichkeit vermuthen, daß beinahe alle Bewohner in dem südlichen Theile der Insel leben.

Den 24sten und 25sten hatten wir gemäßigtes Wetter und im Ganzen leichte Winde; doch kam unter andern eine frische Luft aus Ostnordosten.

Morgens den 26sten liefen wir durch die Straße zwischen Orihaura und Atuai. Gegen Mittag lagen die äussersten Spitzen der letzteren Insel von Norden bis nach Norden 58 Gr. östlich; und Oniehau von Westen 8 Gr. gegen Süden.

Den Nachmittag und den ganzen 27sten hatten wir frische veränderliche Winde; aber da den 28sten Vormittags schönes Wetter war, und ein gelindes Lüftchen von Osten her wehete, so giengen wir in Weimoa-Bay in sieben und dreißig Faden Tiefe auf sandigem Boden vor Anker.

Wir kamen hieher, um unsern Anker zu suchen, und daher ward das Fischerboot zu dieser Absicht sogleich ausgesetzt; aber alle unsre Bemühungen waren vergebens, ob wir uns gleich die Lage des Orts, wo wir ihn verloren, genau gemerkt hatten, und das Wasser ziemlich ruhig war. Die zurückgelassenen Ankerwächter waren entweder fortgeführt, oder von den Eingebornen gestohlen worden.

Den 1sten März aber war das Wetter gelinde und schön, so daß wir hofften, wir würden uns mit einer Menge Schweine und Vegetabilien versehen können; aber wir fanden, daß die Bewohner tabu waren, und es kam Niemand zu uns, ausgenommen einige wenige von den geringen Oberhäuptern, welche einen kleinen Vorrath Tarro brachten.

Dem zufolge, was wir erfahren konnten, hatten wir Ursach zu vermuthen, daß der König unsrer überdrüßig wäre und das Volk tabu gemacht habe, um zu verhindern, daß keine Erfrischungen an Bord der Schiffe gebracht würden, indem er glauben mochte, wir hätten die Absicht, uns in Atuai niederzulassen. In der That

konnte

konnte der Anschein eine solche Vermuthung rechtfertigen. Wir hatten zu wiederholten malen an ihrer Küste geankert; rückwärts und vorwärts im Angesicht der Insel gekreuzt; daselbst wieder geankert; kurz, wir waren lange genug unter ihnen gewesen, um den Verdacht zu erregen, daß wir uns an diesem angenehmen Orte niederzulassen wünschten.

Wenn Teiara, woran ich nicht zweifle, wirklich von diesen Bewegungsgründen veranlaßt war, die Bewohner tabu zu machen; so wird dadurch das bestätigt, was ich bereits von seinem guten Verstande und seinem Scharfsinn gesagt habe. Wirklich hätte der feinste Politiker keinen bessern Weg einschlagen können, sich unwillkommne zudringliche Leute vom Halse zu schaffen, mit denen er doch auch keinen öffentlichen Streit anfangen konnte, als daß er sie aushungerte. — Doch wieder zum Vorigen!

Den 2ten drehete sich der Wind Westwärts; wir lichteten also Abends um 8 Uhr die Anker, und seegelten in die offene See. Wir thaten dies zu unserm Glück; denn am nächsten Tage war es sehr windig, wobei es heftig regnete und der Wind beinahe aus Südwesten kam. Um Mittag lag Atuai von Nordnordosten nach Norden 25 Gr. gegen Westen, und Oniehau von Norden 60 Gr. gegen Westen bis zu 80 Gr. gegen Westen, ungefähr sechs große Seemeilen entfernt. Den Nachmittag war es trübe und neblicht, und wir verloren beide Inseln aus dem Gesichte.

Dies neblichte Wetter dauerte mit starken westlichen Stürmen und heftigem Regen den 4ten und 5ten fort, und dabei gingen zugleich sehr ungestüme Queerwogen; wir hielten es bei diesen Umständen für rathsam, gänzlich beizulegen, da wir ungewiß waren, welche Richtung die Ströhmung nähme, und da wir uns ungern weit vom Lande entfernen wollten.

Den 5ten, Morgens, sahen wir Atuai von Westen nach Westsüdwesten, und Wahu nach Südsüdosten. Gegen Nachmittag ward das Wetter gelinde. Die Mannschaft mußte einen neuen Blockscheibenmast aufrichten, weil den alten der Wind zerbrochen hatte. Da hierzu etwas Eisenwerk erfordert wurde, so mußte sich der Schmidt gleich an die Arbeit machen; aber nun warf ein plötzliches Schwanken des Schiffes den Anker über Bord. Dies war ein schlimmer Zufall, da wir

1787.
März.

wenige Tohles vorräthig hatten, und da wir wußten, daß sie uns bei unserm künftigen Handel sehr nützlich sein würden.

Den 6ten und 7ten hatten wir einige frische westliche Lüfte. Den 7ten des Morgens ging Kapitain Dixon an Bord des King George. Bei seiner Zurückkunst steuerten wir nach Ostsüdosten, indem unsre Kapitaine beschlossen hatten, wenn der Wind Süd- und Ostwärts fortwehete, nach Owaihie zu seegeln; aber diese Hofnung verschwand sehr bald, da den 8ten der Wind sich nach Ostsüdosten drehete.

Den 9ten und 10ten lavirten wir dem Winde entgegen, indem wir noch immer veränderlichen Wind erwarteten. Aber es schien so, als ob er immer aus derselben Gegend wehen wollte; deshalb gaben wir denn Vormittags den 11ten alle Hofnung auf, Owaihie zu erreichen, und wendeten uns wieder nach Südwesten. Da wir einen frischen gleichförmigen Oestlichen Wind hatten, so waren wir den Nachmittag sehr zeitig zwei Meilen weit von der Westlichen Seite von Wahu. Wir sahen Westwärts ein kleines Dorf, und blieben ungefähr drei Stunden liegen; wir hoften nehmlich, die Einwohner würden uns Schweine und Vegetabilien bringen, besonders da wir an diesem Theile der Insel noch nicht gewesen waren. Aber es kamen nur zwei kleine Boote zu uns; und da sie uns wenig oder nichts brachten, so gingen wir um 5 Uhr wieder unter Seegel, und richteten unsern Lauf Westwärts.

Die äußersten Spitzen von Wahu lagen jetzt von Süden 50 Gr. gegen Osten bis nach Süden 35 Gr. gegen Westen, ungefähr drei große Seemeilen entfernt. Das kleine Dorf ausgenommen, dessen ich so eben erwähnt habe, scheint die Nördliche Seite unbewohnt zu sein. Ueberdies giebt es hier keinen sichern Ankerplatz für ein Schiff; das Ufer ist größtentheils steil und bergicht, und in dieser Rücksicht der nördlichen Seite von Atuai ziemlich ähnlich.

Den 12ten Morgens um sieben Uhr sahen wir Atual; und um Mittag befanden wir uns nur wenige Meilen von unserm ersten Ankerplatz in Weimoa-Bay entfernt. Das Wetter war sehr schön mit einer gelinden östlichen Luft. Wir blieben unter Segel, da wir hofften, daß die Eingebornen uns einige Erfrischungen bringen würden; aber es ließ sich nicht ein einziges Boot in der Bay sehen. Dies bestätigte hinlänglich unsre vorige Meinung, daß der König beschlossen habe, uns durch Hunger von der Insel zu vertreiben. Um sechs Uhr lagen die äussersten Spitzen von Atuai von Norden 10 Gr. gegen Westen, bis nach Norden 56 Gr. gegen Osten; und das Nördliche Ende von Oniehau von Westen nach Westen bei Süden.

Alle unsre Hofnung einen Vorrath von Schweinen zu bekommen, ward nun aufgegeben; und das einzige, worauf wir vor der Fortsetzung unsrer Reise nach Norden noch hofften, war ein Vorrath von Yams von Oniehau, welches aber gänzlich von einem beständigen östlichen Winde abhing.

Den 13ten herrschten leichte veränderliche Winde; gegen Abend ward der Himmel schwarz und drohend, wobei die Luft sehr beängstigend und schwül war. Die Nacht hatten wir einen fast ununterbrochenen heftigen Regenguß mit fürchterlichem Donner und Blitzen. Fast den größten Theil vom 14ten herrschten wieder leichte Winde und mitunter Windstillen; doch gegen sechs Uhr Nachmittags erhob sich eine frische Luft aus O. N. O., worauf wir die ganze Nacht die Seegel unserm Winde südwärts näher richteten, in der Hofnung, daß wir mit Tagesanbruch gerade nach Oniehau hinkommen würden. Aber da den 15ten um sechs Uhr Morgens der Wind sich nach O. S. O. drehete, so stellte Kapitain Portlock, ganz unsrer Erwartung zuwider, die Segel seinem Winde näher, und steuerte nach Nordosten. Um Mittag lagen die äussersten Spitzen von Atuai von Norden bis nach Norden 35 Gr. gegen Westen. Den Tag über hatten wir einen schönen Wind aus Südosten, und heitres Wetter. Unsre Breite zu Mittage war 21 Gr. 29 Min. Nördlich, und die Länge 159 Gr. Westlich. Um sechs Uhr lag das nordöstliche Ende von Atuai Nördlich 42 Gr. gegen Westen, dreizehn große Seemeilen entfernt, und die Mitte von Wahu gegen Osten. Der Wind blieb die ganze Nacht in der vorigen Richtung; und da wir den 16ten Morgens weit ausser dem Gesichte aller Inseln waren, so steuerten wir mit einem frischen südlichen Winde gerade nach Norden.

So haben wir also diese Inseln zum zweitenmale verlassen, und segeln nun mit den größten Erwartungen nach der Amerikanischen Küste. Mein nächster Brief soll eine Beschreibung unsrer Fahrt dorthin enthalten. Lebe wohl.

Nach der Abreise von Atuai den 16. März. W. B.

Acht und zwanzigster Brief.

Ursachen, warum wir nicht länger zu Oniehau blieben — Fahrt von den Sandwich-Inseln nach der Nordwestlichen Küste — Fehler in Kapitain Cook's Seekarte — Wir ankern bei der Montague-Insel.

Ehe ich in der Beschreibung unsrer Reise nach der nordwestlichen Küste fortfahre, will ich erst ein paar Worte darüber sagen, daß wir von Oniehau zu einer Zeit abreisten, da wir das, wonach wir wochenlang gestrebt hatten, nun augenscheinlich erlangen konnten.

Da das Wetter in der Nacht vom 14ten auf den 15ten März gelinde und hell war, und zugleich ein günstiger östlicher Wind wehete, wodurch wir bequem hätten nach Oniehau kommen können; und da ein Vorrath von Yams, die wir dort zuverlässig erhalten konnten, von großem Nutzen für uns gewesen wäre: so kann es vielleicht sonderbar scheinen, daß Kapitain Portlock in dem Augenblick Nordwärts seegelte, da alle seine Wünsche, dem Anscheine nach, leicht zu erfüllen waren. Aber ich muß erinnern, daß wir vor diesem Zeitpunkte immer sehr unbeständiges Wetter gehabt, und es in der That in Oniehau immer so gefunden hatten; und so würden wir, wenn keine widrige Winde gewesen wären, aller Wahrscheinlichkeit nach, unter dem Lande eine Windstille gehabt haben, welches eben so unangenehme Folgen gehabt hätte, da es hohe Zeit ward, Nordwärts zu segeln, um wo möglich die Fehler bei der letzten Reise wieder gut zu machen. Indeß dem sei wie ihm wolle, der Erfolg bewies, daß dieser Schritt sehr klug war; denn da sich der Wind, wie ich bereits erzählt habe, Südwärts drehete, so würde es uns unmöglich gewesen sein, in Oniehau liegen zu bleiben. Doch wieder zu unsrer Reise!

Den 17ten Vormittags hatten wir einen starken südlichen Wind, mit häufigen Regengüssen. Den Nachmittag ward der Wind leicht und veränderlich. Die Nacht war stürmisch, mit Donner, Blitz und beständigem Regen.

Des Morgens den 18ten hatten wir ungestümen Wind aus Südsüdosten mit heftigen Seitenwogen und beständigem Regen. Dies war der erste schöne Wind, den wir seit unsrer Abreise von England gehabt hatten. Er dauerte den ganzen Tag und einen Theil der Nacht hindurch. Da diese sehr dunkel war, so blieben wir liegen, und gingen erst den 19ten um fünf Uhr Morgens wieder unter Segel. Das

Wetter war ziemlich gelinde. Unsre Breite um Mittag betrug 27 Gr. 44 Min. Nördlich; und die Länge 158 Gr. 17 Min. Westlich.

Von hier an bis zum 23ten hatten wir wenig Abwechselung. Der Wind war frisch und veränderlich mit trübem Wetter. Unsre Breite um Mittag den 22ten war 29 Gr. 10 Min. Nördlich; und die Länge, welche wir nach der mittleren Zahl verschiedener Beobachtungen des Mondes berechneten, 158 Gr. 27 Min. Westlich.

Den 24ten und 25ten hatten wir häufige Windstöße mit Regen. Der Wind drehete sich von O. S. O. nach S. S. W., und das Wetter war dick und neblicht.

Den 26ten war es gelinde. Unsre Breite zu Mittage betrug 34 G. 59 Min. Nördlich; und die Länge 159 Gr. 30 Min. Westlich. Unsrer Erwartung zuwider, klärte sich der Nebel den 27ten auf, und wir hatten helles, gelindes Wetter, mit einem schönen südlichen Winde. Dieser wehete bis zum 29ten Abends, und hierauf kam ein noch frischerer Wind von Westen her, mit häufigen Regengüssen und dickem neblichten Wetter. Wir haben jederzeit bemerkt, daß in diesen Breiten, nehmlich von 30 bis 60 Gr. nach Norden, südliche Winde dicke Nebel mitbringen.

Den 31ten Morgens ward das Wetter gelinde. Unsre Breite um Mittag war 39 Gr. 23 Min. Nördlich; und die Länge 154 Gr. 23 Min. Westlich. Den Nachmittag über hatten wir leichte veränderliche Winde und trübes Wetter. Gegen Abend sahen wir verschiedene Puffins (*Procellaria Puffinus Linn.*); auch kam eine junge Robbe an die Seite des Schiffs, welches deutlich anzeigte, daß das Land nicht mehr entfernt sein könnte*). Wirklich hatten uns, als wir das erstemal nach Norden segelten, und uns fast in derselben Lage befanden, ähnliche Umstände überzeugt, daß wir nicht mehr viele Meilen weit vom Lande sein müßten; aber zu unsrem Unglücke war sowohl damals als jetzt so dickes neblichtes Wetter, daß wir, wenn wir auch nur zehn Meilen bis zu einem selbst hohen Lande gehabt hätten, doch, ohne es zu sehen, vorüber gesegelt sein.

---

*) Puffins und andere Vögel vom Geschlechte der Sturmhühner (*Procellaria*) sind eben so wenig als Robben (*Phoca*) sichere Kennzeichen eines nahen Landes. Bei meiner Reise mit dem Kapitain Cook habe ich diese Vögel und Thiere oft sehr weit von irgend einem Lande, mitten im großen südlichen Ocean, angetroffen. Es ist also wahrscheinlich, daß sie im nördlichen eben so wenig die Nachbarschaft irgend eines Landes anzeigen.
S.

1787.
April.

Vom 1ten bis 4ten April gab es wenig Abwechselung; der Wind blies, bei feuchtem und neblichtem Wetter, gewöhnlich aus Südsüdosten. Unsre Breite, Mittags den 3ten, betrug 44 Gr. 4 Min. Nördlich; und die Länge 151 Gr. 59 Min. Westlich. Da die Nächte sehr dunkel waren, so legten wir gemeiniglich bei, und gingen des Morgens bei Tagesanbruch unter Seegel.

Nachmittags, den 7ten, war unsre Breite 47 Gr. 21 Min. Nördlich; und die Länge 148 Gr. 39 Min. Westlich; wir sahen verschiedene Möwen, Taucher und mancherlei andre Arten von Vögeln; auch trafen wir häufig Seetang an.

Nachmittags, den 8ten, spielte ein Seelöwe um unser Schiff. Vom 5ten bis 8ten ging der Wind leicht und hauptsächlich aus Norden her; aber den 9ten des Morgens drehete er sich nach Südwesten mit gelindem Wetter, wobei Hagelschauer und Schloßen abwechselten. Unsere Breite Nachmittags, den 12ten, war 52 Gr. 46 Min. Nördlich, und die Länge, wie die Mittelzahl verschiedener Mondsbeobachtungen ergab, 145 Gr. 43 Min. Westlich.

Von jetzt bis zum 16ten hatten wir wenig Abwechselung; es weheten frische veränderliche Winde, und mit unter bekamen wir häufige Schauer von Hagel und Schloßen. Wir fanden die Abweichung der Magnetnadel hier 19 Gr. nach Osten. Das Wetter war sehr kalt, indem das Thermometer den 16ten auf 25 Gr. stand, also zwei und einen halben Grad tiefer, als jemals während Kapitain Cook's letzter Reise, ob er gleich bis zum 72sten Grade Nördlicher Breite hinseegelte.

Mittags, den 16ten, war unsre Breite 58 Gr. 9 Min. Nördlich, und die Länge 149 Gr. 23 Min. Westlich. Von hier bis zum 18ten war das Wetter so dick und neblicht, daß wir keine Beobachtungen anstellen konnten: und da sich unmöglich Land in einiger Entfernung sehen ließ, so lavirten wir gelegentlich hin und her; denn wir wußten nicht, wie weit wir von der Amerikanischen Küste entfernt wären.

Nachmittags, den 18ten, hatten wir einen plötzlichen Windstoß von Westen her; aber da unsre Seegel bei Zeiten eingezogen wurden, so that er uns nicht den geringsten Schaden. Der Wind blies den größten Theil der Nacht hindurch frisch; allein Vormittags, den 19ten, ward er gelinder, und das Wetter für uns hell ge-

Reise um die Welt.   135

nug, so daß wir die Mittagshöhe nehmen konnten, aus welcher sich 57 Gr. 41 Min. Nördlicher Breite ergab.

1787.
April.

Vom 20ten bis 22ten hatten wir dickes Nebelwetter mit häufigen Windstößen und fast beständigem Schnee und Schlossen, wobei der Wind gemeiniglich frisch aus Südosten und Südsüdosten blies. Unsre Breite betrug, der Berechnung des Mittags am 22ten zufolge, 59 Gr. 1 Min. Nördlich. Dies machte, daß wir vorsichtig lavirten, da wir gewiß wußten, daß die Küste nicht mehr weit sein könnte, und da das Wetter so neblicht war, daß wir nicht eine große Seemeile vom Schiffe Land hätten sehen können.

Den 23ten, Morgens, klärte sich das Wetter ziemlich auf. Unsre Breite zu Mittage war 59 Gr. 9 Min., und die Länge 147 Gr. 55 Min. Westlich, welches die Mittelzahl aus zwei Reihen von Mondsbeobachtungen in der Berechnung ergab. Um 1 Uhr sahen wir Land, das von Nordosten bei Norden nach Westen, in einer Entfernung von zehn großen Seemeilen, lag. Abends um 7 Uhr bemerkten wir, daß das Land Westwärts Foot-Eiland, und das Ostwärts liegende die Montague-Insel wäre, so daß wir eine gute Richtung zur Einfahrt in Prinz Williams Sund hatten, welche zu erreichen wir uns vergebens bemühten, als wir uns das vorigemal an dieser Küste befanden. Bei Sonnenuntergang lag die Einfahrt nach Norden 14 Gr. gegen Osten, und der Südöstliche Theil von Montagus-Eiland nach Norden 32 Gr. gegen Osten, ungefähr fünf große Seemeilen entfernt. Da der Wind leicht und veränderlich war, so seegelten wir die Nacht über Ostwärts; und da sich den 24ten Morgens ein gelindes Lüftchen von Westen her erhob, so spannten wir alle Seegel auf, und richteten unsern Lauf gerade auf die Einfahrt. Um Mittag waren wir mitten in dem Anfange des Kanals. Unsere Beobachtung gab 59 Gr. 47 Min. Nördliche Breite; und die Länge war 147 Gr. 52 Min. Westlich.

Dieser Ort ist in Kapitain Cook's Generalkarte unter 59 Gr. 36 Min. Nördlicher Breite verzeichnet, also nach unsrer Beobachtung elf (Englische) Meilen zu südlich; deshalb waren unsre Herren besonders sehr genau bei dem Messen ihrer Höhen; und da ihnen ein sehr heller Horizont zu Statten kam, so konnten sie die Breite mit Gewißheit bestimmen. Dies überzeugte Kapitain Dixon von der Unrichtigseit in der obenerwähnten Karte, und bewies augenscheinlich, daß die Breite durch Winkel, die man von der Mittagshöhe der Sonne in einer Entfernung aufgenommen hatte, war bestimmt worden.

Das Land lag in dieser Richtung von Norden 34 Gr. gegen Westen bis nach Norden bei Osten; die Grünen Inseln nach Norden, von der Südöstlichen Spitze der Insel Montague zwei Meilen entfernt. Da das Lüftchen den Nachmittag sich gänzlich legte, und keine Wahrscheinlichkeit war, daß wir den Sund erreichen würden; so steuerten wir in eine tiefe Bay, welche sich jetzt gegen Osten öfnete, und warfen unsern Anker gegen 5 Uhr in vier und zwanzig Faden Tiefe auf schlammichtem Boden. Die äußersten Spitzen des Landes lagen von Nordwesten nach Südwesten.

So sind wir also noch einmal auf dem geschäftigen Schauplatze der Wirksamkeit; und hier will ich für jetzt Abschied von Dir nehmen, mit dem herzlichen Wunsche, daß die alte sprüchwörtliche Redensart: „Der Berg kreißt", nicht wahr werden möge. Ewig der Deinige.

Montague-Eiland, den 25. April. W. B.

Neun und zwanzigster Brief.

Es kommen im Hafen Indianer an, die Englisch sprechen — Die Schiffe fahren in Prinz Williams Sund — Kapitain Dixon unternimmt eine Fahrt nach Snug Corner Bay — findet daselbst ein Schiff von Bengalen — Nachricht von den Unglücksfällen, die demselben zugestoßen sind.

Ich schloß meinen letzten Brief an Dich damit, daß wir den Anker geworfen hatten; und ich zweifle nicht, daß Du jetzt ungeduldig bist, unsre Beschäftigungen zu erfahren. Da ich nichts Unangenehmeres kenne, als den Zustand erwartender Ungewißheit: so will ich, so gut ich kann, Dich augenblicklich davon zu befreien suchen.

Wie es scheint, war der Bewegungsgrund, weshalb Kapitain Portlock hier vor Anker ging, der schon erwähnte Umstand, daß er in einiger Entfernung oberhalb der Bay zwei Kanots sah, welches ihn hoffen ließ, daß wir Bewohner antreffen,

treffen, und folglich einige Geschäfte machen würden; und dieß wünschten wir um so mehr, da jetzt unsere letzte Jahreszeit schon da war.

Abends den 24ften kamen fünf Boote an die Seite des Schiffs; die Leute darin brachten uns aber weder Pelze noch sonst etwas zu verkaufen. Sie empfingen uns mit ausgestreckten Armen und einer öftern Wiederholung des Wortes Lauleigh, (Lahlei) auf dessen letztere Silbe sie gemeiniglich großen Nachdruck legten. Wir hielten dies für eine freundschaftliche Begrüßung, und erwiederten sie durch ähnliche Geberden und durch Wiederholung des Wortes Lauleigh. Auf unsre Nachfrage nach Notuneschock (denn so nennen sie die Seeotterhäute) wiesen sie augenblicklich nach Prinz Wilhelm's Sund, und wiederholten die Worte: „Nutka Notuneschock", sehr oft und sehr ernsthaft. Einige Hunde, die wir an Bord hatten, liefen, da sie Fremde beim Schiffe hörten, auf das Verdeck, und fingen an zu bellen. Hierauf riefen die Indianer sogleich aus: „Tauser, Tauser*)" hier, hier!" und zugleich pfiffen sie auf die Art, wie man in England die Hunde zu locken pflegt. Wir wußten nicht, wie wir uns dies erklären sollten; indeß war es, da diese Leute Englisch sprachen, und einen Begriff von unsern Sitten hatten, sehr einleuchtend, daß entweder ein Englisches Schiff jetzt im Sunde läge, oder vor kurzem erst da gewesen wäre. Aber keiner von uns konnte errathen, was Nutka bedeuten sollte, welches Wort sie am häufigsten wiederholten.

Die erwähnten fünf Kanots waren mit Fellen bedeckt, und eben so, wie die, welche wir im vorigen Jahre in Cooks Flusse gesehen hatten. Drei davon hielten jedes zwei, die beiden andern aber nur Eine Person.

Die Ohren dieser Wilden waren mit einer Menge kleiner blauer Glaskorallen geziert; doch diese mußten sie, wie wir zu vermuthen Ursach hatten, von den Russen erhalten haben, da einige Messer und eiserne Waffen, die sie uns zeigten, augenscheinlich Russische Arbeit verriethen.

1787. April

*) Tauser, oder wie es Englisch geschrieben wird, Touser oder Towzer, kommt von dem Englischen Worte Touse oder Towse her, und bedeutet: ziehen, schleppen. Touser ist aber in England ein gewöhnlicher Name großer Hunde, und wird fast in keinem andern Sinne gebraucht. Deßhalb fiel es dem Schiffsvolke der Queen Charlotte so sehr auf, daß ein Wilder in Amerika den Englischen sehr gewöhnlichen Namen eines Hundes sogleich genannt, und das Englische hier (here) mit dem dabei gewöhnlichen Pfeifen gebraucht hatte, um den Hund zu locken. J.

1787.
April.

Früh Morgens den 25ten wurden unsre Boote ans Ufer geschickt, um Holz und Wasser zu holen, welches beides sie leicht erhielten. Während dessen gingen unsre Kapitaine rings um die Bay, und untersuchten jeden kleinen Meerbusen und Zugang; aber sie fanden weder Bewohner, noch irgend eine Spur, daß vor kurzem Leute hier gewesen wären. Hieraus schlossen wir denn, daß unsre Gäste nur eine Jagdpartie von Prinz Wilhelms Sunde sein müßten; indeß machten wir ihnen einige kleine Geschenke, in der Hoffnung, dies würde sie veranlassen, nicht nur uns Pelzwaaren zu bringen, sondern auch ihre Nachbarn aufzumuntern, daß sie ihrem Beispiele folgten. Sie schienen sehr vergnügt über die Kleinigkeiten, die wir ihnen gaben, und sagten uns, sie wollten bald wieder kommen, und eine Menge Notuneschock bringen.

Wir warteten bis zum 28sten mit der größten Ungeduld, da wir hofften, daß die Indianer wieder kommen und mit uns handeln sollten; aber dies schlug fehl, und wir beschlossen daher, diese Bay mit dem ersten günstigen Winde zu verlassen.

Um 4 Uhr Morgens den 29sten erhob sich ein Wind aus Südwesten; wir lichteten also den Anker, und segelten aus der Bay. Aber kaum hatten wir den Kanal erreicht, welcher in den Sund führt, als eine Windstille eintrat; da nun überdies die Fluth gegen uns war, so mußten wir die Boote ausschicken, um die Schiffe wieder herein zu bogsiren. Uebrigens trugen wir Sorge, so weit in die Mitte des Kanals zu kommen, als es mit unsrer Sicherheit bestehen konnte. Um 10 Uhr ließen wir den Anker in vier und zwanzig Klafter auf schlammigem Boden fallen. Die äußersten Spitzen der Bay lagen von Norden 40 Gr. Westlich bis nach Süden 39 Gr. nach Westen, eine Meile weit vom Ufer.

Das Wetter war den 30sten über gelinde, der Wind leicht und veränderlich; es kam aber kein Indianer, so daß die schwache Hoffnung auf ihre Zurückkunft, die wir bis jetzt noch gehabt hatten, nun gänzlich verschwand.

Diese Bay hat Ueberfluß an wilden Gänsen und Enten, die aber so sehr scheu waren, daß wir uns ihnen selten bis auf einen Flintenschuß nähern konnten. Auch giebt es eine Menge Möwen hier, desgleichen einige Adler von der weißköpfigen Gattung, und eine große Menge kleinerer Vögel von verschiedenen Arten, als Sandläufer, Schnepfen, Kibitze ꝛc.

Reise um die Welt.

Unsre Angelhaken und Schnüre wurden fast immer ausgeworfen; aber die einzige Art von Fischen, die wir fingen, war ein der Flünder ähnlicher, welchen die Matrosen die Sandglahrke (*Pleuronectes limasida*) nennen. Die andern Meerprodukte, die sich hier finden, sind Muscheln, Herzmuscheln, Riesenmuscheln, Krabben und Sternfische. Noch muß ich bemerken, daß einer von unsern Leuten, als er mit Haken und Angel fischte, ein merkwürdiges Geschöpf fing, welches ich für eine Art von Polypen halte: es schien theils von thierischer, theils von Pflanzensubstanz zu sein, und hing an einer kleinen ungefähr drei Fuß langen Gerte.

Da der Wind noch immer leicht und veränderlich blieb, so stiegen früh Morgens den 1ſten Mai unsre beiden Kapitaine in die Fischerboote, um den Hafen aufzunehmen; und Kapitain Portlock ließ Herrn Macleod Befehl zurück: falls der Wind günstig würde, auch während seiner Abwesenheit die Anker zu lichten. Eine Menge von unsern Leuten am Bord beider Schiffe hatten Erlaubniß, sich am Ufer zu vergnügen; aber da sich ein Wind aus Südwesten erhob, so wurde ihnen um 11 Uhr ein Zeichen gegeben, daß sie an Bord kommen sollten. Um 2 Uhr entankerten*) wir, gingen unter Seegel und nahmen unsern Lauf oberhalb des Kanals nach Prinz Wilhelms Sund. Da wir um 6 Uhr nahe am Ufer waren und der Wind sich legte, so ankerten wir in der Bay nach Osten hin in ein und zwanzig Klaftern Tiefe auf schlammigem Boden. Um 10 Uhr Abends kamen unsre Kapitaine zurück; sie hatten keine Pelzwaaren angetroffen, auch nur wenige Indianer gesehen, und zwar in einer beträchtlichen Entfernung von dem Orte, wo wir lagen.

Die Nacht über hatten wir leichte veränderliche Winde; aber den 2ten, Morgens um 10, kam ein Wind aus Südwesten. Wir lichteten also den Anker, gingen unter Seegel und richteten unsern Lauf nach dem Kanal zwischen der Insel Montague und den grünen Inseln. Um 6 Uhr Nachmittags waren die letztern uns gerade dem Backborde gegenüber. Diese Straße ist des Nachts oder bei schlechtem Wetter gefährlich; denn der Kanal ist, sogar in seiner größten Breite, nicht eine

*) Entankern hat man, so viel ich weiß, noch nie in der Seesprache und noch weniger in Schriften gebraucht; indeß ist es doch so analogisch, und zugleich so kurz und bedeutend, daß es wohl anstatt den Anker lichten in die Schriftstellersprache aufgenommen zu werden verdiente; und ich wage es daher, dies Wort zu gebrauchen. Sollten auch die Herren Sprachrichter es aus Gründen verwerfen, so kann doch dieser Versuch, da er nicht übel gemeint ist, nicht schaden. F.

1787.
Mai.

Meile frei von verborgenen Felsen. In dieser Gegend fanden wir durch das Senkblei sechs bis fünf und zwanzig Faden auf einem sandigen Boden. Da der Wind gänzlich aufhörte, so warfen wir um 7 Uhr einen Anker in dreizehn Faden Tiefe aus; doch als wir merkten, daß wir nahe an einem verborgenen Felsen lägen, so nahmen wir ihn wieder ein. Zugleich erhob sich eine leichte Luft, so daß wir im Stande waren, in eine Bay auf Montague-Eiland einzulaufen. Um 9 Uhr ankerten wir wieder in dreizehn Klaftern Tiefe auf schlammigem Boden, und befestigten das Schiff überdies mit dem Strohm- und Transportanker.

Den 3ten war das Wetter größtentheils gelinde; aber in der Nacht kam ein starker Wind aus Nordwesten. Dieser machte, daß das Schiff sich sehr bewegte und schwankte; deshalb entankerten wir das Schiff den 4ten Morgens um 6 Uhr, und fingen an, nach dem Ende der Bay hineinzuwinden. Den Nachmittag warfen wir den besten Buganker in acht Faden Tiefe, und befestigten das Schiff mit dem Strohmankertaue an einem Baume am Ufer. Unsre Kapitaine hatten die Absicht, im ersten sichern Hafen, in den wir kämen, die Schiffe an das Ufer zu ziehen, um ihre Boden gänzlich zu beschaben und eine neue Bekleidung *) darauf zu legen. Da dieser Ort hierzu vorzüglich gut gelegen war, so wurde der King George früh Morgens den 5ten ans Land gezogen, und die Leute sogleich angestellt, dessen Boden zu beschaben und zu reinigen, und die Zimmerleute mußten die beschädigte Bretterbekleidung ausbessern. Weil es aber nicht rathsam war, daß beide Schiffe zugleich an das Ufer gelegt würden, so mußten unsre Leute unterdessen fleißig arbeiten: einige räumten den Schiffsraum aus und sahen die Vorräthe durch; andre wurden an das

---

*) Die Schiffe, welche nicht, so weit sie im Wasser gehen, mit Kupferplatten bedeckt werden können, muß man doch, um sie gegen die Eee- oder Pfahlwürmer (*Teredo navalis* L.) zu sichern, mit einer Bekleidung versehen. Man pflegt zu dem Ende braunes Papier (das aus gezupften Tackertauen verfertigt ist) noch mit Leim oder Pech zu beschmieren, dann Sand und besonders gestoßenes Glas darauf zu streuen, und so drei Bogen davon über einander, auf dem Boden des Schiffes, so weit er im Wasser gehen soll, zu befestigen. Ueber dieses Papier nagelt man einen halben Zoll dicke Planken; und damit kein Seewurm eindringen könne, so werden Nägel mit ⅜ Zoll großen Köpfen und beinahe nur ⅛ Zoll breit von einander, in diese Verschalung von Planken eingeschlagen, und das Ganze mit Pech und Theer überzogen. Das Seewasser löset die Nägelköpfe auf, und der Rost macht sie größer, so, daß sie sich zuletzt berühren, und daß der ganze Schiffsboden mit einer Rinde von Eisenrost überzogen ist. Die Seewürmer können sich hier nicht durchfressen; und

Ufer geschickt, die Fässer mit Wasser zu füllen, und die Böttcher mußten einige beschädigte Wassertonnen und andre Gefäße ausbessern.

Indeß dieß Alles mit dem größten Fleiße betrieben ward, nahm Kapitain Dixon (um nichts unversucht, und keine Gelegenheit, den großen Endzweck der Reise zu befördern, unbenutzt zu lassen) früh Morgens den 5ten unser Fischerboot mit dem langen Boote und dem Fischerboote des King George, die alle recht wohl bemannt und bewaffnet waren, um in dem nahegelegenen Sunde, oder wo sonst Bewohner anzutreffen sein möchten, Handel zu treiben.

Den 6ten mußte unser Böttcher Sprossenbier*) brauen. Weil wir oft Gelegenheit erwarteten, uns an der Amerikanischen Küste mit diesem gesunden Getränke zu versehen, so nahmen wir in Flaschen eine Menge Bärme oder Jäst mit, die von einer gewissen Mistriß Stainsby in London verfertigt war; und wir würden ihr Unrecht thun, wenn wir nicht geständen, daß die Bärme jetzt unsren größten Erwartungen entsprach, das Sprossenbier zur Gährung zu bringen: denn sie war noch so gut, als wäre sie erst aus England gebracht worden. Die Leute mußten indeß Wasser vom Ufer holen, und es in den Schiffsraum verpacken, welcher jetzt gänzlich revidirt war.

Den 7ten war der Boden des King George beinahe ganz fertig; wir ließen also unsre Braamstangen herunter, und brachten alles über die Seite, um das Schiff an das Ufer zu ziehen.

S 3

finden sie ja noch Raum, so hindert sie doch das gestoßene Glas am Eindringen. Von dicker Bekleidung ist indeß hier nicht die Rede; bei dem hier gemeinten Geschäfte reibt man mit stumpfen Besen erst die Seegrasarten, die Seetulpen rc. ab, und kratzt oder schabt dann mit einem Eisen die alte Lage von Pech auf; hierauf zündet man trockne Strauchbündel an, und läßt dadurch das noch übrige Pech sich in den Boden des Schiffes einziehen, und zuletzt legt man denn eine neue Bekleidung von Pech und Theer auf. J.

*) Sprossenbier wird von den Spitzen oder Sprossen der weißen und schwarzen Amerikanischen Sprossentanne (*Pinus Canadensis et Pinus Mariana Linn.*) die mit einem aus Sirup gebrauten Biere gekocht werden, verfertigt. Man pflegt auf langen Reisen getrocknete Hefen oder Jäst mitzunehmen, um Bier zum Gähren zu bringen. Das Sprossenbier ist ein gutes Mittel gegen den Scharbock. J.

1787.
Mai.

Den 18ten Morgens benutzten wir die Fluth, das Schiff auf die Sandbank zu ziehen. Um 8 Uhr fingen wir an, es abzukratzen, und nachdem wir die eine Seite gereinigt hatten, brannten wir das Pech ein, und überlegten sie mit einer Komposition von Oel, Theer, Kochfette und Kreide; denn dies war die beste Bekleidung, die wir ihm jetzt geben konnten. Nachmittags um 5 Uhr, da das Wasser beinahe wieder hoch war, kehrten wir das Schiff um, um es auf der andern Seite zu reinigen. Wir kratzten es den 19ten ab; aber da das Wetter feucht und ungestüm wurde, so konnten wir unsre Arbeit nicht beendigen; deshalb schickten wir so viele Leute, als wir nur entbehren konnten, an das Ufer, um Holz zu schlagen.

Früh Morgens den 20ten kam Kapitain Dixon mit den Booten zurück. Da diese Exkursion mit vielen interessanten Umständen begleitet war, so werde ich Dir eine Beschreibung davon mit des Kapitains eignen Worten geben, so wie ich sie von seinem Journale kopirt habe:

„Diesen Morgen, den 5ten, ging ich mit den beiden Fischerbooten und des King George's langem Boote aus, um Indianer aufzusuchen, und, wo möglich, einige Felle einzulaufen. Ich hatte die Absicht, erst Hinchinbrooke-Bucht zu erreichen, und von da nach Snug-Corner-Bay zu fahren; denn ich wußte, daß ich wahrscheinlich an diesen Oertern am ersten Bewohner antreffen würde. Da schlechtes Wetter einfiel, so lief ich um 8 Uhr in eine Bucht auf Montague-Eiland ein; aber da es sich um 9 Uhr aufklärte, so fuhr ich rund um die Nordöstliche Küste der Insel in eine große Bay. Hier fand ich einige Indianer auf der Jagd, die mir zu verstehen gaben, daß sie nach Kap Hinchinbrooke gehörten. Weil es schon spät Nachmittages war, so ankerte ich die Nacht über im langen Boote, und machte die beiden Fischerboote jedes auf einer Seite fest."

„Da die Indianer uns, als die Nacht herbei kam, nicht verliessen, so befahl ich sechs Leuten, Wache zu halten, und den übrigen, ihre Waffen in Bereitschaft zu setzen, so daß ich sie jeden Augenblick aufrufen könnte. Die Indianer schlichen beinahe bis 2 Uhr um uns herum: ohne Zweifel lauerten sie auf eine Gelegenheit, unsre Boote abzuschneiden; aber da sie fanden, daß wir auf alle ihre Bewegungen aufmerksam waren, so verliessen sie uns endlich."

Reise um die Welt.

„Den 6ten, Morgens um 4 Uhr, lichtete ich, und segelte nach Kap Hinchinbrooke hinüber, wo ich um halb acht Uhr vor Anker ging. Hier fand ich verschiedene Indianer, und kaufte einige Seeotterfelle. Die Indianer zeigten häufig nach Snug-Corner-Bay, und bemüheten sich, uns zu bedeuten, daß dort ein Schiff vor Anker läge. Wenn gleich dieser Umstand meine Neugierde sehr rege machte, und ich besonders gern hätte wissen mögen, ob diese Nachricht wahr wäre; so entschloß ich mich doch, da der Tag jetzt beinahe vorüber war, meine gegenwärtige Lage die Nacht hindurch zu behalten. Das Wetter ließ nehmlich sehr wenig Gutes hoffen, so daß unsere Fahrt nach Snug-Corner-Bucht, unter solchen Umständen, mit einiger Gefahr und Beschwerlichkeit verknüpft gewesen sein würde."

„Eine genaue und strenge Wache war diese Nacht, wo möglich, noch nöthiger als in der vorigen. Die Indianer, mit denen ich den ganzen Nachmittag um Felle gehandelt hatte, gehörten nicht zu dem Stamme derer, welche ich in der Bucht auf der Nordöstlichen Spitze von Montague-Eiland antraf. Ihr Betragen war sehr verwegen und unverschämt, ob sie uns gleich nicht geradezu angriffen; und sie verließen die Boote nicht eher, als mit Tagesanbruch den folgenden Morgen. Ich zweifle nicht, daß der Anblick der mannichfaltigen Handelsartikel, die ich mitgebracht hatte, um mit diesen Leuten zu tauschen, sie veranlaßte, die ganze Nacht auf uns zu lauren, da sie hoffen mochten, daß sie vielleicht einige Beute machen würden. Als sie sich aber hierin betrogen fanden, so ruderten sie, dem Ansehen nach höchst mißvergnügt, wieder ab."

„Den 17ten Morgens früh segelte ich nach Snug Corner-Bay; da aber der Wind den ganzen Tag über sehr leicht war, so folgte das lange Boot sehr langsam, und die Fischerboote sahen sich genöthigt, es zu begfiren. Dies hielt mich so sehr in meiner Fahrt auf, daß ich nicht eher als Abends 11 Uhr in der Bay ankam. Gegen meine Erwartung fand ich daselbst kein Schiff, bemerkte auch keinen von den Einwohnern; dessen ungeachtet befahl ich, daß man eben so genaue Wache halten sollte, als zuvor, weil ich mich erinnerte, daß bei Kapitain Cook's letzter Reise, die Discovery in eben dieser Bucht an hellem Tage von den Einwohnern war angegriffen worden."

1-87. Mai.

„Die Nacht hindurch kam uns kein Einwohner zu nahe; doch am 8ten bei Tagesanbruch zeigten sich zwei Indianer in einem Boote längs der Seite des Schiffs, und gaben mir zu verstehen, daß in der Nähe ein Schiff läge; zugleich erboten sie sich, mich für eine Schnur Korallen hinzuführen. Mit der größten Bereitwilligkeit nahm ich dies Anerbieten an, und segelte mit den Fischerbooten ab; das lange Boot aber ließ ich vor Anker liegen, da ich fürchtete, es möchte mich nur in meiner Fahrt aufhalten, und da ich äußerst begierig war, zu wissen, ob wirklich ein Schiff in dieser Gegend wäre, oder ob die Indianer mich durch eine falsche Nachricht hätten hintergehen wollen."

„Ich war noch nicht weit gekommen, als das Wetter sehr schlecht wurde, und meine Führer mich verließen. Dessen ungeachtet fuhr ich mit meiner Untersuchung längs der Küste bis 12 Uhr fort. Um diese Zeit war ich nun an den Eingang einer geräumigen Bucht gelangt; und da das Wetter wieder sehr stürmisch wurde, wobei Schnee und Schloßen fielen: so hielt ich es für das rathsamste, wieder zum langen Boote zurückzukehren, wo ich denn auch um 3 Uhr anlangte."

„Um halb 7 Uhr kamen sechs Kanots in unsre Bucht, und sagten mir: es läge nicht weit von uns ein Schiff, zu dem sie hinfahren wollten; zugleich erboten sie sich mir den Weg zu zeigen. Das Wetter war zwar noch sehr schlimm; da sie aber nach dem Hafen, und nicht hinaus in die See liefen, wie meine Führer diesen Morgen gethan hatten, so fuhr ich mit ihnen in meinem eignen Fischerboote ab, ließ aber das andre nebst dem langen Boote in der Bucht zurück."

„Um 10 Uhr Abends kamen wir in dem Meerbusen an, wo das von mir so sehnlich gewünschte Schiff lag. Ich fand, daß es eine Schnau war, die Nutka genannt, die von Bengalen kam, und von dem Kapitain Meares unter Englischer Flagge geführt ward."

„Ich erfuhr von dem Kapitain Meares, daß er im März 1786 von Bengalen abgesegelt, und im August nach Unalaska gekommen sei. Von da hatte er seinen Lauf nach Cooks-Fluß gerichtet, in den er über die unfruchtbaren Inseln (*barren Islands*) hatte einlaufen wollen. Da aber damals das Wetter trübe und neblicht war, so kam er nach der Pfingst-Bay, durch welche er einen Durchgang nach dem Cooks-Flusse fand. In dieser Straße begegnete er einer

Gesell-

Gesellschaft Russischer Kolonisten, welche ihn benachrichtigten, daß das Land Ostwärts von der Meerenge von ihnen Kadjak genennt würde, und daß sie sich daselbst niedergelassen hätten; ferner sagten sie, es lägen jetzt zwei Europäische Schiffe zu Kadjak vor Anker, und neulich hätten sie zwei andre Schiffe im Cooks-Flusse gesehen. Diese Nachricht bewog ihn, nach Prinz Williams Sund hinzusteuern, wo er zu Ende des Septembers ankam."

„Er hatte in dem Meerbusen, wo ich ihn jetzt fand, überwintert, und sein Schiff saß noch fest im Eise. Unter seinen Leuten waren von dem Skorbut große Verwüstungen angerichtet worden; denn er hatte durch diese fürchterliche Krankheit seinen zweiten und dritten Steuermann, den Chirurgus, den Bootsmann, den Schiffszimmermann, den Böticher, den Segelmacher und eine Menge von den besten Seeleuten verloren, und der Ueberrest von seiner Mannschaft war einmal so entkräftet, daß weiter Niemand, als Kapitain Meares selbst, auf dem Verdecke herumgehen konnte."

„Er freuete sich sehr, daß er zwei Schiffe, welche ihm in seiner Noth einigermaßen beistehen konnten, so nahe bei sich hatte; und mir machte es kein geringes Vergnügen, ihn zu versichern, daß er mit allem Nothwendigen, was wir nur irgend entbehren könnten, versehen werden sollte. Da Kapitain Meares's Leute nun besser geworden waren, so bat er, ich möchte mir nicht die Mühe machen, ihm Erfrischungen zu schicken; denn er würde bald in seinem eignen Boote zu uns an Bord kommen."

„Ich verließ die Nutka um 3 Uhr Morgens den 9ten, und gelangte um 8 Uhr zu meinen Booten. Um 10 Uhr lichtete ich die Anker, und richtete meinen Lauf nach unsern Schiffen; weil ich nun überzeugt war, daß keine Aussicht da wäre, Felle von einigem Werth anzutreffen. Gegen Mittag ward es beinahe windstill, und die Fischerboote waren genöthigt, das lange Boot zu bogsiren."

„Indeß wir so durch den Sund fuhren, kamen einige Kanots zu uns. Einer von den Indianern darin hatte einige Seeotterfelle, die er uns zum Verkauf anbot. Er erblickte von ungefähr eine Bratpfanne, worin meine Leute auf dem langen Boote ihre Speisen zubereiteten. Da er sie einzutauschen verlangte, so boten wir sie ihm an; aber er weigerte sich, sie ganz anzunehmen, und verlangte, wir sollten den Stiel abbrechen. Diesen schien er als etwas von unschätzbarem Werthe anzusehen; die Pfanne selbst aber verwarf er mit Verachtung."

„Da gegen 6 Uhr ein frischer Wind wehete, so ließen die Fischerboote ihre Bogsirtaue fahren. Bald nachher wurde das Wetter sehr rauh mit beständigem Schnee und Schloßen; dies veranlaßte, daß sich die Boote trennten. Die Nacht war sehr stürmisch, und ich kam nicht eher an Bord meines eigenen Schiffes, bis um 4 Uhr Morgens den 10ten. Die Boote des King George langten fast um eben die Zeit an."

Den 10ten, um 11 Uhr Vormittags, kam Kapitain Meares, in Begleitung des Herrn Roß, seines ersten Steuermanns, in seinem eigenen Boote an Bord des King George, und brachte einige Säcke Reiß mit, um sie gegen verschiedene Erfrischungen einzutauschen, deren sie sehr benöthigt waren. Wir erfuhren von ihnen, daß seit einigen Jahren aus verschiedenen Gegenden in Ostindien ein Pelzhandel nach dieser Küste getrieben worden sei.

Sie erzählten uns verschiedenes von dem glücklichen Fortgange ihrer Handlung; aber hierauf konnte man sich nicht allzu sicher verlassen, da der Kapitain und sein Steuermann selten in ihren Erzählungen überein kamen: bald hatten sie zweitausend Seeotterfelle gekauft, bald nur siebenhundert. Indeß ist es gewiß, daß sie eine beträchtliche Menge Felle von Werth zusammen gebracht hatten, und zwar die meisten, wo nicht alle, in Prinz Williams Sund.

Kapitain Meares glaubte seine Reise in zwölf Monaten geendigt zu haben; aber da der Frost eher einfiel, als man erwartete, so wurde er dadurch unvermeidlich den ganzen Winter im Sunde aufgehalten. Der große Verlust, den sie durch Krankheit erlitten, ist schon erwähnt worden; unglücklicherweise geriethen sie in die größte Noth wegen Mangel an Brennholz, und zwar gerade zu der Zeit, da die wenigen übrig gebliebenen Leute des Kapitain Meares äußerst schwach und entkräftet waren; und eine Zeit lang bekamen sie nur mit der äußersten Mühe so viel Holz an Bord, als sie täglich verbrauchten. Auf unsre Nachfrage: ob bloß der Skorbut ohne sonst eine andre Krankheit, solche schreckliche Verwüstungen unter den Leuten der Nutka angerichtet hätte? erfuhren wir, man habe während des außerordentlich kalten Wetters den Leuten ohne Unterschied den freien und uneingeschränkten Gebrauch des Brandweins erlaubt; und sie hätten ihn nun gegen Weihnachten in solchem Uebermaße zu sich genommen, daß viele von ihnen vierzehn Tage lang nicht im Stande gewesen wären, ihre Hangematten zu verlassen. Wenn man hierbei nun noch in Anschlag bringt, daß ihr Brandwein an sich außerordentlich schlecht war, so hat man Ursache zu glauben, daß er, zumal da er so unmäßig getrunken wurde, nicht weniger schädlich gewesen ist, als der Skorbut selber. Diesen Fall angenommen, war es gewiß von Kapitain Meares sehr unüberlegt, daß er seinen Leuten solche schädliche Ausschweifungen gestattete; und ich glaube, daß ihr geringer Vorrath von antiskorbutischen Mitteln, welche für solche Reisen unumgänglich nöthig sind, es ihnen ganz unmöglich gemacht hat, der grausamen Krankheit Einhalt zu thun, die den Seeleuten oft so gefährlich wird.

Am 11ten Vormittags verliessen uns Kapitain Meares und Herr Roß. Sie wurden mit so vielem Mehl, Zucker, Sirup, Brandwein u. s. w. versehen, als wir nur entbehren konnten; und um ihnen alle Hülfe zu leisten, die nur in unsrer Macht stand, ließ Kapitain Portlock ihnen zwei Seeleute zukommen, die ihr Schiff mit nach den Sandwich-Inseln führen sollten, wohin Kapitain Meares, sobald das Wetter es erlaubte, zu seegeln Willens war. Es blieb uns nun kein Räthsel mehr, was die Indianer, die wir in der ersten Bucht antrafen, damit sagen wollten, daß sie gegen Prinz Williams Sund hinwiesen, und das Wort Nutka so oft wiederholten. Auch wunderten wir uns nicht mehr, daß sie unsre Hunde geliebkoset und Englisch gesprochen hatten. Ihre Aussprache ist übrigens außerordentlich artikulirt, und einer von ihnen schien mehrere Wochen am Bord der Nutka gewesen zu sein. Doch wieder zu unsern Geschäften auf dem Schiffe.

Gegen Mittag den 10ten, da das Wetter ziemlich mäßig wurde, beendigten wir die Schiffsverkleidung, und den Nachmittag wanden wir den Ankertau ein, womit das Schiff befestigt war.

Den 11ten waren wir beschäftigt, den untersten Schiffsraum anzufüllen, und Holz und Wasser hinein zu bringen. Die Waffenschmiede von beiden Schiffen hatten ein Zelt am Ufer, und machten sehr fleißig Kohlen, weil wir unsern Ambos verloren hatten; wir nahmen auch beinahe eine Tonne Steine als Ballast ein, setzten unsre Bramstangen auf, und machten das Tauwerk zurecht. Den 12ten brachten wir damit zu, daß wir Waſſer füllten und ſonſt Alles zur Abreiſe fertig machten. Hier will ich Dich für jetzt verlaſſen. Ich werde mich glücklich ſchätzen, wenn ich Dir in meinem nächſten Briefe günſtigere Nachrichten von unſerm guten Glücke melden kann, als bisher. Ich bin Dein

Montague-Eiland, den 13. Mai.   W. B.

Dreißigſter Brief.

Das lange Boot des King George wird nach dem Cooks-Fluſſe geſchickt — Die zum Fiſchen ausgeſchickten Leute laufen Gefahr von den Indianern umgebracht zu werden — Die Schiffe verlaſſen Montague-Eiland, und trennen ſich hernach — Die Queen Charlotte langt zu Port Mulgrave an.

Da jetzt unſer letzter Aufenthalt an der Küſte ſehr geſchwind fortrückte, ſo hielten wir eine Trennung für das beſte Mittel, unſer Glück im Handel auf den übrigen Theil des Jahres zu befördern; daher ward beſchloſſen, Kapitain Portlock's langes Boot unter der Führung der Herren Hayward und Hill nach dem Cooks-Fluſſe zum Handel auszuſchicken. Der King George ſollte, bis das Boot wieder käme, in Prinz Williams Sund bleiben, und unſer Schiff zu gleicher Zeit nach King George's Sund ſegeln und ſich immer an der Küſte halten, um keine Gelegenheit zu verſäumen, wo ſich Felle einſammeln ließen. Du wirſt vielleicht ſagen, dieſe Vertheilung unter uns ſei ſehr überlegt geweſen; aber es war in der That hohe Zeit alle Kräfte anzuſtrengen: denn da wir fanden, daß man uns zuvorgekommen war, und da wir mit großer Wahrſcheinlichkeit erwarten konnten, daß es uns in King George's Sund eben ſo gehen würde, ſo hatten wir eben nicht die angenehmſten Ausſichten.

Den 12ten Mai Nachmittags reiſten die Herren Hayward und Hill in dem langen Boote nach dem Cooks-Fluſſe ab, und nahmen ein eigenes Aſſortiment von Waaren mit, welche ſie zum Handel mit den Eingebornen nöthig hatten. Bald nach ihrer Abfahrt, kamen zwei Kanots an unſer Schiff, in deren einem 8 und im andern 3 Leute waren; ſie brachten zwar nichts mit, indeß verſprachen ſie, den folgenden Tag in Begleitung ihres Oberhauptes mit einer Menge Waaren wieder zu kommen.

Da den 13ten. Morgens das Wetter hell und heiter, der Wind aber leicht und veränderlich war, und es möglich sein konnte, daß die Indianer wieder kämen: so wurden fünf von unsern Leuten mit einem Oberbootsmanne auf den Fischfang ausgeschickt, aber mit dem Befehle, die Schiffe nicht aus dem Gesichte zu verlieren. Andre bekamen indessen Erlaubniß, sich am Ufer zu belustigen.

Um 1 Uhr hatten wir das Vergnügen, zwei große und einige kleine Boote mit Indianern um die Nordöstliche Spitze der Bay kommen zu sehen. Als sie unser Schiff erblicken konnten, fingen sie an zu singen, und schlugen dabei mit ihren Rudern im Wasser regelmäßig den Takt. Es schien, als ob ihr Singen mehrentheils durch ihr Oberhaupt dirigirt würde, und die Kadenzen waren nicht ganz ohne alle Harmonie. Als sie an die Seite des King George kamen, überhäuften sie uns mit freundschaftlichen Grüßen, und zugleich zeigte ihr Oberhaupt, dessen Name Schanwá war, einen Brief an Kapitain Portlock, welcher, wie er sagte, von der Nutka käme. Hierauf ward er mit einer Anzahl von seinen Leuten an Bord genommen.

Wie es scheint, gehörte die Jagd-Partei, welche wir bei unsrer ersten Ankunft den 24sten April sahen, zu dem Stamme des alten Schanwá. Diese Leute lebten in der Nähe von Snug-Corner-Bucht, und hatten bei ihrer Rückkehr den Kapitain Meares benachrichtigt, daß sie in einer großen Entfernung den Kanal hinunter zwei Schiffe vor Anker gesehen hätten. Darauf hatte er sogleich den erwähnten Brief geschrieben, ohne zu wissen, an wen er ihn besonders richten sollte, und ihn den Indianern gegeben. Diese treuen Booten versprachen ihm, sogleich zu uns zurückzukehren; aber sie konnten ihren Weg nicht eher finden, bis jetzt, da der Brief von keinem Nutzen mehr war.

Kapitain Portlok's Bewegungsgrund, Schanwá's Leute an Bord zu nehmen, kam von der Meinung her, daß eine solche Gefälligkeit sie aufmuntern würde, aufrichtiger zu handeln; allein zu seiner großen Kränkung fand er bald, daß nicht der Handel sie antrieb zu ihm zu kommen: denn das wenige was sie brachten, war bloßer Ausschuß, und sie hatten ihm den Brief nur in der Absicht gebracht, um Gelegenheit zu haben, Alles, was ihnen unter die Hände käme, zu stehlen. Ich konnte ihre meisten Bewegungen vom Hintertheile des Verdeckes sehen, und muß sagen, daß sie mit sehr vieler Verschlagenheit zu Werke gingen. Schanwá und einige von seinen Leuten gaben sich alle Mühe, das Volk auf dem King George durch Singen und Tanzen zu unterhalten; während der Zeit nun gingen die übrigen an die andere Seite des Verdecks, und warfen Alles, was ihnen unter die Hände kam, in die Boote ihrer Gefährten. Kapitain Portlock bemerkte bei seinen Gästen sogleich Neigung zum Stehlen; aber da er sie nicht mit Gewalt verjagen wollte, so stellte er seine Leute an verschiedne Orte des Schiffs, um auf ihre Bewegungen Acht zu geben. Doch dieser Vorsicht ungeachtet, stahlen sie sehr viele Sachen und brachten sie unbemerkt in ihre Boote. Wenn sie auf der That ertappt wurden, so liessen sie ihre Beute mit der größten Gleichgültigkeit fahren; allein, was einmal in ihrer Gewalt war, ließ sich sehr schwer wieder bekommen. Zuerst suchten sie nur Eisen und Kleidungsstücke zu stehlen; aber da sie fanden, daß sie genau bewacht wurden, so war ihnen alles einerlei, und sie nahmen, was sie nur erreichen konnten.

Als sie ihre Neugier befriediget hatten, und nun sahen, daß man ihrem Rauben Einhalt that, so verließen uns der alte Schanwá und seine Leute Nachmittags um 5 Uhr. Um diese Zeit lag unser Fischerboot ungefähr zwei Meilen von den Schiffen vor Anker, und die Leute in demselben waren mit Fischen beschäftigt. Da dies die Indianer, welche aus der Bay wegruderten, von ungefähr bemerkten; so nahmen sie ihren Weg gerade darauf zu. Kapitain Portlock, der beständig auf Schanwá's Bewegungen sehr aufmerksam gewesen war, und ihm nicht viel Gutes zutrauen konnte, ward hierüber unruhig, bemannte sein Fischerboot nebst der Jölle, und fuhr sogleich zu ihrem Beistand aus. Er stand nehmlich nicht allein wegen des Boots, sondern auch wegen seiner Leute in Sorgen, da die Indianer mit Messern und Speeren bewafnet waren. Auch unsere Jölle ward abgeschickt, um ihnen, wenn es nöthig wäre, beizustehen; und zu gleicher Zeit ließ Kapitain Dixon eine Drehbasse abbrennen. Der Schall hiervon erschreckte, wie wir sehen konnten, die Indianer nicht wenig, und sie ruderten nun sogleich in der größten Eile davon.

Als unsre Leute an Bord zurückkamen, erfuhren wir, daß unsre Besorgniß in Ansehung ihrer nicht ohne Grund gewesen wäre. Die Indianer hatten ihren Anker zu stehlen gesucht, und wirklich einige von ihren Angelschnüren genommen; ja, als sich ein junger Bursche von unsern Leuten weigerte, seine Schnur fahren zu lassen, so wollte einer der Indianer ihn mit seinem Sperre durchrennen. Doch dies verhinderte Schanwá, der, zum Glück für unsere Leute, friedlichere Gesinnungen hatte, und zufrieden war, wenn er nur ruhig stehlen konnte.

Dies warnte uns hinlänglich, in Zukunft keinen Indianern mehr zu trauen, ja auch nicht einmal zuzulassen, daß sie an Bord kämen. Schon vorher hatte Kapitain Meares uns Nachricht gegeben, daß ein von China gekommenes Schiff mit den Einwohnern in King George's Sund in Streit gerathen war. Hierbei verloren verschiedene Indianer ihr Leben; die übrigen handelten aber nachher mit ihnen wieder so gleichgültig, als wenn nichts vorgefallen wäre.

Unsere Leute, die zum Fischen ausgeschickt waren, hatten ziemliches Glück; sie fingen eine große Menge Glahrken (*Pleuronectes Limanda L.*) und einige wenige Meergründeln (*Gobius L.*)

Die Vögel und die Produkte des Meeres sind hier dieselben, wie in der Bay, worin wir zuerst vor Anker lagen. Wahrscheinlich werden, wenn die Hitze der Sonne den Schnee schmilzt, und dadurch kleine Bäche entstehen, auch Lachse hier sein; aber jetzt hatte sie nicht den geringsten Eindruck auf diese fürchterliche Masse gemacht, und die Gegend um uns her war voll von allen Schrecken des Winters. Die Fluth ist hier zur Nachtzeit stärker, als am Tage, ob ich gleich nicht mit Gewißheit sagen kann, wie hoch sie steigt.

Wir warteten nun mit einer Aengstlichkeit, die an Ungeduld gränzte, auf einen guten Wind, der uns von diesem Orte wegführen könnte. Da sich am 14ten Morgens ein leichter Wind aus Südosten erhob, so lichteten wir um 4 Uhr die Anker, und seegelten aus der Bay. Gegen Mittag setzte sich der Wind nach Südwesten um, und war uns also vollkommen günstig, um in den Kanal in Prinz William's Sund hineinzuseegeln. Gegen Mittag hatten wir die Nördliche Spitze von Montague-Eiland im Gesicht, die nach Nordosten lag. Nach unsern Beobachtungen waren wir in 60 Gr. 23 Min. N. Breite; und die Abweichung des Kompasses fanden wir 19 Gr. 46 Min. Oestlich.

Da gegen Nachmittag der Wind frischer wurde; so ging Kapitain Dixon an Bord des King George, um von dem Kapitain Portlock Abschied zu nehmen, weil wir uns dem Orte näherten, wo wir uns, der Verabredung zufolge, trennen wollten. Um 7 Uhr kehrte er an Bord zurück. Wir nahmen unsre Boote ein, und schieden mit wehenden Flaggen und drei herzlichen Huzzas von einander. Kapitain Portlock steuerte nach Hinchinbrooke's Bucht, und wir richteten unsern Lauf nach dem Durchgange zwischen dem Kap Hinchinbrooke und Montague's Eiland. Während der Nacht hatten wir einen anhaltenden mäßigen Nordwestwind.

Am 15ten, um 4 Uhr Morgens, lag das Kap Hinchinbrooke N. W. halb W., ungefähr acht große Seemeilen von uns entfernt, und das äußerste Ende von Montague-Eiland von Süden 55 Gr. Westlich, nach West-Nord-Westen. Als wir das Senkblei warfen, fanden wir 35 Faden Wasser und einen sandigen Grund. Um 8 Uhr lag Kap Hinchinbrooke nach Norden 63 Gr. Westlich. Vormittags verminderte sich der Wind, und gegen Mittag ward er leicht und veränderlich. Fast in jeder Richtung, besonders aber gegen das Land, sah man eine große Menge von Wallfischen. Unsere Mittagshöhe zeigte 59 Gr. 48 Min. N. Br. Kap Hinchinbrooke lag nach Norden 65 Gr. Westlich, ungefähr zwölf große Seemeilen entfernt, und die Südwestliche Spitze von Montague-Eiland nach Süden 63 Gr. Westlich.

Um 7 Uhr Nachmittags sahen wir Kaye's Eiland, welches Nördlich 40 Gr. Oestlich lag. Wir hatten noch immer leichte Winde und zu Zeiten Windstillen. Am 16ten gegen Mittag war unsere Breite 59 Gr. 28 Min. Nördlich, und die Länge 145 Gr. 20 Min. Westlich. Kaye's Eiland lag nach Norden 12 Gr. Oestlich. Wir hatten von 50 bis zu 80 Faden Wasser und einen schlammigen Boden. Da sich gegen Abend der Wind nach Osten veränderte, so legten wir gegen 10 Uhr das Schiff um, und seegelten während der Nacht Südlich. Um Mitternacht warfen wir das Senkblei aus, fanden aber mit 140 Faden noch keinen Grund.

Den 17ten und 18ten hatten wir leichte veränderliche Winde und bisweilen Windstillen; das Wetter war ziemlich gut. Den 18ten Nachmittags sahen wir den Berg St. Elias. Er lag um 8 Uhr Nördlich 29 Gr. Oestlich, und die Südliche Spitze von Kaye's Eiland Westlich.

Reise um die Welt.

Nachmittags den 19ten hatten wir einen starken Wind von Ost-Nord-Osten, und große Queerwogen von Süden. Dies verursachte, daß wir bei den Seegeln zwei Reffe einzogen; aber gegen Abend ward das Wetter wieder mäßig.

Den größten Theil des 20sten hatten wir leichte unbeständige Winde mit häufigen Windstillen. Unsre Nördliche Breite war gegen Mittag 59 Gr. 9 Min., und unsre Westliche Länge 143 Gr. 34 Min. Der Berg St. Elias lag nach Norden bei Osten. Des Abends gegen 8 Uhr erhob sich glücklicherweise ein Wind von Westen mit hellem Wetter begleitet; dies machte, daß wir wieder nach der Küste hin seegeln konnten, welche in dieser Lage beinahe nach Osten und Westen hin liegt.

Am 21sten Vormittags war das Wetter dick und neblicht, und dabei wehete noch immer ein mäßiger Westwind. Nach unsrer Beobachtung hatten wir um Mittag 59 Gr. 21 Min. N. Breite und 141 Gr. 34 Min. W. Länge. Um 8 Uhr Abends setzten wir unsere Seegel dem Winde näher, da wir eine niedrige Landspitze sahen. Diese lag Nördlich 40 Gr. Oestlich, und die äußersten Enden des Landes, das wir im Gesicht hatten, lagen von Norden 32 Gr. Westlich bis nach Norden 76 Gr. Oestlich, ungefähr vier Meilen von uns entfernt. Da es nicht klüglich gewesen wäre, in der Nacht nach dem Ufer zuzusteuern, so wendeten wir um 9 Uhr das Schiff, und hielten uns Südwärts. Als wir das Senkblei auswarfen, fanden wir sechzig Faden auf einem schlammigen Grunde.

Früh Morgens den 22sten wendeten wir das Schiff, und liefen Nördlich; aber zum Unglück hatten wir leichte veränderliche Winde und dickes neblichtes Wetter. Um 9 Uhr sahen wir indeß Land, das von Nord-West zu Norden nach Ost-Nord-Ost hin lag. Da hier allem Anscheine nach eine Bucht war, so beschloß Kapitain Dixon, sie zu untersuchen, zumal da vielleicht Einwohner hier sein, und wir also auf einigen Handel Rechnung machen konnten.

Leichte Winde und öftere Windstillen verhinderten uns, ans Land zu kommen, und zugleich war das Wetter dick und neblicht. Als wir das Senkblei auswarfen, fanden wir 70 bis 80 Faden auf einem schlammichten Grunde. Da sich den 23sten um halb 3 Uhr Morgens ein leichter Wind von Osten erhob, so richteten wir unsern Lauf nach der Westlichsten Spitze des Landes, welches damals noch fünf Meilen entfernt war. Um 4 Uhr befanden wir uns noch zwei Meilen vom Ufer entfernt; beim Sondiren hatten wir 42 Faden und einen schlammichten Boden. Da der Morgen sehr dick und neblicht war; so ward das Fischerboot um 6 Uhr ausgesetzt, und Herr Turner, unser zweiter Steuermann, in die Nord-Nord-Ost gelegene Bay geschickt, um einen Platz zum Ankern zu suchen.

Bald nachher, als das Boot ausgelaufen war, bemerkten wir ein kleines Kanot mit einer Person darin, die am Eingange der Bay zu fischen schien. Wir freueten uns bei diesem Anblick außerordentlich, da es dadurch gewiß ward, daß wir Einwohner in dem nahe liegenden Hafen finden würden.

Um 8 Uhr kehrte Herr Turner zurück, und berichtete, daß er einen vortrefflichen Hafen gefunden, und sehr viele Einwohner gesehen hätte. Da sich der Wind verlor, so ward unsere Jölle ausgesetzt, und nebst dem Wallfischboote voraus abgeschickt, um das Schiff in die Bay zu bugsiren; allein um 10 Uhr fanden wir, daß unser Bugsiren vergeblich sein würde, da die Fluth zu stark gegen uns anlief. Nun fingen wir sogleich an, das Schiff die Bay hinauf zu winden; aber dieses brachte uns nur langsam vorwärts, da wir fünf und vierzig bis funfzig Faden Wasser hatten, und die Tiefe, so wie wir weiter in die Bay hineinkamen, immer noch mehr zunahm. Die Stelle, welche Herr Turner zum Ankern gewählt hatte, war hinter einer niedrigen Landspitze gegen Norden, ungefähr drei Meilen tiefer in die Bay hinein. Ob wir nun gleich alles Mögliche thaten, noch bei Tage dahin zu kommen, so waren wir doch nicht eher, als bis gegen 8 Uhr, im Stande, den kleinen Buganker auszuwerfen. Wir hatten 65 Faden Wasser auf einem schlammichten Grunde.

Unsre Aussichten fangen nun an, heiterer zu werden. Du kannst darauf rechnen, bei der ersten Gelegenheit Nachricht von unsrem guten Fortgange an diesem Orte zu erhalten. Der Deinige.

Port Mulgrave, den 24. Mai.   W. B.

Reise um die Welt.   155

Ein und dreißigster Brief.

Vorfälle zu Port Mulgrave — Nachricht von den Eingebornen — Ihre Methode beim Fischen — Kochen — Begräbnißörter — Waaren die ihnen beim Handel nicht gefielen.

Das äußerste Ende der Bai, worin wir Abends am 23ten den Anker warfen, war von Westen nach Norden 42 Gr. Westlich; und die Spitze, um welche herum unser Hafen lag, in Norden 20 Gr. Oestlich; unsere Entfernung vom Ufer betrug keine volle Meile. Indeß wir unser Schiff in die Bay hineinwanden, kamen verschiedene Kanots an die Seite desselben. Wir redeten die Leute mit einigen von den Worten an, die wir von den Wilden in Prinz Williams Sund gehört hatten; allein sie verstanden uns ganz und gar nicht. In der That wurden wir fast beim ersten Anblicke völlig überzeugt, daß dies Volk eine von jenen ganz verschiedene Nation sei. Ihre Kanots bestanden ganz aus Holz, waren sauber ausgearbeitet, und hatten mit unsern Wallfischbooten einige Aehnlichkeit.

Südlich von unsrer gegenwärtigen Station befand sich eine enge Bucht, die eine große Strecke in das Land hinein zu gehen schien, und sich nach innen zu immer mehr erweiterte.

Früh Morgens am 24ten sahen wir am Strande, nahe am Eingange dieses Meerbusens, sehr viele Einwohner, die uns durch Zeichen zu verstehen gaben, daß wir ans Ufer kommen möchten; auch entdeckten wir Rauch, der hinter einigen Fichten in einer kleinen Entfernung um die Spitze herum aufstieg. Hierauf ging Kapitain Dixon im Wallfischboote ab, um den Platz in Augenschein zu nehmen, weil er es, nach diesen Umständen zu schließen, für wahrscheinlich hielt, daß dort der vorzüglichste Aufenthalt der Indianer wäre; denn nach seiner Meinung, war diese Lage, wenn sich daselbst ein bequemer Ankerplatz fände, weit bequemer, als die, welche Herr Turner ausgesucht hatte. Er fand eine Menge Einwohner und zwei oder drei Hütten, die nur für eine gewisse Zeit aufgerichtet waren; allein der Eingang in den Meerbusen war zu seichte, als daß unser Schiff hätte hindurch gehen können. Da wir nun um 8 Uhr einen frischen Wind von Osten bekamen, so lichteten wir die Anker, und fingen an, uns in den Hafen nach Norden hinein zu arbeiten. Um 2 Uhr

1787.
Mai.

ankerten wir in acht Faden auf schlammigem Grunde, einen Pistolenschuß weit vom Ufer, und ganz nahe an zwei großen Indianischen Hütten.

Wir waren nun vollkommen vom Lande eingeschlossen, von niedrigen flachen Inseln, auf denen fast gar kein Schnee zu sehen war, umgeben, und sehr gut gegen alle Winde und gegen das Wetter geschützt.

Die Leute schienen über unsre Ankunft sehr vergnügt zu sein, und viele von ihnen kamen sogleich an die Seite unsres Schiffes. Sie begriffen bald, was wir haben wollten, und ein alter Mann brachte uns acht oder zehn vortrefliche Seeotterfelle. Theils dieser Umstand, theils der, daß wir weder Korallen und andre Zierathen, noch eisernes Geräth bei ihnen sahen, ließ uns vermuthen, daß noch niemand da gewesen sei, der mit ihnen Handel getrieben hätte, und daß wir folglich hier eine gute Erndte halten würden. Allein unsre Vermuthungen waren auf einem sandigen Grunde gebauet; denn bei weiterer Bekanntschaft mit unsern Nachbarn zeigten sie uns eine Menge Glaskorallen, und eben solche Messer und Speere, als wir in Prinz Williams Sund gesehen hatten. Und zu einem traurigen Beweise, daß wir bloß die Nachlese von glücklicheren Handelsleuten hätten, dienten uns auch die schlechten Felle, die sie uns zum Verkaufe brachten, und von denen bloß die wenigen schon vorher erwähnten eine Ausnahme machten.

Vom 25sten Mai bis zum 1sten Juni war unser Handel sehr geringe. Wir wurden häufig von den Leuten besucht, die sich in dem gedachten Meerbusen aufhielten. Sie gehörten aber zu dem Stamme unsrer Nachbarn, und besaßen nur sehr wenige Felle von einigem Werthe.

Ich habe schon vorhin bemerkt, daß eine Menge kleiner Inseln um uns her lag. Da diese verschiedene Meerbusen und Häfen bildeten, so beschloß Kapitain Dixon, das Ganze in Augenschein zu nehmen, indem er hoffte, daß ein so großer Sund, als dieser zu sein schien, eine weit größere Anzahl von Einwohnern enthielte, als wir bis jetzt gesehen hatten. Allein da das Wetter noch dick und neblicht blieb, und ein beständiger Regen anhielt, so ward seine Absicht vereitelt. Den 1sten Junius war der Morgen ziemlich heiter, und nun ging er um 10 Uhr in dem Wallfischboote ab, um die da herum liegenden Häfen zu untersuchen. Er nahm

Reise um die Welt. 157

einen Indianer, der häufig am Bord gewesen war und ganz guten Verstand zu 1787. haben schien, zum Führer mit sich. Junius.

Nachmittags um 5 Uhr kam Kapitain Dixon von seiner Besichtigung zurück, die aber seiner Erwartung ganz und gar nicht entsprach. Er hatte in verschiedenen Gegenden des Sundes hier und da einige Hütten zerstreut gefunden; es wohnten aber nur solche Leute, die wir schon gesehen, darin, und es war ihm überdies nicht ein einziges Fell von einigem Werthe angeboten worden. Der Erfolg unsrer Bemühungen an diesem Orte war in der That sehr von dem verschieden, was wir nach seiner versprechenden Lage und nach dem ersten Auftritt der Einwohner hätten erwarten sollen. Aber wir konnten unmöglich ihre Armuth sogleich entdecken. Obgleich alles, was wir hier auskauften, nur in sechzehn guten Seeotterfellen, zwei schönen Pelzen von den Murmelthieren ohne Ohren, einigen wenigen Rakuhnsfellen und noch einigen von geringerem Werthe, nebst Stücken von Bieberfellen, bestand, welches alles ein einziges Faß anfüllte: so entdeckten wir doch nicht eher, als am 3ten Junius (zehn Tage nach unserm Einlaufen in diesen Hafen) daß der sehr geringe Vorrath der Einwohner gänzlich erschöpft war, und daß sie sich auch beinahe des Nothwendigsten beraubt hatten, um ihren Handel so viel als möglich zu verlängern. Diese unangenehme Verzögerung ward durch die langsame, bedächtige Art, womit die Einwohner handeln, verursacht. Vier oder fünf Leute kommen in einem Kanot an die Seite des Schiffs, und warten wohl eine Stunde, ehe sie sich nur im mindesten merken lassen, daß sie etwas zu verkaufen haben. Dann geben sie mit einem bedeutenden Achselzucken und andren Geberden zu verstehen, daß sie etwas von Werth zum Handel mitgebracht haben, und verlangen das, was man ihnen dagegen zu geben Willens ist, zu sehen, und dies noch vorher, ehe sie ihre Waaren vorzeigen; denn sie sind außerordentlich sorgfältig, Alles, was sie zum Verkaufe mitbringen, so lange geheim zu halten. Sollte ihnen dieser Kunstgriff nicht glücken, so bringen sie nach vieler Ueberlegung ihre Waaren zum Vorschein, die dann in einigen wenigen schlechten und alten Seeotterfellen bestehen. Und auch noch dann geht viele Zeit hin, ehe der Handel geschlossen wird, so daß man oft einen ganzen Tag braucht, um nur einige wenige Kleinigkeiten zu erhalten. Allein bei unsrer gegenwärtigen Lage in Ansehung des Handels unterwarfen wir uns geduldig ihrem langsamen und

17. Junius.

ermüdenden Verfahren, in der Hoffnung, daß sie uns vielleicht etwas Besseres bringen würden. Da wir aber fanden, daß sie sich beinahe alles Nothwendigen beraubt hatten, und also nicht die mindeste Wahrscheinlichkeit eines bessern und glücklichern Fortganges vor uns sahen; so beschloß Kapitain Dixon, diesen Ort bei der ersten Gelegenheit zu verlassen.

Nunmehr will ich Dir von diesem Orte und dessen Einwohnern einige Nachricht zu geben suchen. Da wir aus guten Gründen glauben konnten, daß wir diesen Hafen zuerst entdeckt hätten; so nannte ihn Kapitain Dixon, zu Ehren des Lord Mulgrave: Port-Mulgrave. Unser Ankerplatz liegt in 59 Gr. 32 M. N. Breite und in 140 Gr. W. Länge. Wie groß der Sund ist, kann ich nicht sagen: er enthält eine Menge kleiner niedriger Inseln; allein zu Zeiten, wenn die Nebel sich verzogen, konnten wir Nördlich und Westlich, ungefähr zehn Seemeilen von uns entfernt, ein hohes gebirgiges Land erkennen, das gänzlich mit Schnee bedeckt und, nach unsrer Meinung, ein Theil des festen Landes war. Diese Inseln sind, eben so wie die Küste, gänzlich mit Fichten von zwei oder drei verschiedenen Gattungen bewachsen, zwischen denen hier und da Haselstauden und mancherlei Gesträuche stehen.

Es schienen verschiedene Arten von Stauden aufzusprossen; allein ihr Wachsthum war noch zu weit zurück, so daß wir nicht erkennen konnten, was sie eigentlich wären. Bei dem allen herrschte doch gelindes Wetter, und das Thermometer stand auf 46 Gr. Wir fanden hier einige wilde Gänse und Enten: zwar nicht in so großer Anzahl, wie zu Montague-Eiland; allein dafür konnte man ihnen weit leichter ankommen. Kapitain Dixon ging häufig ans Ufer, um sich ein Vergnügen mit Schießen zu machen, und selten kam er ohne einiges Wildpret zurück. Dies gab uns nicht allein ein herrliches Gericht, sondern erregte auch bei den Indianern eine hohe Meinung von unsern Schießgewehren. Ihr Betragen war deswegen vollkommen ruhig und friedsertig, und sie versuchten es nie, uns zu beunruhigen.

Die Zahl der Einwohner im ganzen Sunde, Weiber und Kinder mit eingerechnet, mochte etwa siebzig sein. Sie sind mehrentheils von mittlerer Größe, mit geraden und wohlgestalteten Gliedmaßen, allein, wie alle die Einwohner, die wir auf dieser Küste gesehen hatten, sehr geneigt, ihr Gesicht mit einer Menge von Farben zu bemahlen, so, daß es nicht leicht ist, ihre wirkliche Gesichtsfarbe zu erkennen. Inzwischen bewogen wir durch vieles Bitten und ein geringes Geschenk eine Frauensperson, sich ihr Gesicht und ihre Hände abzuwaschen. Die Veränderung, die dies in ihrem Ansehen hervorbrachte, setzte uns in Erstaunen. Ihr Gesicht hatte ganz den lebhaften Glanz eines englischen Milchmädchens; und die gesunde Röthe, welche ihre Wangen färbte, machte den schönsten Kontrast mit dem blendenden Weiß ihres Nackens. Ihre Augen waren schwarz und feurig. Ihre Augenbrauen hatten dieselbe Farbe, und waren ungemein schön gewölbt. Ihre Stirn war so ausserordentlich zart, daß man selbst die kleinsten Adern sehen konnte. Kurz, man würde sie sogar in England für schön gehalten haben. Allein die Harmonie ihrer Gesichtszüge ward durch eine höchst sonderbare Sitte gänzlich entstellt, die wir nie zuvor gesehen hatten, und von der ich mich nicht erinnere, daß sie von irgend einem andern Reisenden wäre bemerkt worden. Sie machen sich nehmlich eine Oefnung in dem dicken Theil der Unterlippe, und erweitern sie nach und nach zu einer mit dem Munde parallel laufenden und auch eben so langen Linie. In dieser Oefnung tragen sie beständig ein Stück Holz von einer runden Gestalt und von der Dicke eines halben Zolls. Die Oberfläche ist nicht flach, sondern auf jeder Seite gleich einem Löffel, doch nicht völlig so sehr, vertieft. Die Ränder werden ebenfalls in der Gestalt einer Rolle ausgehöhlt, damit sie diesen kostbaren Zierrath desto besser in der Lippe befestigen können, die dadurch oft wenigstens drei Zoll in horizontaler Richtung erweitert wird, so daß natürlicherweise sich jeder Zug in dem untern Theile des Gesichtes abscheulich verzerrt. Dieses merkwürdige Stück Holz tragen nur die Frauensleute; und da es nicht alle ohne Unterschied thun, sondern nur solche, die vor den übrigen Vorzüge haben, so scheint es als ein Zeichen des Vorrangs angesehen zu werden. Die Sprache ist hier von der in Prinz Williams Sund und im Cook's flusse verschieden, und scheint barbarisch, hart und sehr schwer auszusprechen. Die Einwohner gebrauchten sehr häufig das Wort Amkau, welches einen Freund oder einen Anführer bedeutet. Ihre Zahlen gehen bis zu zehn. Ich konnte mir aber keine Proben von ihrer Sprache verschaffen, da sie sehr scheu und zurückhaltend sind.

1787.
Junius.

Elendere Hütten, als ihre Wohnungen, kann man sich kaum denken. Einige ohne alle Ordnung oder Regelmäßigkeit in die Erde gesteckte Pfähle, die mit unbefestigten Brettern eingeschlossen und bedeckt sind, machen eine Indianische Hütte aus, die nun weder vor Regen noch vor Schnee schützen kann. Indeß dienen die vielen Ritzen und Spalten in diesen Hütten dazu, den Rauch hinaus zu lassen, weil dafür keine besondere Oefnung gelassen wird.

Das Inwendige dieser Hütten ist ein vollständiges Bild von Koth und Schmutz, Trägheit und Faulheit. In einen Winkel werden die Knochen und alles das, was von ihren Mahlzeiten übrig bleibt, hingeworfen. In einem andern liegen Haufen von Fischen, Stücken von stinkendem Fleische, Fett, Oel ic. Kurz, das Ganze diente, uns zu zeigen, in was für einem elenden Zustande menschliche Wesen leben können. Und dennoch scheinen diese Leute mit ihrem Schicksale vollkommen zufrieden zu sein, und genießen wahrscheinlich größere Glückseligkeit und Ruhe, als man unter den vergoldeten Dächern der meisten Monarchen finden kann.

Die Hauptursache, warum die Indianer sich mit dem Bau ihrer Hütten so wenig Mühe geben, liegt wahrscheinlich darin, daß ihr Aufenthalt nicht bleibend ist; denn so bald der Befehlshaber eines Stammes findet, daß Wildpret oder Fische nicht mehr so reichlich da sind, als er erwartete, so reißt er seine Hütte nieder, trägt die Bretter in seinen Kahn, und rudert davon, um einen Ort aufzusuchen, der seinem Endzwecke besser entspricht; und so bald er diesen gefunden hat, richtet er da seine Wohnung eben so sorglos wie zuvor auf.

Ich habe schon vorher einmal bemerkt, daß ihre kleinen Boote sehr gut gebauet und sauber ausgearbeitet sind*); bei den größern aber findet gerade das Gegentheil Statt. Sie werden aus einem großen Baume gemacht, der nur ganz grob und rauh, ohne eine besondere Form, ausgehöhlt ist. Jedes Ende hat ungefähr die Gestalt eines Fleischertroges, und sie sind gemeiniglich so groß, daß zwölf bis vierzehn Menschen darin Platz haben. — So lange wir hier vor Anker lagen, versahen uns diese Leute sehr reichlich mit Heilbutten (*Pleuronectes Hippoglossus L.*) wofür wir ihnen Glaskorallen und kleine Tobies gaben. Der Ort, wo sie die Fische fingen, ist auf der Höhe um die Landspitze, die wir Morgens am 23ten Mai zuerst entdeckten.

---

*) Kapitain Dixen brachte eins mit sich nach Hause, das jetzt der Ritter Joseph Banks besitzt.

ten. Wir schickten einmal unser Fischerboot mit sieben Leuten nach diesem Orte aus; allein sie hatten bei weitem nicht so viel Glück, als zwei Indianer, die mit ihnen zu gleicher Zeit fischten. Dies war desto mehr zu verwundern, da ihr Fischergeräth weit schlechter als das unsrige ist. Der Angelhaken, den sie gebrauchen, besteht bloß aus einem großen Stücke Holz, dessen Stiel wenigstens einen halben Zoll im Durchmesser hält; der aufwärts gerichtete, einen scharfen Winkel machende Theil, ist weit kleiner, und läuft nach und nach ganz spitzig zu. Ein flaches beinahe zwei Zoll breites Stück Holz ist ganz sauber mit dem Stiele verbunden, und auf dessen Rücken sieht man die Figur eines menschlichen Gesichtes ganz grob ausgeschnitten.

Ich kann nicht glauben, daß dies nur eine bloße Zierrath ihrer Haken sei; sondern ich halte es vielmehr für irgend eine religiöse Anspielung, und wahrscheinlich stelle es eine Art von Gottheit vor, die ihnen in ihrem Fischfange, der auf eine so sonderbare Art geführt wird, Glück bringen soll. Der Köder den sie auf ihren Angelhaken stecken, ist von einem Fische, den die Seeleute *Squids* nennen. Haben sie ihn auf den Meeresgrund heruntergelassen, so befestigen sie am Ende der Schnur eine Blase, und wenn diese nicht hinlänglich ist, noch eine, als einen Ankerwächter. Ihre Angelschnuren sind sehr stark, da sie aus den Spannadern und Gedärmen von Thieren verfertigt werden.

Ein Mensch ist hinreichend, auf fünf oder sechs solcher Angelhaken Acht zu zu geben. Wenn er bemerkt, daß ein Fisch anbeißt; so ist er eben nicht allzu eilig, die Schnur aufzuziehen, sondern läßt ihm Zeit, daß er sich erst recht fest mache. Alsdenn zieht er den Fisch herauf, schlägt ihn mit einem kurzen Prügel, den er deswegen mitgenommen hat, auf den Kopf, und bringt dann seinen Fang mit Muße in Sicherheit. Dies geschieht deswegen, daß die Heilbutten, die oft sehr groß sind, in dem Todeskampfe das Kanot nicht beschädigen, oder wohl gar umwerfen sollen. Auf die Art waren wir nun mit unsern eigenen Waffen geschlagen; und da uns die Wilden immer reichlich mit Fischen versahen, so ward unser Boot nie wieder in der Absicht ausgeschickt.

Sie bereiten ihre Speisen auf die Art zu, daß sie heiß gemachte Steine unter einige Stücke von Fischen, von einem Meerkalbe, Meerschweine ꝛc. in einer Art von Weidenkorb legen, und ihn dann fest zumachen. Auf eben die Art bereiten sie auch Brühe und Fischsuppe; und sie zogen dies immer dem Kochen vor, ob wir ihnen gleich einige kupferne Pfannen gaben und ihnen zeigten, wie sie dieselben gebrauchen sollten.

Besonders gern mögen die Indianer eine Pflanze kauen, die eine Art von Tabak zu seyn scheint. Allein sie sind nicht mit ihr, so wie sie ist, zufrieden, sondern mischen sie noch mit Kalk, oder auch zuweilen mit der innern Rinde der Tanne, nebst einer harzigen Substanz, die daraus extrahirt wird *).

Als wir am 23ten Mai in diesen Hafen einliefen, zog der Anblick eines weißen Gitters, oder vielmehr einer Umzäunung, unsere Aufmerksamkeit sehr stark an sich. Sie war nicht weit von dem schon erwähnten kleinen, uns südwärts liegenden Meerbusen auf einem ebenen Boden angelegt. Diese Umzäunung war ungefähr anderthalb Meilen von dem Schiffe, und schien in dieser Entfernung so ordentlich und regelmäßig, daß wir glaubten, sie gehe über die Erfindungskraft der Indianer hinaus, und rühre von einer gesitteten Nation her. Kapitain Dixon, der hiervon näher unterrichtet sein wollte, ging selbst zu dem Orte hin, und fand zu seinem großen Erstaunen, daß es ein Begräbnißplatz war, wenn man anders einen Ort, wo die Todten nicht unter die Erde gebracht werden, so nennen kann.

Die Art, wie sie mit ihren Todten verfahren, ist sehr merkwürdig. Sie trennen den Kopf von dem Körper: diesen wickeln sie in Pelze ein, und legen ihn in eine länglichte Kiste; den Kopf hingegen in eine viereckige. An jedem Ende der Kiste, die den Körper enthält, wird ein dicker Pfahl schräg in die Erde geschlagen, so daß die obern Spitzen zusammen stoßen, und diese werden dann durch dazu verfertigte Stricke sehr fest zusammen gebunden.

Ungefähr zwei Fuß von der Spitze dieses Bogens, läuft ein schmales Stück Holz kreuzweis hindurch, und wird an jedem Pfahle sehr sauber befestigt. Auf die-

---

*) Da die elende unreinliche Lebensart dieser Amerikanischen Eingebornen sie während des langen kalten Winters vermuthlich zum Scharbock geneigt macht, so brauchen sie ohne Zweifel den Bast der Amerikanischen Weißtanne als ein der Fäulniß widerstehendes Mittel. Die Amerikaner zu Hochelaga, dem jetzigen Montreal, lehrten den Jaques Cartier schon 1535 dieses vortrefliche Mittel gegen den Scharbock. Es ist daher nicht unwahrscheinlich, daß auch mehrere Nordamerikanische Völker die Heilkräfte dieser Pflanze kennen und nutzen. S.

ses Stück Holz wird nun die Kiste die den Kopf enthält gesetzt, und mit Stricken daran gebunden. Die Kiste wird oft mit zwei oder drei Reihen von kleinen Muschelschalen oder zuweilen auch von Zähnen ausgeschmückt. Diese werden sehr nett und mit vielem Geschmacke in das Holz eingesetzt, und dann die Zierlichkeit noch dadurch vermehrt, daß man sie mit verschiedenen Farben bemalt. Die Pfähle hingegen sind bloß weiß angestrichen. Zuweilen werden diese Pfähle an jeder Seite des Körpers aufrecht in die Erde gesteckt; der Kopf hingegen hat immer die vorher beschriebene Stellung. Was für Ceremonien die Eingebornen begehen, wenn sie ihre Todten auf die Art beisetzen, konnten wir nicht erfahren, weil sich während unseres Aufenthaltes daselbst kein solcher Fall ereignete.

Außer den Fellen, die ich schon vorher erwähnt habe, kauften wir auch noch einige wenige Bären- und Landbiber-Felle. Die Murmelthier-Pelze hatten die Einwohner wie ich glaube, von einem benachbarten Stamme erhalten.

Tobies waren der Handelsartikel, der ihnen am besten gefiel, und nächstdem zinnerne Gefäße. Für Glaskorallen wurden nur Felle von sehr geringem Werthe eingekauft, und nur die dunkelblaue und grüne Sorte zum Tausche angenommen. Unser Handel war an diesem Orte so sehr eingeschränkt, daß wir im mindesten nicht nöthig hatten, den Leuten viele Artikel zu zeigen; auch würden sie in ihrer Wahl nur unentschlossen, und ihre langsame Art zu handeln noch langweiliger geworden sein. Ich habe Dir nun von diesem Orte und seinen Einwohnern die Nachrichten mitgetheilt, die mir meine Beobachtungen von Zeit zu Zeit an die Hand gaben. Du darfst aber nicht erwarten, daß sie methodisch geordnet sein sollen. Indeß hoffe ich doch, daß sie Dir auf einige Augenblicke Vergnügen und Unterhaltung geben werden; und vielleicht habe ich, ehe wir diese Küste verlassen, Gelegenheit, Dir noch eine Art von Supplement zu schicken. Jetzt sind wir im Begriff in See zu stechen. Adieu!

Port Mulgrave, den 3. Junius.   B. B.

Zwei und dreißigster Brief.

Abreise von Port Mulgrave — Ankunft in Norfolk-Sund, und Vorfälle in dem selben.

Weil in Port Mulgrave keine weitere Aussicht zum Handel war, so beschloß Kapitain Dixon, ihn bey der ersten Gelegenheit zu verlassen, und da sich am 4ten Juni um 4 Uhr Morgens ein Wind aus Süd-Osten erhob, so führten wir einen kleinen Anker vorwärts heraus, und wanden uns so aus dem Hafen. Um 8 Uhr setzten wir die Segel auf, und liefen aus dem Sunde. Zu Mittage lag die südliche Spitze des Eingangs in Port Mulgrave Süd-Oestlich, und die Nördliche Spitze gegen Norden 85 Grad Westlich; der Südliche stumpfe Hügel war 5 Meilen entfernt.

Den ganzen Nachmittag, und am 5ten, hatten wir leichte, veränderliche Winde und wechselsweise Windstillen.

Den 6ten Morgens lag das Land, das wir sehen konnten, von Norden 78 Gr. Westlich bis zu Norden 50 Gr. Oestlich; und die Westliche Spitze der Bay, die wir verlassen hatten, nach Norden 10 Gr. Westlich, ungefähr 5 Meilen entfernt. Unsre Beobachtungen zu Mittage zeigten 59 Grad 13 Min. Nördl. Breite, und 140 Gr. 40 Min. W. Länge. Es erhob sich nun ein frischer Ostwind; und da der Tag ziemlich heiter war, sahen wir um 4 Uhr Nachmittags den Berg St. Elias, der nach Nord-West $\frac{1}{4}$ Nördlich, mehr als zwanzig große Seemeilen entfernt lag.

Vom 7ten bis zum 9ten hielt sich der Wind Oestlich, und das Wetter war naß und trübe. Während dieser Zeit lavirten wir Südwärts, und kamen folglich weiter vom Lande ab, als wir es eigentlich wünschten. Die Küste in dieser Gegend erstreckte sich beinahe von Ost-Süd-Ost gegen West-Nord-West. Nach unsrer Beobachtung Mittags am 8ten hatten wir 57 Gr. 59 Min. N. Breite, und 141 Gr. 25 Min. W. Länge.

Um 1 Uhr Morgens den 10 veränderte sich der Wind nach Süd-Westen, und setzte uns dadurch, zu unsrer größten Freude, in den Stand, unsern Lauf nach der Küste zu nehmen. Unsre Meridian-Höhe war Mittags 56 Gr. 49 Min. N. Breite; und die Länge 140 Gr. 11 Min. Westlich. Den übrigen Theil des Tages, und den ganzen 11ten hatten wir einen frischen Wind von Westen her, und hielten uns nach der Küste, welche wir aber in einer etwas beträchtlichen Entfernung nicht sehen konnten, da es Vormittags dick und neblicht war. Wir hatten Mittags 57 Gr. 12 Min. N. Breite, und 136 Grad 26 Min. Westl. Länge. Um halb 3 Uhr Nachmittags sahen wir Land, welches sich ungefähr in einer Entfernung von 4 Meilen von West-Nord-Westen zu Ost-Süd-Osten, erstreckte. Die Südliche Spitze des Landes schien Kap Edgecombe zu sein; wir segelten dahin, und fanden, daß wir uns nicht geirrt hatten. Um sechs Uhr lag das Kap Nordnordwest, und unsre Entfernung war ungefähr eine Meile vom Ufer. Jetzt öfnete sich uns eine sehr weite und geräumige Bay, welche ganz das Ansehen eines guten Hafens hatte. Ungefähr eine Meile Südwärts von dem Kap ist eine kleine Insel. Wir steuerten rechts nach dem Durchgange zwischen ihr und dem Kap; da wir aber um 7 Uhr eine Menge von See-Tang gerade vor uns sahen, hielt es Kapitain Dixon für rathsam, die Nacht hindurch gegen Süden zu vom Ufer entfernt zu bleiben.

Um 1 Uhr Morgens den 12ten legten wir das Schiff um, und segelten, mit einem leichten Winde von Nord-West bei West, auf die Bay zu, indem wir die oben genannte Insel Westwärts liegen ließen. Um 4 Uhr ward unser Wallfischboot ausgesetzt, um zu peilen. Um 6 Uhr sahen wir in einer beträchtlichen Entfernung in der See ein großes Boot voller Leute, welches so geschwind als möglich auf uns zu ruderte. Es war darin etwas aufgesteckt, das einer weissen Flagge ähnlich sah, aber wir konnten mit unsern Ferngläsern nicht unterscheiden, von was für einer Nation sie wäre, und wir hatten darüber mancherlei Muthmaßungen. Einige von uns hielten die Leute für Russen; Andre glaubten, es könnten wohl Spanier sein, welche hier im Jahr 1775 wären zurückgelassen worden, um welche Zeit zwei Spanische Schiffe nahe an diesem Platze vor Anker gelegen hatten; noch Andre meinten, sie gehörten zu einem Schiffe, welches wahrscheinlich jetzt hier liegen möchte. Doch, als sie uns näher kamen, erkannten wir ein Indianisches Boot; und als sie an uns heran ruderten, fanden wir zu unserm Vergnügen, daß sie in dem Sunde, auf den wir zu steuerten, zu Hause gehörten. Sie hatten unser Schiff den vorigen Abend gesehen; und da wir gegen die See aussegelten, so folgten sie uns, verloren uns aber in der Nacht aus dem Gesichte.

1787.
Junius.

Bald nach 6 Uhr, da sich der Wind ganz gelegt hatte, kam unser Wallfischboot zurück; die Jölle wurde in See gelaßen, und beide Boote vorwärts abgeschickt, um das Schiff in die Bay zu bugsiren. Während der Zeit kauften wir von unsern neuen Bekannten einige wenige Felle von geringem Werthe; sie gaben uns aber zu verstehen, daß wir eine große Anzahl Einwohner, und Ueberfluß an Fellen in dem benachbarten Hafen finden würden. Ob dies nun gleich eine Nachricht war, auf die man sich eben nicht fest verlaßen konnte, so heiterte sie uns doch nicht wenig auf. Was uns beim ersten Anblicke des Bootes als eine weiße Flagge vorkam, war ein weißer Federbusch, den sie auf einen langen Pfahl gesteckt hatten, und den ich für ein Zeichen des Friedens und der Freundschaft hielt. Um 10 Uhr sahen wir gegen Norden eine Bay, welche gut vor dem Winde geschützt zu sein schien; und da sich ein Wind erhob, so seegelten wir gerade hinein. Herr Turner ward mit dem Wallfischboote den Sund hinauf geschickt, um sich nach einem Hafen umzusehen; und Herr White, unser dritter Steuermann, wurde mit der Jölle in die Bai vorwärts abgesandt, um den Ankergrund zu untersuchen. Bald nach 11 Uhr kehrte Herr White zurück, und brachte die Nachricht, daß die Bay ein vortreflicher Platz zum Ankern schiene, weil guter Ankergrund von acht bis zwölf Faden Tiefe auf einem sandigen Boden darin wäre.

Nachdem wir mit dem Schiff einige kleine Wendungen gemacht hatten, kamen wir um 12 Uhr in acht Faden Waßer auf einem sandigen Boden vor Anker. Die äußersten Enden des Landes, welche die Bay gegen Norden ausmachten, erstreckten sich von Süden 3 Gr. Westlich bis gegen Norden 3 Gr. Oestlich; die Landspitze gegen Südost zu Süden ungefähr ¼ Meilen vom Ufer. Der Hafen ist gegen Süden und Südost bei Ost durch vielen Seetang wohl verwahrt.

Um 4 Uhr Nachmittags kehrte Herr Turner von seiner Besichtigung im Wallfischboote zurück; er hatte mehrere vor dem Winde gut gesicherte Häfen gefunden, aber beinahe durchgängig felsigen Grund. Daher entschloß sich Kapitain Dixon, seinen jetzigen Stand zu behalten, weil wir von schlechtem Wetter nichts zu befürchten hatten, und bequem lagen, um von den Einwohnern besucht zu werden.

Herr Turner sah auf seiner Fahrt im Wallfischboote eine große Höhle, welche die Natur, ungefähr vier Meilen gegen Norden von unserm Ankerplatze, in der Seite eines Felsen gemacht hatte. Die Neugierde bewog ihn ans Ufer zu gehen, um sie zu untersuchen, weil in einiger Entfernung etwas zu glänzen und zu funkeln schien. Als er in die Höhle kam, fand er, daß der Gegenstand, der seine Aufmerksamkeit so sehr erregt hatte, eine viereckige Kiste mit einem Menschenkopfe war, welche eben so stand, wie die schon zu Port Mulgrave beschriebenen. Die Kiste war sehr schön mit kleinen Muschelschaalen ausgeziert, und schien erst vor kurzem da niedergesetzt zu sein, weil sich keine andre dabei befand. Dieser Umstand scheint zu beweisen, daß die Einwohner dieser Gegend mit ihren Todten eben so verfahren, wie die auf Port Mulgrave, aber sie wahrscheinlich lieber in Höhlen, als in die freie Luft setzen.

1787.
Junius.

Mit Tagesanbruch Morgens den 13ten kamen eine Menge Einwohner in Booten an unser Schiff. Nachdem sie eine geraume Zeit mit Singen zugebracht hatten, fing unser Handel sehr lebhaft an, und wir kauften eine Menge vortreflicher Otterhäute. Die Leute schienen weit lebhafter und munterer zu sein, als die in Port Mulgrave; und allem Anscheine nach hatten wir Ursach, hier einen vortreflichen Handel zu erwarten.

Von jetzt bis zum 16ten ging unser Handel sehr gut von Statten; aber nachher fing er an ein wenig abzunehmen, und es verließen uns verschiedene Indianer, um mehr Felle von ihren Nachbarn zu holen.

Der Handelsartikel, worauf hier am meisten gesehen wird, sind Tohies; aber die Einwohner weigerten sich, kleine anzunehmen, und verlangten sie allgemein acht bis vierzehn Zoll lang. Ueberdies handelten wir mit zinnernen Gefäßen, Beilen, Hacken, Schnallen, Ringen u. s. w. Die zinnernen Gefäße fanden hier den meisten Beifall. Obgleich Beile und Hacken augenscheinlich die nützlichsten Werkzeuge für diese Leute waren, so wurden sie doch nur gegen Felle von geringerem Werthe eingetauscht. Glaskorallen von jeder Art wurden, wenn man sie zum Handel ausbot, allezeit mit Verachtung ausgeschlagen, und kaum als Geschenke angenommen.

Den 16ten Abends erhob sich ein frischer Wind aus Süden, welcher verursachte, daß wir in der Bay eine sehr stürmische See hatten. Wir wollten schon die Braamstangen einnehmen, als glücklicher Weise um Mitternacht das Wetter mäßiger wurde. Dieser Umstand zeigte uns aber, daß die Bay gegen schlimmes Wetter nicht so gesichert sei, als wir uns zuerst eingebildet hatten.

Vom 17ten bis zum 21sten nahm unser Handel stufenweise ab, und gegen das Ende brachte man uns kaum etwas andres, als unbedeutende Stücke Zeuges von alten beinahe abgetragenen Kleidern. Doch konnten wir uns nicht beklagen, daß sie mit den wenigen Waaren, die sie noch übrig hatten, zurückhielten; ihr Benehmen war in diesem Stücke ganz das Gegentheil von dem, das unsre alte Freunde im Port Mulgrave beobachteten.

Unter den Leuten, welche mit uns zu handeln kamen, war ein alter Mann, der vorzüglich verständig zu sein schien. Dieser gab uns zu verstehen: es hätten vor einer guten Zeit zwei Schiffe nahe bei dieser Gegend vor Anker gelegen, wovon das eine beträchtlich größer, als das unsrige gewesen wäre; sie hätten eine ziemliche Anzahl Kanonen gehabt, und die Leute wären uns in Farbe und Kleidung gleich gewesen. Er zeigte uns ein weisses Hemde, welches sie ihm gegeben hatten, und welches er als eine große Merkwürdigkeit anzusehen schien. Da wir es untersuchten, fanden wir, daß es nach Spanischer Art gemacht war, und schlossen daraus, die beiden Schiffe, welche der Indianer uns beschrieb, wären die Spanier, welche (wie ich schon erwähnt habe) im Jahr 1775 an dieser Küste gewesen sind.

In dem Tagebuch der Spanischen Reise, welches Daines Barrington herausgegeben hat, heißt es: die Spanier hätten in 57 Gr. 18 Min. N. Breite Anker geworfen. Wir lagen jetzt in 57 Gr. 3 M. N. Breite; und der alte Mann wies allezeit, wenn er uns die Lage der genannten Schiffe zeigen wollte, den Sund hinauf gegen Norden, welches uns in unsrer Meinung bestärkte. Sollte diese Muthmaßung richtig sein, so ist es ein hinlänglicher Beweis, daß diese Gegend selten von Europäern besucht wird; denn sonst würden mancherlei Schiffe die Erzählungen unsrer neuen Bekannten verwirrt und unvollkommen gemacht haben: im Gegentheil waren aber seine Aeußerungen immer deutlich und ordentlich, und liefen alle darauf hinaus, einen und eben denselben Gegenstand zu beschreiben.

Während dieser Zeit wurden, obgleich der Handel unsre Aufmerksamkeit besonders beschäftigte, doch andre aber nöthige Nebengeschäfte vorgenommen, und wir schickten oft Partheien ans Land, einige um Brennholz zu holen, andre um Wasser

zu füllen, und die Zimmerleute, um noch einen Mast und Balken zu verschiedenem
Gebrauch zu fällen. Das Waſſer ward aus einem kleinen Fluſſe hinter einer Land-
ſpitze, eine Meile vom Schiffe entfernt, geſchöpft.

Anfangs betrugen die Einwohner ſich ſehr artig, und lieſſen unſre Leute ihren
Verrichtungen ungeſtört nachgehen; aber bald wurden ſie ihnen ſehr beſchwerlich,
und ſuchten ihnen die Taſchen auszuleeren, und ihre Sägen und Aexte auf die of-
fenbarſte und dreiſteſte Weiſe zu entwenden. In der That konnten ſie auch von
dieſem Verfahren nicht ohne Gewalt abgehalten werden; allein es war weder unſrem Nutzen nach unſrer Neigung gemäß, dieſelbe zu gebrauchen, wenn wir es nur
vermeiden konnten. Unſere Leute wurden nie anders als wohl bewafnet an das
Ufer geſchickt; und zu allem Glücke hielt der Anblick einiger wenigen Musketen
die Einwohner in einer Art von Ehrfurcht. Sie hatten nehmlich den Kapitain
Dixon oft Vögel ſchießen geſehen, und dadurch einen Begrif von den ſchädlichen
Wirkungen des Schießgewehrs erhalten; dies machte denn, daß unſre Geſchäfte
am Ufer verrichtet wurden, ohne daß wir in offenbaren Streit mit ihnen geriethen. In meinem folgenden Briefe werde ich Dir vielleicht einige nähere Nachricht von dieſem Orte geben, welchem Kapitain Dixon, zur Ehre des Herzogs
von Norfolk, den Namen Norfolk-Sund gab; und ich wünſche aufrichtig,
das wenige, was ich ſchon in Betracht unſres glücklichen Fortganges geſagt habe,
möge Dir nur halb ſo viel Vergnügen machen, als Deinem

Norfolkſund den 22ſten Junius. W. B.

Drei und dreißigſter Brief.

Beſchreibung von Norfolk-Sund — die Zahl der Einwohner — ihre Sitten, Gewohnheiten und ihr Betragen im Handel.

Norfolk-Sund, oder doch wenigſtens der Theil, wo wir ankerten, liegt in
57 Gr. 3 M. N. Br. und 135 Gr. 36 Min. W. Länge. In dieſer Lage hatten
wir den Berg Edgecombe nach Weſten bei Süden, in einer Entfernung von
wenigen Meilen. Es iſt ein ſehr geräumiger Hafen; allein ich kann nicht ſagen,
wie weit er ſich nach Norden zu erſtreckt, ob ich gleich nicht zweifele, daß eine
Durchfahrt nach der Bay der Eilande darin iſt, welche wir, wie Du Dich er-

innern wirft, Westwärts vom Kap Egekombe vergebens suchten, als wir im vorigen Jahre an der Küste waren. Hätte es uns damals der Wind erlaubt, um die Südöstliche Spitze des Kaps zu sehen, wie es Morgens am 15ten September unsre Absicht war: so würden wir ohne Zweifel unsern jetzigen Hafen gefunden haben. Fast die ganze Zeit über daß wir uns hier aufhielten, blieb das Wetter ziemlich gemäßigt. Die mittlere Höhe des Thermometers war 48 Gr., der Wind überhaupt schwach und abwechselnd von Südosten nach Südwesten.

Das Ufer hat hier, wie überhaupt die ganze Küste, Tannen in Ueberfluß, auch ist hier eine größere Menge von Haselstauden, als wir bisher angetroffen hatten. Wir fanden verschiedene Arten von blühenden Bäumen und Gesträuchen, unter andern viele wilde Stachelbeeren, Johannisbeeren und Himbeeren. Wilde Petersilie giebt es hier in großer Menge. Wir pflückten viel davon, da sie sich, entweder als Sallat oder unter der Suppe gekocht, vortrefflich essen läßt. Auch die Sarana oder wilde Lilienwurzel *) wächst hier sehr häufig und in großer Vollkommenheit. Wilde Gänse oder Enten lassen sich hier sehr selten sehen, und überdies sind sie sehr scheu, so daß ihnen schwer anzukommen ist. Kapitain Dixon war, wie ich schon vorhin bemerkte, häufig mit seiner Vogelflinte am Ufer; indeß schoß er alles, was ihm vorkam ohne Unterschied: denn er hatte mehr den Endzweck, den Indianern die Wirkung des Feuergewehrs zu zeigen, als zu jagen; und die Folge lehrte, daß seine Absicht vollkommen erreicht ward. Die Einwohner fingen viele Heilbutten; auch sahen wir am Ufer häufig eine grosse Menge Lachs zum Trocknen aufgehangen; aber sie wollten ihn nicht gern verkaufen. Dies zeigt an, daß Fische hier ein vorzügliches und beliebtes Nahrungsmittel sind. Wir kauften zwar etwas Lachs; allein er war weit schlechter, als wir ihn im Cooks-Flusse angetroffen hatten. Indeß da Fische die einzige frische Nahrung waren, die wir erhalten konnten, so ward unser Fischerboot häufig mit sechs Mann ausgeschickt, um etwas für die Mannschaft auf dem Schiffe zu fangen. Man war immer ziemlich glücklich, und es wurden sehr viele vortreffliche Drachenbarse (Scorpoena L.) einige Weichfischarten (Gadus

―――――――――
*) Die Sarana ist das *Lilium pomponium* und *L. Martagon* Linn. Diese Lilienart wächst auch überall im südlichen Sibirien, und die Wurzeln oder Zwiebeln werden von den dortigen Völkern, theils in der Asche gebraten, theils in Milch gekocht, häufig gegessen. S.

Merluccius et Blennius Phycis Linn.) aber sehr wenige Heilbutten gefangen. Ob die Methode zu fischen bei den Eingebornen eben die ist, wie in Port-Mulgrave, kann ich nicht bestimmen; denn wir hatten nie Gelegenheit, sie bei diesem Geschäfte zu sehen. Es giebt übrigens in einigen Theilen des Sundes auch eine große Menge von Mießmuscheln, desgleichen einige wenige Krabben, Sternfische u. s. w.

1787. Junius.

Ich gab mir die Mühe, die Anzahl der Einwohner, die sich in diesem Sunde und in der umliegenden Gegend aufhalten, zu berechnen. Die größte Anzahl, die ich je auf einmal bei dem Schiffe sah, war 175, die Weiber und Kinder mit gezählt. Nehme ich diese als die Hälfte von der Zahl der hier lebenden Menschen an, so werde ich vielleicht nicht sehr irren; aber gesetzt, man wollte die Alten und Schwachen, die welche abwesend und mit Jagen, Fischen u. s. w. beschäftigt waren, hinzurechnen: so würde man, glaube ich, die Summe der hier befindlichen Eingebornen auf 450 schätzen können; Alles nehmlich sehr hoch angeschlagen, und Männer, Weiber und Kinder mitgezählt.

Diese Leute sind an Gestalt, Form und Gesichtszügen ziemlich denen gleich, die wir in Port Mulgrave sahen, und ihre Gesichter eben so mit mancherlei Farben bemalt. Die Weiber verzieren, oder richtiger gesagt, verzerren ihre Lippen eben so, wie ich es schon beschrieben habe; und es scheint fast, als wenn das Frauenzimmer, welches mit dem größten Stücke Holze geschmückt ist, überhaupt von ihren Freunden, und von der ganzen Versammlung mehr geachtet würde. — Diese sonderbare Operazion, den Frauenzimmern die Unterlippe durchzuschneiden, findet nie während der Kindheit Statt, sondern scheint, allen Beobachtungen zufolge die ich nur machen konnte, für eine besondre Lebensperiode bestimmt zu sein. Wenn die Mädchen 14 oder 15 Jahre alt sind, so wird der Mittelpunkt der Unterlippe in dem dicken Theil nahe am Munde bloß durchbohrt, und ein Stückchen Kupferdrath hineingesteckt, damit die Oefnung sich nicht wieder zuschliessen kann. Diese Oefnung verlängert man hernach von Zeit zu Zeit, in einer Linie, die mit dem Munde parallel läuft; und die hölzernen Zierrathen werden verhältnißmäßig vergrößert, bis sie häufig 3 oder selbst 4 Zoll in der Länge, und beinahe eben so viel in der Breite zunehmen. Allein dies geschieht gemeiniglich, wenn die Matrone bejahrt ist, und folglich die Muskeln erschlafft sind; so daß also vielleicht mehr das Alter Achtung erhalten mag, als der sonderbare Schmuck.

In Ansehung der Sitten und Neigungen kommt das hiesige Volk dem im Cooks-Flusse, und im Prinz Wilhelms Sunde näher, als unsern Freunden in Port Mulgrave; allein dies läßt sich wohl einigermaßen aus ihrer erweiterten Gesellschaft und ihrem beständigen Umgange unter einander erklären. Ihr Handel und wirklich alle ihre Angelegenheiten, schienen mir, in so weit ich sie beobachten konnte, mit großer Ordnung und Regelmäßigkeit betrieben zu werden. Sie kamen stets Morgens mit Tagesanbruch an das Schiff, um mit uns zu tauschen, und brachten jedesmal über eine halbe Stunde mit Singen zu, ehe ihr Geschäft anfing. Der Oberste des Stamms übernimmt immer die Besorgung des ganzen Handels für seine Leute, und giebt sich große Mühe, ihre Felle vortheilhaft anzubringen. Sollte ein andrer Stamm an das Schiff kommen, um etwas zu verkaufen; so warten sie geduldig bis er fertig ist: und hat er nach ihrer Meinung einen guten Handel geschlossen, so brauchen sie ihn häufig, um auch ihre Felle anzubringen. Bisweilen sind sie wirklich auf einander sehr eifersüchtig, und wenden alle Vorsicht an, um zu verhindern, daß ihre Nachbaren nicht wahrnehmen sollen, welche Artikel sie für ihre Waaren bekommen.

Etwa um 12 Uhr verliessen sie das Schiff jedesmal, und begaben sich ans Ufer. Hier blieben sie ungefähr eine Stunde, welche sie, wie wir häufig wahrnehmen konnten, mit Essen zubrachten. Dies zeigt offenbar, daß sie des Tages wenigstens Eine fixirte Mahlzeit halten. Eben so verliessen sie uns oft um 4 Uhr Nachmittags; aber diese Zeit ward nicht so genau gehalten, wie die um Mittag. Gegen Abend hatten wir gemeiniglich den zahlreichsten Besuch; allein um diese Zeit war der Handel des Tages ziemlich vorüber, und sie kamen nur noch, um sich nach der Ermüdung von ihren verschiednen Tagesgeschäften zu erholen. Indeß wurden uns doch zuweilen des Abends vortrefliche Felle durch Handelsleute gebracht, welche den Tag über unter ihren Nachbarn in den angränzenden Häfen gewesen waren. An einem schönen Abend, da wir sowohl von Verkäufern als auch von Neugierigen umringt waren, zählte ich, wie ich vorher bemerkt habe, 175 Personen; und ich

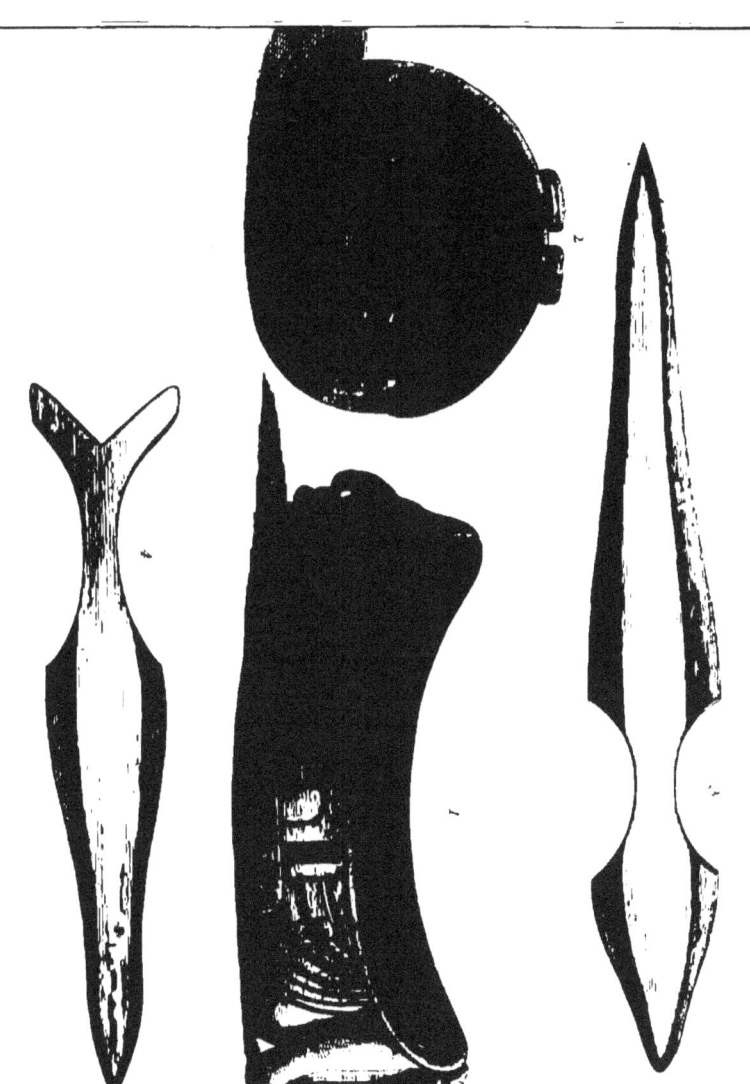

glaube fast, daß ich aus dieser Zählung richtig auf die größte Anzahl der Einwohner, die in diesem Sunde leben, geschlossen habe.

Wenn der Handel des Tages meistens vorbei ist, so fangen sie an zu singen, und gehen dann nicht eher fort, als gegen Anbruch der Nacht. So beginnen und endigen sie den Tag immer auf dieselbe Weise.

Ich bemerkte hier eine sonderbare Sitte, welche uns bisher noch nicht vorgekommen war. In dem Augenblick, wo ein Oberhaupt einen Handel geschlossen hat, wiederholt er das Wort Kuhkuh deerimal geschwind hinter einander, und sogleich antwortet alles Volk in seinem Kahne mit dem Worte Whoah, welches in einem ausrufenden Tone ausgesprochen wird, aber mehr oder weniger stark, je nachdem der geschlossene Handel Beifall findet.

Die Kleider, welche man überall an der Küste trägt, bestehen aus Fellen, die in mancherlei Formen zusammengenähet sind, und die ich sogleich umständlicher zu beschreiben suchen werde. Ich erwähne ihrer eben jetzt wegen eines merkwürdigen Umstandes. Einer von den Oberhäuptern, die zum Handeln zu uns kamen, richtete einmal zufälliger Weise seine Augen auf ein Stück Zeug von den Sandwich-Inseln, welches an der Schiffswand hing um zu trocknen, und forderte es mit vielem Ungestüm. Der Mann, dem es gehörte, ließ es sehr gern fahren, und der Indianer war ungemein froh über sein Geschenk. Nachdem er die Felle, welche er mit sich brachte, in der größten Eile verkauft hatte, verließ er uns sogleich, und ruderte ans Ufer, ohne uns, wie es sonst allgemein Sitte war, mit einem Abschiedsliede zu beehren. Den nächsten Morgen bald nach Tagesanbruch erschien unser Freund beim Schiffe in einem Rocke aus dem Zeuge von den Sandwich-Inseln, das wir ihm den vorigen Tag geschenkt hatten. Dieser Rock war genau nach der Form ihrer Kleider von Fellen zugeschnitten, welche, die Hals- und Arm-Quarder ausgenommen, einem Fuhrmannsüberrocke sehr ähnlich sehen. Der Indianer war auf sein neues Kleid stolzer, als je ein Londonscher Stutzer auf seinen Geburtstagsrock; und uns gefiel die Geschicklichkeit und Geschwindigkeit dieser Leute ungemein. Der Rock paßte überaus gut, die Säume waren so fest als es das Zeug nur zuließ, und zugleich so nett zusammen genähet, als wenn es die Arbeit eines Englischen Damenschneiders wäre.

1787.
Junius.

Ich bemühte mich eines Tages, von einem der Oberhäupter die Bedeutung einiger Wörter ihrer Sprache herauszubringen; und als ich nach der Sonne zeigte, so gab er sich große Mühe, mir begreiflich zu machen, daß, ungeachtet wir ihnen durch den Besitz von mancherlei nützlichen Artikeln, die sie nicht hätten, überlegen zu sein schienen, doch unsre Abkunft einerlei mit der ihrigen wäre, daß sie so gut, wie wir, von oben herkämen, und daß die Sonne jedes Geschöpf im Weltall beseele und lebendig erhalte. Diese Begriffe des Oberhauptes erinnerten mich sogleich an jene schöne Zeilen von Pope in seinem Versuche über den Menschen*):

„Sieh dort den armen Indier, deß Geist, nicht unterwiesen, Gott in Wolken sieht, in Winden hört! Die stolze Wissenschaft hat nie ihn zu der Sonnenbahn, und nie zum Sternenkranz am Himmel hingeführt; doch schenkte seiner Hofnung die Natur, ganz einfach, hinter dem wolkenumgürteten Hügel einen minder erhabnen Himmel, eine gefahrlosere Welt, gesichert im Schooße der Wälder: Ein beglückteres Eiland im wasserreichen Ocean, wo der Sklav die vaterländischen Gefilde noch einmal erblickt, wo kein Feind ihn mehr foltert, wo kein Christ nach Golde dürstet. Sein — dies gnüget seinem Wunsch; er heischt sich eines Engels Fittich und eines Seraphs Feuer nicht; und wähnet, wenn er nur demselben Himmel nahen soll, so werd' auch da sein treuer Hund an seiner Seite sein."

Die Indianer, von denen Pope hier spricht, sind ohne Zweifel die in Südamerika; indeß lassen sich viele von diesen Zeilen auf die Völker anwenden, welche im Nördlichen Theile des festen Landes wohnen. Der Mann, von dem ich so eben redete, hatte gewiß einen Begriff von einem höchsten Wesen; und nehmen wir an, daß

---

*) Lo! the poor Indian whose untutor'd mind
Sees God in clouds, or hears him in the wind,
His soul, proud science never taught to stray,
Far as the solar walk or milky way,
Yet simple nature to his hope has giv'n
Behind the cloudtopt hill an humble heav'n;
Some safer world in depth of woods embrac'd,
Some happier island in the watry waste,
Where slaves once more their native land behold,
No fiends torment, nor Christians thirst for gold.
To be, contents his natural desire,
He asks no angel's wing, no Seraphs fire,
But thinks admitted to that equal sky,
His faithful dog shall bear him company.

Reise um die Welt.

ihre Morgen- und Abendgesänge wahrscheinlich eine Art von Anbetung dieses höchsten Wesens sind: so giebt uns dies eine eben nicht unrichtige Idee von ihrer Religion.

1787.
Junius.

Die Kähne sind hier in vielen Stücken eben so gebauet, wie die in Port Mulgrave; allein die großen sind auf eine vollkommnere und mehr künstlermäßige Weise verfertigt, und halten sechs bis zwanzig Mann.

Außer ihrem gewöhnlichen Anzuge haben die Eingebornen dieser Gegend eine besondere Art von Mänteln, die ihnen gegen die Unfreundlichkeit des Wetters Schutz geben. Ich hatte keine Gelegenheit sie genau zu besehen; aber sie schienen von sehr dicht zusammen genähetem Schilfe verfertigt zu sein, und einer von den Herren an Bord, welcher die letzte Reise mit dem Kapitain Cook gemacht hatte, sagte mir, sie wären völlig eben so, wie die, welche die Einwohner von Neuseeland trügen. In Ansehung der hiesigen Sprache bin ich nicht ohne Grund der Meinung, daß es fast eben die sei, die man in Port Mulgrave redet. Ich will aber doch bei einer künftigen Gelegenheit diese Materie wieder vornehmen; denn es ist möglich, daß ich, noch ehe wir die Küste verlassen, in diesem Stück weitere Kenntnisse erhalte.

Ich habe schon erwähnt, daß unser Handel den 21sten Junius fast vorbei zu sein schien. Den 22sten bemerkten wir, daß die Eingebornen alles dessen, was man hätte mitnehmen können, völlig beraubt waren; daher beschlossen wir, diese Gegend mit dem ersten guten Winde zu verlassen. Wenn unser Handelsglück in dieser Gegend auch nicht unsern höchsten Erwartungen entsprach, so gereichte es uns doch immer am meisten zur Aufmunterung. Wir kauften ungefähr 200 vortrefliche Seeotterfelle, eine beträchtliche Quantität von geringeren Seeotterstücken, und überdies noch eine große Menge unbedeutender und fehlerhafter Stücke, ungefähr hundert gute Robbenhäute und eine große Anzahl schöner Bieberschwänze. Die mancherlei Artikel, die bei uns im Tauschhandel üblich waren, habe ich schon erwähnt, und eben so auch den verschiedenen Werth, den man auf sie setzt. Das Eisen könnte man aber wohl für die Stapelwaare halten, indem der Werth alles Andren größtentheils auf Einbildung und Laune beruhet. Robbenfelle und Bieberschwänze brachten wir auf einen ordentlich stehenden Preis; denn man gab allgemein einen Ring für einen Schwanz oder für ein Robbenfell, so daß dieser Theil unsers Handels geschwind beendigt wurde. Wir warten jetzt auf einen günstigen Wind, der uns von dieser Gegend wegbringen soll. Durch unsern letzten guten Vortheil im Handel aufgemuntert, sind wir zu der Hofnung geneigt, daß die Küste uns noch weit wichtigere Sachen geben wird. Dem sei, wie ihm wolle — Du kannst bei jeder Gelegenheit Nachrichten erwarten von Deinem

Norfolk-Sund, den 24. Junius. W. B.

Vier und dreißigster Brief.

Wir verlassen Norfolk-Sund — gehen längs der Küste — Ankunft in Port-Banks — Beschreibung des Orts — Ereignisse daselbst — Wir verlassen Port-Banks, gehen längs der Küste fort, und treffen Indianer an, die einiges schöne Pelzwerk besitzen.

Da sich früh Morgens am 23sten Junius ein schwacher Westwind erhob, so entankerten wir das Schiff, lichteten um 6 Uhr und seegelten ab. Als wir unsern kleinen Buganker einzogen, fanden wir ungefähr 20 Klafter am Taue durch die Felsen zerrieben, und warfen es weg, da es zum fernern Gebrauche untauglich war. Um Mittag lag Kap Edgekombe Nordwärts 65 Gr. Westlich, ungefähr drei Meilen weit vom Ufer ab, und unsere Meridianhöhe gab 56 Gr. 48 Min. N. Breite. Kapitain Dixon hatte die Absicht, sich längs der ganzen Küste nahe am Lande zu halten, um jeden Fleck zu untersuchen, wo sich nur mit einiger Wahrscheinlichkeit Einwohner erwarten ließen. Nachmittags ward der Wind frischer; und als wir um 6 Uhr einen vortreflichen Eingang sahen, der gegen Ost-Nord-Osten lag, so zogen wir einige Seegel ein, und liefen darauf zu. So wie wir uns dem Lande näherten, sah die Einfahrt wie ein von Norden her laufender Fluß aus; aber da die Fluth uns mit Heftigkeit hinwegtrieb, und der Wind sich nach Norden umsetzte, so liefen wir in einen vortreflichen Hafen ein, welcher sich jetzt nach Südosten zu eröfnete. Beim Eingange hatten wir funfzig bis 60 Faden Tiefe auf einem Felsengrunde; allein so wie wir weiter hinein kamen, nahm sie bis zu ein und zwanzig Faden ab, und zwar auf schlammigem Boden. Hier ankerten wir, da wir ganz vom Lande eingeschlossen und sowohl gegen Süden als gegen Norden einen Musketenschuß weit vom Ufer entfernt waren.

Ob-

Obgleich diese Gegend allem Anscheine nach so beschaffen war, daß die Eingebornen sie ganz vorzüglich zu ihrem Aufenthalt hätten wählen sollen, so ließ sich doch Niemand darin sehen. Deshalb ward Abends ein Vierpfünder abgefeuert, um die Neugierde der Einwohner zu erregen, wenn etwa einige so nahe wären, daß sie den Schall hören könnten.

Den 24sten war der Morgen sehr schön, aber es kam kein Indianer zum Vorschein. Nun ward das Wallfischboot ausgesetzt, und Kapitain Dixon bestieg es, um sich in den benachbarten Bächen und Anfuhrten nach Einwohnern umzusehen. Eine Einfahrt aufwärts in einer Ecke der Bay, ostwärts von uns, zog seine Aufmerksamkeit zuerst auf sich. Er kehrte von da ungefähr um 12 Uhr zurück, ohne Leute entdeckt zu haben. Der Bach läuft eine beträchtliche Strecke in das Land, und endigt sich am Fuße eines Berges, von dem er reichlich mit Wasser versorgt wird. Dies rührt von der Sonne her, welche den Schnee auf den Gipfeln der Berge schmelzt, und jetzt schon im Stande war, einen kleinen Bach stets mit Wasser zu versorgen. Nahe bei dieser Stelle waren Spuren von einer Indianischen Hütte, welche erst neuerlich hinweggenommen zu sein schien, und vermuthlich eine Zeitlang die Wohnung irgend einer jagenden Parthei gewesen war. In dem Thale nahe am Bache wuchsen mancherlei Arten von Blumen und blühenden Stauden. Obgleich keine Einwohner hier waren, so scheint diese Stelle doch zu einem Sommeraufenthalte besonders gut zu sein, um so mehr, da man hier wahrscheinlich Lachs in großer Menge antrifft. Ich zweifle daher fast nicht, daß sie weiterhin im Jahre beständig von den Eingebornen besucht wird.

Nach dem Mittagsessen ging Kapitain Dixon aus, um die Einfahrt gegen Norden zu untersuchen. Da der Nachmittag sehr schön war, so wurden unsre Felle auf das Verdeck gebracht, und an der Luft ausgebreitet. Sie hatten dadurch, daß wir sie in Fässer gepackt, nicht den geringsten Schaden gelitten: einige von den schlechtern waren zwar schimmlicht geworden; aber dies konnten wir, als sie trocken waren, leicht austreiben. Da Kapitain Dixon nicht wieder kam, als der Abend anbrach, so fingen wir an, für seine Sicherheit ziemlich besorgt zu sein, ob er gleich sieben wohlbewafnete Leute im Boote hatte. Doch um 11 Uhr ward uns diese Furcht durch seine Rükkehr benommen. Man hatte nicht die geringste

Spur von Bewohnern angetroffen, obgleich das Boot wenigstens 6 große Seemeilen vom Schiffe entfernt gewesen war.

Als wir einigen unsrer Pulverfässer die Reifen abschlugen und das Pulver naß und feucht fanden, so hielten wir diesen Hafen für einen sehr guten Ort, es wieder zu trocknen und die Fässer ausbessern zu lassen, besonders da das Wetter vorzüglich hell und heiter war. Dem zufolge brachte der Büchsenmeister um 8 Uhr Morgens am 25sten, das Pulver ans Ufer, und der Böttcher mußte die Fässer ausbessern. Während der Zeit fuhr Kapitain Dixon im Boote aus, um die Einfahrt in diesen Hafen zu untersuchen, da wir Nachmittags den 23ten, einige Buchten gegen Süden und Westen wahrgenommen hatten. Der Tag blieb ausnehmend schön. Das Pulver ward wieder recht gut trocken, und Nachmittags bei Zeiten an Bord gebracht. Die Zimmerleute befanden sich am Ufer, und fällten eine Bramstange und einige Sparren, zu mancherlei Gebrauch.

Ungefähr um 7 Uhr kehrte Kapitain Dixon zurück, aber ohne besseren Erfolg, als das vorigemal. Er war in verschiedenen Buchten in einer beträchtlichen Entfernung vom Hafen gewesen, und hatte doch nicht die geringste Spur von Menschen oder Wohnungen erblicken können.

Dieser Hafen liegt in 56 Gr. 35 Min. N. Breite, und 135 Gr. W. Länge. Er erhielt den Namen Port Banks, zu Ehren des Ritters Joseph Banks. Obgleich die Aussicht in diesem Hafen ziemlich beschränkt ist, so hat sie doch etwas Angenehmeres und Romantischeres, als irgend eine, die wir an der Küste gesehen hatten. Das Land erhebt sich nach Norden und Süden zu einer Höhe, die hinlänglich ist, um jede Vorstellung des Winters zu erregen; und obgleich die Seiten desselben stets mit Schnee bedeckt sind, so benehmen doch die zahlreichen Tannen, welche hin und wieder ihre buschichten Häupter hervorschimmern lassen, gänzlich das Schreckliche, Grausenerweckende, welches die nackten Berge Nordwestlich vom Cooks-Flusse erregen. Nach Osten hin ist das Land beträchtlich niedriger, und die Tannen scheinen in der regelmäßigsten und schönsten Ordnung zu wachsen. Diese bilden mit dem Unterholze und den Gesträuchen, an dem uns einschließenden Gestade, den schönsten Kontrast gegen das höher gelegene Land, und machen den Anblick des Ganzen wirklich reizend und entzückend schön.

Da wir hier durch einen längern Aufenthalt die Zeit nur unnöthig verschwendet hätten, so lichteten wir den 26ten Morgens um halb 4 Uhr die Anker. Es wehete kein Wind; deshalb schickten wir die Boote voraus, um das Schiff aus der Bucht zu bugsiren. Das Wetter war während der kurzen Zeit, welche wir hier zugebracht hatten, sehr schön, und gewöhnlich ohne Wind gewesen. Die mittlere Höhe des Thermometers betrug 50 Gr.

Um 10 Uhr waren wir in der Einfahrt; allein der Wind blies in sie hinein, wobei zugleich ein dicker Nebel Statt fand. Wir sahen uns daher genöthigt, das Schiff im Laviren oft umzulegen, ehe wir völlig vom Lande hinweg kommen konnten. Unsre Breite war 56 Gr. 30 Min. Nördlich, und die Länge 135 Gr. 35 Min. Westlich.

Da es den Nachmittag und Abend neblicht blieb, so hielten wir uns des Nachts gegen Süden, aber bei Tagesanbruch Morgens am 27sten wieder gegen Osten. Um 11 Uhr Vormittags war das Wetter ziemlich heiter; und nun erblickten wir Land. Es hatte das Ansehen von zwei felsichten Inseln, die gegen Nordosten lagen, und auf die wir nun gerade los steuerten. Mittags lag das Land, das wir sahen, von Norden 18 Gr. Oestlich, bis nach Norden 50 Gr. Oestlich in einer Entfernung von 4 Meilen. Unsre Breite war 55 Gr. 52 Min. Nördlich; und unsre Länge 135 Gr. 12 Min. Westlich.

Als wir dem Lande noch näher kamen, hatte es gänzlich das Ansehen, als wenn eine vortrefliche Bucht da wäre; denn die entfernteste Spitze gegen Osten lag nach Norden 35 Gr. Oestlich, und die Westlichste, die sehr felsicht war, nach Norden 45 Gr. Westlich, in einer Entfernung von 12 Meilen.

Um 3 Uhr ward das Wallfischboot ausgehoben, und Herr Turner ausgeschickt, um die Einfahrt in die Bucht zu peilen, und sich nach einem Hafen umzusehen. Er kehrte um 5 Uhr zurück und berichtete: der größre Theil der Bucht habe seichtes Wasser, und aller Wahrscheinlichkeit nach sei daselbst kein bequemer Ankerplatz anzutreffen.

Um 6 Uhr ward das Wetter neblicht, wobei wir häufige Windstöße hatten. Dies nöthigte uns, zwei Reffe in unseren Marssegeln einzunehmen und die Segel mehr südlich dem Winde näher zu stellen. Um 8 Uhr lag das Land von Norden

60 Gr. Oſt bis nach Weſten, und die äuſſerſten Spitzen einer großen Inſel von Norden 6 Gr. Oeſtlich, bis gegen Norden 26 Gr. Weſtlich.

Den 28ſten Morgens war das Wetter dick und neblicht, wobei ein friſcher Wind von Weſten wehete. Noch Vormittags ſahen wir Land gegen Norden und Weſten, ungefähr in einer Entfernung von 4 Meilen; aber das Wetter blieb ſo ſehr dick, daß es keinesweges vorſichtig geweſen wäre, wenn wir uns dem Lande genähert hätten.

Um 3 Uhr Nachmittags konnten wir, da ſich das Wetter aufklärte, das Land recht gut ſehen. Die äuſſerſten Enden deſſelben lagen von Norden 12 Gr. Oeſtlich, bis gegen Süden 65 Gr. Oeſtlich; und eine Oefnung, welche das Anſehen einer tiefen Bay hatte, gegen Norden 47 Gr. Oeſtlich, ungefähr in einer Entfernung von 3 großen Seemeilen.

Wir ſteuerten gerade auf dieſe Bay zu, indem wir einen Hafen zu finden hofften; aber als wir ganz dicht an das Land heran kamen, fanden wir, daß es ein ſteiles aufrechtſtehendes Ufer war, welches nicht den geringſten Schutz hatte. Die Nördlichſte Spitze iſt ein vorzüglich hoher unfruchtbarer Felſen, auf dem jetzt eine unzählige Menge von mancherlei Vögeln ſaß.

Die Nacht hindurch und den 29ſten Vormittags lavirten wir gelegentlich, denn das Wetter war trübe und neblicht. Unſre Breite betrug Mittags 55 Gr. 18 Min. Nördlich, und die Länge 134 Gr. 30 Min. Weſtlich. Um 3 Uhr Nachmittags ſahen wir Land, deſſen äuſſerſte Enden von N. W. bis nach S. O. bei O. lagen.

Während der Nacht, und den 30ſten Vormittags hatten wir ſchwache veränderliche Winde. Das Wetter war noch trübe und neblicht, und nöthigte uns daher, häufig das Schiff umzulegen, wobei wir uns immer Mühe gaben, uns, ſo viel es die Klugheit erlaubte, nahe an der Küſte zu halten. Um Mittag ſahen wir Land gegen Norden und gegen Oſten, ungefähr in einer Entfernung von 4 großen Seemeilen. Aus unſrer Meridianhöhe ergab ſich 55 Gr. 13 Min. N. Breite. Wir ſahen eine anſcheinende Bucht, die gegen Norden 58 Gr. Oeſtlich lag; aber ſchwache veränderliche Winde hinderten uns, weit in dieſelbe hinein zu ſegeln. Indeß, als um 5 Uhr ein friſcher Weſtwind aufſtieg, konnten wir doch unſeren Lauf gerade auf die Durchfahrt zu richten; aber es währete nicht lange, denn der Wind legte ſich

Reise um die Welt.

bald, und nun folgten schwache Lüftchen fast aus jeder Richtung. Um 8 Uhr sahen wir gegen Norden, ungefähr in einer Entfernung von 4 großen Seemeilen, eine Insel, welche von Nordostost, bis nach Osten bei Norden lag. Das Wetter war die Nacht hindurch gemäßigt und neblicht.

Da wir am 1sten Julius um 7 Uhr Morgens einen frischen Westwind bekamen, so liefen wir nach Südosten. Das Land, das wir im Gesichte hatten, lag von Norden 22 Gr. Westlich bis gegen Südost, halb Osten, und eine Insel, die wir am vorigen Abend gesehen hatten, nach Norden 30 Gr. Oestlich, in einer Entfernung von 6 Meilen. Um Mittag sahen wir eine tiefe Bucht, welche Nordost bei Osten lag. Ihre äusserste Nördliche Spitze lag gegen Nordost bei Norden, und das am weitesten nach Ostn liegende Land gegen Südosten, ungefähr in einer Entfernung von 7 großen Seemeilen. Unsre Breite war 54 Gr. 22 Min. N., und die Länge 134 Gr. W.

Nachmittags hatten wir schwache veränderliche Winde; deshalb liefen wir gegen Norden, weil wir besorgt waren, daß wir unter den Wind von der gesehenen Bay gerathen möchten. Uebrigens waren wir entschlossen, wenn es nur irgend möglich wäre, in sie einzulaufen, besonders da es sehr wahrscheinlich war, daß wir hier Einwohner antreffen würden.

Die Nacht hindurch hatten wir leichte abwechselnde Winde aus jeder Richtung, und zugleich auch starke Wogen von Südwesten. Nun fanden wir Morgens den 2ten alle unsre Bemühungen, die Bucht zu erreichen, vergeblich; indeß, da ein mäßiger Wind aus Nordosten aufstieg, so liefen wir nach dem Lande hin, so nahe als möglich mit den Segeln auf der rechten Seite des Schiffes. Um 7 Uhr sahen wir zu unsrer großen Freude einige Boote mit Indianern, welche, wie es schien, zur See aus gewesen waren, und nun auf uns zu fuhren. Als sie an das Schiff heran kamen, fanden wir, daß sie zum Fischen ausgegangen gewesen wären. Einige von ihnen trugen vortreffliche Mäntel von Bieberfellen, deren Anblick... Aber jetzt muß ich die Feder niederlegen; indeß verspreche ich Dir, sie bald wieder zu nehmen. Der Deinige

Von Queen-Charlotte's Eilanden den 4. Julius.   W. B.

Fünf und dreißigster Brief.

Handel mit verschiedenen Stämmen der Indianer längs der Küste — Es wird eine Menge schöner Felle eingekauft — Die Hippa-Insel wird entdeckt — Die Handelsartikel beim Tausche — Ein Lippenstück eingekauft.

Ohne Zweifel hast Du mich in guten feierlichen Festtagsausdrücken getadelt, weil ich meinen letzten Brief zu einer Zeit abbrach, da wir die Günstlinge des Glückes wurden; allein ich hoffe, diese Lücke jetzt reichlich zu ergänzen, da ich Dir unsre glücklichen Begegnisse erzählen will, die selbst unsre höchste Erwartung erreichten.

Die Indianer, die wir Morgens am 2ten Julius antrafen, schienen eben nicht geneigt, ihre Mäntel herzugeben, ob wir sie gleich dadurch in Versuchung führten, daß wir ihnen mancherlei Handelsartikel, als Tohies, Beile, Dächseln, verzinnte Blechkessel, Pfannen ꝛc. ꝛc. auskramten. Ihre Aufmerksamkeit schien gänzlich mit dem Anschauen des Schiffes beschäftigt, wobei sie Merkmale der Verwunderung und des Erstaunens blicken liessen. Dies sahen wir als eine gute Vorbedeutung an, und der Erfolg zeigte, daß wir uns diesmal nicht geirrt hatten. Als ihre Neugierde einigermaßen befriedigt war, fingen sie an zu handeln, und wir kauften sogleich Alles, was sie an Mänteln und Fellen mitgebracht, und gaben ihnen Tohies dafür, die sie sehr zu lieben schienen. — Sie machten uns Zeichen, daß wir näher an das Ufer kommen sollten, und gaben uns zu verstehen, daß wir mehr Einwohner und eine übergroße Menge von Fellen finden würden.

Um 10 Uhr waren wir fast eine Meile vom Ufer, und sahen das Dorf, wo diese Indianer wohnten, unserm Schiffe gerade gegenüber: es bestand ungefähr aus 6 Hütten, welche weit regelmäßiger gebauet zu seyn schienen, als irgend eine, die wir bisher gesehen hatten, und sehr angenehm lagen; allein das Ufer war felsicht, und zeigte uns keine Stelle zum Ankern. Jetzt eröfnete sich eine Bucht gegen Osten. Hierauf richteten wir die Segel näher an den Wind, welcher frisch von Norden und Osten her blies, und steuerten gerade darauf zu. Unterdessen waren einige von den Leuten, mit denen wir den Morgen gehandelt hatten, vermuthlich um ihre neuerlangten Waaren zu zeigen, am Ufer gewesen; aber da sie uns auf die

Bucht lossteuern sahen, machten sie sich, in Begleitung einiger andern Boote, sogleich hinter uns her.

Als wir weiter in die Bucht hinanliefen, schien ein vortrefflicher Hafen da zu sein, der gut vom Lande eingeschlossen und etwa noch eine Meile entfernt war. Beim Auswerfen des Senkbleies fanden wir eine Tiefe von 10 bis 25 Klaftern, und einen felsichten Grund; aber unglücklicher Weise war um 1 Uhr die Ebbe uns so stark zuwider, daß wir es unmöglich fanden, den Hafen zu erreichen: denn wir gingen bei jedem Umlegen des Schiffes rückwärts. Nun kehrten wir das große Marssegel gegen den Mast, um mit den Indianern zu handeln.

Jetzt folgte eine Scene, die sich schlechterdings nicht beschreiben läßt, und die uns vor Freude so ausser uns setzte, daß wir kaum unsern Sinnen trauen konnten. Es waren zehn Boote um das Schiff, welche, nach meinem ungefähren Ueberschlag, gegen 120 Menschen enthielten. Viele von ihnen brachten uns sehr schöne Biebermäntel, und Andre vortreffliche Felle; kurz, keiner kam mit leeren Händen. Die Schnelligkeit, womit sie ihre Waare verkauften, vergrößerte unsere Freude noch: sie zankten sich sogar unter einander, wer seinen Mantel zuerst absetzen sollte, und einige warfen wirklich ihre Pelze an Bord, wenn Niemand da war, der sie in Empfang nehmen konnte; aber wir liessen es uns besonders angelegen sein, keinen unbezahlt vom Schiffe weggehen zu lassen. Tohies waren fast der einige Artikel, den wir bei dieser Gelegenheit absetzten; und sie wurden in der That auch so begierig angenommen, daß wir es nicht nöthig hatten, etwas andres anzubieten. In weniger als einer halben Stunde kauften wir an 300 der schönsten Bieberhäute. Dieser Umstand machte uns sehr aufgeräumt, und zwar um so mehr, da sowohl die Menge von schönen Fellen, als die Begierde der Eingebornen, sie los zu werden, überzeugende Beweise waren, daß an diesem Orte seit kurzem kein Handel getrieben wäre, und daß wir folglich einen fernern ergiebigen Handel zu erwarten hätten. Um Dir einen Begrif von den Mänteln zu geben, die wir kauften, will ich nur bemerken, daß sie gemeiniglich drei gute Seeotterhäute enthalten, wovon eine in zwei Stück geschnitten, nachgehends aber wieder sauber zusammengenähet ist, so daß sie ein Viereck bilden. Sie sind lose um die Schultern gebunden, und auf jeder Seite mit kleinen ledernen Riemen fest gemacht.

1787.
Julius.

Da unser Handel um 3 Uhr gänzlich vorüber und der Wind uns noch entgegen war: so gingen wir unter Segel, und fuhren aus der Bay, doch mit der Absicht, den Morgen den Hafen wieder zu versuchen. Um 8 Uhr lagen die Spitzen der Bay, die wir verlassen hatten, von Norden 19 Gr. gegen Osten bis nach Osten, ungefähr 3 Meilen entfernt. Die Nacht über segelten wir nach Süden und Westen hin, und lavirten, je nachdem es nöthig war.

Den 3ten Morgens hatten wir einen frischen östlichen Wind und stürmisches Wetter mit Regen; aber da wir uns dem Lande näherten, ward es ruhig: und um 10 Uhr, da wir nicht mehr als eine Meile vom Ufer entfernt waren, führte uns die Fluth gegen eine felsige Spitze nordwärts von der Bay. Hierauf wurden das Fischerboot und die Jölle ausgesetzt und vorwärts geschickt, um das Schiff von den Felsen ab zu bugsiren.

Es kamen verschiedene Boote an die Seite des Schiffs; aber wir sahen, daß es unsre Freunde waren, mit denen wir den vorigen Tag gehandelt, und fanden, daß sie nicht das geringste mehr zu verkaufen hatten. Nun lag uns weniger daran, in den Hafen zu kommen, da es wahrscheinlicher war, daß wir ostwärts frische Vorräthe von Pelzwerk antreffen würden. Um 3 Uhr erhob sich ein frischer Wind; wir nahmen also unsre Boote ein: und da das Wetter neblicht wurde, so wandten wir uns nach Süd-Westen, und lavirten die Nacht hindurch gelegentlich.

Den 4ten Morgens, lag das Land vor uns von Norden 75 Gr. gegen Osten bis nach Süden 48 Gr. gegen Osten, ungefähr 10 Meilen entfernt. Um Mittag lag die Spitze der Bay, die wir zuerst entdeckten und die ich durch den Namen Mantel-Bay (Cloak-Bay) unterschreiben will, beinahe nach Osten, ungefähr 4 Meilen entfernt. Unsre Mittagshöhe zeigte 54 Gr. 14 Min. Nördl. Breite; die Länge war 133 Gr. 23 Min. Westlich. Die Abweichung der Magnetnadel fanden wir 24 Gr. 28 Min. Östlich.

Den ganzen Nachmittag hatten wir einen frischen nördlichen Wind und wolfichtes Wetter. Um 3 Uhr sahen wir eine Bay nach Osten; wir stellten daher die Seegel dem Winde näher, und fuhren darauf zu. Aber da wir weder einen Hafen, noch irgend eine Spur von Bewohnern fanden, als wir zwei Meilen vom Lande entfernt

Reise um die Welt.

entfernt waren: so fuhren wir weiter südwärts. Die äussersten Spitzen des Landes lagen um diese Zeit von Norden nach Süden 48 Gr. gegen Osten, und wir waren ungefähr 4 Meilen vom Ufer entfernt.

Die Nacht hindurch hatten wir leichte veränderliche Winde, und mitunter Windstillen; aber am 5ten, Morgens, erhob sich ein Wind aus Nordwesten. Den Nachmittag über steuerten wir auf das Land zu, und legten gelegentlich im Laviren um, damit wir so wenig Grund als möglich verlieren möchten. Um Mittag lag das Land vor uns von Süden 58 Gr. gegen Osten bis nach Norden 11 Gr. gegen Westen; die Entfernung vom Ufer war ungefähr 3 Meilen. Unsre Mittagshöhe zeigte 53 Gr. 48 M. N. Breite. Den Nachmittag kamen verschiedene Kanots an die Seite des Schiffs, und brachten eine Menge guter Mäntel. Diese wurden mit Begierde verkauft; aber der Handel schien jetzt eine andre Wendung genommen zu haben, denn nun waren kupferne Wannen, zinnerne Becken und blecherne Kessel die Artikel, welche am höchsten geschätzt wurden. Da der Wind beständig nach Nordwesten blies, so hielt es Kapitain Dixon für rathsamer, längs dem Ufer zu fahren, so wie es die Umstände erforderten, als zu ankern; besonders da wir alle Ursache zu vermuthen hatten, daß die Eingebornen nicht in einer gesellschaftlichen Gemeinheit lebten, sondern in verschiedene Stämme getheilt und wahrscheinlich mit einander in Feindschaft wären. Um 8 Uhr lagen die äussersten Spitzen des Landes, das wir vor uns hatten, von Norden 20 Gr. gegen Westen, nach Süden 60 Gr. gegen Osten, und eine Art von Bucht nach Norden 70 Gr. gegen Osten; unsre Entfernung vom Ufer war 4 Meilen.

Die Indianer verliessen uns nicht eher, als bis der Abend herbei kam, und gaben uns zu verstehen, daß sie den folgenden Morgen mit mehrern Pelzen zurückkehren wollten.

Die Nacht hindurch hatten wir gelindes Wetter, mit einem beständigen Nordwestlichen Winde, so daß wir den 6ten Morgens dem Lande ziemlich nahe waren. Den Vormittag kamen unsre Freunde, ihrem Versprechen gemäß, zurück, und brachten einige Mäntel von vortrefflichen Otterfellen mit, die sie eben so leicht als vorher los wurden. Unsre Breite zu Mittage war 53 Gr. 34 Min. N.; die äussersten Spitzen des Landes lagen von S. 58 Gr. gegen O. bis nach N. 25 Gr. gegen W. Da die Luft frisch ward, so legten wir das Schiff bei, um den Indianern eine bequemere Gelegenheit zum Handeln zu geben; und um 2 Uhr hatten wir sie ganz entblößt.

Diese Leute waren augenscheinlich von dem Stamm, den wir in Cloak Bay gesehen hatten, verschieden, und nicht so zahlreich; ich konnte nie mehr als fünf und siebzig oder achtzig Personen zugleich an der Seite des Schiffes zählen. Die Pelze in jedem Boote schienen einzelnen Personen zu gehören, und die Leute ließen es sich vorzüglich angelegen sein, ihre Nachbaren nicht sehen zu lassen, welche Artikel sie eintauschten. Bald nach 2 Uhr verließen uns die Indianer. Hierauf gingen wir unter Segel, fuhren längs dem Ufer hin, und lavirten wenn es nöthig war.

Seit dem 2ten waren wir mehr als dreißig Meilen längs der Küste gefahren; und da wir jetzt einen neuen Stamm von Indianern antrafen, so sahen wir ein, daß wir hierbei einen besseren und glücklicheren Erfolg gehabt, als es möglich gewesen wäre, wenn wir vor Anker gelegen hätten. Um 8 Uhr lagen die äussersten Spitzen des Landes vor uns von Norden 10. Gr. gegen Osten, bis nach Süden 75 Gr. gegen Osten; unsre Entfernung vom Ufer betrug ungefähr 6 Meilen. Das Wetter war die Nacht über gelinde; wir lavirten süd- und ostwärts, und legten um, wenn es nöthig war.

Morgens den 7ten steuerten wir auf das Land zu, und um 10 Uhr sahen wir eine tiefe Bay, welche nach N. N. O. lag. Wir setzten die Segel dem Winde näher, und steuerten gerade darauf zu, da wir vermutheten, daß sie bewohnt wäre; aber als wir dem Lande nahe genug waren, sahen wir weder einen Hafen noch Leute, und fuhren hierauf südwärts weg. Um Mittag lagen die äussersten Spitzen des Landes von Südosten nach Norden 60 Gr. gegen Westen; wir waren 4 Meilen vom Ufer entfernt, und die Breite 53 Gr. 28 Min. N., die Länge aber 153 Gr. 19 Min. Westlich.

Als wir uns Nachmittags um zwei Uhr nahe am Ufer befanden, sahen wir verschiedene Kanots abfahren. Nun zogen wir die Segel ein, und legten das Schiff bei, da der Wind ziemlich frisch blies. Der Ort, von woher diese Leute kamen, hatte ein sonderbares Ansehen; und da wir ihn näher untersuchten, bemerkten wir deutlich, daß sie in einer großen Hütte lebten, die auf einer kleinen Insel gebauet,

Ansicht der Festungs Nippah Insel, in den Inseln der Königin Charlotte.

und nach Art eines Hippa *) befestigt war, weshalb wir diesem Orte den Namen Hippa-Eiland gaben.

Der Stamm, welcher dieses Hippa bewohnt, scheint von der Natur gegen einen plötzlichen Anfall seiner Feinde vertheidigt zu sein; denn der Zugang dazu vom Gestade ist steil und schwer zu ersteigen, die andren Seiten aber sind mit Fichten und Gesträuche wohl verschanzt. Dessen ungeachtet haben sich die Eingebornen sehr viele Mühe gegeben, den Ort durch Pallisaden und Zäune in noch bessern Vertheidigungsstand zu setzen, so daß ich fast glaube, sie müßten jeden Stamm zurückschlagen, der es wagte, ihre Festung anzugreifen.

Viele seit unserm ersten Handel in Cloak-Bay zusammengetroffene Umstände überzeugten uns, daß die Bewohner dieses Orts von wilderer Gemüthsart wären, und noch weniger Umgang mit Andern hätten, als alle übrigen Indianer, die wir an dieser Küste gefunden; und wir fingen an zu argwöhnen, daß sie einigermaßen Kannibalen sein möchten. Kapitain Dixon sah kaum die ebenerwähnte befestigte Hütte, als sich dieser Argwohn bestärkte, da sie, wie er sagte, genau nach dem Plane eines Hippa's der Wilden in Neu-Seeland erbaut war. Wenn die Leute an das Schiff kamen, so trieben sie ihren Handel ganz ruhig, und lagen uns durch Zeichen mit vielem Ungestüm an, ans Ufer zu kommen. Zugleich gaben sie uns zu verstehen, indem sie nach Osten hin wiesen: wenn wir diesen Theil der Küste besuchten, so würden uns die dortigen Bewohner die Köpfe abschlagen.

---

*) Die Einwohner in Neu-Seeland, welche oft in Fehde und Streit leben, haben hin und wieder auf Inseln, oder einzelnen nahe am Meere gelegenen Felsen, kleine Festungen angelegt, in denen sie sich gegen überlegenere Stämme wehren können. Die Befestigung wird nur an den vom Lande her zugänglichen Orten angebracht. Wo Felsen und schroffe Höhen sind, überlassen sie es der Natur, sie zu vertheidigen. Ihre Befestigung ist hölzernes Pfahlwerk mit einem Gerüste, auf dem die Vertheidiger mit ihren langen Speeren stehen, und auf dem sie große Vorräthe von Steinen zur Vertheidigung liegen haben. Eine solche Befestigung nennen die Neu-Seeländer ein Hippa. Da die Nordamerikanischen Völker gewiß eine ganz andre Sprache hatten, als die Neu-Seeländer, so muß man nicht denken, sie selbst hätten die oben erwähnte Befestigung ein Hippa genannt; sondern diese Benennung ward nur von den Engländern wegen einer entfernten Aehnlichkeit mit einem Neuseeländischen Hippa gewählt. Uebrigens ist es merkwürdig, daß an so entfernten Orten einerlei Bedürfniß die Menschen zu einerlei Vertheidigungsmitteln gebracht hat. F.

1787.
Julius.

Dies diente zu einem unläugbaren Beweise, daß sie mit ihren Nachbarn in Streit lebten, und ihr feindliches Ansehen bestätigte es hinlänglich; denn sie waren mit Messern und Spießen wohl bewafnet.

Ich wage nicht gern Muthmaßungen; aber doch muß ich bemerken, daß, obgleich das Betragen dieser Leute unschädlich und unbeleidigend war, doch ihr Versuch uns zu bereden, daß wir ans Ufer gehen möchten, unsren Argwohn noch mehr bestätigt. Sie wollten uns gern nach ihrem Hippa hinlocken; und dort würden wir ohne Zweifel sogleich niedergemetzelt worden sein.

Wir kauften von diesen Indianern eine Anzahl schöner Mäntel und einige gute Häute, wofür wir ihnen verschiedene Artikel gaben. Einige nahmen Tobies, andre zinnerne Waschbecken, blecherne Kessel, Messer, u. s. w. Dieser Stamm schien der kleinste, den wir noch gesehen hatten; ich konnte nicht mehr als fünf oder sechs und dreißig Menschen zählen. Aber man muß auch bedenken, daß dies wahrscheinlich auserlesene Leute waren, welche vielleicht Feinde anzutreffen erwarteten; denn sie waren auf Krieg oder Handel gleich gut vorbereitet.

Da wir alles gekauft, was die Indianer zu veräußern hatten, und keine Boote mehr zu uns kamen, so gingen wir um 8 Uhr unter Segel. Die äussersten Spitzen des Landes vor uns lagen von O. S. O. nach N. W. bei W. Die Entfernung vom Ufer war ungefähr 7 Meilen.

Die Nacht hindurch standen wir an und ab, da der Wind aus Nordwesten blies; und Morgens den 8ten segelten wir auf das Land zu. Um 8 Uhr sahen wir einige Boote vom Ufer kommen, und legten daher bei, um mit ihnen zu handeln. Als sie aber an das Schiff kamen, fanden wir, daß es unsre Freunde vom Hippa-Eilande waren; doch die Pelze, die sie jetzt brachten, standen den ersten weit nach, da sie uns ihre besten Felle schon den vorigen Nachmittag verkauft hatten. Um 10 Uhr verliessen uns die Indianer, nachdem sie alles los geworden waren, und wir gingen hierauf unter Segel. Unsre Beobachtung zu Mittage ergab 53 Gr. 2 Min. N. Breite. Hippa-Eiland lag Nördlich 28 Gr. gegen Westen; eine kleine Insel Nördlich 11 Gr. gegen Westen, und das am weitesten nach Süden gelegene Land 68 Gr. gegen Osten; das nächste Ufer war ungefähr 3 Meilen entfernt.

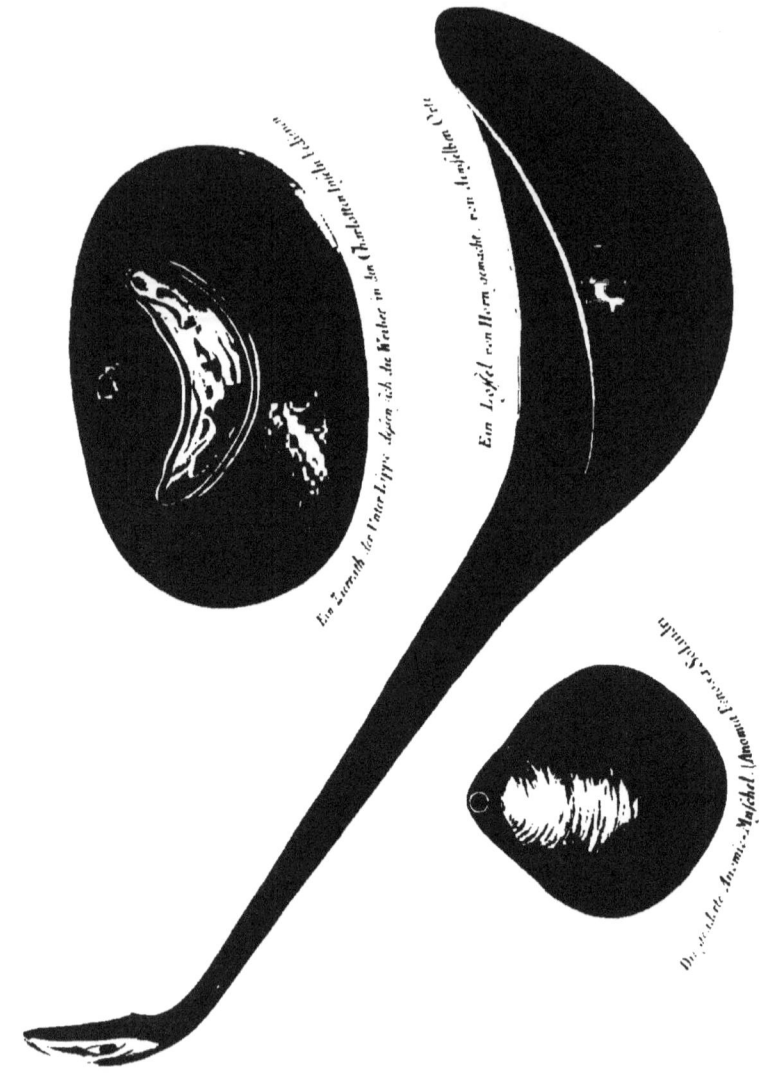

Reise um die Welt.

Den Nachmittag hindurch hielten wir uns dicht am Ufer; und lavirten gelegentlich; aber es kamen keine Kanots. Um 8 Uhr lag Hippa-Eiland nach Nordwesten, und das Südlichste Land nach Süden 73 Gr. Oestlich; unsre Entfernung vom Ufer betrug ungefähr 4 Meilen.

1787.
Julius

Die Nacht über fuhren wir ab- und zuwärts. Es war unsre Hauptsorge, so nahe am Ufer zu bleiben, daß wir bei Tagesanbruch dicht daran wären, um hierdurch Gelegenheit zu haben, jede Meile der Küste zu betrachten.

Vormittags den 9ten waren fünf Kanots bei unsrem Schiffe. Sie führten ungefähr acht und dreißig oder vierzig Leute, denen wir einige sehr gute Mäntel und ein Paar gute Felle abkauften. Auch sie liebten die Abwechselung, und nahmen nicht immer dieselben Artikel; aber blecherne Keßel und zinnerne Becken schienen vor Allem, was wir ihnen zeigen konnten, den Vorzug zu haben.

In einem der Kanots war ein alter Mann, der einiges Ansehen über die übrigen zu haben schien, ob er gleich nichts zu verkaufen hatte. Er gab uns zu verstehen, daß er uns in einem andern Theile dieser Inseln, wobei er nach Osten hinzeigte, Pelze in Menge verschaffen könnte. Hierauf gab Kapitain Dixon ihm eine leichte Reiter-Mütze. Dies Geschenk trug viel zu seinem Ansehen bei, und zog ihm den Neid seiner Gefährten in den andern Kanots zu, welche die Mütze mit lüsternem Auge ansahen, und sie gern haben wollten.

Es waren auch einige Frauenzimmer in ihrer Gesellschaft, welche alle schon ziemlich bei Jahren zu sein schienen. Sie hatten ihre Unterlippen eben so verstellt, wie die Frauenzimmer zu Port Mulgrave und in Norfolks Sund, und die Stückchen Holz waren besonders groß. Eins dieser Lippenstücke schien besonders sehr geschmückt zu sein: Kapitain Dixon wollte es daher gern kaufen, und bot der alten Frau, der es gehörte, ein Beil dafür an; aber sie schlug es mit Verachtung aus. Man zeigte ihr nachher Tobies, Becken, und verschiedene andre Artikel; allein sie verwarf auch diese eben so standhaft. Unser Kapitain gab nun schon alle Hofnung auf, den gewünschten Kauf zu Stande zu bringen, und hätte beinahe keinen Versuch mehr gemacht, als einer unsrer Leute der alten Dame zufällig ein Paar Knöpfe zeigte, die sehr glänzend aussahen. Das Anerbieten, ihr diese zu geben, nahm sie begierig an, und war jetzt eben so willig, ihren hölzernen Schmuck los zu werden, als

Aa 3

vorher, ihn zu behalten. Dies sonderbare Lippenstück ist 3⅞ Zoll lang, 1⅝ Zoll breit, und mit einer kleinen Perlmutterschale ausgelegt, um welche ein kupferner Rand läuft *).

Diese Leute unterschieden sich augenscheinlich von dem Stamme, welcher Hippa-Eiland bewohnt; aber sie schienen eben so wild in ihrem Betragen, und waren gut mit Waffen zum Angriffe versehen. Indessen handelten sie sehr ruhig, und störten uns nicht im geringsten. Als die Pelze, welche sie zum Tausch brachten, verkauft waren, verliessen sie uns, und ruderten dem Ufer zu. Unsre Beobachtung zu Mittage ergab 52 Gr. 54 Min. N. Breite; und nach einer Mondsbeobachtung war unsre Länge 132 Gr. 23 Min. Westlich. Die äussersten Spitzen des Landes lagen von Süden 75 Gr. gegen Osten, nach Norden 42 Gr. gegen Westen; und unsre Entfernung vom Ufer betrug ungefähr 6 Meilen.

Den Nachmittag kamen vier Kanots ungefähr mit 32 Menschen an das Schiff; aber sie gehörten zu denen, die uns den Morgen besucht hatten, und die Mäntel, die sie uns brachten, waren eben nicht sonderlich, sondern schon ziemlich viel getragen. Um 4 Uhr verliessen uns die Indianer, da sie Alles los geworden waren, und fuhren nach dem Lande.

Während der Nacht hatten wir einen starken Wind von Westen her, mit beständigem Regen, welcher bis Vormittags den 10ten dauerte; dann ward der Wind leicht und veränderlich, mit dickem neblichten Wetter. Unsre Beobachtung zu Mittage ergab 52 Gr. 48 Min. N. Breite. Um 6 Uhr lagen die äussersten Spitzen des Landes von Nordosten bei Norden nach Norden 75 Gr. gegen Westen, 4 Meilen entfernt. In der Nacht drehete sich der Wind wieder nach Nordwesten, und blies sehr frisch, das Wetter war wolkicht; wir segelten nach Südwesten wie gewöhnlich.

Jetzt kann ich die Feder einen Augenblick mit guter Manier nieder legen, da die Entschuldigung, deren einige groß sein wollende Männer sich so oft bedienen, nehmlich dringende Geschäfte, mir jetzt sehr wohl zu Statten kommt. Dein aufrichtiger Freund

Bei den Queen Charlotte'ns Eilanden, den 12. Julius. W. B.

*) Dies Lippenstück besitzt jetzt Sir Joseph Banks.

Reise um die Welt.

Sechs und dreißigster Brief.

1787.
Julius.

Fortgang des Handels mit den Indianern längs der Küste — Ursachen welche vermuthen lassen, daß das Land, längs dem wir wegfuhren, eine Menge nie zuvor entdeckter Inseln ist — Beschreibung von einem Oberhaupte der Indianer.

Aus dem ganzen Inhalte meines vorigen Briefes kannst Du sehen, daß wir auf kein besseres Mittel zu handeln hätten fallen können, als daß wir längs den Küsten fuhren.

Den 11ten Julius, Morgens, hatten wir einen beständigen Wind aus Nordwesten; wir seegelten also auf das Land zu, welches um Mittag von Norden 55 Gr. Westlich bis nach Süden 74 Gr. Oestlich lag. Unsre Mittagshöhe zeigte 52 Gr. 50 Min. N. Breite, und unsre Entfernung vom Ufer war ungefähr 2 Meilen. Den Nachmittag über hielten wir uns dicht an das Ufer, in der Hofnung, daß einige Indianer zu uns kommen würden; da aber um 6 Uhr keiner erschien, so setzten wir unsere Segel dem Winde näher auf Südwesten. Um 8 Uhr lag das Land von Ostsüdosten nach Nordwesten bei Westen, ungefähr 3 Meilen vom Ufer entfernt. Die Nacht hindurch blies der Wind aus Nordwesten mit häufigen, heftigen Windstößen begleitet, welches uns nöthigte, unser Vormarssegel einzuziehen, und in dem großen Marssegel einen Reff einzuschlagen.

Da den 12ten Morgens das Wetter gelinder wurde, so setzten wir unsre Seegel auf, und fuhren dem Lande näher. Unsre Breite zu Mittage war 52 Gr. 3 Min. Nördlich. Den Nachmittag über blies der Wind sehr frisch, so daß keine Indianer zu uns kamen. Um 8 Uhr Abends lagen die äußersten Spitzen des Landes von Osten bei Norden nach Nordnordwesten; wir waren vom Ufer 4 Meilen entfernt.

Den 13ten Morgens war das Wetter gelinde, aber sehr neblicht. Das Land lag um Mittag von Süden 65 Gr. Oestlich, bis nach Norden 60 Gr. Westlich. Unsre Entfernung vom Ufer war ungefähr 2 Meilen. Unsre Beobachtung gab 52 Gr. 17 Min. N. Breite. Wir hielten uns den Nachmittag über dicht ans Ufer, obgleich das Wetter noch sehr neblicht war. Kurz vor 7 Uhr, da sich der Nebel verzog, sahen wir verschiedene Kanots auf uns zu rudern. Nun setzten wir die Segel dem Winde näher, und legten bei, um ihnen Gelegenheit zu geben, zu uns zu kommen. Sie waren ein andrer Stamm, als unsre letzten Handelsleute, und

1787.
Julius.

brachten uns verschiedene vortreffliche Mäntel, und einige sehr gute Felle, die wir fast für dieselben Preise, als vorher, kauften. Diese Parthei bestand ungefähr aus 36 Leuten, welche, so wie die Stämme mit denen wir vor kurzem gehandelt hatten, auf den Empfang ihrer Feinde vorbereitet waren.

Ehe sich der Tag neigte, hatten wir Alles gekauft, was die Indianer mitgebracht hatten. Dennoch konnten wir sie nicht vermögen, das Schiff zu verlassen, ob wir gleich unter Segel gingen und ihnen zu verstehen gaben, daß wir den folgenden Tag wiederkommen wollten. Sie blieben dessen ungeachtet noch neben dem Schiffe. Endlich gegen 10 Uhr, da ein sehr dicker Nebel fiel, verliessen sie uns und ruderten dem Ufer zu. Wir waren jetzt wenigstens 8 Meilen von der Küste entfernt, und viele von uns zweifelten, ob die armen Leute je ihren Weg nach dem Ufer würden wieder finden; denn man konnte unmöglich zwanzig Klafter vor sich hin vom Schiffe irgend etwas unterscheiden. Die Nacht hindurch setzten wir die Segel dem Winde so nahe als möglich, und fuhren nach Südwesten wie gewöhnlich.

Vom 14ten bis 20ten hatten wir größtentheils dickes Nebelwetter, mit einem beständig starken Winde aus Nordwesten, und bisweilen mit häufigen Windstössen. Da wir Ursache hatten, in dieser Gegend mehr Handel zu erwarten, so hielten wir es für das rathsamste, gelegentlich ab- und zuzufahren, um zu verhüten, daß wir nicht zu weit nach Osten hin kämen, und zugleich dem Lande nahe genug zu seyn, sobald sich der Nebel aufklärte.

Wir beobachteten den 18ten die Mittagshöhe, welche 51 Gr. 56 Min. N. Breite ergab; die Mittelzahl verschiedener Mondsbeobachtungen wies 131 Gr. 21 Min. W. L. aus. Das Wetter war nicht immer so neblicht, daß wir nicht oft das Land hätten sehen sollen; und zwei- oder dreimal waren wir dem Ufer so nahe, daß die Eingebornen leicht hätten zu uns kommen können. Aber da sich keiner sehen ließ, so fingen wir an, im Ernste zu glauben: die Indianer, welche uns Abends den 13ten verliessen, hätten auf der See ihr Leben verloren, und die andern würden folglich nicht mehr an das Schiff kommen, da sie leichtlich auf die Vermuthung gerathen könnten, daß wir ihre Gefährten umgebracht hätten.

Unsre

Unsre Breite Mittags den 20ten war 52 Gr. 1 Min. Nördlich; so daß wir seit unsrer Beobachtung am 13ten nur 16 Min. Südwärts zurückgelegt hatten. Da der Tag gelinde und hell war, so steuerten wir dem Lande näher; und als wir verschiedene Kanots auf uns zu kommen sahen, legten wir um 1 Uhr bei. So wie sie nahe an das Schiff kamen, fanden wir, daß es dieselben Leute waren, die zuletzt mit uns gehandelt hatten. Dieser Umstand machte uns kein geringes Vergnügen, da wir nun unsre Besorgniß wegen ihres Lebens ungegründet fanden.

Das Pelzwerk, das sie jetzt brachten, war viel schlechter, als das erstere. Es bestand hauptsächlich aus alten ziemlich abgetragenen Mänteln, die größtentheils für kupferne Pfannen, Messer und Schnallen gekauft wurden. Sobald die Indianer ihre Pelze los waren, verliessen sie das Schiff, und wir gingen um 4 Uhr unter Segel, und fuhren nach Südwesten, wie gewöhnlich.

Die Nacht hindurch und den größten Theil des 21ten hatten wir einen starken Nordwestlichen Wind mit häufigen Windstößen. Unsre Beobachtung zu Mittage ergab 51 Gr. 54 Min. N. Breite. Den Abend hatten wir starke Wogen von Westsüdwesten, welche, da ihnen die Fluth entgegen lief, die stärksten Queerwogen verursachten, die wir auf unsrer ganzen Reise gehabt hatten.

Den 22ten war das Wetter gelinde und neblicht. Unsre Beobachtung zu Mittage ergab 52 Gr. 10 Min. N. Breite. Den Nachmittag über legten wir im Laviren kurz um, um uns nahe an der Küste zu halten.

Morgens den 23ten hatten wir leichte Winde, und das Wetter war noch neblicht. Unsre Breite zu Mittag betrug 52 Gr. 13 Min. Nördlich. Der Nachmittag war ziemlich heiter. Um 7 Uhr sahen wir verschiedene Kanots auf uns zu kommen, und legten daher bei; unsre Entfernung vom Ufer betrug damals ungefähr 5 Meilen. Es waren acht Kanots beinahe mit hundert Menschen, von denen viele schon den 13ten und 20ten bei uns gewesen waren; sie brachten einige ziemlich gute Mäntel und ein Paar gute Häute, die wir für Tobies und Schnallen einkauften. Die Nacht über setzten wir die Segel dem Winde näher, wie gewöhnlich, und lavirten gelegentlich, so daß wir nahe am Lande blieben. Das Wetter war gelinde und neblicht.

1787.
Julius.

Gegen Mittag den 24sten, da sich der Nebel verzog, sahen wir viele Kanots vom Ufer abstoßen. Wir legten hierauf bei, um ihnen Gelegenheit zu geben, zu uns zu kommen. In weniger als einer Stunde waren 11 am Schiffe, welche beinahe 280 Männer, Weiber und Kinder enthielten, also bei weitem die größte Anzahl von Menschen, die wir seit unsrer Ankunft an diesen glücklichen Inseln gesehen hatten. Aber wir fanden bald, daß hauptsächlich Neugierde die Eingebornen bewog, uns einen Besuch abzustatten; denn was sie jetzt zum Verkauf brachten, war bloß die Nachlese der von uns so reichlich gehaltnen Erndte. In der That hatten wir bis jetzt selten Weiber oder Kinder bei ihren Handelspartien gesehen; aber da die Männer wahrscheinlich Feinde anzutreffen erwarteten, so ließen sie größtentheils ihre Weiber und Kinder, als eine unnütze Beschwerde, zurück. Nachdem die Indianer um 3 Uhr Alles, auch die geringste Kleinigkeit verkauft hatten, so verließen sie uns und ruderten dem Ufer zu; wir oberigingen unter Segel, und nahmen unsren Lauf nach Osten hin. Um 8 Uhr lag die östlichste Spitze des Landes nach Norden 40 Gr. Oestlich, ungefähr vier Meilen entfernt. Vor dieser Spitze liegt eine Reihe einzelner Felsen, die sich mehr als eine Meile weit vom Lande hinaus erstrecken.

Da es augenscheinlich war, daß wir diesseits der Inseln keinen Handel mehr erwarten könnten; so faßte Kapitain Dixon den Entschluß, um die Spitze herum zu segeln, und zu versuchen, was die entgegengesetzte Seite uns geben würde. Die Nacht hindurch legten wir im Laviren gelegentlich um, da man es für das rathsamste hielt, die felsichte Spitze bei Tage zu umsegeln.

Den 25sten war der Morgen wolkicht, mit einem gelinden Winde aus Westnordwesten. Um Mittag lag die felsichte Spitze nach Norden 27 Gr. gegen Westen, ungefähr 3 Meilen entfernt. Sie liegt unter dem 57 Gr. 28 Min. N. Breite; und 130 Gr. W. Länge; und da heute St. Jamestag war, so nannten wir das Land, welches abwärts von diesem Felsen lag, Kap St. James. Nachmittags wurden wir von einem einzigen Boote besucht; aber die Leute darin waren einige von den Freunden, die wir kürzlich verlassen hatten, und brachten wenig von Bedeutung mit. Die Nacht hindurch hatten wir leichte veränderliche Winde, und gelindes Wetter.

Nachmittags den 26ſten lag das Land von Süden 5 Gr. Weſtlich, bis nach
Norden 54 Gr. Weſtlich. Die Spitze nach Süden hin beſteht aus verſchiednen
einzelnen Felſen, welche ſich vom Ufer in einige Entfernung erſtrecken, aber nicht
ſo weit, als die am Kap St. James. Das Wetter war jetzt des Morgens und
Abends beſtändig dick und neblicht; aber gemeiniglich klärte es ſich gegen Mittag
auf; der Wind blieb größtentheils leicht und veränderlich.

Kapitain Dixon hatte die Abſicht, wenn es der Wind erlaubte, rund um die
Inſeln herum zu fahren, um nicht nur den Einwohnern ihre Pelze abzunehmen,
ſondern auch um zur Nachricht für künftige Seefahrer ihre Größe genau angeben zu können; indeß war unſer Fortgang jetzt nur ſehr langſam.

Den 27ſten um 11 Uhr hatten wir neben unſerm Schiffe vier Kanots. Sie enthielten ungefähr 30 Menſchen, von denen wir viele als unſre alten Freunde erkannten, und brachten verſchiedene gute Mäntel und Häute, woraus wir ſahen, daß der
Handel dieſſeits der Inſeln bei weitem noch nicht erſchöpft war. Nachmittags kamen drei andre Kanots zu uns, welche verſchiedene vortrefliche Häute brachten. Dies
war eine neue Aufmunterung für uns, weiter fort zu fahren. Unſere Breite zu
Mittage war 52 G. 18 Min. Nördlich, und wir befanden uns ungefähr 3 Meilen
vom Ufer entfernt.

Dieſe Leute verkauften ihre Pelze eben ſo geſchwind, als unſre vorigen Handelsleute, und nahmen lieber blecherne Keſſel und zinnerne Becken, als Beile oder
Hacken.

Gegen Abend hatten wir ein gelindes öſtliches Lüftchen mit wolkichtem Wetter.
Um 8 Uhr lag die ſüdliche Spitze des Landes nach Süden 43 Gr. gegen Oſten,
und das Land Nordwärts, nach Norden 56 Gr. Weſtlich; 7 Meilen vom Ufer entfernt. Die Nacht über lavirten wir gelegentlich, um nahe am Ufer zu bleiben,
welches den 28ſten Morgens ungefähr fünf Meilen entlegen war. Da wir einen
gelinden öſtlichen Wind hatten, ſo ſegelten wir auf das Land zu. Noch Vormittags kamen verſchiedene Kanots an unſer Schiff. Viele von den Leuten darin waren
uns ganz fremd; aber ſie brachten größtentheils nur mittelmäßige Pelze, die wir
hauptſächlich für Meſſer und Schnallen einkauften.

1787.
Julius.

Als sich das Wetter aufklärte, sahen wir nach Osten hin Land in einer Entfernung von 10 Meilen. Wir warfen das Senkblei, und fanden mit 30 Faden schiefrichten Boden. Unsre Breite Mittags war 52 Gr. 57 Min. Nördlich. Den Nachmittag hatten wir leicht veränderliche Winde, mit anhaltendem feinem Regen. Da die Fluth uns nach Osten hin trieb, so warfen wir von 24 bis 40 Klafter das Senkblei auf einem Boden von Sand und kleinen Kieselsteinen. Das Land ostwärts vor uns hielten wir für das feste Land; und je näher wir demselben kamen, desto mehr nahm unsre Tiefe zu.

Gegen 6 Uhr kehrte die Fluth zurück; und itzt da sie von dem Lande her kam, welches wir für das Kontinent hielten, trieb sie häufig große Strecken Seetang, langes Gras und Stücken Holz an das Schiff. Hieraus schlossen wir, daß sich ein großer Fluß von jenem Theile der Küste her ergießen müsse. Der Fluß der bei de Fonte „Los Reys„ heißt, befindet sich nahe an dieser Stelle *); und obgleich das, was er davon erzählt, sich kaum glauben läßt, so ist es doch aus obigem Umstande wahrscheinlich, daß tiefe Buchten in das Land hinein gehen, und wir müssen bedauern, daß wir keine Gelegenheit hatten, diesen Theil der Küste zu untersuchen.

Den 29sten Morgens war es gelinde und wolkicht. Da wir leichten und veränderlichen Wind hatten, so lavirten wir gelegentlich, um nahe am Lande zu bleiben, damit wir keine Gelegenheit zu handeln versäumen möchten. Gegen Mittag klärte sich das Wetter auf. Unsrer Beobachtung zufolge waren wir in 52 Gr. 59 M. N. Breite; so daß wir uns beinahe an der Mitte der Insel gegen Norden und Osten befanden. In dieser Lage sahen wir hohes Land nach Nordwesten, ungefähr 30 Meilen entfernt, und zwar augenscheinlich dasselbe, das wir den 1sten Julius gesehen hatten. Dieser Umstand bewies klar, daß das Land, längs dessen Küste wir einen Monat gefahren waren, eine Insel-Gruppe sei.

---

*) Man sehe Admiral de Fonte's Brief in Dobb's Nachricht von den an der Hudsons-Bay liegenden Ländern, Seite 124. Anm. d. Originals. Die Nachricht des Admirals de Fonte hat zuerst Dobbs aus den 1708 erschienenen *Memoirs of the curious* gezogen, ohne daß er im geringsten angiebt, woher sie diesen berühmten Brief des Admiral de Fonte haben. Ueberdies sind in diesem Briefe unglaubliche Dinge: Wasserfälle von salzigem Meerwasser, eingeschlossene Landseen, welche salziges Wasser haben, u. d. gl. mehr. Man sehe meine Geschichte der Entdeckungen und Schiffarthen im Norden. S. 520. S.

Den Nachmittag sahen wir verschiedene Kanots vom Ufer kommen; und gegen 3 Uhr hatten wir nicht weniger als achtzehn um unser Schiff, welche mehr als 200 Personen, hauptsächlich Männer, enthielten. Dies war die größte Anzahl von Handelsleuten, die wir je beisammen gesehen hatten; und noch angenehmer ward dieser Umstand durch die Menge vortrefflicher Pelze, die sie uns brachten. Unser Handel war jetzt eben so gut, wo nicht noch besser, wie der in Mantel-Bay (*Cloak Bay*), sowohl in der Anzahl der Häute, als in der Leichtigkeit, womit die Eingebornen verkauften. Wir hatten daher alle vollauf zu thun, und setzten unsre verschiedenen Handelsartikel ab: es wurden wechselsweise Tobies, Beile, Hacken, blecherne Kessel, zinnerne Becken, kupferne Pfannen, Schnallen, Messer, Ringe ꝛc. ꝛc. genommen, je nachdem unsren zahlreichen Gästen die Laune ankam.

Unter diesen Handelsleuten war auch der alte Anführer, den wir auf der andren Seite der Insel gesehen hatten. Da es jetzt schien, als ob er eine Person vom ersten Range wäre, so erlaubte ihm Kapitain Dixon an Bord zu kommen. Sobald er auf das Hintertheil des Verdecks kam, fing er an, eine lange Geschichte zu erzählen, wie er in einer Schlacht die Mütze verloren habe, die wir ihm gegeben; und uns zu überzeugen, daß die Geschichte wahr sei, zeigte er uns verschiedene Wunden, die er bei Vertheidigung seines Eigenthums bekommen hatte. Uebrigens bat er um eine andre Mütze, indem er uns zugleich bedeutete, daß er sie nie als mit seinem Leben verlieren wollte. Unser Kapitain war bereit, seinen Ehrgeiz zu befriedigen, machte ihm ein Geschenk mit einer andern Mütze, und wir fanden augenblicklich, daß sie nicht vergeblich weggeschenkt war; denn er ward uns in unserm Handel sehr nützlich. Sobald durch die unvermeidliche Eilfertigkeit, die eine so große Menge von Handelsleuten verursachte, ein Streit oder ein Irrthum entstand, so überließen sie die Sache immer ihm, und waren stets mit seiner Entscheidung zufrieden.

Wir zeigten nach Osten hin, und fragten den alten Mann: ob wir dort Pelze antreffen würden? Hierauf gab er uns zu verstehen, die dortige Nation sei von der seinigen ganz verschieden, er verstehe sogar ihre Sprache nicht, und führe immer Krieg mit ihnen; er habe eine große Menge derselben getödtet, und besitze viele Köpfe von ihnen.

Der alte Mann schien besonderes Vergnügen daran zu finden, diese Umstände zu erzählen, und gab sich ungemeine Mühe, uns seine Meinung begreiflich zu machen; er schloß zuletzt mit dem Rathe: wir möchten uns jenem Theile der Küste nicht nähern; denn die Bewohner würden uns gewiß umbringen. Ich suchte zu erfahren, was sie mit den Körpern ihrer im Treffen erschlagenen Feinde machten. Ob ich gleich den Mann nicht deutlich verstehen konnte, um positiv zu behaupten, daß sie von den Siegern verzehrt werden: so ist doch zu viel Grund da, zu fürchten, daß diese abscheuliche Gewohnheit auf diesem Theile der Küste herrscht. Die Köpfe werden immer als Siegestrophäen aufgehoben.

Von allen Indianern, die uns vorgekommen waren, hatte dieser Anführer das wildeste Ansehen, und sein ganzes Aeusserliche bezeichnete ihn hinlänglich als einen Menschen, der sich dazu schickte, einen Stamm Kannibalen anzuführen. Seine Gestalt war über die gewöhnliche Größe, sein Körper dürre und schlank; und ob er gleich beim ersten Anblick mager und abgezehrt schien, so war dennoch sein Schritt kühn und fest, und seine Glieder augenscheinlich stark und muskulös; seine Augen waren groß und stier, und schienen aus ihrer Höhle herausspringen zu wollen; auf seiner Stirn lagen tiefe Runzeln, nicht nur vom Alter, sondern auch vom beständigen Finstersehen. Dies zusammen genommen mit einem langen Gesicht, hohlen Backen, hoch hervorstehenden Backenknochen und einem natürlich wilden Wesen bildete ein Gesicht, das man nicht ohne einige Bewegung ansehen konnte. Indeß zeigte er sich bei dem Handel, den wir mit seinem Volke führten, als sehr nützlich; und die Nachrichten die er uns mittheilte, und die Art wie er sich verständlich machte, bewiesen, daß er viele natürliche Fähigkeiten besaß.

Außer der großen Menge Pelze, die wir von diesen Wilden bekamen (zum wenigsten 350 Häute), brachten sie viele Rakuhn-Mäntel, von denen jeder aus sieben sauber zusammengenäheten Fellen bestand. Auch hatten sie eine gute Menge Thran in Blasen von verschiedener Größe, welchen wir für Ringe und Knöpfe kauften. Dieser Thran schien sehr gut zum Brennen zu sein, war sehr süß, und größtentheils von Thierfett gesammelt.

Um 7 Uhr hatten wir unsern zahlreichen Handelsleuten alles Verkaufbare abgenommen. Hierauf verliessen sie uns, und fuhren dem Ufer zu. Da der

Wind die Nacht über veränderlich war, so lavirten wir gelegentlich, um der Küste so nahe zu bleiben, als die Klugheit es erlaubte.

Jedermann am Bord freuet sich über unsre jetzigen reizenden Aussichten; aber keiner so sehr, als Dein aufrichtiger Freund.

Den Queen Charlottens Inseln gegenüber, den 30. Julius. W. B.

Sieben und dreißigster Brief.

Versuch der Indianer Felle zu stehlen — Gefahr bei Kap St. James — das Land wird Queen Charlotten's-Inseln genannt — Allgemeine Beschreibung der Eingebornen — Wir treffen zwei Englische Schiffe an, die im King Georges Sunde gewesen waren, und daselbst ein Schiff von Ostende gefunden hatten.

Ich habe häufig die Bemerkung gemacht, daß man überhaupt, wenn man eine Geschichte liest, sie sei wahr oder erdichtet, und der Held derselben glücklich oder von Unglück ganz unterdrückt, immer nach der Entwickelung begierig ist. Sollte dies jetzt der Fall bei Dir, und Du wirklich ungeduldig sein, den Fortgang unsres Glücks zu erfahren, so wird dieser Brief Dir hierin Genüge leisten.

Den 30sten Julius Morgens hatten wir einen gelinden Wind aus Süden, bei ziemlich schönem Wetter. Unsre Breite Mittags war 52 Gr. 30 Min. Nördlich, und das Ufer ungefähr 4 Meilen entfernt. Den Nachmittag kamen 8 Kanots an unser Schiff; aber sie brachten sehr wenige, und noch dazu nur sehr mittelmäßige Felle. Zugleich gaben sie uns zu verstehen, daß ihr Vorrath beinahe erschöpft sei. Sie gehörten zu denen, die den Tag vorher mit uns gehandelt hatten; einige von ihnen waren auf den Fischfang ausgewesen, und brachten eine Menge Heilbutten mit, welche uns sehr gelegen kamen, da unser Vorrath an Fischen schon seit einiger Zeit aufgezehrt war.

Bis jetzt hatten sich die Leute, die wir auf dieser Insel angetroffen, ob sie gleich augenscheinlich von wilder Gemüthsart waren, doch sehr ruhig und ordentlich betragen; aber diesen Abend gaben sie uns einen überzeugenden Beweis von ihren boshaften Gesinnungen, und zwar auf eine Art, welche zugleich einen hohen Grad von List verrieth.

1787.
August.

Die Leute, welche die Heilbutten zum Verkaufe brachten, zogen listigerweise ihren Handel mehr in die Länge als gewöhnlich, und suchten auf verschiedene Art unsre Aufmerksamkeit zu fesseln. Während der Zeit ruderten verschiedene Kanots unbemerkt nach dem Hintertheile des Schiffs; und da sie einige Häute an dem Fenster der Kajüte aufgestapelt sahen, so warf einer der Indianer seinen Wurfspieß durch dasselbe, um die Pelze zu stehlen. Aber als sie bemerkten, daß der Lärm uns beunruhigte, so ruderten sie schnell davon. Um ihnen begreiflich zu machen, daß wir im Stande wären, ein solches Unternehmen sogar in der Entfernung zu bestrafen, feuerten wir ihnen verschiedene Musketen nach; wir bemerkten aber nicht, daß es schädliche Folgen hatte. Um 8 Uhr lagen die äussersten Spitzen des Landes von Norden 53 Gr. Westlich, bis nach Süden 52 Gr. Oestlich, und wir waren ungefähr drei Meilen vom Ufer entfernt. Die Nacht hindurch hatten wir leichte Winde und wolkichtes Wetter.

Da es, nach unsern letzten Handelsleuten zu urtheilen, augenscheinlich genug war, daß an diesem Theile nur noch wenige Pelze zu erwarten wären, und da die Zeit beinahe verflossen war, wo wir wieder zu dem King George in Nutka-Sund stoßen sollten: so hielt Kapitain Dixon es für das rathsamste, seinen Weg dorthin zu nehmen, besonders, da jetzt leichte veränderliche Winde, mit häufigen Windstillen dazwischen, es sehr wahrscheinlich machten, daß wir einige Zeit brauchen würden, ehe wir unsern Zweck erreichen könnten. Und eben der Grund hielt uns auch ab, weiter nach Norden hin zu fahren.

Vormittags den 31sten segelten wir nach Südosten: beim Sondiren hatten wir mit sechzig Klaftern einen sandigen Boden. Um Mittag lag der südlichste Theil des Landes nach Süden bei Osten, ungefähr 10 Meilen entfernt. Unsre Breite war 52 Gr. 36 Min. Nördlich. Den Nachmittag und die Nacht hatten wir leichte Lüfte und ziemlich schönes Wetter.

Vormittags den 1sten August bekamen wir ungestümen Regen von Süden her. Um Mittag sahen wir Kap St. James, welches nach Süden 5 Gr. Westlich lag. Unsre Breite betrug 52 Gr. 10 Min. Nördlich; das nächste Land war ungefähr drei Meilen entfernt. Abends um 8 Uhr lagen die äussersten Spitzen des

Landes

Landes von Süden 14 Gr. Westlich, bis nach Norden 54 Gr. Westlich zwei Meilen entfernt.

Gegen Abend kam ein Kanot mit vierzehn Personen an das Schiff, die aber beinahe nichts zu verkaufen hatten. Sie gaben uns zu verstehen, einer von ihren Gefährten sei an den Wunden, die er durch unsre Musketen erhalten, gestorben; und zugleich suchten sie uns begreiflich zu machen, daß sie deshalb mit uns nicht uneins wären. In der That kamen sie ohne die geringste Furcht an das Schiff, und wahrscheinlich hatten sie bei ihrem Besuche die Absicht, uns von dem obigen Umstande zu benachrichtigen. — Die Nacht hindurch herrschte beständig heftiger Regen und dickes neblichtes Wetter.

Den 2ten Morgens hatten wir einen leichten Wind von Osten her, und noch immer dickes Nebelwetter. Um Mittag lag Kap St. James nach Südsüdwesten, ungefähr vier Meilen entfernt. Nachmittags um 5 Uhr lagen die Felsen des Kaps nach Süden 36 Gr. Westlich, zwei Meilen entfernt; das Wetter war dick und neblicht, der Wind leicht und veränderlich, und bald nachher legte er sich gänzlich, wobei heftige Wogen von Südwesten kamen. Unsre Lage war jetzt gefährlich, denn wir hatten alle Ursache zu glauben, daß das Schiff auf die Felsen zu getrieben würde; und das Wetter war so neblicht, daß wir eine Ankertaulänge vom Schiffe keinen Gegenstand unterscheiden konnten. Ein wenig nach 9 Uhr, da der Nebel fiel, sahen wir die Felsen vom Kap St. James, nach Südwesten, noch nicht eine volle Meile von uns liegen. Hierauf wurden das Fischerboot und die Jölle ausgesetzt, und geradeaus geschickt, um das Schiff zu ziehen. Glücklicher Weise ließen die Wogen um diese Zeit nach, und die See ward so ruhig, daß die Boote uns großen Nutzen verschaften. Um 10 Uhr fanden wir mit hundert Klaftern felsichten Boden; um 11 Uhr erreichten wir den Grund mit fünf und achtzig, und um 12 mit fünf und siebzig Faden. Nachher fanden wir mit hundert und zwanzig Klaftern keinen Grund, und hoften daher, daß wir bei den Felsen glücklich vorüber wären.

Den 3ten, um 1 Uhr Morgens, erhob sich ein Wind aus Nordosten; wir nahmen also die Boote ein, und alle Leute, den Wächter auf dem Verdeck ausgenommen, wurden in ihre Hangematten geschickt. Aber um 2 Uhr hörten wir deutlich die Wellen gegen die Felsen schlagen; nun wurden die Leute augenblicklich her-

1787.
August.

aufgeholt und die Boote wieder ausgesetzt und fortgeschickt, um das Schiff vorwärts zu ziehen. Das Wetter war dick und neblicht, mit beständigem feinem Regen.

Um 4 Uhr kam ein frischer Wind von Süden her, worauf die Boote wieder eingehoben wurden. Um 5 Uhr lavirten wir, und steuerten nach Südosten. Um 7 sahen wir die Felsen nach Westnordwesten, ungefähr eine Meile entfernt. Der Vormittag war dick und neblicht; aber da das Wetter sich um 11 Uhr aufklärte, so sahen wir die Felsen nach Westen bei Süden fünf Meilen entfernt liegen. Unsre Breite zu Mittage war 51 Gr. 50 Min. Nördlich. Den Nachmittag und Abend hatten wir frische Winde aus Süden und Südwesten, mit neblichtem Wetter. Um 8 Uhr lag Kap St. James nach Westen ¼ Gr. Südlich, fünf Meilen entfernt, so daß wir uns jetzt für ganz frei von diesem einst so gefürchteten Orte hielten.

Da die Inseln, die wir so eben verlassen haben, sehr glücklich für uns gewesen sind, so werden Dir vielleicht einige Bemerkungen über dieselben nicht unangenehm sein. Nicht nur wegen der Menge von Buchten, die wir auf unsrer Fahrt längs der Küste antrafen, sondern auch weil wir dieselben Bewohner auf den entgegengesetzten Seiten derselben fanden, läßt sich mit allem Grunde vermuthen, daß dies nicht ein ununterbrochnes Land, sondern vielmehr eine Gruppe von Inseln ist; und als solche nannten wir sie Queen Charlotte's Inseln. Sie liegen vom 51 Gr. 42 Min. bis 54 Gr. 24 Min. Nördl. Breite; und vom 130 Gr. bis 133 Gr. 30 Min. W. Länge. Das Land ist an einigen Orten sehr hoch aber nicht bergicht, und gänzlich mit Fichten bewachsen, die an einigen Orten einen angenehmen Kontrast mit dem Schnee machen, welcher beständig die hohen Berge bedeckt.

Das Wetter war, indeß wir hier kreuzten, gemeiniglich mild und gelinde, der niedrigste Grad des Thermometers 54. Die ganze Zeit über da wir von Mantelbay (*Cloak Bay*) bis nach Kap St. James längs der Küste fuhren, stand der Wind fast beständig in Nordwesten und Westnordwesten; aber kaum hatten wir das Vorgebirge umschift und waren nach der Nördlichen Seite des Landes gekommen, als wir leicht veränderliche Winde und dazwischen Windstillen bekamen.

Die Anzahl der Leute, die wir während unsres Handels sahen, betrug ungefähr acht hundert und funfzig; und wenn wir voraussetzen, daß eben so viele am Ufer blieben, so wird sich die Zahl der sämtlichen Bewohner auf 1,700 belaufen. Dies ist denn, wie ich zu glauben Ursache habe, die äusserste Anzahl der Bewohner von diesen Inseln, Weiber und Kinder mit eingeschlossen. Die große Menge Pelze, die wir hier antrafen, zeigt hinlänglich, daß diese Leute keinen Umgang mit irgend einer civilisirten Nation gehabt haben; und ich zweifle nicht, daß wir mit Recht Anspruch darauf machen können, die Geographie von diesem Theile der Küste mit diesen Inseln bereichert zu haben. Zierrathen sahen wir sehr wenig unter ihnen; und es ist wahrscheinlich, daß sie ihre Messer und Wurfspieße eher durch Krieg, als durch Handel erlangt haben, da eine allgemeine Uneinigkeit unter den verschiedenen Stämmen zu herrschen scheint; indeß dem sei wie ihm wolle, so nähern sie sich doch ohne Zweifel dem Zustande wilder Brutalität mehr, als alle andre Indianer, die wir auf dieser Küste gesehen haben.

Die Weiber verzerren die Unterlippe eben so, wie die in Norfolk-Sund, aber mit dem Unterschiede, daß hier der hölzerne Schmuck ohne Unterschied von dem ganzen weiblichen Geschlechte getragen wird, da er in Norfolk-Sund bloß für die von höherem Range bestimmt ist.

Die Indianer sind im Allgemeinen sehr eifersüchtig auf ihre Weiber, und erlaubten ihnen selten, an Bord zu gehen. Aber dies war nicht überall der Fall; viele von diesen Wilden gestatteten es ihren Weibern nicht nur, sondern trieben sie selbst dazu an, so oft sie von unsern Leuten eingeladen wurden. Doch wir fanden bald, daß nicht verliebte Neigung sie antrieb, diese Besuche abzulegen, sondern daß sie bloß auf Plündern ausgingen; sie waren bei weitem dashabsüchtigste Diebsgesindel, das wir gesehen hatten, und stahlen Alles, was sie nur erhaschen konnten, und zwar mit so großer Geschicklichkeit, daß sie einem Schüler von dem alten Schiffe Justitia keine Schande gemacht haben würden *).

*) Die zum Transportiren nach Botany-Bay verdammten Uebelthäter werden aus den vollen Gefängnissen in London fürs erste auf ein in der Themse liegendes altes und zur Seefahrt ganz untaugliches Schiff, abgeliefert, wo sie arbeiten, besonders Ballast laden, und ihn dahin führen müssen,

1787.
August.

Ungeachtet das Betragen der Weiber im allgemeinen so beschaffen war, so fanden wir doch ein Beispiel von Gefühl und Empfindsamkeit unter ihnen, welches uns außerordentlich wunderte, und vielleicht nicht immer unter dem weiblichen Geschlechte der civilisirten Länder anzutreffen sein möchte.

Am 24ten Julius besuchten uns, wie ich bereits erzählt habe, die Eingebornen hauptsächlich aus Neugierde, und ein Oberhaupt nebst seiner Frau verlangten sehr begierig das Schiff zu sehen. Kapitain Dixon, welcher ihnen hierin gern willfahren wollte, und der Meinung war, daß der Anblick eines Schiffs ihnen auf immer zu einem Gegenstande des Erzählens dienen würde, erlaubte ihnen an Bord zu kommen. Sie hatten ein kleines Kind mit, welches sie zärtlich zu lieben schienen. Da sie es den Leuten im Kanot nicht anvertrauen wollten, so kam das Oberhaupt selbst an Bord, und ließ die geliebte Bürde seiner Frau. Als der arme Kerl zuerst auf das Verdeck trat, war er ziemlich erschrocken, und fing an zu singen, desgleichen eine Menge demüthiger Geberden zu machen, womit er uns vermuthlich eine gute Meinung von sich beibringen wollte. Nach und nach ward er ruhig und ließ sich überreden, mit hinunter in die Kajüte zu gehen. Als er dort eine Weile geblieben war, kam er wieder auf das Verdeck, und befriedigte seine Neugierde noch mit dem Betrachten verschiedener Dinge, und ging dann recht vergnügt in sein Kanot.

Die Frau gab erst ihrem Kinde einen mütterlichen Kuß, und kam dann ohne die geringste Unentschlossenheit an Bord. Als sie auf das Hintertheil des Verdecks gekommen war, deutete sie uns an, sie wäre bloß gekommen, das Schiff zu sehen. Mit bescheidnem Mißtrauen in ihren Minen suchte sie unsre Nachsicht und Erlaubniß hierzu zu erbitten. Sie war nach ihrer Mode nett angezogen; ihr Unterkleid, welches aus feinem gegerbten Leder bestand, saß dicht auf ihrem Leibe und reichte vom Nacken bis an die Wade: ihr etwas gröberer Mantel oder das Oberkleid saß locker wie ein Weiberrock, und war mit ledernen Riemen festgemacht. Nachdem sie Alles in Augenschein genommen hatte, was ihre Aufmerksamkeit an sich zu ziehen schien, machte ihr Kapitain Dixon ein Geschenk mit einer Schnur Glasperlen, als einem Schmuck für die Ohren, und mit einer Menge Knöpfe. Beides gefiel

wo er gebraucht wird. Dies Schiff hieß Justitia, und enthielt gemeiniglich die gröbsten Gauner, Taschenvisitatoren und Diebe.
S.

ihr sehr, und sie bezeigte ihre Erkenntlichkeit so gut sie konnte. Sie war kaum wieder in dem Kanot, als eine Menge Weiber um sie her kamen. Als diese die Glasperlen in ihren Ohren gewahr wurden, fingen sie sehr ernstlich an zu reden. Wahrscheinlich ward jene Frau der Unenthaltsamkeit beschuldiget; denn sie drückte augenblicklich ihr Kind mit unaussprechlicher Zärtlichkeit an ihre Brust, brach in eine Fluth von Thränen aus, und es dauerte ziemlich lange, ehe das Zureden ihres Mannes und die Entschuldigungen ihrer Freundinnen ihr die vorige Heiterkeit und Ruhe wieder geben konnten.

Nachdem die Einigkeit im Kanot wieder hergestellt war, hielt das Oberhaupt sein Kind empor, und suchte uns begreiflich zu machen, daß es ihm eben so lieb wäre als seiner Frau. Zugleich gab er uns zu verstehen: ob er gleich kein Geschenk bekommen habe, so hoffe er doch, wir würden sein Kind bedenken. Nun gab Kapitain Dixon dem Kinde ein Paar Tohies, welches dem Vater sehr gefiel; es wurden auch einige Knöpfe unter die übrigen Weiber im Kanot vertheilt, und sie verliessen uns bald nachher, vollkommen zufrieden mit ihren Geschenken. — Für diejenigen, welche gern der menschlichen Natur auf allen ihren verschiednen Fortschritten nachspüren, wird dieser Umstand sehr angenehm sein. Doch ich will nichts mehr davon sagen, und überlasse es Dir, Deine eigne Bemerkungen darüber zu machen.

Obgleich alle die Stämme, die wir auf diesen Inseln antrafen, von ihren Oberhäuptern regiert werden, so sind sie doch in Familien getheilt, von denen jede eine eigne Einrichtung und eine Art von untergeordneter Regierung zu haben scheint. Das Oberhaupt handelt gewöhnlich für den ganzen Stamm; aber ich habe bisweilen auch bemerkt, daß wenn seine Art zu tauschen gemißbilliget wurde, jede besondre Familie auf das Recht Anspruch machte, ihre Pelze selbst zu verkaufen, und daß das Oberhaupt immer in dies Verlangen willigte. Ob er bei diesen Gelegenheiten einigen Nutzen hat, oder nicht, kann ich nicht bestimmen.

Ich versuchte es oft, einige Kenntniß von ihrer Sprache zu erlangen; aber ich konnte nicht einmal die Zahlen lernen. Jeder Versuch der Art erregte entweder ein höhnisches Gelächter der Indianer, oder wurde von ihnen mit stillschweigender Verachtung behandelt. In der That waren viele von den Stämmen, die uns besuchten, den Augenblick da sie ans Schiff kamen, mit dem Handeln beschäftigt, und eilten wieder fort, sobald sie dies vollendet hatten. Andre hingegen, die irgend etwas lange bei uns blieben, waren nie mittheilend, sondern schlichen gewiß in einer bösen Absicht um das Schiff herum; doch versuchten sie es nie an Bord zu kommen, da wir jederzeit den größten Theil unsrer Leute auf dem Verdecke ließen, wenn eine Anzahl Kanoes bei uns war. Erwägst Du diese Umstände gehörig, so wirst Du mich hoffentlich deswegen nicht der Unaufmerksamkeit beschuldigen, daß ich Dir nicht eine einzige Probe von der Sprache dieser Leute geben kann; indeß, so viel ich habe bemerken können, scheint sie der, die in Norfolk-Sund gesprochen wird, etwas zu gleichen.

Noch muß ich zu dem, was ich gelegentlich von der wilden und rauhen Gemüthsart der Leute auf diesen Inseln gesagt habe, eine Bemerkung hinzufügen, nehmlich, daß sogar bei ihrer Art zu singen eine Art von Wildheit Statt findet. Man muß zugeben, daß sie ihre Gesänge regelmäßig und mit gutem Takte vortragen; aber es fehlt ihnen gänzlich an jener angenehmen Modulation und Harmonie der Kadenz, die wir immer auf den andern Theilen der Küste in den Gesängen zu hören gewohnt waren.

Die Anzahl der Seeotterhäute, die wir auf den Queen Charlotte's-Inseln kauften, betrug nicht weniger als 1821, von denen viele sehr schön waren. Andre Felle giebt es hier nicht so mannichfaltig, als auf vielen andern Theilen der Küste; denn außer den wenigen vorhin erwähnten Rakuhns, einigen wenigen Baum-Mardern und einigen Robben sahen wir weiter nichts. Tohies waren zuerst ein Hauptartikel beim Umtauschen; aber eine so große Menge von Verkäufern erforderte mannichfaltige Waaren, und wir mußten oft alle Artikel, die wir nur hatten, hervorholen, ehe wir es unsern zahlreichen Freunden recht machen konnten. Auf diese Art ist unser Erfolg in einem glücklichen Monate größer gewesen, als wahrscheinlich beide Schiffe ihn während der ganzen übrigen Reise gehabt haben. — So ungewiß ist der Pelzhandel auf dieser unwirthbaren Küste!

Jetzt will ich zu unsern Begebenheiten zurückgehen. Morgens den 4ten hatten wir einen gelinden Wind aus Südwesten, und wolkichtes Wetter. Um Mittag sahen wir Land, welches wir für festes hielten; es lag nach Süden 40 Gr. Oest.

sich, ungefähr fünf Meilen entfernt. Nachmittags drehte sich der Wind Westwärts, und es kamen heftige Wogen von demselben Striche her; das Wetter war dick und neblicht. Die Nacht hindurch setzten wir unsre Seegel dem Winde näher, um die Spitze des Landes nach Osten hin zu umschiffen. Vormittags den 5ten hatten wir immer noch einen westlichen Wind; wir dreheten uns also nach Osten bei Norden. Da das Wetter dick und neblicht war, so lavirten wir die Nacht hindurch gelegentlich. Früh Morgens den 6ten gingen wir unter Segel, und steuerten fort mit einem frischen Winde aus Nordwesten. Mittags hatten wir 49 Gr. 48 Min. Nördl. Breite, und waren also nur zwölf Meilen Nordwärts vom King George's-Sunde, aber Westwärts in einer beträchtlichen Entfernung davon. Da der Nachmittag ziemlich heiter war, so sahen wir um sechs Uhr die holzige Landspitze (*Woody Point*) welche nach Nordwesten bei Westen, ungefähr vier Meilen entfernt lag; und eine Steinklippe abwärts von der Spitze nach Norden 28 Gr. Westlich. Um 8 Uhr setzten wir die Segel dem Winde näher nach Südwesten: die Nacht hindurch hatten wir leichte Lüfte, und wechselsweise Windstillen. Der Morgen am 7ten war dick und neblicht mit heftigem Regen von Westen her, und ganz windstill. Um 10 Uhr erhob sich ein leichter Wind aus Südosten, und der Nebel klärte sich auf. Um Mittag lag das Land von Nordwesten nach Ostsüdosten, ungefähr zwei Meilen entfernt: die Breite war 49 Gr. 39 Min. Nördlich. Da die Luft den Nachmittag über sehr leicht fortwehete, so rückten wir nur sehr langsam nach dem Sunde zu. — Die Nacht hindurch lavirten wir nach Südwesten, und legten im Laviren um, wenn es nöthig war.

Den 8ten Morgens war es gelinde und wolkicht, und es kam noch immer ein leichter Wind aus Südosten.

Um 10 Uhr sahen wir ein Segel in Südosten, und gleich darauf ein kleineres Fahrzeug in Gesellschaft desselben. Dies machte uns einige Hoffnung, daß es vielleicht der King George und sein langes Boot wären. Wir steuerten immer fort nach Ostnordosten, und behielten unsre Richtung, da wir deutlich sahen, daß die Fahrzeuge auf uns zu kamen. Als sie sich uns mehr näherten, fanden wir, daß es nicht Kapitain Portlock sein könnte, da das kleine Segel viel zu groß für sein langes Boot war. Nun hatten wir mancherlei Muthmaßungen, wer sie

1787.
August.

sein möchten, oder aus welchem Lande sie kämen; und da Kapitain Dixon hiervon gern unterrichtet sein wollte, so gab er Befehl zu laviren und eine Kanone unter dem Winde abzufeuern. Das kleinere Fahrzeug beantwortete sogleich dies Zeichen, und streckte die Flagge unsrer Kompagnie auf. Um zwölf sprachen sie uns, und wir erfuhren zu unsrer großen Freude, daß sie aus London und von unsern Eigenthümern ausgerüstet wären. Das Schiff hieß der Prinz von Wales, Kapitain Culiness, und die Slupp: die Kronprinzessin, Kapitain Duncan.

Wir hatten das Vergnügen, überhaupt zu erfahren, daß unsre Freunde in England wohlauf wären; aber wenige von uns erhielten so umständliche Nachrichten, als zu wünschen war, da man, durch irgend ein Mißverständniß, unsre Ankunft in London zu Ende dieser Jahreszeit erwartete.

Jene Schiffe verließen England im September 1786, und hatten eine Faktorei in Staatenland errichtet, um Robbenhäute und Thran zu sammeln. Von da waren sie so gut sie konnten nach King George's Sund gekommen, ohne einen andern Ort zu berühren. Während einer so langen Reise hatte der Scharbock unter ihnen sehr überhand genommen, und obgleich glücklicherweise keiner sein Leben dadurch verloren, so genasen doch viele nur sehr langsam.

Auf unsre Frage, welchen Lauf sie nach Umschiffung des Kap Horn genommen, berichteten sie uns, daß sie die Linie unter 116 Gr. Westl. Länge passirt wären. In dieser Gegend hatten sie leicht veränderliche Winde und häufige Windstillen, mit trübem schwülen Wetter und vielem Regen bekommen, welches gewiß die Ursache der schweren Krankheit gewesen war, die unter ihnen geherrscht hatte.

Wir passirten die Linie im April 1786 beinahe unter derselben Länge, und trafen leicht veränderliche Winde und trübes Wetter an, bis wir uns beträchtlich Westwärts hielten, wo wir regelmäßigen Passatwind fanden. Diese Umstände beweisen augenscheinlich, daß man einen solchen Weg vermeiden muß; und Kapitain Dixon bemerkte, daß es für alle Schiffe, die nach der Nordwestlichen Küste von Amerika bestimmt sind, bei weitem das Beste wäre, nach Umschiffung des Kap Horn gerade auf die Marquesas los zu steuern. Er meinte nehmlich, dort könnten sie Erfrischungen bekommen, und zugleich so gut nach Westen hin fahren, daß er alle Ursache

Reise um die Welt.

sache zu glauben hätte, sie würden bei dem Verfolg ihrer Reise den Himmelsstrichen, die wir aus Erfahrung als so sehr ungesund kannten, entgehen.

Herr John Etches, Bruder unsers geschäftigen Rhederes, welcher am Bord des Prinzen von Wallis war, benachrichtigte mich, daß sie beinahe einen Monat in King George's Sunde gewesen wären, aber wenig Geschäfte dort gemacht hätten. Sie hatten daselbst ein Schiff, der Kaiserliche Adler genannt, Kapitain Berkley, gefunden. Dies war zu Ende Novembers 1786 von Ostende ausgesegelt, und beinahe einen Monat vor dem Prinzen Wallis und der Kronprinzessin in King George's Sunde angekommen.

Kapitain Berkley rühmte gegen Hrn. Etches sehr oft, was für eine herrliche Ladung von Fellen er gekauft hätte; und in der That kann man aus folgendem Umstande mit Grund vermuthen, daß er viel Glück gehabt haben muß. Es waren im Sommer 1786 zwei Schiffe von Bombay in King George's Sunde gewesen, und hatten einen ihrer Leute zurück gelassen. Diesen Mann fand Kapitain Berkley, welcher folgende Nachricht von ihm giebt.

„Sein Name ist John Mac Key; er wurde in Irland geboren und ging nach Bombay in Dienst der Ostindischen Kompagnie. Zwei Fahrzeuge, nehmlich Kapitain Cook unter Kapitain Lorie, und the Experiment unter Kapitain Gnise, wurden 1785 zu einer Reise nach der Nordwestlichen Küste von Amerika ausgerüstet. Er engagirte sich an Bord des Kapitain Cook als Wundarzt. Sie segelten den 28sten November 1785 von Bombay aus, und kamen den 27sten Junius 1786 in King George's Sund an. Da er an dem Potärschen-Fieber sehr krank lag, so ließ man ihn auf Bitten des Hrn. Strange, Superkargo's beider Fahrzeuge, zurück, um seine Gesundheit wieder herzustellen.

Herr Strange verlangte von ihm, er solle die Sprache lernen, und sich bei den Eingebornen beliebt machen, so daß er, wenn andre Schiffe dort hinkämen, sie verhindern möchte, Pelze zu kaufen. Zugleich versprach er ihm, den nächsten Frühling zurück zu kehren. Die beiden Schiffe kauften während ihres Aufenthalts 600 der besten Seeotterhäute, und verließen den Sund den 27sten Julius, um nach dem Cooks-Flusse zu segeln. Im August 1786 kam die Seeotter, Kapitain Hanna, von China, in King George's Sund an, und Kapitain Hanna erbot sich, ihn an Bord zu nehmen. Er lehnte dies aber ab, und gab vor, er finde nun nach und nach Geschmack an getrockneten Fischen und Wallfischöl; er sei mit seiner Lebensart zufrieden, und fest entschlossen, bis zum nächsten Jahre zu bleiben, wo Hr. Strange ohne Zweifel ihn holen lassen würde. Kapitain Hanna verließ den Sund im September. Die Eingebornen hatten dem Irländer seine Kleider genommen, und nöthigten ihn, sich nach ihrer Art zu kleiden und ihre schmutzigen Sitten anzunehmen. Er verstand ihre Sprache vollkommen, und war mit ihrer Gemüthsart und ihrem Karakter gut bekannt. Er hatte häufig Reisen in die inneren Theile des Landes bei King George's Sund angestellt, und glaubte nicht, daß irgend ein Theil desselben das feste Land von Amerika, sondern vielmehr Alles eine Kette getrennter Inseln wäre.

Herr Etches, von dem ich diese Nachricht habe, versicherte mich, man könne sich nicht sehr auf M'Key's Geschichte verlassen, da er ein sehr unwissender junger Mensch sei, und sich oft selbst widerspreche; aber dem Umstande, daß er die Sitten der Eingebornen angenommen habe, kann man völligen Glauben beimessen, da er eben so schmutzig war, als die allerunflätigsten derselben. Seine Sprachkenntniß, mit der er so prahlte, bedeutete sehr wenig; auch war er nicht mit seiner Lage zufrieden, denn er nahm das Anerbieten des Kapitain Berkley, ihn an Bord zu nehmen, sehr gern an, und schien sich darüber zu freuen, daß er einen so unangenehmen Ort verlassen sollte. Indeß zugegeben, daß er nur gemeine Fähigkeiten besitzt, so muß er doch, da er ein Jahr unter den hiesigen Leuten zugebracht hat, besser mit ihnen bekannt sein, als es ein gelegentlicher Reisender sein kann; und ohne Zweifel ist er dem Kapitain Berkley bei dessen Handel mit den Eingebornen sehr nützlich gewesen.

Unser Zusammentreffen mit diesen Schiffen war sehr glücklich, sowohl auf ihrer, als auf unsrer Seite. Dem zufolge, was wir von ihnen erfuhren, konnte es uns gar nichts nützen, nach King George's Sund zu gehen: und da Prinz Wilhelms Sund ihr nächster Bestimmungsort war, so konnten wir ihnen nicht nur berichten, daß sie dort nichts zu erwarten hätten, sondern ihnen auch die Oerter anzeigen, wo sie am wahrscheinlichsten Felle bekommen könnten; und Kapitain Dixon drang sehr in sie, ja nach der N. O. Seite der Queen Charlotte'ns Inseln und dem gegenüber liegenden Lande zu segeln, welches wir für das Kontinent hielten.

Den 8ten Abends, kamen Hr. Etches und beide Kapitaine zu uns an Bord, und blieben die ganze Nacht bei uns, um keine Zeit zu verlieren, und um eine Karte von der Küste, und alle Belehrung zu erhalten, die wir ihnen nur geben konnten. Den Nachmittag und die Nacht hindurch blieben wir liegen und zu Zeiten legten wir im Laviren um, damit wir, in Gesellschaft der andern Schiffe, uns in gehöriger Entfernung vom Lande hielten.

Den 9ten Morgens um 9 Uhr trennten wir uns von unseren neuen Handelsbrüdern, begrüßten sie mit drei herzlichen Salven, und wünschten ihnen wenigstens eben so viel Glück, als wir selbst gehabt hatten. Mein nächster Brief wird einige allgemeine Bemerkungen über die Küste enthalten. Leb wohl! Der Deinige u. s. w.

Abwärts von King George's Sund, den 9. August.   W. B.

Acht und dreißigster Brief.

Allgemeine Nachrichten von der Amerikanischen Küste — Die Anzahl der Einwohner — Ihre Gemüthsart — Anlagen — Handlungsart — Verschiedene Proben ihrer Sprachen.

Da wir jetzt Abschied von der Amerikanischen Küste nehmen, so werden Dir vielleicht, außer dem was ich gelegentlich gesagt habe, einige Bemerkungen darüber nicht unangenehm sein.

Vor Kapitain Cook's letzter Reise nach dem stillen Ocean, war dieser Theil der Küste wenig bekannt. Der berühmte Russische Seemann Beering sah im Jahre 1741 Land im 58 Gr. 28 Min. Nördl. Breite, und ankerte unter 59 Gr. 18 Min. Aber die Beschreibung seiner Reise ist sehr unvollkommen und nicht genau genug.

Auch die Spanier sind mit der Küste etwas Südlich von King George's Sund, und um Kap Edgekombe, wahrscheinlich sehr gut bekannt. Sie haben nehmlich 1775 an beiden Orten geankert; doch möchte sich ihre Kenntniß von diesem Theile der Küste wohl auf diese besondern Orte einschränken.

1787. August.

Aus dem, was ich bereits gesagt habe, wirst Du wissen, daß die Hauptörter, welche Kapitain Cook mit Genauigkeit bestimmt hat, King George's und Prinz Wilhelms Sund, und der nach ihm genannte Fluß sind; und ohne Zweifel veranlaßte die Menge Pelze, die man in diesen Häfen fand, die erste Errichtung des jetzigen Handels. Unsre Nebenbuhler aus Indien zogen ihre Nachrichten gewiß aus derselben Quelle. Und dies ist in einiger Rücksicht nicht unglücklich für uns gewesen; denn da sie an keinem andren Orte Pelze erwarteten, als an den vom Kapitain Cook erwähnten, so begnügten sie sich mit dem was sie in diesen Häfen bekommen konnten, und nöthigten uns folglich, entweder andre Quellen aufzusuchen, oder mit leeren Händen nach Hause zurückzukehren. Dadurch kamen wir nach den Queen Charlotte'ns Eilanden, welche (wie ich bereits erzählt habe) alle unsre Hoffnung übertrafen, und eine größere Menge von Pelzen lieferten, als vielleicht irgend ein bisher bekannter Ort.

Daß wir die Geographie dieser Küste beträchlich bereichert haben, kann man nicht läugnen; aber doch bleibt noch viel zu thun übrig. In der That kennen wir sie noch so unvollkommen, daß es sich einigermaßen bezweifeln läßt, ob wir auch das feste Land gesehen haben. Zuverlässig ist die Küste mit Inseln umgeben; aber ob irgend ein Land, dem wir nahe gekommen sind, wirklich festes Land sei, muß erst von künftigen Seefahrern bestimmt werden. So viel können wir zu behaupten wagen (und dies ist bei diesem Unternehmen vorzüglich wichtig:) daß der Pelzhandel, wo Bewohner sind, unerschöpflich ist; und diese schränken sich, wie uns die Erfahrung lehrt, nicht auf besondre Oerter ein, sondern sind in Stämme längs der Küste zerstreut, welche, so weit es künftigen Handelsleuten daran liegt, dies zu untersuchen, sich vom 40 bis zum 61 Gr. Nördl. Breite, und vom 126 bis zum 155 Gr. Westl. Länge erstreckt.

Dies große Land hat, mit weniger Ausnahme, das Ansehen eines ununterbrochenen Waldes; denn es ist mit Tannen von verschiedener Art bewachsen, unter denen auch Erlen, Birken, Zauberhaselstrauch (*Hamamelis virginiana Lin*) und mancherlei Arten von Buschwerk stehen. Die Thäler und die flachen Gründe, die der Sonne ausgesetzt sind, bringen wilde Johannisbeeren, Stachelbeeren, Himbeeren und verschiedene Blumensträucher hervor. Der Boden auf den Hügeln ist ein

Gemisch von verfaultem Moose und alter Holzerde. Diese wird oft durch das plötzliche Schmelzen des Schnees in die Thäler hinuntergewaschen; da vermischt sie sich dann mit einem leichten Sande, und macht nun einen Boden, in welchem die meisten unsrer Gartenprodukte gut fortkommen würden.

Das Klima ist, wie man erwarten kann, veränderlich; aber ich halte es nicht für so temperirt, selbst nicht in King George's Sund, als das in England, da die Hügel von mittelmäßiger Höhe beständig mit Schnee bedeckt sind.

Die verschiedenen Arten von Vögeln und Seeprodukten, die wir fanden, habe ich bereits erwähnt. Was für Nachricht ich Dir von vierfüßigen Thieren geben kann, magst Du aus den verschiedenen Fellen, die wir gekauft haben, schliessen. Die einzige Art von Thieren die wir unter den Eingebornen sahen, waren wolfsartige, sehr große Hunde, die ganz zahm zu sein schienen. Ohne Zweifel finden sich hier mannichfaltige Metalle und Mineralien. Ich habe bereits bemerkt, daß wir ein Kohlenflöz am Cooks-Flusse fanden. Die Farbe, welche die Eingebornen gebrauchen, um ihre Gesichter und Körper zu bemalen, scheint hauptsächlich Wasserblei und rother Oker zu sein. Wir sahen sowohl im Norfolksunde als in den Queen Charlotte'ns Eilanden oft große runde Kränze von Kupfer, welche keine fremde Manufaktur zu sein schienen; vielmehr hatten die Eingebornen selbst das Kupfer so gebogen, um es als eine Zierde um den Hals zu tragen.

Was für eine Anzahl von Bewohner die Küste enthalten mag, kann nicht leicht mit einigem Grade von Gewißheit bestimmt werden; aber nach einer mäßigen Berechnung können sie nicht unter 10,000 betragen. Zwar sollte der Anschein die Muthmaßung fast billigen, daß eine viel größere Anzahl da sei; denn die Weiber scheinen sehr fruchtbar zu sein, indem jeder Stamm den wir sahen, eine Menge kleiner Kinder hatte, und überdies sind die Leute von jenen vielen Krankheiten, welche Luxus und Unmäßigkeit unter den civilisirteren Nationen erzeugt haben, gänzlich frei. Allein man muß sich auch erinnern, daß benachbarte Stämme größtentheils mit einander Krieg führen, und diese Fehden müssen, sowohl wegen der Beschaffenheit ihrer Waffen, als wegen ihrer wilden Gemüthsart, von gefährlichen Folgen begleitet sein. Ueberdies hat man Grund zu der Vermuthung, daß viele zur See umkommen, da sie in beträchtliche Entfernung auf den Fischfang ausgehen. Denn sobald plötzlich schlechtes Wetter eintritt, so können sie bei der Beschaffenheit ihrer Kanots unmöglich am Leben bleiben. Diese Umstände tragen gewiß dazu bei, das Land zu entvölkern, und erklären einigermaßen, weshalb es so sparsam bewohnt ist.

Die Leute haben größtentheils mittlere Größe, und gerade, ziemlich wohlgestaltete Glieder. Viele von den ältern Personen sind etwas mager; aber nie sah ich eine Person unter ihnen, die man korpulent hätte nennen können. Beide Geschlechter zeichnen sich vorzüglich durch hohe hervorstehende Backenknochen und kleine Augen aus. Liebe zu Unsauberkeit und Schmutz herrscht allgemein auf der ganzen Küste. Ihre Gesichtsfarbe ist schwer zu bestimmen; aber wenn ich von den wenigen Leuten, die ich ziemlich rein sah, urtheilen kann, so sind sie im Ganzen genommen sehr wenig dunkler gefärbt als die Europäer.

Das Haar beider Geschlechter ist lang und schwarz, und würde sie sehr zieren, wenn sie nicht beständig eine große Menge Fett und rothen Oker hineinschmierten. Dies giebt ihm nicht nur ein ekelhaftes Ansehen, sondern macht es auch zu einem beständigen Sammelplatz von Ungeziefer. Bisweilen halten die Frauenzimmer ihr Haar in anständiger Ordnung; sie theilen es von der Stirn bis nach dem Wirbel, und binden es hinten wie in einen kurzen Zopf zusammen.

Die jungen Männer haben keine Bärte, und ich war anfangs geneigt, zu glauben, daß dies von einem natürlichen Mangel an Haaren an dem Kinn herrühre; aber ich bemerkte bald meinen Irrthum: alle Männer bei Jahren hatten, wie wie sahen, Bärte über dem ganzen Kinn, und einige von ihnen auch Knebelbärte auf beiden Seiten der Oberlippe.

Da jener vermeinte Mangel an Haaren bei den Eingebornen von Amerika viele spekulative Untersuchungen unter den gelehrten und scharfsinnigen Köpfen verursacht hat, so nahm ich jede Gelegenheit wahr, um zu erfahren, wovon er herrühre; und lernte, daß die jungen Männer ihre Bärte durch Ausraufen loswerden, daß sie aber, so wie sie an Jahren zunehmen, das Haar wachsen lassen.

In ihrer Kleidung ist wenig Abwechselung: die Männer tragen gemeiniglich Röcke (wie ich sie bereits beschrieben habe) aus solchen Häuten, wie es ihnen einfällt, oder wie ihr Glück auf der Jagd sie ihnen verschaft; und bisweilen ist der lose

Mantel über ihre Schultern geworfen, und mit kleinen ledernen Riemen festgemacht. Außerdem tragen einige von der civilisirteren Klasse, besonders die am Cooks-Flusse, ein kleines Stück Pelz um den Leib gebunden, um doch etwas zu haben, wenn die Hitze des Tages sie nöthigt, ihren Rock abzulegen, oder wenn es ihnen einfällt, ihn zu verkaufen. Die Kleidung der Weiber ist in einigen Stücken von der Männer ihrer unterschieden: ihr Unterkleid besteht aus feinem gegerbten Leder, bedeckt den Körper vom Halse an bis auf den Knöchel, und ist an verschiedenen Stellen festgemacht, damit es dichter anschließen soll; hierüber ist, nach Art einer Schürze, ein Stück gegerbtes Leder gebunden, welches nicht höher als bis an den Leib reicht. Das Oberkleid ist ziemlich auf eben die Art gemacht, wie die Röcke der Männer, und gemeiniglich von gegerbtem Leder; denn die Weiber trugen nicht gern Pelze, da sie sich ihre Kleider nicht gern nehmen ließen, welche, wenn sie des Kaufens werth waren, immer von ihren Männern vertauscht wurden. In der That war das Betragen der Weiber im Ganzen anständig, bescheiden und sittsam.

Man könnte etwa glauben, die Kinder dieser Wilden hätten von ihrer frühesten Kindheit an den freien und ungezwungenen Gebrauch ihrer Gliedmaaßen; dies ist aber keinesweges der Fall: es werden drei Stücke Baumrinde an einander befestigt, so daß sie eine Art von Stuhl bilden. In diesen Stuhl nun wird das Kind, nachdem es in Pelze eingewickelt worden ist, gesetzt, und so fest gebunden, daß es seine Positur sogar durch Sträuben nicht ändern kann; und der Stuhl ist so eingerichtet, daß, wenn eine Mutter ihr Kind füttern, oder ihm die Brust geben will, es aus seinen Fesseln nicht befreiet werden darf. Die Indianische Amme braucht, um ihr Kind reinlich zu erhalten, weiches Moos; aber auf diesen Punkt wird wenig Rücksicht genommen, und die armen Kinder werden oft abscheulich geschunden; ja, ich habe oft Knaben von sechs oder sieben Jahren gesehen, deren Hintere überzeugende Merkmale von Vernachlässigung in ihrer Kindheit an sich trugen.

In dem Putze scheinen die verschiedenen Oerter weiter von einander abzuweichen, als in der Kleidung; zum Beispiele ist die Oefnung, oder der zweite Mund ein wenig über dem Kinne, bei den Männern im Cooks-Flusse und Prinz Wilhelms Sund üblich; da hingegen der hölzerne Schmuck der Unterlippe in dem

1797.
August.

Theile der Küste von Port Mulgrave bis nach den Queen Charlotte'ns Eilanden nur von den Weibern getragen wird.

Glaskorallen werden in den so eben erwähnten Häfen höher geachtet, als irgendwo sonst, wo wir gewesen sind. Dieser Putz ist hier ohne Zweifel von den Russen eingeführt worden, die seit vielen Jahren beständig mit den Bewohnern der Küste gehandelt, und gemeiniglich Glaskorallen bei ihrem Tausche gebraucht haben. Wenn wir darnach beurtheilen, wie weit die Russen einen direkten Handel auf dieser Küste gehabt, so erhellt, daß sie nicht Ostwärts vom Kap Hinchinbrook gewesen sind: und ich halte diese Muthmaßung ganz und gar nicht für unwahrscheinlich.

Es werden wenigstens zwei oder drei verschiedene Sprachen auf dieser Küste gesprochen, aber dennoch wahrscheinlich ziemlich allgemein verstanden; obgleich, wenn wir dem alten Anführer in Queen Charlotte'ns Eilanden glauben wollen, sein Volk die Sprache der Bewohner des Landes nach Osten hin, welches wir für das Kontinent hielten, gar nicht kannte. Sie scheinen alle rauh und schwer auszusprechen; aber doch haben die Wörter, ob sie gleich voller Konsonanten sind, eher eine Labial- und Dental- als Gutturalaussprache. Ich will die Zahlwörter beifügen, welche die Eingebornen von Prinz Wilhelms Sund, Norfolk-Sund und King George's Sund gebrauchen. Diese werden Dir einen besseren Begriff von den verschiedenen Sprachen geben, als ich es durch eine Beschreibung im Stande bin. Zugleich muß ich die Bemerkung machen, daß die aus King George's Sund mir von einem Freunde, den ich am Bord des Prinzen von Wallis traf, gegeben worden sind; sonst möchtest Du Dich über meine Verwegenheit wundern, daß ich Dir Proben von der Sprache eines Ortes schicke, den ich nie gesehen habe.

	Prinz Wilhelms Sund und Cooks-Fluß.	Norfolk Sund.	King George's Sund.
Eins.	Aßhlenach.	Tlaasch.	Sorwock.
Zwei.	Malchnach.	Taasch.	Athlac.
Drei.	Pinglulin.	Noosch.	Catsa.
Vier.	Staachman.	Tackoon.	Moo.

Fünf.

Fünf.	Talchman.	Reichin.	Soutcha.
Sechs.	Inglulin.	Cletuschusch.	Noctpoo.
Sieben.	} konnten nicht be-	Takatuschusch.	Athlapoo.
Acht.	} stimmt werden.	Nooschatuschusch.	Athlaquell.
Neun.		Rooschusch.	Sarvacquell.
Zehn.	Coolin.	Chincart.	Highhoo.

Diese Zahlen sind im Schreiben der Aussprache so nahe gebracht, als es mir nur möglich war*); aber doch kann ich sie nicht ganz erreichen. Was die Artikulation betrift, so sind die Leute am Cooks-Flusse hierin, unter allen denen die ich angetroffen, oder von denen ich gehört habe, am geschicktesten; sie können die schwersten Englischen Wörter mit großer Leichtigkeit nachsprechen, und besonders die, welche sich mit th anfangen oder endigen, welches die Europäer größtentheils nicht im Stande sind.

Ich habe Dir bereits eine Beschreibung von den Kanots im Allgemeinen gegeben, und jetzt will ich noch hinzusetzen, daß die kleinen am Cooks-Flusse ungefähr achtzehn oder neunzehn Fuß lang, und an jedem Ende gekrümmt sind, beinahe wie der Hals einer Geige; sie werden von Rippen aus schwachen Hölzern gemacht, und mit Robbenhäuten bedeckt. Ihre Jagd- und Fischgeräthe sind auf der Aussenseite des Kanots mit ledernen Riemen befestigt, so daß der Jäger sie den Augenblick ergreifen kann, wenn er seine Beute sieht. Die einfachen Kanots werden mit kleinen Rudern,

---

*) Man muß hierbei nicht vergessen, daß ein Engländer mit seinen Tonzeichen schreibt, und daß man also diese Zahlwörter ungefähr auf folgende Art auszusprechen hat:

Eins.	Aleaatsch.	Tlaasch.	Eerwed.
Zwei.	Maltschnatsch.	Taasch.	Athlak.
Drei.	Pinglulin.	Rubsch.	Loisa.
Vier.	Stahtschnau.	Zafuhn.	Mub.
Fünf.	Taltschman.	Katschin.	Saurschl.
Sechs.	Inglulin.	Tletuschusch.	Keltruh.
Sieben.	— —	Takatuschusch.	Athlapoo.
Acht.	— —	Nuschatuschusch.	Athlaquell.
Neun.	— —	Lutschulsch.	Sarvacquell.
Zehn.	Kublin.	Tchincart.	Heihhoo.

1787.
August.

die an jedem Ende ein Blatt haben, gefahren, und von den Indianern mit großer Geschicklichkeit regiert.

Auſſer dem bereits erwähnten Schmucke tragen die Indianer gern Larven oder Visiere, und verschiedene Arten von Mützen, welche alle mit verschiedenen Dingen bemalt sind, z. B. mit Vögeln, vierfüßigen Thieren, Fischen, und bisweilen mit Menschengesichtern. Auch haben sie öfters dergleichen Dinge in Holz geschnitten, und einige sind nicht übel ausgearbeitet.

Diese Seltenheiten scheinen in großem Werthe zu stehen, und werden sorgfältig in nette viereckige Kästchen eingepackt, damit man sie desto bequemer mit sich nehmen kann.

Jedesmal, wenn eine Partie zum Handel kam, wurden diese Schätze erst hervorgeholt, und die Hauptpersonen kleideten sich, ehe das Singen anfing, in allen ihren Putz. Aufferdem legt der Anführer, welcher das Vokalkoncert immer dirigirt, einen großen Rock an, der aus gegerbter Elenshaut gemacht ist. Um dessen unteren Theil gehen eine oder zwei Reihen getrockneter Beeren, oder die Schnäbel von Vögeln, welche ein Rasseln verursachen, so bald der Mann sich bewegt. In der Hand hat er eine Klapper, oder noch öfter ein Ding, welches demselben Zwecke entsprechen soll. Dies ist cirkelförmig, ungefähr neun Zoll im Durchmesser groß, und aus drei kleinen, in verschiednen Entfernungen von einander rund gebogenen Stecken verfertigt. Es ist eine große Menge Vogelschnäbel und getrockneter Beeren um dies sonderbare Instrument gebunden, welches von dem Oberhaupte mit großer Fröhlichkeit geschüttelt wird, und seiner Meinung nach nicht wenig zur Vervollkommnung des Koncertes beiträgt. Ihre Gesänge bestehen größtentheils aus verschiedenen Strophen, von denen jede sich mit einem Chor endigt. Der Anführer fängt jede Strophe allein an; hierauf fallen sowohl die Weiber, als die Männer ein, singen im Einklang, und schlagen mit ihren Händen oder Rudern regelmäßig den Takt. Während dessen bewegt der Anführer seine Klapper, und macht tausend possierliche Geberden, wobei er von Zeit zu Zeit ganz anders singt, als die übrigen; und diese Freude dauert beinahe eine halbe Stunde ununterbrochen fort.

Ich werde hier einen Gesang, den ich in Norfolk Sund oft gehört habe, in Noten versetzen. Meine Kenntniß in der Musik ist zwar so gering, daß ich für

Reise um die Welt.   219

die Genauigkeit desselben nicht ganz stehen mag; indeß kann er doch dazu dienen,   1737.
Dir einen bessern Begriff von der auf der amerikanischen Küste üblichen Musik zu   August.
geben, als irgend eine Beschreibung. Zugleich muß ich noch bemerken, daß die
dortigen Indianer viele verschiedne Melodieen haben; aber die Art sie abzusingen ist
überall dieselbe.

Lied,

welches die Bewohner des Norfolk-Sundes gemeiniglich sangen, ehe sie
ihren Handel anfingen.

Ee 2

1787.
August.

Ob sie sich der Hieroglyphen bedienen, um das Andenken von Begebenheiten fortzupflanzen, kann ich nicht sagen; indeß möchten ihre zahlreichen Abbildungen von Vögeln und Fischen und ihre geschnitzten Vorstellungen von Thier- und Menschen-Köpfen vielleicht eine solche Vermuthung rechtfertigen. Manches von diesen Schnitzwerken ist wohl proportionirt und mit vieler Geschicklichkeit gemacht. Dies scheint unter einem Volke, das noch so weit in der civilisirten Verfeinerung zurück steht, ausserordentlich; allein wir müssen auch bedenken, daß diese Kunst bei weitem nicht in ihrer Kindheit ist. Schon Kapitain Cook bemerkte Liebe zum Schnitzen und Bildhauen bei diesen Leuten. Auch waren schon damals eiserne Instrumente bei ihnen im Gebrauch; und ihre Messer sind so dünn, daß sie dieselben in mancherlei Formen biegen können, so daß sie allen ihren Absichten eben so gut entsprechen, als wenn sie ihre Zuflucht zu Zimmermanns-Handwerkszeuge nähmen. Wann zuerst Eisen auf dieser Küste bekannt geworden ist, läßt sich gar nicht mit Gewißheit bestimmen; aber es muß ohne Zweifel schon lange her sein. Ich wage es zu behaupten, daß ihre Werkzeuge nicht von Englischer Arbeit sind; und sie haben dieselben wohl fast ohne allen Zweifel von den Russen erhalten. Das einzige Werkzeug, welches ich sah, eiserne ausgenommen, war ein Tohie aus Jaspis gemacht, eben so wie die, welche in Neuseeland gebraucht wurden *).

Die Erfindungskraft dieser Leute schränkt sich nicht bloß auf Schnitzwerk in Holz und auf Malereien auf Baumrinde ein; sie machen auch eine Art bunter Decken oder Mäntel, (etwa wie unsre Pferdedecken,) die nicht gewebt, sondern gänzlich mit der Hand gemacht zu sein scheinen, und sehr hübsch sind. Ich vermuthe, daß diese Mäntel aus Wolle bestehen, die sie von den Häuten der auf der Jagd getödteten Thiere gesammelt haben; sie werden übrigens sehr geschätzt, und nur bei ausserordentlichen Gelegenheiten getragen **).

*) Wenn die Axt oder das Tohie, welches der Verfasser an dieser Küste sah, wirklich aus eben der Steinart verfertigt gewesen ist, deren sich die Neu-Seeländer dazu bedienen; so war es nicht von Jaspis, sondern von Keuhrit oder Lendenstein. Der Jaspis ist eine Thonart, und diese hat Bestandtheile von Bitterssalzerde. S.

**) Die wilden Amerikanischen Büffelochsen haben am Halse eine sehr feine und zarte Wolle, welche fast die feinste Schaafwolle übertrifft. Ferner giebt es, wie aus einigen alten Schriften, z. B. dem Marco di Niza beim Purchas, bekannt ist, zu Quivira in Neu Mexico und

Außer den Röcken und Mänteln von Häuten, die alltäglich angelegt werden, haben sie noch große, absichtlich zum Kriege, aus gegerbten Elendshäuten gemachte Röcke, deren sie zwei, auch wohl drei tragen. Ihre Waffen sind Speere an einer sechs oder acht Fuß langen Stange, und eine Art von kurzem Dolch, welcher in einer ledernen Scheide getragen und rund um den Leib gebunden wird. An diesem Dolche ist ein lederner Riem befestigt, an dessen Ende sich ein Loch für den Mittelfinger befindet. Das Leder wird um das Gelenk der Hand gebunden, um den Dolch in der Hand sicher zu machen, so daß der Krieger sein Gewehr nur mit dem Leben verliert.

Ihre Lebensmittel zur Winterszeit bestehen hauptsächlich in getrockneten Fischen; aber wenn die Jagdzeit herbeikommt, so haben sie eine größere Mannichfaltigkeit, worunter gebratene Robben für ein sehr leckeres Gericht gehalten werden. Sie boten uns zuweilen Stücke davon an; und da wir diese Delikatesse ausschlugen, so warfen sie uns jederzeit erstaunte und zugleich verachtende Blicke zu. Im Frühlinge, oder vielmehr im Sommer, giebt es hier eine Menge Kräuter, welche die Eingebornen mit vielem Appetit essen; und in Norfolk-Sund sahen wir die wilde Lilienwurzel in Ueberfluß. Obgleich diese armen Wilden sich ihren Sitten nach noch wirklich in dem Zustande unkultivirter Barbarei befinden, so können sie sich doch Einer Verfeinerung rühmen, die der bei den policirtesten Nationen gleich kommt; und das ist das Spielen, welches hier zu einem eben so hohen Grade getrieben wird, als (vergleichungsweise) in irgend einem unsrer ziemlich modernen Klubs. Die einzigen Instrumente zum Spielen, welche ich sah, waren zwei und funfzig kleine runde Stücke Holz, von der Größe eines Mittelfingers, und durch rothe Farbe verschieden bezeichnet. Mit diesen Stücken Holz spielen zwei Personen. Die Kunst besteht hauptsächlich darin, sie in verschiedene Stellungen zu bringen; aber ich bin nicht im Stande, das Verfahren genau zu beschreiben. Der Mann, der, wie ich oben erwähnte, in Port Mulgrave bei uns am Bord war, verlor bei diesem Spiele

---

Legualo, auch sehr große wilde Schaafe. Nach Venegas, befinden sich dergleichen in Kalifornien; sie können also leicht auch weiter im Norden anzutreffen seyn, und ihre unter den längeren schlichteren Haaren befindliche Wolle von den Einwohnern gesponnen und verarbeitet werden.   S.

in weniger als einer Stunde ein Messer, einen Speer und verschiedene Toyies. Obgleich dieser Verlust für den armen Kerl wenigstens eben so groß war, als wenn ein Englischer Spieler sein Landgut verliert: so ertrug er doch sein Unglück mit großer Geduld und Gleichmüthigkeit.

Die Zeit wird nach Monden berechnet, und merkwürdige Begebenheiten werden eine Generation hindurch in Andenken behalten; ob noch länger, ist zweifelhaft.

Felle von Seeottern sind die Stapelwaare bei dem Pelzhandel. Die andren Arten, die wir angetroffen, habe ich schon oben genannt; und Herr Etches sagte mir, daß es in King George's Sund eben so viele verschiedene Sorten von Häuten giebt, als am Cooks-Flusse. Auch habe ich schon die Artikel angegeben, die beim Tauschhandel am liebsten genommen wurden; ich werde daher über diesen Punkt nur noch bemerken, daß Kupfer beinahe der einzige Artikel ist, der in King George's Sund gesucht wird. Obgleich Sägen den Indianern offenbar vom größten Nutzen sind, so wurden sie doch so wenig geachtet, daß man kaum eine für eine Robbenhaut nehmen wollte. Aber durch Zeit und Gebrauch werden sie ohne Zweifel so wohl diese, als andre von uns auf der Küste gelassene Geräthe schätzen lernen.

Nun habe ich, in Ansehung dieses Volks, jeden Umstand bemerkt, den ich unmittelbar beobachten konnte. Zwar könnte ich meinen Brief zu einem dicken Bande ausdehnen, wenn ich bloße Muthmaßungen geben wollte; z. B. über den Ursprung dieses Volkes; über das Land, aus welchem es zuerst ausgewandert ist u. s. w. Aber da Muthmaßungen bisweilen partheiisch, oft ungewiß, und daher inkonsequent sind: so bin ich gewiß, daß es Dir lieb sein wird, wenn ich Dich mit dergleichen nicht behellige. Vielleicht findest Du mich ohnedies schon langweilig genug; ich schließe also mit Versicherungen von beständiger Achtung und Zuneigung. Der Deinige.

Zur See, den 15. August.   W. B.

Reise um die Welt.

Neun und dreißigster Brief.

Abreise von der Amerikanischen Küste — Fahrt von da zu den Sandwich-Eilanden — Ankunft zu Owaihi — Verhandlungen daselbst — Wie ankern zu Wahu, und laufen daselbst Holz und Wasser ein.

Nun, da ich Dir alle mir mögliche Nachrichten über die traurige und unwirthbare Amerikanische Küste mitgetheilt habe, will ich zu unsern Vorfällen am Bord zurückkehren. Du weißt schon, daß wir uns den 9ten August Morgens von unsern neuen Freunden trennten; indem sie nach den Queen Charlotte'ns-Eilanden fuhren, wir aber unsern Lauf nach den Sandwich-Inseln richteten, und zwar viel vergnügter, als da wir die Küste im vergangenen Jahre verließen. Um 10 Uhr lag die holzige Landspitze nach N. bei O. 7 Meilen entfernt; unsre Breite zu Mittage war 49 Gr. 30 Min., und die Länge 128 Gr. 10 Min. Westlich.

Von da bis zum 12ten hatten wir frische unveränderliche Winde aus Nordosten, mit gelindem Wetter. Unsere Breite Mittags den 12ten war 44 Gr. 22 M. Nördlich, und die Länge 131 Gr. 59 Min. Westlich.

Vom 12ten bis zum 15ten hatten wir größtentheils leichte veränderliche Winde und zuweilen Windstillen. Früh Morgens den 16ten erhob sich ein frischer Wind aus Nordnordwesten. Unsere Breite um Mittag war 41 Gr. 41 Min., und die Länge nach Mondsbeobachtungen 131 Gr. Westlich.

Seit einigen Tagen hatten wir eine unzählige Menge sonderbarer thierischer Substanzen auf dem Wasser schwimmen sehen, welche die Matrosen Portugiesische Kriegesschiffe*) nennen. Der unterste Theil derselben ist zwei Zoll lang, oval und purpurfarbig; der obere Theil aber ganz dünn und ausgedehnt, beinahe in Gestalt eines Fächers. Wir fanden die Abweichung der Magnetnadel hier 16 Gr. 16 Min. Oestlich. Unsere Breite Mittags den 17ten war 40 Gr. 8 Min. N., und die Länge 133 Gr. 26 Min. Westlich.

Der Wind hatte sich allmählich nach Norden und Osten gedrehet, und den 21sten konnten wir sagen, daß wir einen regelmäßigen Nordöstlichen Passatwind

---

*) Der gemeine Englische Seemann nennt Linné's *Medusa Velella* das Portugiesische Kriegesschiff. Es ist eine schöne blaue Seenessel, und in *Imperati Historia naturale*, Venet. 1672. S. 618. noch besser aber in *Columna Ecphrasis* 20. f. 32. vorgestellt.   *G.*

hatten. Unsre Breite zu Mittage war 34 Gr. 28 Min. Nördlich; und die Länge, zufolge einer Mondsbeobachtung, 136 Gr. 20 Min. Westlich. Der Wind blieb fast beständig in Nordosten, und das Wetter war größtentheils gelinde und schön.

Den 2ten September, da wir in 20 Gr. 1 Min. N. Breite und 150 Gr. 3 Min. W. Länge waren, steuerten wir gerade nach Westen, um Owaihie, die vornehmste unter den Sandwich-Inseln, zu erreichen.

Mittags den 3ten war unsre Breite 19 Gr. 55 Min. Nördlich, und unsre Länge, nach der Mittelzahl verschiedener Mondsbeobachtungen, 152 Gr. 9 Min. Westlich.

Den 5ten Morgens um 6 Uhr sahen wir Owaihie, welches von Südsüdwesten nach Westen ¼ Nördlich ungefähr vierzehn große Seemeilen entfernt lag. Die Breite zu Mittage war 20 Gr. 4 Min., und die Länge, zufolge der Mondsbeobachtung, 154 Gr. 41 Min. Westlich. Da der Wind abnahm, so konnten wir das Land bei Tage nicht erreichen; wir setzten daher um 6 Uhr unsere Seegel dem Winde näher Nordwärts, und legten die Nacht hindurch gelegentlich im Laviren um.

Diese Fahrt von der amerikanischen Küste nach Owaihie ist bei weitem die glücklichste gewesen, die wir während der Reise gehabt haben. Wir legten sie in weniger als einem Monate zurück, da wir wenigstens fünf Wochen unterweges zu sein erwarteten. Wir hatten also neue Ursache, die gütige Vorsehung zu bewundern, die während unserer ganzen Reise über uns waltete, besonders aber diesmal, da der Scharbock schon so große Fortschritte unter dem Schiffsvolke gemacht hatte. Kaum ein einziger an Bord war von den traurigen Folgen desselben frei, und er hinderte verschiedne unsrer Leute ihre Pflicht zu thun, so daß die Reise hieher, wenn sie langwierig gewesen wäre, ohne Zweifel nachtheilige Folgen für viele von uns gehabt hätte, ungeachtet alle nur mögliche antiskorbutische Mittel sehr freigebig ausgetheilt wurden. Aber die Hofnung sehr bald frisches Schweinefleisch und Vegetabilien zu erhalten, goß jedem neues Leben und neue Kraft ein.

Ich muß hier bemerken, daß unsre Leute, so lange sie auf der Küste waren, eine große Menge Heilbutten eingesalzen hatten, und sie jederzeit dem Pökel-Rind-
und

und Schweinefleische vorzogen. Ob der Umstand, daß sie diesen gesalzenen Fisch, ohne ihn in Portionen zugetheilt zu bekommen, verzehrten, den Scharbock mag beschleunigt haben, das überlasse ich den Aerzten zu bestimmen.

Doch um wieder zurückzukehren — Den 6ten Morgens um 7 Uhr steuerten wir Westwärts; und da wir viele Kanots vom Lande kommen sahen, so legten wir bei, um mit ihnen zu handeln. Die Leute brachten uns eine große Menge kleiner Schweine und Batatten, und waren noch immer so begierig nach Eisen, als jemals, ob wir gleich befürchteten, der Kaiserliche Adler und verschiedene von den Bengalischen Schiffen, die sich hier einige Zeit aufgehalten hatten, möchten dem Handel nachtheilig gewesen sein.

Gegen 10 Uhr waren eine erstaunliche Menge Kanots bei dem Schiffe und die Indianer handelten sehr begierig. Viele kletterten in dieser Absicht an die Seite des Schiffs herauf, viele Andre aber bloß, um ihre Neugierde zu befriedigen und sich nach irgend etwas umzusehen, mit dem sie dann davon laufen könnten. Einer von den letztern nutzte die Gelegenheit, da wir alle mit dem Handel beschäftigt waren, ergrif einen Feuerschürer von des Waffenschmidts Werkstatt, und sprang damit über Bord. Wir riefen ihm wiederholentlich zu, er sollte ihn zurückbringen; aber es war vergebens. Der Kerl schwamm damit fort, und schien sehr über seine Eroberung zu frohlocken. Eins von den Kanots nahm ihn sogleich auf, und ruderte nach dem Ufer zu. Hierauf beschloß unser Kapitain, ein Exempel an ihm zu statuiren, und zwar um so mehr, da es, wenn wir ihn ungestraft entkommen ließen, uns unmöglich war, mit einer solchen Anzahl von Leuten zu handeln, ohne beständig ihren Diebereien ausgesetzt zu sein. Dem zufolge wurden verschiedene Musketen auf den Dieb abgefeuert; und wir sahen sogleich, daß er schwer verwundet war, und heftig blutete. Einige Zeit nachher ließen sich seine Gefährten überreden, ihn an das Schiff zu bringen, und wir nahmen ihn an Bord. Die Kugel hatte sein Unterkinn getroffen, und einen Theil der Oberlippe beschädigt. Unser Wundarzt verband die Wunde so gut er konnte, und wir schickten den armen Kerl fort; aber ehe er uns verließ, bettelte er bei dem Kapitain um ein Tobie, das er auch wirklich bekam.

Die Indianer waren durch diesen Umstand nicht im geringsten scheu geworden, sondern handelten gleich nachher mit uns, als ob gar nichts vorgefallen wäre.

1787.
September.

Unser Kapitain hatte nicht die Absicht, bei dieser Insel zu ankern, sondern nur gelegentlich ab und zu zu laviren, um einen guten Vorrath von Schweinen und Vegetabilien, und so viele Schnüre, als wir bekommen könnten, einzunehmen; denn dieser Theil von Owaihie verfertigt eine große Menge Angelschnüre, welche, wie wir durch Erfahrung gefunden hatten, sehr nützlich sind, um allerlei Arten von Tauen daraus zu machen.

Um Mittag sahen wir Maui. Die östliche Spitze desselben lag nach Norden 56 Gr. Westlich, ungefähr zwölf große Seemeilen entfernt; und die äussersten Spitzen von Owaihie von Süden 76 Gr. Westlich bis nach Norden 30 Gr. wir waren Oestlich; ungefähr acht große Seemeilen vom Ufer und unsre Breite war 20 Gr. 17 Min. Nördlich.

Da das Wetter den 7ten gelinde war, so lavirten wir gelegentlich, weil wir so am bequemsten mit den Leuten handeln konnten. Diese fuhren indessen fort, uns mit Schweinen und Vegetabilien zu versehen, so daß wir gegen Abend einen großen Vorrath von Provisionen hatten.

Den 8ten, um 6 Uhr Morgens, bekamen wir einen frischen östlichen Wind und schönes Wetter. Nun fuhren wir längs dem Ufer auf die östlichste Spitze der Insel zu, welche um Mittag nach Süden ungefähr fünf Meilen entfernt lag, wobei unsre Entfernung vom Ufer 4 Meilen betrug. Es folgte uns eine Anzahl Kanots; aber da wir einen frischen anhaltenden günstigen Wind hatten, so ließen wir sie bald zurück. Um 1 Uhr, da wir ziemlich nahe an der westlichen Spitze waren, legten wir bei, um den Leuten Gelegenheit zu geben, daß sie Seltenheiten einkaufen könnten, wozu unser Kapitain ihnen Erlaubniß gegeben hatte. Es kam eine große Menge Kanots von diesem Theile der Insel an das Schiff, und wir kauften einen guten Vorrath Schnüre zu unserm Gebrauche. Um 3 Uhr gingen wir unter Segel, und richteten unsern Lauf nach Whahu; denn da wollte Kapitain Dixon Holz und Wasser einnehmen. Um 6 Uhr lag die kleine Insel Tahaura nach Norden 60 Gr. Westlich, ungefähr acht Meilen entfernt. Da den Abend der Wind frischer ward, so nahmen wir zwei Reffe in unsern Marssegeln und dem großen Segel ein; und um 10 Uhr setzten wir sie dem Winde näher Südwärts, weil es nicht rathsam war, die Nacht hindurch gerade an zu segeln. Den 9ten um 5 Uhr Morgens, legten wir um, und setzten die Segel bei. Das Wetter war schön mit einem frischen östlichen Winde, welcher die erste Hälfte des Tages anhielt; aber nachher hatten wir leichte veränderliche Winde und mitunter Windstillen. Um Mittag lag das westliche Ende von Ranay nach Norden 10 Gr. Westlich, ungefähr zehn Meilen entfernt. Den Nachmittag über waren verschiedene Kanots am Schiffe, welche uns fast nichts als eine Anzahl Angelschnüre brachten, die wir für kleine Tobies kauften.

Um 6 Uhr lag an der westlichen Seite von Ranay ein stumpfer Hügel, welcher Beachy Head (in England) sehr glich, nach Norden 6 Gr. Oestlich, fünf Meilen entfernt. Den Abend hatten wir verschiedene heftige Windstöße, weshalb wir in unsern Marssegeln alle Reffe einnahmen; aber gegen Mitternacht ward das Wetter gelinde, und den 10ten Morgens bei Tagesanbruch spannten wir alle Segel auf, da wir Whahu gerade vor uns sahen. Ein frischer östlicher Wind war uns günstig, und nach halb zwölf Uhr, da wir uns ziemlich in der Bay befanden wo wir vorher geankert hatten, warfen wir den besten Bug-Anker, in neunzehalb Faden auf sandigem mit Felsen vermischtem Boden. Die äussersten Spitzen der Bay lagen von Süden 80 Gr. Oestlich, bis nach Süden 68 Gr. Westlich, ungefähr zwei Meilen vom Ufer entfernt.

Wir hatten die Absicht, hier nicht länger zu bleiben, als nöthig wäre, um uns mit Holz und Wasser zu versehen, da wir aus trauriger Erfahrung wußten, daß es beinahe unmöglich ist, hier lange liegen zu bleiben, ohne die Ankertaue zu beschädigen; theils wegen des schlechten Bodens, theils wegen der ungestümen Wogen, die beständig von Südosten in die Bay schlagen.

Es waren verschiedene Kanots am Schiffe, von denen wir einige nach Wasser an das Ufer schickten; aber wenige von den Leuten brachten welches, denn, wie sie sagten, war Alles Tabu.

Den Nachmittag mußten unsre Leute das Tauwerk hinten und vorn wieder befestigen. Gegen Abend waren unsre Gäste ziemlich zahlreich; aber sie bestanden größtentheils aus Weibern, welche, in der Erwartung Männer auf die Nacht zu bekommen, an das Schiff kamen. So hatten, ob uns gleich jetzt die nothwendigen Artikel versagt wurden, doch diejenigen, welche geneigt waren sich mit lustigen

1787. Mädchen von Whahu zu trösten, keine Ursach sich zu beklagen. Den 11ten, Morgens, besuchte uns unser alter Freund der Priester, mit seinen gewöhnlichen Begleitern. Von ihm erfuhren wir, daß der König uns einen Besuch abstatten wollte, ehe die Eingebornen Erlaubniß bekämen, uns mit Wasser oder Provisionen zu versehen. Dem zufolge kam Tiretire gegen Mittag an Bord, und zwar in Begleitung einer Anzahl Vornehmer und seines Neffen Meiaro, dessen Gestalt und Figur ich so sehr bewunderte, als ich mich zuletzt hier befand. Er war noch stärker geworden, als damals; aber seine Haut war an verschiedenen Orten mit einer Art von weißem Schorf überdeckt. Ich hielt dies Anfangs für die Wirkung des Ava-Trinkens; aber als ich ihn darum fragte, sagte er mir: es sei eine unter ihnen sehr gewöhnliche Krankheit; die Ava habe keineswegs Schuld daran, da es für einen so jungen Menschen wie er, ein Verbrechen wäre, dies Getränk zu berühren.

Der König brachte ein schönes Schwein und einige Kokosnüsse zum Geschenk; aber es war einleuchtend, daß er sein Betragen gegen uns nach der Art wie wir ihn aufnahmen, abmessen wollte. Wir konnten also erwarten, daß man unseren Bedürfnissen in dem Maße abhelfen würde, als er mit unsern Geschenken zufrieden wäre. Er fragte wiederholentlich nach dem Kapitain Portlock, und schien sehr begierig ihn zu sehen. Meigro und verschiedene Vornehme erkundigten sich nach Pelapeia, und schienen vergnügt, als sie hörten, er sei in Atuai.

Nachdem Tiretire seine Neugierde befriedigt, und Kapitain Dixon ihm ein Geschenk von einigen Tohles und andren Kleinigkeiten gemacht hatte, so ging er an das Ufer; und wir fanden augenblicklich die guten Wirkungen unsrer Freigebigkeit: denn es kam eine große Menge der Eingebornen haufenweise mit Wasser zu uns, so daß wir bei Sonnenuntergang vierzehn Tonnen angefüllt hatten.

Den 12ten, Morgens bei Tagesanbruch, waren wir von Kanots mit Wasser umgeben, so daß unsre übrigen leeren Gefäße augenblicklich gefüllt wurden, und viele von den armen Indianern ihre Kürbisse in die See ausleerten, als sie fanden, daß wir nichts mehr davon brauchten. Nun lag uns besonders viel daran, uns Holz zu verschaffen. Kaum erfuhren unsere Freunde dies, so ruderten sie nach dem Ufer zu, und versahen uns in weniger als einer Stunde sehr schnell damit. Sie brachten auch eine große Menge Früchte, die den Pfirsichen etwas glichen*) und die ich bei unsrem vorigen Besuche dieser Insel nicht bemerkt hatte: sie schmecken sehr angenehm und sind kühl, saftig und erfrischend. Die Eingebornen versahen uns sparsam mit Schweinen und Vegetabilien; aber wir litten an keinem von beiden Artikeln den geringsten Mangel, da der Vorrath, den wir in Owaihi bekommen hatten, bei weitem noch nicht erschöpft war.

Gegen Mittag statteten uns Tirétiré und seine Begleiter einen zweiten Besuch ab, und brachten zwei Schweine und einige Kokosnüsse zum Geschenke mit. Da der Waffenschmidt gerade arbeitete, so befahl ihm Kapitain Dixon, einen Pahan**) für den König zu machen. Dies gefiel ihm außerordentlich, und er bezeugte uns seine Freundschaft auf die unzurückhaltendste Art; auch versprach er, Popote ***), wenn er käme, mit allem, was die Insel nur hervorbrächte, zu bedienen.

Gegen 3 Uhr Nachmittags hatten wir eine hinlängliche Menge Holz an Bord; und da unser Kapitain Willens war, diesen Ort sobald als möglich zu verlassen, so mußten die Leute die Verdecke abräumen, und alles zur Abfahrt bereit halten. Wahrscheinlich wirst Du nun aus Atuai von mir hören. Der Deinige

Whahu, den 13. September. W. B.

Vierzigster Brief.

Abreise von Whahu und Fahrt nach Atuai — Verhandlungen daselbst — Ein merkwürdiges Beispiel von Gefühl bei einem Oberhaupte. — Allgemeine Nachricht von den Sandwich-Inseln.

Da wir einen frischen östlichen Wind bekamen, so lichteten wir den 13ten um 5 Uhr Morgens den Anker, und segelten nach Atuai. Während unsers Aufenthaltes bei Whahu hatten wir beständigen Wind aus O. N. O. und sehr gelindes Wetter gehabt. Der niedrigste Grad des Thermometers war 79, und die Breite unsers Ankerplatzes 21 Gr. 16 Min. Nördlich.

---

*) Wahrscheinlich ist dieses die Frucht der *Eugenia malaccensis Linn.* welche in allen Inseln der Südsee in großer Menge zu wachsen und die Einwohner mit ihrer angenehmen kühlenden Frucht zu erfrischen pflegt. S.

**) Eine Art Dolch oder Schwerdt. S.

***) Wie schon angemerkt worden ist, verwandelten die Eingebornen den Namen Portlock in Popote. S.

Der alte Priester und seine Begleiter hatten uns seit dem Morgen des 12ten mit ihrer Gesellschaft beehrt. Da jetzt kein Kanot kam, um ihn zu holen, so legten wir öfters im Laviren um; denn wir wollten den alten Mann, wenn wir es irgend vermeiden könnten, nicht gern nach Atuai mitnehmen.

Gegen 7 Uhr kam das Kanot des Priesters an das Schiff. Gleich nachher sahen wir auch das Kanot des Königs in großer Eil vom Lande abstoßen; nun legten wir das große Marssegel zurück, und fanden bald, daß es Tiretire und seine Begleiter waren.

Als der König an Bord kam, schien er es zu beklagen, daß wir Whahu so bald verlassen wollten, und suchte uns zu überreden, er habe weiter keinen Bewegungsgrund, uns diesen Besuch abzustatten, als uns Lebewohl zu sagen; aber, wie sich leicht bemerken ließ, brachte hauptsächlich Eigennutz ihn an Bord, und er sah es ungern, daß wir die Insel verlassen wollten und alle unsre Bedürfnisse so schnell befriedigt erhalten hatten, ohne unsre vorigen Geschenke mit neuen zu vermehren. Zwar that er, um ihm Gerechtigkeit widerfahren zu lassen, keine solche Anforderung geradezu an uns; aber er gab uns häufig zu verstehen: daß unsrem Mangel an Holz und Wasser so schleunig abgeholfen worden sei, rühre von seinen ausdrücklich dazu ertheilten Befehlen her; und Popote'n sollte, sobald er käme, eine eben so achtungsvolle Aufmerksamkeit bezeigt werden. Da Tiretire großen Nachdruck auf diesen letzten Umstand zu legen schien, so machte ihm unser Kapitain noch ein Geschenk von einigen Aerten und Sägen, und setzte ihn dadurch in die höchste Freude, die sich denken läßt.

Da unsre Fahrt nahe bei dem Theile der Insel vorbei ging, wo der König sich gewöhnlich aufhält, so blieb er einige Zeit an Bord, und war sehr darüber erfreut, das Schiff unter Segel zu sehen. Als wir beinahe mit dem Winde im Rücken fuhren, befahl Kapitain Dixon dem Mann am Steuerruder, wechselsweise das Schiff näher an den Wind zu steuern, und dann wieder vollen Wind zu nehmen. Dies zog Tiretire's Aufmerksamkeit sehr stark an sich, und erregte Erstaunen und Bewunderung bei ihm.

Gegen 11 Uhr, da wir dicht an Wheitete-Bay, des Königs Residenz, waren, verließ er uns mit vielen Freundschaftsversicherungen, und wiederholte dabei häufig das Wort proha, oder: ich wünsche euch eine glückliche Reise und günstigen Wind. *)

Den Nachmittag und die Nacht hindurch hatten wir leicht veränderliche Winde, und dickes schwüles Wetter. Den 14ten Morgens erhob sich ein gelinder Wind aus N. N. O. Um Mittag lag die Südwestliche Spitze von Whahu nach Süden 75 Gr. Oestlich, und die Nordwestliche nach Norden 83 Gr. Oestlich, ungefähr acht große See-Meilen entfernt.

Den Nachmittag und die Nacht hindurch hatten wir leicht veränderliche Winde, und mitunter Windstillen. Den 15ten Morgens um 8 Uhr sahen wir Kings Mount auf Atuai, welcher nach Nordwesten bei West ¼ Westen neun Meilen entfernt lag. Um Mittag hatten wir einen leichten östlichen Wind und helles Wetter. Die Mittagshöhe zeigte 21 Gr. 43 Min. N. Breite. Den Nachmittag um 6 Uhr lagen die äussersten Spitzen von Atuai von Norden 20 Gr. Westlich nach Süden 85 Gr. Westlich; wir waren vom Ufer vier oder fünf große Seemeilen entfernt.

Da der Abend wolkicht und dunkel war, so kehrten wir um 7 Uhr die Segel dem Winde näher Nordwärts, und lavirten die Nacht hindurch gelegentlich. Den 16ten, um 5 Uhr Morgens, lichteten wir die Anker, und gingen mit einem leichten östlichen Winde unter Segel. Gegen 9 Uhr waren wir nicht volle zwei Meilen von der östlichen Seite von Atuai. Eine Menge von Eingebornen kam augenblicklich an das Schiff, und brachte uns Batatten und Tarro (*Arum esculentum Lin.*) welche wir für Nägel einkauften. Unsre Breite zu Mittage war 21 Grad 52 Min. Nördl. Wir segelten immer längs dem Ufer nach Weimoa-Bay; aber da der Wind leicht und veränderlich war, so blieb es zweifelhaft, ob wir unsern Vorsatz würden ausführen können. Nun fand sich wieder eine große Menge von Kanots bei dem Schiffe ein. Viele von den Leuten darin freueten sich, uns wieder zu sehen: auch fragten sie noch Popote, und schienen unruhig darüber,

---

*) Dieser Wunsch lautet eigentlich Erouhæroi und heißt: ich bete zu Bett für dich. Man sieht hieraus, wie viele Mißverständnisse unvollkommene Kenntniß einer Sprache veranlaßt. Ich setze den Umgang mit Mahaine und mit Omaitin den Stand, sehr viel von der Sprache der Südsee-Inseln zu lernen, und die Wörter genau nach der richtigen Aussprache aufzuschreiben. S.

daß er nicht in unsrer Gesellschaft war. Auf unser Befragen, wo Abbenaue und sein Sohn Teiheira wären, sagten sie uns, daß beide sich in Oniehau befänden.

Gegen 5 Uhr kam unser alter Freund Langbein an Bord; er war so erfreut, seine alten Bekannten wieder zu sehen, daß ihm Thränen über die Wangen herunter liefen, und es dauerte einige Zeit, ehe er vollkommen ruhig ward und sich wieder faßte. Von ihm erfuhren wir, daß Abbenaue an der Küste von Atuai wäre, und nicht in Oniehau, wie man uns gesagt hatte.

Da der kleine Wind, den wir den Nachmittag über hatten, erstarb, so gingen wir um 6 Uhr mit dem kleinen Anker in neunzehn Faden auf sandigem Boden, ungefähr zwei Meilen ostwärts von unsrer vorigen Stelle, vor Anker.

Bald nachher kam Teiheira an Bord, und fing an, da wir ihn nach Abbenaue fragten, uns eine sehr klägliche Geschichte zu erzählen, deren Inhalt folgender war. Seitdem wir Atuai verlassen, wäre ein Schiff dort gewesen; der Kapitain habe die Bewohner sehr übel behandelt, und sogar verschiedene von ihnen getödtet; daß sein Vater deshalb nicht an Bord zu uns kommen dürfte, da er nicht wüßte, daß unser Schiff in einer so großen Entfernung wäre. Kapitain Dixon sagte ihm, es sollte kein Handel getrieben werden, bis Abbenaue am Bord gewesen wäre. Hierauf schickte Teiheira augenblicklich ein Kanot ab, seinen Vater zu holen, und zugleich gab er ihm ein Zeichen, um ihm anzudeuten, daß er sicher kommen könnte. Dies that die gewünschte Wirkung; denn in weniger als einer halben Stunde hatten wir das Vergnügen, unsern guten Freund Abbenaue an Bord zu sehen, und er war nicht weniger erfreut, seine alten Bekannte wieder vor sich zu haben. Aber es schien ihm leid zu thun, daß Kapitain Portlock, oder Popote, wie er ihn nannte, nicht bei uns war. Nach dem was uns Teiheira von dem fremden Schiffe gesagt hatte, waren wir geneigt zu glauben, es sei Kapitain Meares gewesen, der mit den Eingebornen Streit gehabt habe, besonders da unsre Kapitaine ihm gerathen hatten, lieber bei Atuai als bei irgend einer andern Insel anzuhalten. Als wir Abbenaue um diesen Umstand fragten, sagte er uns, die Nutka habe vor zwanzig Tagen Atuai verlassen; der Kapitain sei enou (ihno) ein böser Mann, und habe ihnen nicht ein einziges Geschenk gegeben, ob er gleich mit allen Erfrischungen, welche die Insel hervorbringe, reichlich wäre versehen worden.

Unsre

Reise um die Welt.

Unser Kapitain hatte nicht die Absicht länger hier zu bleiben, als nöthig war, uns einen guten für das Schiffsvolk hinlänglichen Vorrath von Schweinen und Vegetabilien zu verschaffen, und es schien, als wenn uns dies Geschäft wahrscheinlich nur eine sehr kurze Zeit aufhalten würde; denn früh Morgens den 17ten waren wir mit Kanots umgeben, welche Tarro, Batatten, Kokosnüsse und Zuckerrohr brachten. Viele hatten schöne Schweine, besonders Abbenaue, Teihesra, Langbein, und der alte Toetoe, der uns ehemals so reichlich mit Tarro versorgte. Wir kauften sogleich mehr Schweine, als wir lebendig bequem fortbringen konnten. Hierauf befahl der Kapitain den Leuten, so viel zum Schiffsvorrath zu schlachten und einzusalzen, als hinlänglich wäre, zwei Fässer anzufüllen.

Früh Morgens den 18ten waren unsere Verdecke mit Gästen angefüllt; denn ob wir gleich, wenn wir an diesen Inseln waren, immer nur wenige Leute an Bord zu lassen pflegten, so konnte es doch jetzt nicht gut vermieden werden, besonders da Kapitain Portlock abwesend war, und wir gern jedem, der einem der beiden Schiffe kleine Dienste erwiesen hatte, alle nur mögliche Aufmerksamkeit bezeigen wollten.

Unter unsren übrigen neuen Gästen führte Teiheira seine Frau und zwei kleine Knaben zu uns. Der älteste war ein kleiner listiger Bube, ungefähr von vier Jahren, und der jüngere noch auf seiner Mutter Armen. Sie ist ein sehr hübsches bescheidenes Frauenzimmer, und scheint für ihre Kinder mit wahrer mütterlicher Zärtlichkeit zu sorgen. Teiheira hatte, um unserm Kapitain ein Kompliment zu machen, seinen ältesten Sohn Popote nach dem Kapitain Portlock, und den jüngern Ditteana nach dem Kapitain Dixon genannt.

Abbenaue berichtete uns, daß der König den Vormittag an Bord kommen wollte; und um 10 Uhr erschien Teiheira in einem großen Doppel-Kanot, von einem andern begleitet, worin sich seine Tochter und zwei Nichten befanden.

Die Begleitung dieser großen Personen war sehr zahlreich, und stimmte, als sie an Bord kam, einen Hiva oder Gesang an, welcher schöner war, als irgend einer, den ich in dieser Insel gehört hatte.

1787. Septemb.

Der König war sehr erfreut uns wiederzusehen, und fragte insbesondere nach Popote. Da wir ihm sagten, daß wir nicht länger bleiben würden, als wir nöthig hätten, um uns einen Vorrath von Provisionen anzuschaffen, so schien er es sich sehr angelegen sein zu lassen, uns mit allem, was die Insel hervorbringt, zu versehen; und in der That wetteiferten alle Oberhäupter mit einander, unsern verschiedenen Bedürfnissen schleunig abzuhelfen. Selbst der Eigennuz schien in diesem gutmüthigen Getümmel gütiger und freundschaftlicher Dienste vergessen zu sein.

Unter den vielen Beispielen von Güte und gutmüthiger Aufmerksamkeit, die uns diesmal die Oberhäupter ganz allgemein bewiesen, muß ich eine Handlung von Langbein erwähnen, da sie ihm die größte Ehre macht und selbst einer Person von Erziehung und feinem Gefühle zum Ruhme gereichen würde.

Er hatte sich oft am Bord aufgehalten, als wir uns zuletzt in Atuai befanden, und war daher mit allen unsern Leuten persönlich bekannt. Da er von Natur Neugier hatte, so nahm er jetzt Gelegenheit, sich unter sie zu mischen und viele Fragen in Ansehung der Reise an sie zu thun. Als er zwischen den Verdecken hinunter ging, begegnete er dem Zimmermann, der eine geraume Zeit eine auszehrende Krankheit gehabt hatte und jetzt sehr schwach und elend aussah. Sein bleiches Gesicht und seine abgezehrte Gestalt rührten den armen Langbein sehr; eine Thräne des Mitleids stahl sich unbemerkt die Wangen hinunter, und er erkundigte sich nach des Mannes Krankheit in einem zärtlichen und mitleidsvollen Tone. Da er ihn sehr schwach und entkräftet sah, so rieb er ihm sanft die Muskeln seiner Beine und Schenkel, und tröstete ihn so gut er konnte. Gleich darauf kam er auf das Verdeck, rief sein Kanot herbei, und fuhr eiligst ans Land, ohne von jemand auf dem Hintertheile des Verdeckes Abschied zu nehmen, welches er sonst immer zu thun pflegte. Aber er kam sehr bald wieder, und brachte ein schönes Huhn mit. Dies trug er sogleich zu dem Zimmermann hinunter, und sagte ihm: er solle es sich zurecht machen lassen, dann würde ihm hoffentlich in einem oder in zwei Tagen besser werden.

Dieser Umstand zeigt, daß es den hiesigen Einwohnern keinesweges an den feinen Gefühlen der menschlichen Natur fehlt, und veranlaßt zugleich den Gedanken, daß Krankheiten bei ihnen nicht sehr ungewöhnlich sind.

Reise um die Welt.

Gegen Mittag erhob sich ein frischer Wind aus Norden her. Kapitain Dixon wünschte diese Gelegenheit zu benutzen, um den Anker zu lichten; aber da wir unsern Vorrath an Vegetabilien besahen, so fanden wir es nöthig, uns noch mehr zu verschaffen. Es fehlte uns nehmlich nicht nur zum Gebrauch des Schiffs daran, sondern auch um die Schweine zu füttern, deren wir, grosse und kleine, beinahe achtzig an Bord hatten. Der König erfuhr kaum, was uns fehlte, als er sogleich mit Abbenaue, Toetoe, Teiheita und Langbein ans Land fuhr; und alle versprachen, sehr bald mit araxarau (woran woran) oder einer grossen Menge Tarro zurückzukommen. Während dessen ankerten wir, und hielten alles bereit, um in See zu gehen.

Gegen 3 Uhr kam der König mit den Oberhäuptern zurück, und jeder brachte ein grosses Doppelkanot mit Tarro und Zuckerrohr beladen, so daß wir jetzt vollkommen mit allen Artikeln versehen waren, welche die Insel hervorbringt.

Die Geschwindigkeit, mit der wir diesen letzten Tarro bekamen, und ihre edle und großmüthige Art ihn an Bord zu bringen, wunderten und freueten uns. Unser Kapitain säumte übrigens nicht, dies Geschenk gehörig zu erwidern. Dem Könige gab er einen Pahau, einen grossen Mantel von Boy, mit Borten besetzt, und einen grossen Tohie. Dies alles gefiel ihm so sehr, daß er sich für den grössten Monarchen auf der Welt hielt. Die andern Oberhäupter wurden zu ihrer Zufriedenheit mit Tohies, Aexten und Sägen belohnt. Auch die Damen von Stande, deren wir keine geringe Anzahl an Bord hatten, wurden reichlich mit Knöpfen und Glasperlen geschmückt. Kurz, Alle waren vollkommen zufrieden, und betheuerten uns zu wiederholtenmalen ihre Freundschaft und Dankbarkeit.

Ehe wir diese Inseln ganz und gar verlassen, wirst Du vielleicht eine Art von Supplement zu den Nachrichten erwarten, die ich Dir gelegentlich von ihren Bewohnern mitgetheilt habe. Die wenigen Bemerkungen, die ich zu machen im Stande bin, stehen Dir völlig zu Diensten.

Diese Inseln wurden von dem verstorbenen Kapitain Cook auf seiner letzten Reise in dem stillen Oceane entdeckt. Er nannte sie die Sandwich-Eilande, zu Ehren des Grafen von Sandwich, seines besondern Patrons, der damals Präsident des Admiralitätskollegiums war.

1787.
Septemb.

Diese Entdeckung, welche allein hinlänglich wäre, seinen Namen unsterblich zu machen, hat ihm einen zu frühen Tod zugezogen, da er sein Leben auf Owaihie in einem Streite mit den Eingebornen verlor.

Sie liegen*) vom 18 Gr. 54 Min. bis zum 22 Gr. 15 Min. N. Breite, und vom 154 Gr. 56 M. bis zum 160 Gr. 24 M. W. Länge, und ihrer sind eilf an der Zahl, nehmlich: Owaihie, Maui, Ranay, Morokinne, Tahoaroa, Morotay, Whahu, Atuai, Onihaura, Nihau oder Onihau und Tahaura **). Das besondere Maaß jeder Insel kann ich Dir nicht geben, da Du aus meinen vorigen Briefen wissen mußt, daß wir mit dem größern Theile derselben nur sehr superficiell bekannt sind: ich werde deshalb nur bemerken, daß Owaihie die am weitesten nach Süden und Osten hin gelegene ist; die südliche Spitze liegt unter 18 Gr. 54 Min. Nördl. Breite, und der östlichste Theil unter 154 Gr. 56 Min. W. Länge. Die übrigen liegen in einer beinahe Nordwestlichen Richtung und in der bereits erwähnten Ordnung; die Nördliche Spitze von Atuai liegt unter 22 G. 15 Min. N. Breite, und der westliche Theil von Tahaura unter 160 Gr. 24 Min. W. Länge.

Maui liegt zunächst an Owaihie, und scheint ungefähr zwanzig Meilen lang. Nach Kapitain Cook's Bericht, ist an der östlichen Seite dieser Insel eine schöne Bay. Wir wollten im vergangenen November darin einfahren, wurden aber von widrigen Winden daran gehindert. Tahoaroa und Morokinne liegen zwischen Maui und Ranay; es sind bloße Gartenflecke, und ich kann nicht sagen, ob sie Bewohner haben. Ranay ist um ein gutes Theil kleiner, als Maui; die Produkte desselben sind im Allgemeinen fast einerlei mit denen in den übrigen Inseln. Morotay liegt am weitesten nach Norden und Westen hin, und scheint in der Größe Maui gleich zu seyn.

Whahu kommt, glaube ich, Owaihie in der Größe am nächsten; denn es ist über dreißig Meilen lang, und hat wenigstens zwanzig Meilen in seiner größten Breite. Die Bay, in der wir ankerten, ist in 21 Gr. 15 Min. N. Breite.

*) Man sehe eine Karte dieser Inseln in Cook's letzter Reise nach dem stillen Ozean. L'e.

**) Die Insel Tahoaroa nennt Cook Tahurowa, und die, welche hier Onihaura heißt, wird von ihm Oriehaua genannt. Die letzte Insel Tahaura endlich heißt bei Cook Tahura. S.

Reise um die Welt.

Atuai liegt mehr als einen Grad nach Nordwesten von Whahu: es hat in der Länge ungefähr dreißig, in der größten Breite aber funfzig Meilen. Oniehaura ist sehr klein, und liegt zwischen Atuai und Oniehau. Die Hauptprodukte desselben sind Yams. Oniehau ist beträchtlich größer und ungefähr zehn Meilen breit. Tahaura ist die westlichste Insel dieser Gruppe, und, wie ich glaube, unbewohnt.

Diese Inseln sind größtentheils bergicht, und zwar einige in hohem Grade. Kapitain King*) hält Monakaah und Monaroa, zwei Berge auf Owaihie, für beträchtlich größer, als den berühmten Pik von Teneriffa; und das hohe Land in Maui scheint nicht viel niedriger, als diese Berge. Ich habe schon sonst bemerkt, daß die Gipfel beider beständig mit Schnee bedeckt sind; und doch kann man bei den zahlreichen und wohlangebaueten Pflanzungen um den Fuß derselben und bei dem jahlreichen Laube der Bäume, womit die Seiten bedeckt sind, gar nicht an den Winter denken. Auch ist die Aussicht auf diese Inseln im Allgemeinen nicht weniger abwechselnd und angenehm; das Land zunächst der See ist voll von Dörfern, welche von den ausgebreiteten Zweigen der Kokos-Palme, des Pisangs, und der Papier-Maulbeerbäume gegen die brennende Sonnenhitze beschützt werden. So wie das Auge weiter in das Land hineinblickt, ziehen unzählige auf das regelmäßigste angelegte Pflanzungen, die Aufmerksamkeit auf sich, bis die Landschaft endlich von Bergen begränzt wird, die bis zum Gipfel alles Grün eines ewig dauernden Frühlings bekleidet.

Obgleich diese Inseln innerhalb der Wendezirkel liegen, so hat uns doch die Erfahrung gelehrt, daß die Passatwinde hier, besonders Westwärts von Whahu, keinesweges beständig sind. Auch das Wetter ist sehr unbeständig; und außerdem haben diese Inseln noch eine andre Unbequemlichkeit, nehmlich den Mangel eines guten Hafens. Indeß zweifle ich nicht, daß Schiffe während der Sommermonathe in Karakakoa-Bay auf Owaihie, oder in Weymoa-Bay in Atuai, mit großer Sicherheit liegen können.

*) Man sehe Kapitain Cook's letzte Reise nach dem stillen Ocean. Th. 2.

Das Klima ist, wie ich glaube, ziemlich eben so wie in allen tropischen Inseln. Die mittlere Höhe des Thermometers war während unsers Hierseins 80 Grad.

Owaihie ist unter allen Inseln der Gruppe bei weitem die ergiebigste. Als einen Grund hiervon können wir in der That den Umstand ansehen, daß sie noch einmal so groß ist, als zwei von den andern. Aber doch sind die Bewohner in Verhältniß zu der Größe derselben sehr zahlreich. Daher wird das Land mehr kultivirt, als in irgend einer der übrigen Inseln; und eben deshalb trift man hier eine so große Menge von Vegetabilien an.

In meinem nächsten Briefe wirst Du noch einige besondre Bemerkungen über diese Inseln finden, so wie ich sie Dir zu geben im Stande bin; und Du kannst Dich darauf verlassen, daß ich sie als unmittelbarer Beobachter gemacht habe. Leb wohl. Der Deinige u. s. w.

Atuai, den 12. September. W. B.

Ein und vierzigster Brief.

Fortsetzung der Nachricht von den Sandwich-Eilanden — Ihre Sitten — Gebräuche — Kleidung — Ergötzlichkeiten und eine Probe ihrer Sprache.

Das, weshalb Owaihie besucht zu werden verdient, ist die große Anzahl von vortreflichen Schweinen, die es liefert. Hühner sind hier ebenfalls in großem Ueberflusse. An Batatten und Vegetabilien giebt es Brodfrucht und Pisangs am häufigsten. Tarro ist seltner, oder vielmehr schlecht, und Yamswurzeln sind nur wenige vorhanden. Atuai ist gewiß im Range die zweite Insel, wo man Erfrischungen einnehmen könnte, und in einiger Rücksicht Owaihie noch vorzuziehen; es hat vortrefliche Schweine und den größten Ueberfluß an Tarro, Batatten und Pisangs. Kokosnüsse trift man hier in größerem Ueberfluß an, als vielleicht auf allen andren Inseln zusammengenommen; auch giebt es hier schönes Salz in Menge, welches besonders beim Einpökeln des Schweinefleisches zum Seevorrathe brauchbar ist. Ueberdies kann man leicht Ueberfluß von vortreflichem Wasser haben, und sich wenigstens auf eine Zeitlang mit Holz versehen. Die Oberhäupter sind leicht jemand zugethan, und auf diese Weise geht ein jedes Geschäft mit der größten Ordnung und Regelmäßigkeit von Statten. Obgleich Whahu jeder von den eben erwähnten Inseln in Ansehung der Schweine und der Vegetabilien nachsteht, so verdient es doch geradezu den ersten Rang, wenn man erwägt, daß es die nothwendigsten Artikel, Holz und Wasser, hergiebt; und ich habe Grund zu glauben, daß es in wenigen Jahren Atuai in Ansehung der Fruchtbarkeit gleich kommen wird. Das Volk scheint in hohem Grade von einem gewissen Verbesserungsgeiste beseelt zu sein, und man sieht wirklich mit Erstaunen, daß viele Theile der Insel jetzt einen ganz andern Anblick gewähren, als damals, da wir zum erstenmal bei ihnen ankerten. Die Bay wo wir lagen, und besonders die Wheititte - Bay ist ganz voll von neuen Pflanzungen, welche die regelmäßigste Lage haben und in einem sehr blühenden Zustande zu sein scheinen.

Oniehau ist wegen der großen Menge von vortreflichen Yams, die es hervorbringt, merkwürdig. Man findet daselbst auch eine süße Wurzel, die man Tee oder Tea *) nennt. Sie ist gewöhnlich so dick, wie das Faustgelenk eines Menschen, aber bisweilen viel größer. Sie wird gemeiniglich vorher gebacken, ehe man sie zum Tauschhandel bringt. Diese Wurzel ist von einer feuchten klebrichten Beschaffenheit, und giebt bei schicklicher Bereitung vortrefliches Bier. Die andern Inseln bringen im Ganzen einige Schweine, ferner Batatten, Brodfrüchte, Tarra, Pisangs und Salz hervor. Der letzte Artikel macht diese Inseln noch vorzüglicher, als Otaheiti, oder irgend eine andre von den schönen Inseln in dem Südlichen stillen Meere, auf denen allen dieser so sehr nützliche Artikel gar nicht anzutreffen ist. Schweine und Hunde sind die einzigen vierfüßigen Thiere, die wir hier sahen. Die Hunde scheinen von der Gattung der Schäferhunde zu sein, und sind träge und schwerfällig: sie haben scharf gespitzte Ohren, die nach der Nase zu gerichtet sind.

Von Vögeln hat man hier eben nicht vielerlei Arten. Die Kolibris **), deren ich schon erwähnt habe, sind bei weitem die zahlreichsten, und es giebt ihrer

---

*) Tee, nach Englischer Rechtschreibung, wird Tih oder Tiht ausgesprochen, und ist Linné's *Dracaena terminalis*, welche man in den Südsee-Inseln gemeiniglich neben den Begräbnis- und Anbetungsplätzen oder den Marais pflanzt. Ihre Blätter sind das Zeichen des Friedens, und ihre Wurzeln werden gegessen.   J.

**) Die vom Verf. für Kolibris gehaltenen Vögel sind Baumkletten *Certhiae*, und der hier genannte ist die *Certhia coccinea*.   S.

1787. Septemb.

zwei Gattungen, nehmlich den oben beschriebenen Rothvogel, und einen andern, dessen Brust blaßgrün, der Rücken und die Flügel aber hellbraun sind. Ferner giebt es hier Enten, Meerschwalben, Eulen, ꝛc. Es nisten eine große Menge Tropikvögel und Fregattpelikane auf Tahaura, welches unbewohnt ist, und werden häufig von den Eingebornen gefangen. Die Fische, die man hier am häufigsten antrift, sind Goldkarpfen oder Delphine (*Coryphoena*) Stachelfische (*Gasterosteus*) Haye u.s.w. Die Haye werden sehr geschätzt, vermuthlich wegen ihrer Zähne, denn sonst sind sie die Speise der Tautaus oder Hausbedienten, die keine bessern Arten von Fischen essen dürfen.

Holz wächst auf den Bergen dieser Inseln in großem Ueberflusse. Der vorzüglichsten Arten sind zwei: die eine gleicht dem Mahagoni, und die andre dem Ebenholze.

Die Anzahl der Einwohner auf diesen Inseln kann ich unmöglich mit irgend einem Grade von Gewißheit angeben. Kapitain King rechnet sie auf 400,000; allein mit aller Ehrerbietung für eine so ehrwürdige Autorität, kann ich meines Theils nicht umhin, diese Rechnung für sehr übertrieben zu halten: und wirklich erhellt dies ziemlich augenscheinlich aus ähnlichen Stellen in eben der Reise. Kapitain Cook meint, als er seinen ersten Aufenthalt zu Atuai beschreibt: diese Insel enthalte 30,000 Einwohner, und zwar weil er voraussetzt, daß 60 Dörfer darauf sind, von denen jedes 500 Seelen enthalte. Diese Berechnung ist gewiß zu hoch. Indeß treibt sie Kapitain King noch höher, und meint, daß Atuai 54,000 Einwohner enthalte; dies ist aber gewiß wenigstens um die Hälfte zu viel. Wenn wir daher von dem Ueberreste seiner Rechnungen in eben dem Verhältnisse etwas abziehen, und die ganze Summe der Einwohner zu 200,000 annehmen; so bin ich überzeugt, daß wir der Wahrheit näher kommen, als Kapitain King, dessen Berechnung eher auf eine bloß spekulative Meinung, als auf das Resultat einer genauen Beobachtung gegründet zu sein scheint.

Die Einwohner sind in ihrem Charakter und ihren Neigungen arglos, nicht beleidigend, freundschaftlich, nicht jähzornig oder leicht auffahrend. In Ansehung ihrer Sitten sind sie lebhaft und lustig; immer bereit, selbst Fremden einen kleinen Dienst, der in ihrer Macht steht, zu leisten. Alles was sie unternehmen, betreiben

treiben sie mit anhaltendem Fleiße und mit Unverdrossenheit. Wenn sie Neigung zu jemand haben, so sind sie in ihrer Freundschaft beharrlich, und laßen sich nicht leicht dahin bringen, das Interesse derjenigen, denen sie einmal Achtung bezeigt haben, zu vernachläßigen. Auf der andern Seite muß man aber auch gestehen, daß sie dem Stehlen ergeben sind und sich kein Gewissen daraus machen, zu plündern, sobald nur Gelegenheit dazu da ist. Doch dies thun hauptsächlich die Tautaus; und da wir von ihren Sitten nur eine unvollständige Kenntniß haben, so läßt sich unmöglich sagen, in wie weit der Diebstahl als ein Verbrechen angesehen wird. Allein bei aller dieser Neigung zum Stehlen sahen wir nie ein Beispiel von Unredlichkeit, wenn irgend etwas ihrer Aufsicht übergeben ward, so kostbar es auch für sie sein mochte. Ihre Sprache ist sanft, angenehm und reich an Vokalen. In ihrem Umgang unter einander scheint sie sehr wortreich, und sie sprechen mit großer Geläufigkeit; aber wenn sie sich mit uns unterhalten, bedienen sie sich nur derjenigen Wörter, welche am ausdruckvollsten und bedeutendsten sind, und laßen die vielen Artikel und Bindewörter, von denen sie in Unterredungen mit ihren Landsleuten Gebrauch machen, absichtlich aus. Doch eine Probe wird Dir einen weit bessern Begrif von der Sprache geben, als irgend eine Beschreibung; daher will ich hier ein Verzeichniß derjenigen Wörter hersetzen, deren Bedeutung ich während unsres hiesigen Aufenthaltes gesammelt habe.

Tanie, [1]) ein Ehemann. Hwahine, [2]) ein Weib oder Frau. Madua tanie, Vater. Madua hwahine, Mutter. Titu nanie, [3]) Bruder. Titu hwahine, [4]) Schwester. Titu, [5]) Kind. Meire, ein König. Ari, [6]) ein Oberhaupt. Tautau, [7]) ein Sklav oder Hausbediente. Tata, [8]) ein Mann oder Herr. Boa, [9]) ein Schwein. Manu, ein Vogel. Eiha, [10]) ein Fisch.

---

[1]) In Otaheiti bedeutet Tane ein Ehemann. Die Frau sagt: Tirra tane, „ich habe einen Mann;" der Mann: Tirra waheine, „ich habe eine Frau." [2]) Waheine, eine Frau oder ein Frauenzimmer. [3]) Tuhana, ein Bruder; in Neu-Seeland Tunghana. [4]) Tuahelne, in Taheiti eine Schwester. [5]) Didie, ein Kind. [6]) Erih, ein Fürst, oder Oberhaupt, oder jemand vom königlichen Geblüte. [7]) Tautau, Leibeigner. [8]) Tabata, in Taheiti, ein Mann; in Neu-Seeland Tangata. [9]) Bua, ein Schwein; in den freundschaftlichen Inseln Buacka oder Puaka. [10]) Eija, ein Fisch.

Hwarra,[11]) Batatten. Nihu,[12]) Kokosnüsse. Tu, Zuckerrohr. Wei,[13]) Wasser. Taro,[14]) eine große Wurzel des Namens. Poe,[15]) Tarropudding. Maia,[16]) Pisang. Mano,[17]) ein Haifisch. Patai,[18]) Salz. Ufe oder Ughe,[19]) Yams. Marama,[20]) die Sonne. Maheina,[21]) der Mond. Bubu, ein Knopf. Porihma,[22]) eine Anzahl Knöpfe an einem Faden. Hau,[23]) ein Nagel. Mattau,[24]) ein Fischhamen. Arala, ein Halsband von Federn. Taheibei, ein Fächer oder eine Fliegenklappe. Pahu,[25]) ein Speer. Tuhelhe, Holz. Ava,[26]) eine berauschende Wurzel. Matano, ein Geschenk. Awaha,[27]) ein Kahn. Toa,[28]) ein Ruder. Tibo,[29]) ein Kürbiß oder eine Kalabasse. Hi birro,[30]) unten gehn. Tabahau, ein Wassereimer oder Kübel. Tabu, ein Verbot. Tauro,[31]) ein Strick oder eine Leine von irgend einer Art. Tohi,[32]) ein Stein in der Gestalt eines Hobels, oder ein flaches Stück Eisen. Maràu,[33]) ein Tuch, das von Mannspersonen getragen wird.

11) Umara, Sumarra, und auch Sumalla, der Name der süßen Kartoffeln, *Convolvulus Chrysorrhizus*. 12) Nibu oder Nia, alte Kokosnüsse, welche schon einen Kern haben; die jungen Nüsse, die ein süßes Wasser enthalten, heißen Ari oder E-Ari. 13) E-wai, Wasser. 14) Tarro, in Taheiti die Wurzel des *Arum esculentum*. In Neu-Seeland heißt sie Tallo, und in Java Callals. 15) Poe oder Opoe ist ein Pudding von Tarro und zerriebenen Kokosnußkernen. 16) Meiya, Pisang, oder Rumpf's *Musa mensaria*. Sie heißt in Amboina Pisang Medji; hingegen die wilde lederartige große Pisang in Taheiti, Jebhi. In den freundschaftlichen Inseln nennt man die *Musa mensaria* Fudschi; auf der Osterinsel Maiga und auch Futi. 17) Maràu, ein Haifisch in Taheiti. 18) Tai oder E-Tai heißt Salz oder auch das Meerwasser; Taitai zesalzen, sehr salzig. 19) Ufi, oder Uwhy sind Yams, *Dioscorea alata Linn.* 20) Erà, die Sonne in Taheiti; Herà, in Neu-Seeland; Erua und Eràa, in den freundschaftlichen Inseln. 21) Maràma oder Malama, der Mond oder Monat. 22) Pohe-rima ist ein Armband oder eine Glaskorallenschnur. Eigentlich ist Pohe eine Glaskoralle, und Rima die Hand. 23) Hau, in den freundschaftlichen Inseln ein eiserner Nagel; in Neu-Seeland Te-fào. 24) Matau, ein Fischhamen oder Angelhaken; Makoi in Neu-Seeland, Ha oder Hare in den freundschaftlichen Inseln. 25) E-warre, ein Speer mit einer pfeilförmigen Spitze in Taheiti; Tohuat in Neu-Seeland ein langes Spieß, Taggortegge ein Wurfspieß. 26) Ava oder Kawa, die Wurzel des Rauschpfeffers, *Piper methysticum*. 27) E-wahha, ein Boot, ein Kahn in Taheiti; Ewagga in Neu-Seeland, in den freundschaftlichen Inseln und in Oster-Eiland. 28) Te-Hobe, oder Choe, ein Ruder zum Rudern eines Boots; in den freundschaftlichen Inseln E-Hoggi. 29) E-Hua, ein Kürbiß oder eine Kalabaße. 30) Harre tie borro, unten gehen. 31) Laura, ein Strick. 32) Tohie, ein Stein oder Eisen zu einer Art oder Beil in Taheiti;

Nehu,[34]) ein Stück Tuch, das von dem Frauenzimmer rund um das Leibchen getragen wird. Jnu,[35]) böse. Meitei,[36]) gut, artig, schön, recht. Aria,[37]) alsobald, sogleich. Pe emy,[38]) kommt her, bringt es hieher. Mere mere,[39]) zeige mir. Arre,[40]) gehe weg, gehe davon. Areuta,[41]) am Ufer. Abbobe,[42]) morgen. Hiwa,[43]) ein Gesang im Chor. Jti,[44]) klein. Rue,[45]) groß. Oe,[46]) Du. Moe,[47]) schlafen. Porore,[48]) hungrig. Puninne, krank. Meme,[49]) sein Wasser abschlagen. Tuti,[50]) seine Nothdurft verrichten. Honehone,[51]) lüsten. Paha,[52]) kann sein, vielleicht. Arau arau,[53]) großer Ueberfluß. Emotu, alt, zerbrochen, sehr abgetragen. Matte matte,[54]) todt, tödten. Aure,[55]) eine Verweigerung von irgend einer Art. Owheitoenoa,[56]) wie heißt Ihr? Puta, puta,[57]) ein Loch. Pune pune, ein Lügner oder ränkevoller Mensch.

Die Zahlwörter.[58])

Tihi, eins. Earna, zwei. Toro, drei. Haß, vier. Arihma, fünf. Ahono, sechs. Aheto, sieben. Ahanau, acht. Hiva, neun. Hume, zehn.

---

in den freundschaftlichen Inseln und Neu-Seeland Tóghie. 33) Maro, ein Stück Zeug, welches die Mannspersonen brauchen, um ihre Blöße damit zu bedecken. 34) Tebán, ein jedes Stück Zeug, welches die Einwohner der Südseeinseln als Decke oder Kleidung tragen. 35) Jbno, böse. 36) Maitei, gut, schön, vollkommen, recht. 37) Oioi, schnell, bald, geschwind. 38) Harre mai, komm hither. 39) Mierie, sehen, oder laß mich sehen. Um die Begierde auszudrücken, wird es zuweilen wiederholt, mierie mierie. 40) Harre, gehen, oder auch kommen. 41) Harre iuta, komm aus Land. 42) Abobo, morgen. 43) Hiewa, ein Gesang, ein Tanz, eine dramatische Vorstellung. 44) Jbtie, klein. 45) Rui, groß. 46) Oi, du. 47) Moe, schlafen, Moera, eine Schlafstelle, Moia, eine weiche Matte, die man ausbreitet, um darauf zu schlafen. 48) Erororie oder Porobie, hungern, hungrig, Hunger. 49) Mimie, Urin, sein Wasser lassen. 50) Tutá, der Auswurf von Menschen, Titio, seine Nothdurft verrichten. 51) Echoi, lüsten. 52) Epabá, vielleicht. 53) Woram, viel, eine große Menge, woramworam, sehr viel. 54) Matte, tödten, sterben, amatte, todt, gestorben; matte noa, natürlichen Todes sterben; matte, roa, mit Gewalt tödten; Mattera, der Tod, das Sterben. 55) Tauré, nein, nicht, in Tahciti allein das gewöhnlichere Wort ist, eima, eipa. In Neu-Seeland heißt nein, nicht, K'auré. 56) Teira, der Name. Owai t'aiwa n'oi, was ist, oder welcher ist dein Name? 57) Puta, ein Loch. 58) Die Zahlwörter: Dabai, eins. Erua, zwei. Etorru, drei. Ebáa, vier. Rima, fünf. E'hono, sechs. E'hibbu, sieben. E'warru, acht. E'hiewa, neun. E'huru, zehn.   S.

1787.
September.

Beim Schreiben dieser Worte habe ich sie der Aussprache so nahe kommend als möglich buchstabiert; und doch mögen wahrscheinlich viele davon dem Ohre eines Andren sehr verschieden klingen. Eben das gilt auch von den Namen ihrer Oberhäupter. Ich muß bemerken, daß da wo der Accent auf den Buchstaben a fällt er gemeiniglich grob ausgesprochen wird *).

Die Einwohner sind im Ganzen genommen von mittlerer Statur, und schlank; ihre Glieder gerade und wohlproportionirt. Einige von den Erichs, besonders ihre Weiber, sind zur Korpulenz geneigt, und ihre Haut ist weicher und sanfter, als bei denen von gemeinem Range; aber dies kommt von Mangel an Bewegung her, desgleichen auch vom Uebernehmen im Essen. Sie sind im Ganzen genommen von einer nußbraunen Farbe. Einige von ihren Weibern sind indeß lichter, und ihre Hände und Finger ausgezeichnet klein und zart.

Beide Geschlechter gehen nackt, ausgenommen um den Mittelleib. Die Männer tragen ein schmales Stück Tuch, das ein Maro heißt, und bloß hinreicht, die nächsten Theile zu bedecken. Der Ahou oder Anzug eines Frauenzimmers ist weit länger, und geht insgemein vom Mittelleibe bis zu der Mitte der Schenkel.

Die Männer lassen ihre Bärte wachsen, ihr Haar wird auf jeder Seite des Kopfes kurz abgeschnitten; aber von der Stirn an bis hinten in den Nacken wächst es lang, daß es einigermaßen einem Helme gleicht. Die Weiber schneiden die ihrigen hinten ganz dicht weg, und eben so oben auf dem Kopfe. Das Vorderhaar ist, wie das Toupet eines Englischen Stutzers, in die Höhe gekehrt, und stark mit Kokosnußöhl, desgleichen mit einem Kalk aus Muschelschaalen beschmiert, wodurch es öfters eine lichte unangenehme Farbe bekommt. Bisweilen tragen sie zum Zierrath einen Blumenkranz, der nach eigenem Geschmacke auf ihrem Kopfe angebracht ist. Anstatt eines Bracelets wird eine Konchylien-Schaale um das Handgelenk gebunden; und eben deshalb weil die muntren Schönen diesen Schmuck vorzüglich lieben, setzen sie auf Knöpfe einen so großen Werth. Der Hals ist ebenfalls mit mancherlei Arten von Konchylien geschmückt, die an Faden nach Art eines

*) Das heißt, nicht wie ein ä, welches die gewöhnliche Aussprache des a im Englischen ist, wenn es die Sylbe beschließt; sondern wie das gewöhnliche teutsche a. S.

Halsbandes befestigt sind. Aber der schönste Schmuck, den die Weiber tragen, 1787.
ist ein Halsband oder **Araia**, aus den bunten Federn der rothen Baumklette. Septemb.
Diese sind regelmäßig und eben an Fäden festgemacht; ihre Oberfläche ist daher so
glatt, wie Sammet, und die herrlichen Farben der Federn geben ihr ein prächtiges
und geschmackvolles Ansehn.

Die Mützen und Mäntel der Männer haben noch mehr Schönheit und Eleganz. Die Mäntel sind im Ganzen ungefähr von dem Schnitte der Spanischen;
der Grund ist Netzwerk mit Maschen, und die Federn sind in vier- oder dreieckigen
Figuren von abwechselndem Roth und Gelb angenähet, welches den prächtigsten Anblick giebt. Der Grund der Mützen ist von Korbwerk in Gestalt eines Helms; der
erhabne Theil von der Stirn bis zu dem Hintertheile des Nackens ist ungefähr
eine Hand breit, und gemeiniglich mit gelben Federn besetzt, die Seiten aber mit
rothen. Die Mütze und der Mantel sehen eben so prächtig aus, als Scharlach
mit Gold, wo nicht noch prächtiger.

Dieser in der That elegante Schmuck ist nicht häufig; nur Oberhäupter vom
höchsten Range besitzen ihn, und tragen ihn bei außerordentlichen Gelegenheiten.
Es giebt Mäntel von geringerer Art, welche nur eine schmale Einfassung von rothen und gelben Federn haben, da denn das übrige mit Federn des Tropikvogels
und des Fregattenpelikans bedeckt ist.

Diese wirklich in einem hohen Grade eleganten Mützen und Mäntel sind nicht
die einzigen Proben von der Erfindsamkeit und dem Genie, welche dies Volk in
Werken des Putzes zeigt. Ihre Matten sind eben so nett und gut gemacht, wie
man sie nur in einer Europäischen Manufaktur antrift, und es ist durch mancherlei rothgefärbte Figuren artige Abwechselung darauf angebracht. Die, auf denen man schläft, sind einfach und gröber, aber eben so nett und regelmäßig
gearbeitet.

Zeug ist ein andrer Artikel, welcher den Einwohnern Spielraum für ihre Phantasie und ihren Erfindungsgeist giebt. Es wird von dem Chinesischen Papiermaulbeerbaum gemacht, und wenn es noch feucht ist (da es aus einer weichen, dem Hammer nachgebenden Substanz besteht,) mit kleinen viereckigen Stücken Holz zu einer
Breite von 12 bis 18 Zoll ausgeklopft. Nachher bedruckt man es mit mannichfal-

H h 3

tigen Farben und verschiednen Mustern, deren Nettigkeit und Eleganz das Ladenfenster eines Londonschen Leinwandhändlers zieren würde.

Wie dieses Zeug gedruckt wird, konnte ich nie erfahren. Die verschiednen Farben werden aus Vegetabilien, die man in den Wäldern findet, ausgepreßt. Es giebt noch eine andre Art Zeug, die weit schöner, als die vorige, und zu einer weit größeren Breite geklopft ist. Sie hat eine weiße Farbe, und wird häufig von den Weibern der Eriehs, noch ausser dem Ahau getragen. Fächer und Fliegenwedel werden von beiden Geschlechtern gebraucht. Die Fächer sind gewöhnlich von Kokosnußfasern verfertigt und nett gewebt. Das Blatt ist von viereckiger Gestalt, und der Griff häufig mit Haaren geziert. Die Fliegenwedel sind sehr merkwürdig; die Handhaben sind mit abwechselnden Stückchen von Holz und Knochen geschmückt, so daß sie von weitem das Ansehen von furnirter Tischlerarbeit haben. Der obere Theil, oder der Wedel, besteht aus den Federn des Fregattpelikans.

Die Fischhamen sind von Perlmutterschalen gemacht, und so eingerichtet, daß sie zugleich als Hamen und als Lockspeise dienen. Diejenigen, welche zum Fange der Hayfische gebraucht werden, sind beträchtlich größer, und von Holz gemacht.

Ausser den schon oben erwähnten mannichfaltigen Angelschnuren, haben sie noch manche andre Arten von Tauwerke, die von verschiedenen Materialien verfertigt sind. Die schlechtesten Sorten fanden wir brauchbar, unsre Ankertaue zu bewinden; die von besserer Art waren zu andern Absichten dienlich, und die Angelschnuren dienten zu vortrefflichem Tauwerk für die Scheiben, Blöcke und Bramstangen, Seegel-Zugleinen u. s. w. Ich habe schon von den Körben gesprochen, die wir zu O w a i h i e sahen: an eben dem Orte bemerkten wir einige viereckige Kopfküssen, die mit den Matten beinahe aus einerlei Materialien gemacht waren, und die, wie man mir gesagt hat, denen gleichen, deren man sich in China bedient.

Netze werden hier mit großer Geschicklichkeit und von ansehnlicher Größe verfertigt. Ich kann Dir nicht sagen, welchen Gebrauch man davon macht; indeß sind sie gewiß nicht bloß zum Zierrathe bestimmt.

Die Gestalt ihrer Kürbisflaschen oder Kalabassen ist so mannichfaltig, daß sie gewiß Künste anwenden, um ihnen diese verschiedenen Formen zu geben. Einige sind kugelförmig, mit einem langen engen Halse, wie eine Bouteille; andre lang und rund, aber von oben an bis unten gleich weit; noch andre verengern sich zwar gegen den Mund hin, aber sie sind doch hinlänglich weit, so daß die Hand durchgeht. Viele von diesen Flaschen sind niedlich in wellenförmigen Linien gebeizt, und scheinen von fern gemahlt.

Die wenigen Nachrichten, die ich Dir von ihren Pflanzungen geben kann, hast Du schon; und ich hatte keine Gelegenheit, einen andern Anbau, als den von Tarro zu sehen. Indeß wird ohne Zweifel alles Andre mit gleicher Sorgfalt und Aufmerksamkeit betrieben.

Ihre Häuser haben in der Figur viele Aehnlichkeit mit einem Heuschober, und sind nett mit Schilf oder Binsen gedeckt. Die Thür ist so sehr niedrig, daß man beinahe genöthigt ist, auf allen Vieren durchzukriechen; sie haben dazu nur einige Bretter, die sie vorsetzen. Das Innere ihrer Wohnungen wird nett und reinlich gehalten. Eine grobe Matte liegt auf dem Boden ausgebreitet; und da sie keine abgesonderten Zimmer haben, so wird derjenige Theil des Raums, den sie zum Schlafen bestimmen, etwas erhöhet, und mit Matten von einer feinern Art bedeckt. Das Hausgeräth ist auf eine hölzerne Bank gestellt, und besteht aus Flaschen-Kürbissen und hölzernen Schaalen und Schüsseln, welche überhaupt ihr sämtliches Hausgeräth ausmachen. Diejenigen, welche Schweine oder Hühner besitzen, halten sie in kleinern Nebengebäuden, die zu dieser Absicht eingerichtet sind.

Die Methode deren man sich überall bedient, die Lebensmittel zuzurichten, ist das Backen. Man geht dabei auf folgende Weise zu Werke. Es wird in dem Boden ein Loch ausgegraben, welches hinlänglich tief ist, um die Absicht eines Ofens erfüllen zu können. Auf den Grund desselben werden einige heiße Steine gelegt, und dann mit Blättern bedeckt. Auf diese legt man nun Alles, was man zugerichtet haben will. Dann werden noch mehr Blätter darüber gelegt, eine andre Lage von heißen Steinen hinzugethan, und zuletzt der Ofen zugedeckt. Wenn ein Schwein gebacken wird, so wird der Leib allemal voll heißer Steine gefüllt. Die Gewohnheit hat sie in dieser Methode, Lebensmittel zuzurichten, so erfahren gemacht, daß sie genau die Zeit angeben können, wenn etwas hinreichend gar ist; und ich muß gestehen, daß sie im Backen des Tarro und der Yams unsre Leute weit übertrafen. Eben so richten sie die jungen Schossen der Tarros zu, so daß sie wohl die Stelle von Gartengewächsen vertreten können; da wir hingegen sie niemals so kochen konnten, daß sie wohlschmeckend geworden wären. Die bessern Arten von Nahrungsmitteln, als Schweine und Geflügel, sind bloß für die Erihs bestimmt; aber ein gebackener Hund wird für einen besondern Leckerbissen gehalten.

Die Tautaus und alle Frauenzimmer ohne Ausnahme leben von Fischen und Vegetabilien. Eine Art von Pudding, der von Tarro gemacht wird, ist eine ihrer Hauptspeisen. Unter den Fischen wird der Goldkarpfe (*Coryphaena hippurus*) am meisten geschätzt. Sie haben eine vortrefliche Methode, ihn einzupökeln, so daß er eine lange Zeit gut bleibt. Warum dem Frauenzimmer das Fleisch verboten ist, konnte ich nie erfahren; indeß rührt es sicher nicht von der Seltenheit desselben her; und den Weibern der Erihs erlaubt man es zuweilen.

Die Messer, die man zum Schlachten und Reinmachen der Schweine gebraucht, sind von den Zähnen des Hayfisches verfertigt und so eingerichtet, daß man damit dieses Geschäft eben so geschickt als geschwind verrichten kann.

Die Kähne sind nicht nur nett und mit Verstand gebauet, sondern zugleich Beweise von beharrlichem Fleiße und Arbeitsamkeit. Sie werden aus einem einzelnen Baumstamme gemacht, und sind von 12 bis 40 oder 50 Fuß lang. Das Aushöhlen dieser Bäume, und die Arbeit, beiden Enden des Kanots mit ihren rohen unförmlichen Werkzeugen eine schickliche Spitze zu geben, muß Zeit und unablässige Aufmerksamkeit erfordern. Sie sind gewöhnlich ungefähr einen Zoll dick, und mit einigen sehr nett rund herum an die Seiten passenden Brettern erhöhet. Die einfachen Kanots werden durch einen Auslegebaum grade gehend erhalten; die doppelten aber durch halbe cirkelförmige Stangen, die auf jeder Seite des Kanots fest gemacht sind, mit einander verbunden. Ueber diesen, und parallel mit dem Kahne, läuft eine Art von Verdeck, auf dem man Schweine, Vegetabilien, oder sonst etwas wegnimmt, was man von einem Orte zum andern schaffen will. Zugleich ist ein bequemer Sitz für die vornehmen Personen beiderlei Geschlechts angebracht, indeß die Tautaus, welche rudern, immer unten in dem Kahne sitzen. Ihre Ruder sind ungefähr vier oder fünf Fuß lang, und haben große Aehnlichkeit mit dem Schieber eines Bäckers.

Die

Die Einwohner sind sehr geschickt im Fischfangen, wovon ich zwei Beispiele zu sehen Gelegenheit hatte. Eines Tages, als eine Anzahl Indianer sich bei dem Schiffe aufhielt, fand einer von unsern Leuten, der mit einer kleinen Angel und Schnur fischte, daß sein Köder von einem großen Fische aufgefressen war. Da er seine Schnur nicht gern verlieren wollte (denn als Arbeit von den Sandwichsinseln galt sie für eine Seltenheit); so ließ er sie auslaufen, fürchtete sich aber sie wieder nach sich zu ziehen. Nun bat ein Indianer, er möchte sie ihm überlassen; als jener dies zufrieden war, so ließ er mit großer Gemächlichkeit dem Fische Spielraum, und brachte ihn dann in kurzer Zeit wohlbehalten in sein Kanot. Es wies sich aus, daß es ein großer Stachelfisch (*Gasterosteus*) war, der 100 Pfund wog. Ein andermal ergrif ein großer Hayfisch eine kleine Schnur; man gab sie sogleich einem Indianer, welcher sich zufälliger Weise an dem Schiffe befand. Er spielte mit dem Hayfisch wenigstens zwei Meilen hindurch, ohne daß die Schnur verletzt ward; und der Hay machte sich zuletzt nur dadurch los, daß er den Hamen so gerade zog, als ein Drath.

Eine andre Art von Geschicklichkeit, die wir bei diesem Volke antrafen, ist das Bildschnitzen.* Sie haben eine Anzahl hölzerner Bilder, die menschliche Figuren vorstellen, und die sie als ihre Götter ansehen. Aber ich zweifle sehr, daß die Religion bei ihnen in großer Achtung steht; denn ich konnte auf diesen Inseln jeden Gott für wenige Tobies kaufen. Bisweilen waren ihre Ava-Näpfe durch drei von diesen kleinen hölzernen Bildern unterstützt, und dergleichen halte ich für ihr Meisterstück im Bildschnitzen. Die Schalen und Schüsseln sind von einer Art Holz gemacht, das dem Ebenholze ähnlich ist, und mit so vieler Proportion und Politur gearbeitet, daß sie jeder Arbeit von unsren Drechslern gleich kommen, oder sie gar übertreffen.

Die Einwohner dieser Inseln scheinen sehr wenigen Krankheiten unterworfen zu sein. Zwar haben sie ohne Zweifel durch ihre Bekanntschaft mit den Europäern gelitten; aber ihre Lebensart ist so einfach, daß sie wenig auf diesen Umstand achten, und ihn, allem Ansehen nach, eben nicht für wichtig halten.

Ich möchte fast glauben, daß ihre meisten Krankheiten vom unmäßigen Gebrauche der Ava herrühren. Diese schwächt die Augen, bedeckt den Leib mit einer

Art von Aussatze, entkräftet den ganzen Körper, zehrt ihn ab, macht ihn gichtbrüchig, beschleunigt das Alter, und zieht ohne Zweifel selbst den Tod nach sich.

Des Tabu's habe ich schon sonst erwähnt. Er wird gemeiniglich durch die Priester aufgelegt, und bisweilen auch durch eine Person, die besonders zu diesem Behufe bestellt ist, und Tonata- oder Tabu-Mann heißt. Wenn ein besonderer Fleck Landes tabu gemacht werden soll, so bezeichnet man die Gränzen mit Stöckchen, die unsern Luntenstöcken gleichen und oben mit einem Büschel Hundehaare versehen sind.

Die Hiewas oder Gesänge können nicht in Noten gesetzt werden; denn sie gleichen eher einer geschwinden energischen Art zu sprechen, als einem Singen, und die Sänger scheinen mehr Aufmerksamkeit auf die Bewegungen des Körpers, als auf die Modulation der Stimme zu verwenden. Die Weiber sind die vornehmsten Personen bei dieser Art von Lustbarkeit. Sie fangen ihren Vortrag langsam und regelmäßig an; aber nach und nach wird er rascher und lebhafter, bis er sich zuletzt in konvulsivisches Gelächter endigt.

Es ist sehr einleuchtend, daß diese Leute nicht die geringste Idee von Melodie haben, da die Töne und die Modulation in ihren Gesängen unveränderlich dieselben sind. Aber dessen ungeachtet scheint sich ein Grad von Erfindungsgeist (bald hätte ich gesagt, von Dichtergenie) in der Zusammensetzung der Wörter zu zeigen, welche sich oft auf die gegenwärtigen Gegenstände beziehen: und das häufige Gelächter wird ohne Zweifel durch eine oder die andere witzige Anspielung in dem Gesange erregt.

Die kriegerischen Instrumente dieses Volkes sind Speere, Bogen und Pfeile. Die Speere sind von einer Art von Mahagoniholze, und etwa sechs Fuß lang. Das eine Ende ist mit pfeilförmigen Widerhaken versehen, und das andere fast ganz zugespitzt. Sie werfen sie auf einander, und wer darin geschickt ist, verwundet seinen Gegner oft in einer beträchtlichen Weite. Auch Schlingen gebrauchen sie mit gleicher Geschicklichkeit und Wirkung. Die Bogen und Pfeile sind von Rohr gemacht, und so dünn, daß sie wohl schwerlich von großem Nutzen sein können. Doch, da ich keine Gelegenheit gehabt habe, ihren Gefechten beizuwohnen, so kann ich wenig darüber sagen. Ich konnte weiter nichts darüber erfahren, als durch die unvollkommnen Berichte der Eingebornen.

Sie haben Trommeln, die auch bei ihren Hiewas gebraucht werden, und zwischen 12 bis 16 Zoll hoch sind. Auf den Seiten sind einige Löcher eingeschnitten und über das eine Ende eine Schweinshaut gespannt; aber sie bringen einen sehr dumpfigen und traurigen Schall hervor.

Beide Geschlechter tatuiren sich; aber diese Gewohnheit ist bei den Männern allgemeiner üblich, die sich den Leib häufig auf eine sehr sonderbare Weise punktiren. Ob dies zu einem Unterscheidungszeichen, oder bloß zur Zierde diene, konnte ich nie erfahren. Die Art zu grüßen besteht darin, daß man die Nasen zusammenstößt; und dies wird als ein zuverläßiges Zeichen zur Bestätigung der Freundschaft angesehen.

Beide Geschlechter sind außerordentlich geschickt im Schwimmen. Es ist sehr merkwürdig, daß sie bei dem Anblick eines Hayfisches im Wasser nicht im geringsten erschrecken. Ich sah öfters die Indianer aus ihren Kanots herausspringen und Schweinegedärme, welche unsre Leute über Bord geworfen hatten, selbst in dem Augenblicke haschen, da ein Hayfisch sich derselben zu bemächtigen suchte.

Daß diese Leute einen Begrif von einem höchsten Wesen, oder vielmehr von mehreren Wesen haben, die erhabner sind, als sie, daran ist nicht im geringsten zu zweifeln. Ihre Priester haben hauptsächlich das Geschäft, über den Dienst ihrer Götter die Oberaufsicht zu führen, und ihn anzuordnen, ferner die Ceremonien bei ihren Leichenbegängnissen zu dirigiren, und wahrscheinlich bei diesen Gelegenheiten Reden oder Gebete herzusagen. Aber da wir Alle nur gar zu kurze Zeit am Ufer waren, so hatten wir keine Gelegenheit diese Ceremonien zu sehen; und deswegen will ich keine Beschreibung davon versuchen, da jede, die ich geben könnte, doch nur unvollständig und ungewiß sein würde.

Ich habe ehemals des Umstandes erwähnt, daß man ein Menschenopfer gebracht habe; und wir sind vollkommen versichert, daß diese schreckliche Gewohnheit noch unter den hiesigen Einwohnern Statt findet, obgleich ihre Neigungen gütig, freundlich und menschlich sind, und sie ohne Zweifel der Civilisirung um viele Stufen näher kommen, als die armen Elenden, welche wir auf der unwirthbaren Küste von Amerika antrafen. Doch ich will hierüber keine Bemerkungen machen, sondern es Dir überlassen selber Betrachtungen darüber anzustellen. Uebrigens werde ich, zum Beschluß meiner Nachricht, noch ein weit größeres Feld für spekulative Untersuchungen eröfnen.

Kapitain Cook hat bei seiner letzten Reise nach dem stillen Ocean, aus dem sichersten Beweise, nehmlich aus der Verwandschaft der Sprachen, gezeigt, daß die Bewohner der Sandwich-Inseln von den Malayen abstammen, und zu eben der Menschen-Race gehören, welche Neu-Seeland, die neuen Hebriden, die Marquesas u. s. w. bewohnt. Und diese Länder erstrecken sich vom 20 Gr. N. bis zum 47 Gr. Südl. Breite und von 100 bis 176 Gr. Westl. Länge.

Wie viele Leute in der gelehrten Welt haben nicht einen ansehnlichen Theil ihrer Zeit dazu aufgewandt, und viele scharfsinnige Beweise vorgebracht, um ausfindig zu machen, auf welche Weise die entfernten Theile der Welt bevölkert worden sind! Das feste Land von Amerika z. B. hat, seitdem es entdeckt worden ist, den meisten unsrer gelehrten Geschichtschreiber viel zu schaffen gemacht, weil sie die Bevölkerung desselben erklären wollten; und doch ist jetzt die Geographie von diesem Theile der Erdkugel so gut bekannt. Um wie viel leichter wäre also nicht von ihm Rechenschaft zu geben, als von den so erstaunlich weit von einander entfernten Inseln, deren ich so eben erwähne habe. — Ich werde mit der vollen Ueberzeugung schließen, „daß die Wege der Vorsehung unerforschlich und unbegreiflich sind". Dein

Atuai den 18. September.　　　　　　　　　　　　　　　　　　　　　W. B.

Zwei und vierzigster Brief.

Abfahrt von den Sandwich-Inseln — Wir gehen Tinian vorbei — Ankunft zu Makao.

Ich merkte vorher an, daß unsre Freunde zu Atuai uns Nachmittags den 18ten September mit einem sehr reichlichen Vorrathe von Schweinen, Tarro und Zukkerrohre versahen. Da wir alles zur Abreise fertig hatten, lichteten wir die Anker und segelten fort. Als wir aus Weymoa-Bay ganz heraus waren, wünschten unsre Freunde uns verlassen zu können; wir legten daher bei, und sie begaben sich in ihre Kähne. Nun nahmen sie von uns Abschied mit einem allgemeinen proha, oder mit Anwünschung einer glücklichen Reise, und mit den aufrichtigsten Bezeugungen der Freundschaft und Zuneigung.

Um 6 Uhr lag der King's-Berg nach Norden 66 Gr. Oestlich, in einer Entfernung von 8 großen See-Meilen, und das südliche Ende von Oniehau nach Westen. Während der Nacht steuerten wir Süden bei Osten, mit einem frischen Winde aus Ostnordost. Um 6 Uhr Morgens den 19ten veränderten wir unsern Lauf nach Südsüdwesten.

China war unser nächster Bestimmungsort. Da wir schon in dessen Breite waren, so hätten wir nur die Länge hinunter fahren dürfen; allein unser Kapitain meinte, es wäre am klügsten, Südwärts zu steuern, bis wir ungefähr in 13 Gr. 30 Min. Nördl. Breite gekommen wären, und alsdenn nach Westen vor dem Winde zu gehen. Dieser Strich war nehmlich nach aller Wahrscheinlichkeit der beste zum rechten Passatwinde; und man hatte bei Kapitain Cook's letzter Reise gefunden, daß in der Breite von 20 und 21 Graden, unter dem Winde von diesen Inseln, die Winde höchstens nur schwach und oft veränderlich sind.

Während des 19 und 20ten hatten wir einen vortreflichen beständigen Ostwind. Die Nacht über setzten wir die Seegel näher zum Winde nach Süden, und bei Tage steuerten wir wieder nach Südsüdwesten. In der Nacht vom 20sten gab es Windstöße und Regen, und den 21sten über hatten wir schwache Winde, und wolkichtes Wetter. Unsre Breite gegen Mittag war 13 Gr. 23 Min. Nördlich. Da wir nun so weit Südwärts waren, als wir wollten, so richteten wir unsern Lauf nach Westen bei Süden. Die Abweichung der Magnetnadel betrug nahe an 12 Gr. Oestlich. Das Wetter war überaus heiß, denn das Thermometer stand von 88 bis zu 91 Grade. Von da an bis zum 8ten Oktober gab es wenig Abwechslung. Wir hatten häufig heftige Windstöße, besonders des Nachts, wobei es blitzte. Unsre Breite war am 8ten um Mittag 13 Gr. 24 M. N. und die Länge 187 Gr. 37 M. W. Um 9 Uhr Abends hatten wir einen sehr heftigen Windstoß, und zugleich starken Regen. Dies nöthigte uns alle Segel einzuziehen, und gerade vor dem Winde zu gehen. Aber um 11 Uhr ward das Wetter gemäßigter. Da dieser Theil des Oceans Windstößen besonders ausgesetzt schien, vorzüglich zur Nachtzeit: so beobachteten wir jeden Tag bei Sonnenuntergang die Vorsicht, in unsern Marssegeln einen Reff einzunehmen, und alles Tauwerk genau fest zu halten, damit wir auf diese plötzliche Windstöße gefaßt wären, und keine Gefahr liefen, daß etwas von ihnen zerbrochen würde.

Den 12ten hatten wir in der Nacht zwei sehr schwere Windstöße; aber glücklicherweise thaten sie uns keinen Schaden. Sie waren stark mit Donner, Blitz und heftigen Regen begleitet.

Ich kam nicht umhin, einen Theil des berühmten Gleichnisses in des scharfsinnigen Addison's Feldzug, auf Umstände dieser Art besonders anwendbar zu finden. Solche plötzliche und gewaltsame Ströme von Wind müsten in der That die äußersten Bemühungen menschlicher Geschicklichkeit, sich gegen ihre schrecklichen Wirkungen zu verwahren, vereiteln, wenn sie nicht durch eine allmächtige Gewalt geleitet würden; und gewiß können wir von dem uns schützenden Engel sagen:

„Mit Ruh' und Heiterkeit herrscht er dem wilden Sturm,
„Erfüllet hocherfreut des Mächtigen Befehl,
„Er fährt im Wirbelwind, und lenket den Orkan".

Vom 12ten bis zum 20sten hatten wir beständigen Ostwind und wolkichtes Wetter. In den Nächten kamen häufige Windstöße; aber nicht so heftig, wie vorher. Unsre Breite war zu Mittage den 20sten 41 Gr. 1 Min. Nördl., und die Länge 210 Gr. 24 Min. Westlich. Die Abweichung der Magnetnadel ungefähr 7 Gr. Östlich.

Mittags den 21sten war unsre Breite 14 Gr. 11 Min. und die Länge 212 Gr. 16 Min. Wir legten während der Nacht mit dem Vordertheile des Schiffs gegen Norden bei, da wir erwarteten, auf einige von den Ladronen-Inseln zu stoßen; und es war nothwendig, jede nur mögliche Vorsicht anzuwenden, um Gefahr zu vermeiden.

Als den 22sten der Tag anbrach, lenkten wir das Schiff und segelten nach Westen an. Wir hatten einen anhaltenden Ostwind mit gutem beständigem Wetter. Um halb 10 Uhr sahen wir Land, das nach Norden 58 Gr. Westl. lag.

Den Vormittag hindurch hatten wir eine große Menge von kleinen Bonitmakrelen um das Schiff herum, und unsre Leute fingen verschiedene mit Hamen und Schnur. Nahe am Lande flogen große Haufen von Solandpelikanen, und dies waren die einzigen Vögel, die wir bemerkten. Sie leben von kleinen Bonitmakrelen und wir sahen sie häufig mit erstaunlicher Geschwindigkeit in das Wasser schießen.

Gemeiniglich verzehrten sie ihren Raub auf der Oberfläche, ehe sie wieder aufflogen. Um Mittag sahen wir zwei Inseln; die eine lag nach Norden 55 Gr. Westl. die andre in N. 80 Gr. Westl. ungefähr vier große Seemeilen entfernt. Unsre Breite war 14 Gr. 46 Min. Nördlich.

Als wir dem Lande näher kamen, sahen wir drei Inseln, welche wir, Anson's Beschreibung zufolge, für Tinian, Aguigan und Saypan hielten. Um 4 Uhr lag das Oestl. Ende von Tinian nach Norden 30 Gr. Oestl. in einer Entfernung von vier Meilen; die Spitze von Saypan N. N. Ost, und das Westl. Ende von Aguigan, Nordwest bei Norden, ungefähr vier Meilen entfernt. Nicht über eines Ankertaues Länge von dem Westlichen Ende von Aguigan ist eine sehr kleine Insel, oder vielmehr ein großer Felsen. Tinian liegt, unsern Beobachtungen zufolge, in 15 Gr. N. Breite, und 214 Gr. 30 M. W. Länge. Diese Inseln sind vorzüglich frei von Felsen oder seichten Oertern, so daß Schiffe bei gemäßigtem Weter sicher vor ihnen vorbei segeln können. Tinian ist bei weitem die größte, und erstreckt sich fast in der Richtung von Südosten nach Nordwesten. Saypan scheint ihr in der Größe am nächsten zu kommen; aber da sie am weitesten von unsrer Fahrt ab liegt, so kann ich Dir wenig von ihr sagen. Aguigan hat wohl nicht über sechs Meilen in der Länge, und ist sehr schmal. Alle diese Inseln sind ziemlich eben, wenn man die Bergspitze auf Saypan, deren ich vorher erwähnt habe, ausnimmt.

Der Verfasser von Anson's Reise um die Welt, beschreibt die Insel Tinian höchst bezaubernd, nicht nur wegen ihres schönen Ansehens, sondern auch wegen des Ueberflusses und der Menge von frischen Lebensmitteln, die man daselbst haben könne. Vielleicht ist dieser Bericht übertrieben. Da jene Seefahrer aus Mangel an Erfrischungen in der größten Noth waren, und nun auf eine Insel stießen, wo alle ihre Bedürfnisse in Ueberfluß befriedigt wurden; so mußte sie ihnen freilich beinahe wie ein irdisches Paradies vorkommen. Doch, dem sei wie ihm wolle, wir dankten Gott, daß wir hier nicht anzulegen brauchten, da wir noch über dreißig lebendige Schweine an Bord hatten, alle unsre Leute sehr gesund und munter waren, und wir schleunig nach China zu kommen hofften.

1787.
November.

Um 6 Uhr Nachmittags lag die Mitte von Aguigan gegen Norden 83 Gr. Oestlich, ungefähr fünf große Seemeilen entfernt. Da das Wetter gut war, so segelten wir sogar während der Nacht, und richteten unsern Lauf nach Westen bei Norden. Von diesem Tage bis zum 31sten hatten wir wenige Veränderungen. Ein beständiger anhaltender Oestlicher Paßatwind machte, daß heftige Wogen von Ostnordosten sich erhoben, und wir hatten häufige Windstöße mit starkem Regen. Den 31sten Mittags war unsre Breite 19 Gr. 32 Min., und die Länge nach einer Beobachtung des Mondes 232 Gr. Die Abweichung der Magnetnadel beträgt hier wenig oder gar nichts. Den 1sten November hatten wir mäßigen Wind und gutes Wetter. Unsre Breite war zu Mittage 20 Gr. 18 Min. und die Länge 233 Gr. 12 Min. Westlich. Die Abweichung der Magnetnadel ungefähr einen Grad Westlich.

Da sich gegen Abend Windstöße einfanden, so nahmen wir zwei Reffe in den Marssegeln ein, und in dem großen Segel Einen. Es erhoben sich heftige Wogen von Norden, und wir hatten viele Blitze in allen Himmelsgegenden. In der Nacht nahm der Wind sehr stark zu, und hielt mit sehr weniger Unterbrechung den ganzen 2ten so an. Unsre Brobachtung zeigte Mittags 21 Gr. 2 Min. N. Breite. Da wir jetzt der Gegend der Baschi-Inseln nahe waren, so setzten wir das Segel näher dem Winde Oestlich, weil wir es nicht für rathsam hielten, des Nachts vorwärts zu fahren. Um Mitternacht legten wir das Schiff um nach Nordnordwest, und am Tage den 30sten Morgens segelten wir an, und liefen vor dem Winde Westlich denn das Wetter war ziemlich gemäßigt. Die Breite betrug um Mittag 21 Gr. 3 Min. Nördlich, und die Länge 237 Gr. 24 Min. Westlich. Den Nachmittag hindurch hatten wir einen starken Ostwind. Einige von unsern Leuten bildeten sich ein, daß sie gegen Nordwesten Land sähen; aber es war sehr zweifelhaft. Um 9 Uhr Abends zogen wir die Segel ein, setzten sie dem Winde näher nach Norden, und legten in der Nacht gelegentlich um. Bei Tage, Morgens den 4ten, segelten wir an und liefen Westlich vor dem Winde. Den Vormittag war das Wetter gemäßigt, trübe, wolkicht mit sehr starken Wellen von N. N. Osten. Um 2 Uhr sahen wir gegen Norden 40 Gr. Westlich, ungefähr fünf große See-Meilen weit von uns ab, eine kleine Insel; und
gleich

gleich darauf kam höheres Land dahinter zum Vorschein, welches wir bald für eine Insel erkannten, die aber weit größer als die erstere war. Da wir zu Mittage keine Beobachtung anstellen konnten, um die Breite zu bestimmen; so machten wir erst mancherlei Muthmaßungen, was es für ein Land sein könnte. Einige meinten, die große Insel sei die südliche Spitze von Formosa, und die kleinere Villarete; aber wir fanden bald, daß diese Inseln Botel Tobago Xima waren.

Um 6 Uhr lag das Land nach Norden 24 Gr. Westlich, in einer Entfernung von 12 Meilen. Das Wetter war noch trübe und neblicht. Um 9 Uhr setzten wir die Segel dem Winde näher nach Süden, und legten, je nachdem es nöthig war, die Nacht über das Schiff um; wir meinten nehmlich, Villarete müsse noch Westwärts liegen, und es sei folglich nicht rathsam, vorwärts zu segeln.

Vormittags den 5ten hatten wir häufige Windstöße mit Regen, und es erhoben sich starke Wogen von Nordwesten her. Unsre Breite zu Mittage war 21 Gr. 35 Min. Nördlich, und die Länge 239 Gr. 37 Min. Westlich. Da der Wind gegen Abend frisch blies, so nahmen wir alle Reffe in den Braamsegeln ein; und weil wir uns vor jeder Gefahr sicher glaubten, segelten wir während der Nacht mit einem frischen Winde aus Nordnordosten nach Westnordwesten vorwärts.

Bei Tagesanbruch am 6ten segelten wir fort; denn das Wetter war ziemlich gemäßigt, und der Wind zog sich noch immer gegen Norden. Unsre Breite war Mittags 21 Gr. 37 Min. N. und die Länge 241 Gr. 55 Min. Westlich. Den Nachmittag über hatten wir einen starken Wind und wolkichtes Wetter, wobei starke Wogen von Norden her auf uns zu kamen. Da die Nächte dunkel waren, und auch gemeiniglich Windstöße einfielen, so nahmen wir des Nachtes in den Braamsegeln alle Reffe ein, und im großen Segel Einen.

Den 7ten Morgens um 8 Uhr sahen wir Land, das nach Nordwesten in einer Entfernung von vier oder fünf großen Seemeilen lag. Als wir das Senkblei auswarfen, fanden wir mit 25 Fadenen grauen Sand. Vormittags fuhren sechs Chinesische Fischerboote vorbei. Unsre Breite war zu Mittage 22 Gr. 22 Min. Nördlich. Nachmittags sahen wir eine große Anzahl von Fischerbooten, und um 5 Uhr Pedro Blanko, einen großen Felsen, der wie ein Heuschober aussieht, gegen Westen, ungefähr in einer Entfernung von zehn Meilen. Auf den Abend nahmen wir einige

1787. Segel ein, setzten die übrigen näher an den Wind nach Süden zu, und legten die
Novembr. Nacht hindurch, je nachdem es nöthig war, das Schiff um.

Um 6 Uhr Morgens am 8ten segelten wir an. Das Land vor uns waren, wie wir fanden, die Lemainseln, deren Enden von N. O. bis W. N. W., ungefähr fünf Meilen weit von uns lagen. Als wir das Senkblei auswarfen, fanden wir mit 24 Faden sandichten Boden. Obgleich eine große Anzahl von Chinesischen Booten in einer kleinen Entfernung von uns war, so kam doch kein Steuermann zu uns an Bord; wir machten daher um 11 Uhr ein Zeichen, daß wir einen verlangten, und sogleich kam ein alter Chineser. Er brachte Certifikate von verschiedenen Kapitainen mit, die er nach Makao eingeführt hatte, und gab uns zu verstehen, daß er das Schiff nicht weiter als bis dahin bringen könnte. Er verlangte dafür funfzig Thaler; aber zuletzt war er mit dreißig zufrieden. Unsre Breite um Mittag betrug 22 Gr. 7 Min. Nördlich. Zu dieser Zeit waren wir nahe an der Straße, die zwischen die Lemainseln führt. Diese sind sehr zahlreich, und haben ein sehr trauriges unfruchtbares und schreckliches Ansehen.

Den Nachmittag über kamen verschiedene Steuermänner an Bord. Einer von ihnen, der Englisch sprechen konnte, sagte uns: wir müßten zu Makao ankern, und eine Tschoppe oder einen Freizettel vom dortigen Zollhause lösen, ehe wir weiter nach Kanton fahren dürften. Der Wind ward schwach und veränderlich; indeß fuhren wir doch weiter fort. Fast um Mitternacht ankerten wir in der Makao-Rhede in sechs Faden auf einem weichen schlammichten Grunde. Zwischen den Lemainseln hatten wir von 15 bis 5 Faden Tiefe und einen weichen Grund. In meinem nächsten Briefe hoffe ich Dir von unserer Ankunft zu Kanton, und von unsern dortigen Geschäften Nachricht zu geben. Leb wohl, Dein

Makao, den 9. November.   B. B.

Reise um die Welt.

Drei und vierzigster Brief.

Fernere Reise nach Wampu — Ereignisse daselbst — Ankunft des King George — Tod Herrn Macleod's, des ersten Steuermanns unter Kapitain Portlock.

1787.
November.

Die Lage unsres Ankerplatzes auf der Rhede von Makao war 22 Gr. 9 Min. Nördl. Breite. Makao lag gegen Westen halb Süden, ungefähr in einer Entfernung von acht Meilen, die großen Ladrone gegen Süden bei Osten und die Bergspitze von Lintin beinahe Oestlich. Bei Tage sahen wir den 19ten Morgens, ungefähr 3 Meilen von unserem Lee-Verdecke, ein großes Schiff vor Anker liegen. Als wir unsre Flagge aufzogen, zeigte es ebenfalls Englische, so daß wir es für einen so eben angekommenen Ostindienfahrer hielten. Um 8 Uhr ging unser Kapitain in dem Fischerboot nach Makao, um eine Tschoppe zu unserer Fahrt nach Kanton anzuschaffen, und die beste Methode zu erfahren, wie unsre Geschäfte zu betreiben wären. Gegen den Nachmittag blies der Wind sehr frisch von N. N. O. und N. O. Gegen Abend wuchs er zu einem starken Winde an, weswegen wir den besten Bug-Anker auswarfen. Die Nacht über, und auch den 20ten Vormittags fuhr der Wind sehr frisch fort aus derselben Gegend zu blasen. Dies machte, daß das Schiff sehr schwankte; aber als das Wetter gegen den Nachmittag wieder gemäßigter ward, zogen wir den besten Bug-Anker wieder ein.

Um 10 Uhr Abends kam ein Chinesisches Boot zu uns, und brachte einen gewissen Herrn Folger mit an Bord. Er war Ober-Steuermann des Schiffs, das wir auf der Rhede gesehen hatten. Es war der Kaiserliche Adler, Kapitain Berkley, welchen, wie Du Dich erinnern wirst, Kapitain Kolinett im King George's Sunde gesehen hatte. Wegen eines Streits mit dem Kapitain Berkley war er von ihm weggefahren, und zu Makao gewesen, wo er mit dem Kapitain Dixon zusammen traf, und sich die Fahrt mit uns nach Kanton verschafte. Wir hörten von Herrn Folger: der Kaiserliche Adler habe Ostende den 23sten November 1786 verlassen, und sei nicht weiter als bis King George's Sund Nordwärts an der Küste gewesen. Sie hatten ein oder 2 Gr. Südlich vom King George's Sunde viel kostbares Pelzwerk bekommen, und ihre Ladung bestand beinahe aus 700 auserlesenen Fellen, nebst vielen von geringerem

Werthe. Mitten in ihrem Handel begegnete ihnen ein sehr trauriger Zufall. Kapitain Berkley schickte oft sein langes Boot mit seinem zweiten Steuermanne, Herrn Mackie, und 10 oder 12 von seinen Leuten aus, um an denen Orten der Küste, zu welchen das Schiff nicht hinkommen konnte, mit den Indianern zu handeln. In einer von diesen Streifereien verließen Herr Miller der zweite Gehülfe, Herr Beale der Zahlmeister, nebst zwei von den Leuten das Boot, und stiegen in ein Indianisches Kanot, um mit den Einwohnern am Ufer zu handeln, wozu sie eine Kupferplatte mitnahmen; aber man hat sie nie wieder gesehen. Einige von den Leuten des Kaiserlichen Adlers landeten den folgenden Tag an eben der Stelle, und fanden verschiednes von ihren Kleidern und ihrer Wäsche zerrissen, und blutig, aber kein Stück von ihren Körpern, so daß sie ohne Zweifel ermordet und ihre Körper gegessen oder verbrannt worden sind. Diese unglückliche Begebenheit beweist hinlänglich, wie grausam die dortigen Menschen sind; und zugleich kann sie alle künftige Seefahrer lehren, nicht zu viel Vertrauen in diese Wilden zu setzen, so freundlich sie auch scheinen mögen.

Um Mittag am 11ten, kehrte unser Kapitain von Makao zurück, und brachte einen Lootsen mit, der das Schiff nach Kanton bringen sollte. Hierauf entließen wir den erstern sogleich. Wir hatten einige Besorgniß darüber, daß Kapitain Dixon so lange ausblieb; aber, wie es scheint, sind die Chineser in Betreibung ihrer Geschäfte nicht sehr rasch, und es giebt kein andres Mittel für dieses Zögern als Geduld. Mit dem Kapitain kam von Makao auch Hr. Roß, erster Gehülfe der Nutka, welches Schiff einige Zeit vor uns hier angelangt war; ferner Hr. Moore, der Zahlmeister, und Teiana, ein Oberhaupt von den Sandwich-Inseln, den Kapitain Meares von Atuai als Passagier nach Kanton mitgenommen hatte. Wie es schien, mußte die Nutka, als sie mit einem starken Winde zuerst in die Rhede von Makao eingefahren war, beträchtlichen Schaden gelitten haben, weshalb sie auch ihre Felle mit einem andern Schiffe nach Kanton geschickt hatte.

Da die Fluth uns begünstigte, so lichteten wir um 1 Uhr die Anker, und segelten mit schwachen veränderlichen Winden und bei schönem Wetter fort. Von der Rhede von Makao bis Wampo, dem Orte unsrer Bestimmung, ist die Fahrt beinahe N. N. W., und die Entfernung ungefähr 23 Meilen. Fast in der Mitte des Weges ist eine enge Durchfahrt, die Bokka Tigris genannt, welche auf jeder Seite des Flusses von einem armseeligen Fort vertheidigt wird.

Vom 11ten bis zum 14ten brachten wir damit zu, uns zu dieser Durchfahrt hinauf zu arbeiten; denn der Wind war uns beständig zuwider, so daß wir uns genöthigt sahen, bei jeder Ebbe zu ankern. Um 4 Uhr Nachmittags am 14ten, paßirten wir die Bokka Tigris, und bald nachher, da die Fluth vorüber war, ankerten wir in einer Tiefe von 5¼ Faden. Wir hatten auf dem Flusse von Makao von 8 bis 4 Faden Tiefe, auf weichem Grunde.

Jetzt kam ein Mandarin-Boot zu uns, mit einer Person, welche die Regierung geschickt hatte, um unser Schiff zu begleiten, fast auf eben die Weise, wie die Zollhaus-Bedienten in England; denn wir erfuhren, er solle verhindern, daß kein verbotner Handel geführt würde. Um 1 Uhr Morgens den 15ten lichteten wir den Anker, und segelten fort. Da wir schwache und veränderliche Winde hatten, so wurden unsre Boote hinuntergelassen und vorausgeschickt, um das Schiff zu bugsiren. Wir arbeiteten uns auf diese Art den ganzen 15ten über den Fluß hinauf, und kamen um 6 Uhr Morgens in der Wampo-Rhede in 4½ Faden Tiefe vor Anker. Bald nachher verließen uns unsre Passagiere; und als Kapitain Dixon gegen Mittag Befehl gegeben hatte, daß man nach dem oberen Ende der Flotte hinfahren sollte, ging er in einem Chinesischen Reiseboote nach Kanton, weil er dort von den Superkargos der Ostindischen Kompagnie erfahren wollte, wie wir uns unsere Geschäfte am besten erleichtern könnten. Um 1 Uhr lichteten wir, und fingen an, uns durch die Flotte den Strom hinauf zu arbeiten. Um 3 Uhr Nachmittags ankerten wir mit dem kleinen Bugankker in einer Tiefe von 4½ Faden auf einem sandigen Boden, wobei wir uns mit dem Stromanker befestigten. Das Dorf Wampo lag Westnordwest. Kanton liegt ungefähr 14 Meilen höher den Fluß hinan; aber die Schiffe der verschiednen Nationen, welche nach China handeln, werden nicht weiter gelassen, als bis nach Wampo. In der That glaube ich, daß der Fluß bis nach Kanton hin für große Schiffe nicht schiffbar ist.

Da Kapitain Dixon so bald als möglich für die Schiffskompagnie frische Lebensmittel anzuschaffen wünschte; so verloren wir keine Zeit, und erkundigten uns hiernach so viel als nöthig. Wir erfuhren bald: es würde uns, trotz unserer größten Sorgfalt, unmöglich sein, eine Menge Betrügereien zu vermeiden; jedes Schiff werde mit allen ihm fehlenden Lebensmitteln durch einen Bedienten, Komprador genannt, versehen; dieser fordert einen Kumschau oder ein freiwilliges Geschenk von 500 Rthlr., außer dem Profite, den er davon habe, daß er Lebensmittel liefere.

Eine solche Forderung schien uns so übertrieben, daß wir beschlossen, ihr wo möglich zu entgehen; und ein gewisser Kapitain Tasker aus Bombay, dessen Schiff nahe bei dem unsrigen lag, erbot sich gütig, uns für jetzt mit Rindfleisch auszuhelfen. Dies konnte übrigens nicht ohne Vorsicht geschehen; denn wir hatten an jeder Seite des Schiffs ein Hoppo, oder Zollhausboot, auf dem sich Zollbedienten befanden. Diese richteten ihr Augenmerk darauf, kein Rindfleisch an Bord zu lassen, das nicht durch einen Komprador geliefert würde.

Diese Zeit über waren unsre Leute beschäftigt, die Segel abzulösen, das lose Tauwerk gänzlich abzunehmen und alle kleine Arbeiten zu verrichten, die man nicht wohl aufschieben konnte.

Den 17ten Vormittags kam der Kapitain von Kanton zurück. Die Supertargos der Ostindischen Kompagnie hatten ihm berichtet, man dürfe über den Verlauf unsrer Felle nicht eher Maaßregeln nehmen, bis der Oberaufseher der Chinesischen Zölle an Bord gewesen wäre, um unser Schiff zu messen; und da man den King George bald erwarte, so würde er nicht eher kommen, als bis nach dessen Ankunft.

Der Hoppo, wie er gemeiniglich genannt wird, ist eine Person von sehr großem Ansehen, und im Range der nächste nach dem Vicekönige von Kanton. — Da uns Kapitain Tasker einiges Rindfleisch verschaft hatte, so bekam die Schiffskompagnie täglich zwei Pfund auf den Mann, mit einer verhältnißmäßigen Quantität von Gartengewächsen; denn der Mann in dem Hoppo-Boote übernahm es, uns mit allen Arten von Vegetabilien, deren wir bedürften, zu versorgen.

Da aller Branntwein am Bord aufgebraucht war, so kauften wir den 19ten von einem Holländer eine Lieger Arrak für 45 Thaler. Nachmittags zogen wir den Stromanker ein, und befestigten uns mit beiden Bugankern, wobei eine alte Chinesische Junke zur Befestigung am kleinen Buganker gebraucht ward. Da der

Hoppobediente auf irgend eine Weise ausfindig gemacht, daß uns Kapitain Taffer mit Rindfleisch versorgt hatte; so hinderte er es für die Folge, und wir sahen voraus, daß wir wieder von gesalzenen Speisen leben, oder einem Komprador ein übermäßiges Kumschau bezahlen müßten. In dieser Verlegenheit nahm Herr Moore, erster Steuermann des Königl. Admirals unter Kapitain Hubbart, es gütigst über sich, uns mit Rindfleisch zu versorgen, wenn wir unser Boot jeden Morgen darnach schickten, und es immer verhüteten, daß man das Rindfleisch nicht zu sehen bekäme. Wir nahmen dies Anerbieten gern an: unser Boot ward jeden Morgen regelmäßig nach dem Königl. Admiral geschickt, und wir hatten das Glück, immer das Rindfleisch unbemerkt an Bord zu bekommen.

Den 23sten ging unser Kapitain nach Kanton, und kehrte noch eben den Abend zurück, da er die angenehme Nachricht gehört hatte, daß der King George zu Makao angekommen sei.

Mittags den 24sten bestieg Kapitain Dixon mit sieben Mann das Wallfischboot, um dem King George entgegen zu gehen und ihm Beistand zu leisten, wenn er sich den Fluß hinauf müßte bugsieren lassen, und keinen günstigen Wind hätte. — Als wir unsern Vorrath von Lebensmitteln übersahen, glaubten wir einige veräußern zu können; und noch den Nachmittag verkauften wir drei Fäßchen Rindfleisch an ein Schiff von Liverno, welches im Strohme lag, das Stück zu 24 Thaler. Um Mittag den 25sten kam unser Gefährte, der King George, in den Strom, und ankerte in unsrer Nähe. Zu unsrer großen Freude brachte er alle seine Leute gesund und munter mit. Kapitain Portlock hatte, nachdem wir ihn verlassen, an der Küste nicht so viel Glück gehabt, als wir. In der That konnte man nicht erwarten, daß er im Prinz Wilhelms Sunde viele Felle bekommen würde, ob man gleich alle Mühe anwandte, und die Boote beständig in den anstoßenden Bächen und Buchten in einer gewissen Entfernung vom Schiffe waren.

Das lange Boot hatte im Cooksflusse ziemlich viel Glück gehabt, und zwei Reisen gethan; denn es war genöthigt gewesen, wieder zurückzukehren, um ein frisches Waarensortiment zu holen. Nachdem sie Prinz Wilhelms Sund verlassen, hatte der Kapitain Portlock eine Rhede zwischen Croßsund und der Insel-Bay angetroffen. Die Einfahrt in dieselbe ist gefährlich, und sie giebt keine

1787.
Novembr.

große Menge von Fellen, so daß sie bei künftigen Handelsleuten nicht in Betrachtung zu kommen verdient. Sein langes Boot hatte von dort eine Durchfahrt nach Norfolk-Sund gefunden; an diesem Orte zeigten die Einwohner seinen Leuten Kessel von verzinntem Bleche, zinnerne Becken u. s. w. denen man es sogleich ansah, daß sie von uns vertauscht wären.

Von da fuhr Kapitain Portlock gerade nach den Sandwich-Inseln, und kam, eine Woche nach unsrer Abfahrt von dort, daselbst an. Es war also ein Glück für uns, daß wir den Prinzen von Wallis in King George's Sund antrafen; denn sonst hätten wir mit Warten auf den Kapitain Portlock viele Zeit verloren. Doch wieder zu unsren eignen Angelegenheiten.

Den 26sten Morgens gingen unsre beiden Kapitaine nach Kanton, und kehrten Nachmittags den 27sten wieder zurück. Herr Browne, Präsident der Superkargos, versicherte sie: der Oberaufseher der Zölle (oder John Tuk, wie ihn die Chineser gewöhnlich nennen,) würde bald kommen, beide Schiffe zu messen, und unser Geschäft dann sogleich ohne Aufschub betrieben werden. Diese Zeit über waren unsre Leute beschäftigt, das Tauwerk genau durchzusehen, und jede andre erforderliche Arbeit vorzunehmen.

Den 29sten um 3 Uhr Nachmittags, verschied Herr Wilhelm Macleod, erster Steuermann auf dem King George. Sein Tod ward nicht von einer Krankheit, die ihn etwa während der gegenwärtigen Reise angewandelt hätte, veranlaßt, sondern von einer alten Beschwerde in der Harnröhre, welche ihm, während des letzten Theils der Reise, oft ein beschwerliches Uriniren und andre gefährliche Zufälle verursachte. Den Tag, als er krank ward, (den 28sten) war er zum Besuch am Bord des Ostindienfahrers Lock. Er trank nach dem Mittagessen etwas säuerlichen Porter *), und zog sich dadurch einen so starken Rückfall seiner Krankheit zu, daß

---

*) Porter ist eine Art von sehr bitterem und starkem braunen Biere, welches nirgends anders als in London gut gebrauet werden kann. An andern Orten hat man es oft genug vergeblich versucht. Einige Ingredienzien, welche die Bitterkeit zum Theil verursachen, hält man äußerst geheim. Man glaubt, daß vorzüglich Aloe dazu gebraucht werde. Durch chemische Zerlegung hat man eine ansehnliche Menge thierischer Theile in diesem Biere entdeckt. Es gehört ein Verlag von wenigstens 10,000 Pfund Sterling dazu, um eine Porterbrauerei anzulegen; daher lassen sich nur sehr reiche

daß man glaubt, dieser Umstand sei die unmittelbare Ursache seines Todes gewesen. Er starb allgemein von seinen Freunden und Bekannten bedauert, und ward Vormittags den 30sten auf der Franzosen-Insel begraben.

Den 2ten December um 10 Uhr Morgens wurden wir mit John Tuck's Gegenwart an Bord beehrt. Er ward von einem zahlreichen Gefolge begleitet, welches ihm fürstliche Ehrerbietung bezeigte, und ihn, als er auf das Verdeck kam, mit gebeugtem Knie begrüßte.

Dieser Besuch scheint bloß ein leeres Ceremoniel zu seyn, da sie nur von dem Vordermaste bis zu dem Hackeborde, und dann in die Queer nahe am großen Maste messen, wodurch sie gewiß nur eine unvollkommne Idee von der Ladung eines Schiffes bekommen können. Dessen ungeachtet fordern sie, wie ich erfahren habe, nicht weniger als tausend Pfund Sterling, als eine Hafensteuer, für diese Mummerei. Se. Excellenz machten uns ein Geschenk mit zwei elenden Büffelochsen; 8 Krügen von Samschu (einer Art Brandwein, die so schlecht ist, daß wir ihn über Bord warfen) und acht Säcken mit gemahlenem Reiße, von denen jeder ungefähr vierzig Pfund wog. Als dies nothwendige Geschäft vorbei war, wurden schickliche Maaßregeln genommen, unsre Felle nach Kanton zu schaffen. Wir erfuhren auf unsre Nachfrage, daß zu Kanton eine Tschoppe oder ein Zollhausboot für die Ladung eines Schiffes angeschaft werden müßte, welches funfzehn Thaler kostet. Da die Ladung des King George weit geringer war, als die unsrige, so glaubten wir, dadurch, daß wir dessen Felle an Bord unsres Schiffes nähmen, könnten füglich die Unkosten von einem Boot erspart werden. Wir bekamen also diesen Nachmittag vom King George sieben Fässer und zwei Kleiderkisten voll Felle. — Den 4ten ging Kapitain Dixon nach Kanton, um in unserer Faktorei Alles zur Aufbewahrung der Felle in Bereitschaft zu halten, und ein Boot zu schicken, das sie abholen sollte. Morgens den 5ten kam ein Tschoppeboot zu uns, um unsere Ladung zu holen; Kapitain Portlock ließ ebenfalls eine kleine Kiste, und ein Bündel Felle an Bord bringen.

_{Leute darauf ein. Es giebt Parlementsglieder, welche Porterbrauer sind. Den Namen Porter hat es davon, daß die Träger (Porters) und die Leute, welche die Steinkohlen aus den Schiffen heraus tragen, vorzüglich dies starke und sehr nährende Bier trinken, um sich die Kräfte zu ersetzen, welche sie durch Ermüdung vom Tragen großer Lasten verlieren. Es nährt so sehr, daß Leute, welche stark Porter trinken, selten etwas essen können.}

S.

1787. December.

Wir schickten drei und zwanzig Fässer, zwei Kisten und zwei Tonnen, die alle Felle von unserm Schiff enthielten; ferner sieben Fässer, drei Kisten, und ein Bündel, das dem King George gehörte, nach Kanton. Vielleicht habe ich in der Folge Gelegenheit, den besondern Inhalt von dem Allen anzugeben.

Von unsrer ersten Ankunft an bis jetzt waren unsre Leute beschäftigt gewesen, das Tauwerk zu untersuchen, und was etwa mangelhaft war, wieder auszubessern. Unsre Hauptsegelstange war für untüchtig erklärt, und eine andre an ihre Stelle gesetzt, auch manche andre nothwendige kleine Arbeit verrichtet worden. Den 5ten fingen wir an, den Schiffsraum auszuladen, und schickten unsre leeren Tonnen ans Ufer, um sie ausbessern zu lassen. Die Segelmacher waren beschäftigt, mancherlei neue Seegel zu verfertigen, und die alten zu repariren. Diese verschiedenen Arbeiten nahmen den größten Theil dieses Monats weg; in der That eilten wir eben nicht sonderlich, da bis jetzt noch keins von unsern Fellen verhandelt war, und da wir also keine Ladung für die Ostindische Kompagnie annehmen konnten.

Den 26sten fingen die Zimmerleute an, zwischen den Verdecken zu kalfatern. Kapitain Portlock kaufte eine Anzahl dünner Spanischer Röhre, um den Schiffsboden damit zu belegen *); und diesen Nachmittag bekamen wir achthundert und sieben und neunzig Bündel von der Rose **), und den 27ten noch fünfhundert und drei und sechzig Bündel mehr. Wir erwarten täglich gute Neuigkeiten von Kanton, und unsre Zubereitungen an Bord für eine Ladung Thee gehen schnell von Statten. Leb wohl. Dein

Wampo, den 28. December.   W. B.

---

*) Wenn man nicht Stückgut ladet, sondern Salz, Korn oder dergleichen im Schiffsraume aufschüttet, so werden Reisbündel, oder Strauchholz ꝛc. ꝛc. in den Boden des Schiffsraums eingelegt, theils um die schwere Last tragen zu helfen, damit sie nicht zu sehr auf die Kniee und Krummhölzer aufpreßt, theils aber auch, um solche Waaren, welche, wenn sie naß würden, Schaden leiden könnten, hoch genug über den Schiffsboden zu erhöhen. In Indien und China ladet man zu diesem Zwecke allezeit Rottinge, oder dünne Spanische Röhre.   S.

**) Der Nahme eines Ostindienfahrers.   S.

Vier und vierzigster Brief.

Weitere Nachrichten von den Vorfällen zu Kanton — Verkauf der Pelzwaaren — Ursachen weshalb sie nicht höher verkauft worden sind — Die Schiffe verlassen Wampu, und gehen nach Makao.

Da wir uns jetzt ängstlich bemüheten, das Schiff zur Ladung fertig zu bekommen, und da das Wetter unbeständig war, so nahmen wir den 28ten December zwei Kalfaterer von dem Indiafahrer Houghton an, damit sie unsern Zimmerleuten helfen möchten. Das Schiff mußte nehmlich nothwendig recht dicht sein, ehe wir es wagen konnten, Thee an Bord zu nehmen.

Am 29ten ankerte ein Amerikanisches Schiff, die Allianz genannt, Kapitain Reab, in dem Flusse. Dies Schiff ist wie eine Fregatte gebaut, und war während des letzten unglücklichen Streites mit den Amerikanern einigermaßen vortheilhaft gegen uns gebraucht worden; jetzt aber scheinen die Speere der Amerikaner sich in Sicheln, und ihre Fregatten in Kauffartheischiffe verwandelt zu haben.

Seit einigen Tagen war unsere Rindfleischzufuhr vom Königl. Admiral gar nicht regelmäßig gewesen, und wir sahen uns genöthigt, mehr als einmal gesalzne Speisen zu essen. Dies machte, das wir uns an den Kapitain Portlock wandten, der bei seiner ersten Ankunft in dem Fluß einen Komprador angenommen hatte; und am 31sten fingen wir an, vom King George unser Rindfleisch zu bekommen.

Um diese Zeit war unser hinterer Schiffsraum aufgeräumt, und die Tonnen an der Grundreihe für das Wasser fertig. Nun ward das lange Boot nach Kanton geschickt, weil dies der nächste Ort war, wo man trinkbares Wasser haben konnte. Als wir Alles am Bord hatten, ging unser Schiff mit der größten Geschwindigkeit vorwärts, um zu einer Ladung in Bereitschaft zu sein, sobald die Versammlung der Superkargos es für gut finden sollte, uns eine zu geben, da unser Geschäft zu Kanton völlig ins Stecken gerathen, und noch keins von unsern Fellen verkauft war.

Um Dir einen Begriff von den wahrscheinlichen Ursachen dieses Aufschubs zu geben, wird es vielleicht nöthig sein, daß ich etwas Weniges über die Personen sage, denen der Verkauf unsrer Felle anvertrauet war; ferner über die Maaßregeln welche diese nahmen, und über die verschiedenen Hindernisse, welche die Chineser erregten, daß sie nicht mit Vortheil abgesetzt werden möchten.

Als wir zuerst mit unsrer Reise umgingen, ward China zum Marktplatze für den Verkauf aller Felle bestimmt, die wir bekämen; und zu gleicher Zeit sah man es als eine Sache von nicht geringerer Wichtigkeit an, von dort her eine Fracht zu bekommen. Dem zufolge ward ein Vertrag mit der Ostindischen Gesellschaft geschlossen: unsere Felle sollten entweder den Superkargos zu einem guten Preise verkauft oder in ihren Händen gelassen werden, damit sie dieselben bei einer künftigen Gelegenheit anbringen könnten; und sie sollten von dem was sie erhielten, ein Gewisses vom Hundert bekommen.

Kaum waren die Felle bei unsrer Faktorei gelandet, als eine Anzahl Kaufleute, die zu dem Zolle gehören, und die, wie ich höre, dem Kaiser für die Bezahlung des Zolls Bürgschaft leisten, sie genau überschlugen. Nachher ließ auch Herr Browne sie durch einige zu dieser Absicht bestimmte Leute noch einmal schätzen.

Als unsere Felle gehörig tarirt waren, ward die Zahl, die Herr Browne verkaufen sollte, auf 2,552 See-Otterfelle, 434 Bärenhäute und 34 Fuchsbälge festgesetzt. Der Rest unsrer Ladung, welcher aus 1,080 Biberschwänzen, mancherlei unbedeutenden Stücken von Biberhäuten und Mänteln, 110 Robbenfellen, ungefähr 150 Landbibern, 60 schönen Mänteln von den Murmelthieren ohne Ohren, und aus mancherlei Rakuhnen, Füchsen, Luchsen u.s.w. bestand, wurde unsern Kapitainen überlassen, damit sie dies Alles so gut sie könnten anbringen möchten. Vermuthlich hatte man dabei keine andre Absicht, als ihnen Geld für ihre baaren Ausgaben zu verschaffen; auch erwartete man ohne Zweifel, daß Alles, was ihnen übrig geblieben war, bloß hierzu hinreichen würde.

In Ansehung des Verkaufs unsrer Felle muß ich zuerst bemerken, daß es zu Kanton eine Gesellschaft reicher Kaufleute giebt, die man die Hong-Kaufleute nennt. Mit diesen treibt unsre Ostindische Kompagnie alle ihre Geschäfte, und nimmt von ihnen allen Thee und alles Porcellain, das nach Großbritannien geschickt wird. Diesen Leuten bot man unsere Felle an, und erwartete, daß sie uns dieselben sogleich für einen vortheilhaften Preis abnehmen würden; allein hier wurden wir zu unserm Leidwesen sehr getäuscht, und fanden auf unsere Kosten, daß unsere Eigenthümer darin einen üblen Fehler begangen, daß sie den Superkargos allein den Auftrag gegeben hatten, ihre Güter anzubringen; denn sobald diese Hong-Kaufleute die Felle übersehen und ihren Werth bestimmt hatten, durfte kein anderer Kaufmann sich in den Handel mischen. In der That gab es, da die oben erwähnte Menge Felle nicht gut zu vereinzeln war, ausser den Hong-Kaufleuten, nicht viele, die eine so große Parthie kaufen, und das Geld dafür sogleich zahlen konnten. Hierzu kommt noch, daß der Zoll von Waaren in dem Hafen von Kanton nicht nach einem festgesetzten Tarif gerechnet wird, sondern größtentheils von denen abhängt, die von dem Hoppo dazu bestimmt sind, ihn einzufordern, und die ihn nun nach Gefallen höher oder niedriger setzen. Bei diesen Leuten haben die Hong-Kaufleute großen Einfluß; wenn nun auch irgend ein anderer Mann unsere Felle hätte kaufen können, und geneigt gewesen wäre, einen vortheilhaften Preis dafür zu geben, so würde ihn doch die Furcht einen ungeheuren Zoll bezahlen zu müssen, sogleich von einem Versuche dieser Art abgeschreckt haben. Dies fanden wir mehr als einmal auf das genaueste bestätigt.

In dieser traurigen Lage blieb es mit dem Verkauf unsrer Ladung während des Decembers und des größten Theils vom Januar. Entweder mußten wir das geringe Gebot, welches die Hong-Kaufleute den Superkargos gethan hatten, annehmen, oder unsere Felle unverkauft in ihren Händen lassen. Beide Partheien wußten, daß wir dies, wenn es irgend möglich wäre, zu vermeiden wünschten. Während der Zeit verkauften wir Einiges von dem Ausschusse, den man uns selbst zum Verhandeln gelassen hatte, sehr vortheilhaft. Von den 1080 Schwänzen wurde das Stück mit 2 Thalern bezahlt, die Robbenhäute jede mit 5 Thaler, und ein kleines Pack von schlechtem Zeug mit 55 Rthlr. Den 7ten Januar 1788 schickten wir 130 Pekul Flintensteine, einen Ballen Decken und einige Gros Schnallen nach Kanton; auch ward von dem King George ein Hoppoboot mit Flintensteinen beladen. Die Decken und Schnallen waren zum Handel mit den Amerikanern mitgenommen worden, und wir hatten gehört, daß sie unter den Chinesern sehr gangbare Artikel wären.

1798.
Januar.

Als den 14ten unser Orlop vollkommen kalfatert war, überstrichen wir es mit einer Mischung von Damar*) und Oel. Eben so verfuhren wir mit dem Haupt- und Vordermast.

Den 20sten kamen zwei Ostindische Kapitaine auf Befehl der Superkargos, um unser Schiff durchzusehen, ehe sie Thee an Bord schicken wollten. Sie fanden einige Mängel in unserm Schiffsraume, und gaben Befehl, daß sie gehörig verbessert werden sollten. Zugleich schickten sie uns einen Zimmermann und einen Kalfaterer, um unsern Leuten bei ihrem Geschäfte zu helfen.

Nachmittags kam ein Boot mit 100 Kisten Bohe-Thee an das Schiff. Um 11 Uhr Abends riß das Tau über der Junke; wir ließen daher den großen Fluß-anker und das Stromtau heraus, um das Schiff festzumachen. Da die Aufseher befohlen hatten, das untere Verdeck ins Gleichgewicht zum Segeln zu setzen, so machten am 23sten die Zimmerleute die Hölzer und Unterlagen hierzu fertig; und als um 11 Uhr die Aufseher wieder an Bord kamen, fanden sie das Schiff völlig zu einer Ladung im Stande.

Den 25sten hatten wir das Glück, unsern kleinen Anker und neun Klafter von dem alten Taue wieder zu bekommen.

Den 26sten wurden unsre besten Felle, nehmlich die 2552 Seeotter-, 434 Bären- und 34 Fuchsfelle, für 50,000 Thaler verkauft, und den Superkargos der Ostindischen Gesellschaft abgeliefert.

Es könnte scheinen, als wenn unsre Kapitaine diesen Preis geradezu hätten ausschlagen sollen; aber da sie es unmöglich fanden, einen bessern zu erhalten, und da es hohe Zeit war, an das Absegeln zu denken, so nahmen sie dies Gebot gern an, ob es gleich weit unter dem war, was wir ehemals erwarten zu können glaubten. In der That gab es jetzt, außer den schon erwähnten Gründen, noch ganz andre, und zwar sehr wichtige, weshalb man das Geschäft beendigen mußte. Die Felle, welche die Nutka gebracht hatte, waren erst kürzlich für 9,750 Thaler verkauft worden; 700 vortrefliche Seeotterfelle, (die Ladung des

---

*) Damar oder Dammer ist eine Art von Harz, das auf Borneo, Sulub und den Philippinen, von einem botanisch noch unbekannten Baume herkommt. Man braucht es mit Oel vermischt, bei dem Schiffbau in Indien häufig als Theer oder Pech. S.

Kaiserlichen Adlers, Kapitain Berkley,) befanden sich in den Händen des Herrn Beale, eines Haupteigenthümers und Residenten zu Kanton; 1,000 Otterfelle waren durch die Spanischen Missionarien von Kalifornien und dem Theile der Küste, der gegen King George's Sund zu liegt, nach Manilla geschickt worden, und von da kürzlich zu Kanton angekommen; zwei Französische Schiffe, welche an der Amerikanischen Küste auf Entdeckung gewesen, und vor kurzem zu Makao angelangt waren, hatten 200 schöne Seeotterfelle eingesammlet. Hierzu kommt noch, daß eine große Menge von schwarzen Kaninchen- und Robbenfellen, welche hier in ziemlichem Werthe stehen, kürzlich von England waren gebracht worden. Da dies Alles auf einmal zu Markte kam, so ward er völlig überladen; und dies that solche Wirkung auf die Chineser, daß sie es kaum der Mühe werth hielten, Felle zu kaufen. Bei gehöriger Erwägung dieser Umstände konnten unsere Kapitaine gewiß keine klügere Maaßregeln ergreifen, als daß sie mit den Superkargos den Handel schlossen; denn, alle andre Gründe nicht in Anschlag gebracht, wurden wir auf diese Weise in Stand gesetzt, unsern Eigenthümern Wechselbriefe zu remittiren, und auch unsre Abreise ward sehr erleichtert.

Den 30sten bekamen wir den Rest unsrer Ladung von Thee an Bord. Ich habe schon vorhin bemerkt, daß wir mancherlei Packe von schlechtern Fellen und Murmelthiermänteln besaßen, welche wir selbst zu verkaufen Erlaubniß hatten. Etwas Weniges davon war angebracht, aber das Meiste befand sich noch in unsern Händen. Da uns bloß dies in China zurückhielt, so verkauften wir zuletzt das Ganze, nebst den Flintensteinen, den Schnallen und Decken an Chichinqua für 1000 Thaler. Der alte Mann äußerte dabei, er habe keinen andren Beweggrund, diesen Handel zu schließen, als bloß den Wunsch, unsre Abreise zu beschleunigen; denn es sei Schade, sagte er, daß zwei kleine Schiffe, wie die unsrigen, um einer solchen Kleinigkeit willen mit schweren Unkosten sollten aufgehalten werden. Ich bin fast der Meinung, daß der alte Chichinqua in dieser Aeußerung aufrichtig war; denn als die Felle seinen Leuten abgeliefert wurden, schien es, als wenn sie dieselben wie bloßen Ausschuß ansähen. Zwar würde man einen Monat vorher gewiß viermal so viel dafür gegeben haben; aber um diese Zeit konnten wir gar nichts verkaufen.

1788.
Februar.

Nunmehr hatten wir unsre Ladung gehörig verpackt, unsre Wasserfässer aufgefüllt, und alles für die See bereit. Den 5ten Februar, um 10 Uhr Morgens, machten wir die Anker los; um 12 Uhr lichteten wir sie, und segelten bei einem Nord-Nord-Westwinde ab. Um 3 Uhr Nachmittags warfen wir an dem unteren Ende der Flotte den kleinen Bugauker in sechs Faden aus. Abends langten unsre Kapitaine von Kanton an, wo sie die Faktorei abbezahlt und alle unsre Geschäfte gänzlich in Ordnung gebracht hatten.

Den 6ten, Morgens, machte der King George die Anker los; aber da er wenig oder gar keinen Wind hatte, wand er sich längs der Flotte herunter, und kam ungefähr um 4 Uhr zu uns. Da der Wind überhaupt uns entgegen war, so mußten wir bei jeder Fluth ankern, und bekamen Makao nicht eher zu Gesicht, als Morgens, den 9ten. Nun ankerten wir in der Rhede von Makao; Makao lag uns Südwestlich, und die Spitze von Lintin Oestlich, ungefähr in einer Entfernung von vier großen Seemeilen. — Da unser großer Zweck nun völlig erreicht war, so kannst Du leicht denken, daß wir alle uns eine schnelle und sichere Ueberkunft nach Alt-England*) begierig wünschten, aber keiner mehr als Dein

Makao, den 10. Februar.   W. B.

Fünf und vierzigster Brief.

Allgemeine Uebersicht von Kanton — Beschreibung der Eingebornen — Ihre Sitten und Gewohnheiten — ihr Handel — die Produkte ihres Landes — Religion ꝛc.

China wird, wegen des so sehr ausgebreiteten Handels, den die Ostindische Gesellschaft dorthin treibt, von Engländern so häufig besucht, und es ist daher so allgemein bekannt, daß es vielleicht lächerlich sein kann, wenn ich Bemerkungen darüber mache; indeß, da Du Neuigkeiten liebst, und vielleicht nicht weiter, als durch Du Halde mit China bekannt bist, so will ich Dich mit den wenigen Beobachtungen belästigen, die ich über dieses Land und seine Einwohner habe machen können.

Sollten

---

*) Die Englischen Seefahrer pflegen, wenn sie von England reden, es immer Alt-England zu nennen, um es von der Amerikanischen Provinz Neu-England zu unterscheiden.   S.

Sollten wir unsre Meinung von diesem Lande nach dem Eindrucke, den der erste Anblick verursacht, bestimmen, so würde sie äußerst ungünstig ausfallen; denn kaum kann irgend etwas in der Natur ein unfruchtbareres, öderes und elenderes Ansehen haben, als die Lemainseln, oder in der That auch die Gegend, die man nach der Ankunft in der Rhede von Makao sieht. Aber sobald man die Bocca Tigris erreicht, wird der Prospekt schöner. Von da bis Kanton nimmt der Fluß einen schlängelnden Lauf, und alle Krümmungen stellen dem Auge verschiedene Arme des Flusses dar, von denen viele ein Werk der Natur, andre aber der Arbeit und Kunst sind. Man erblickt in diesen verschiedenen Aussichten zahlreiche Dörfer, und sie haben Ueberfluß an gefälliger Abwechselung von schönen Landschaften, die mit Ebnen und sanften Anhöhen angenehm vermischt sind. Auf den Spitzen der Hügel stehen hohe Pagoden; die Anhöhen sind mit Bäumen von mancherlei Gattung geziert, die beständig nach einander Laub bekommen, so daß hier ein immerwährender Frühling zu sein scheint. Die Ebnen tragen zugleich eine große Menge Zuckerrohr und Reiß.

Indeß verlieren sie bei allen diesen vereinigten Vorzügen der Natur und Kunst, so sehr sie auch wirklich in der Entfernung gefallen, viel von ihrem Effekte, wenn man sich ihnen nähert. Der Boden ist gemeiniglich von einer lockern sandigen Beschaffenheit; er hat bei weitem nicht das schöne Grün, das die Brittischen Ebnen so auszeichnet, und scheint im Ganzen sowohl zur Viehweide als zum Getreidebau eben nicht sehr geschickt zu sein. Die Dörfer sind zwar zahlreich, und außerordentlich bevölkert; aber sie fühlen fast alle den Druck der Armuth und des Mangels. Ich glaube, daß die Menge Reiß, die hier gebauet wird, für die Konsumtion der Einwohner nicht zureichend ist; denn es werden jährlich große Quantitäten von Manilla und Ostindien eingeführt.

Das Klima von Wampo ist außerordentlich ungesund, und es giebt so große und plötzliche Veränderungen in der Temperatur der Luft, daß ich das Thermometer oft in 24 Stunden von 41 bis auf 86 Grad habe steigen sehen. Das Land gegen Nordosten ist niedrig und sumpfig, und die schweren feuchten Nebel, die davon aufsteigen, verursachen häufig kalte Fieber, Wechselfieber und Durchfälle, obgleich die letzte Krankheit wahrscheinlich auch mit durch die Menge von Arrak bewirkt wird, welchen die Seeleute übermäßig trinken.

Wampo ist, wie ich schon bemerkt habe, der Sammelplatz für Schiffe aller Nationen, die nach China handeln. Hier sieht man Engländer, Franzosen, Holländer, Dänen, Schweden, Italiäner und Preussen. Auch die Amerikaner haben, wie es scheint, ihren Widerwillen gegen den Thee überwunden, und für diese Waare mit den Chinesern einen Handel eröfnet. Noch vor wenigen Jahren hatten die Oestreicher eine Faktorei zu Kanton; aber die Kaiserliche Kompagnie kann jetzt nicht mehr bezahlen, und darf keine Schiffe nach China schicken, weil sie besorgen muß, daß sie als ein Theil der Bezahlung für die schon gemachten Schulden in Beschlag genommen werden.

Ich zweifle kaum, daß der Chinesische Handel unsrer Ostindischen Kompagnie größer ist, als der Handel der übrigen Nationen zusammengenommen, wenn man den sehr ausgebreiteten der Chinesischen Kaufleute nach Manilla und Batavia ausnimmt.

Die Schiffskapitaine miethen während ihres hiesigen Aufenthaltes von Chinesern auf eine Zeit lang Waarenlager, die nahe an der Seite des Flusses liegen, damit sie ihre Vorräthe und Ladungen, indeß sie ihre Schiffe ausbessern, landen können, oder auch, um andre Geschäfte vorzunehmen, welche sich dort bequemer betreiben lassen, als an Bord. In diesem Stück haben die Franzosen großen Vortheil vor uns; denn ihre Waarenlager liegen auf einer trocknen angenehmen Insel, wo sie nicht nur jede Bequemlichkeit zur Betreibung ihrer Geschäfte, sondern auch ein Hospital haben, worin ihre Kranken aufgenommen werden. Die Englischen Waarenlager hingegen, die hauptsächlich auf dem vorhin erwähnten niedrigen sumpfigen Boden stehen, sind einigermaßen von diesen Vortheilen ausgeschlossen.

Kanton liegt am Tigris, ungefähr vier große Seemeilen von Wampo*). Hier haben die verschiedenen Nationen, welche mit den Chinesern handeln, Faktoreien zum Aufenthalte ihrer Konsuls oder Superkargos. Diese machen eine ziem-

---

*) Die Chineser nennen den Fluß, an welchem Kanton liegt, Tahe. Wegen der bloß zum Schrecken der Chinesischen Seeräuber errichteten, sonst aber unbedeutenden Schlösser, heißt die Mündung: Hu-Men, die Tigerpforte; allein der Fluß heißt nicht Tigris. S.

lich schöne Reihe von Gebäuden, liegen an einer Art von Bollwerke nahe am Flusse, und erstrecken sich ungefähr eine Meile in die Länge. Aber diejenigen, welche den Engländern gehören, sind bei weitem die schönsten und bequemsten. Keinem von den Faktoren ist es erlaubt, sich zu Kanton aufzuhalten, wenn die Schiffe das Land verlassen haben; sondern sie gehen immer mit dem letzten Schiffe nach Makao, wo sie so lange bleiben, bis die Schiffe im nächsten Jahre wieder kommen.

Außer diesen öffentlichen Faktoreien giebt es auch eine Menge von Privatfaktoreien, welche von den Kapitainen der verschiedenen Schiffe besetzt sind. Sie miethen dieselben während ihrer Anwesenheit von den Hongkaufleuten, da diese sich gewöhnlich zu Kanton aufhalten, weil sie hier ihre Geschäfte mit den Superkargos, oder ihre eigenen Privatangelegenheiten weit bequemer betreiben können.

Hinter diesen Faktoreien liegt die Stadt Kanton mit den Vorstädten. Von der Stadt habe ich nur einen unvollkommenen Begriff, da kein Fremder in ihre Thore hineingelassen wird. Die Straßen der Vorstädte sind, überhaupt genommen, außerordentlich enge und unbequem, aber ziemlich reinlich, da man sie mit breiten Fliesen gepflastert hat. Sie bestehen ganz aus den Läden und Waarenlagern der verschiedenen Gewerbe und Manufakturen, die hier getrieben werden. Die Häuser haben bisweilen einen sehr großen Umfang, aber selten mehr, als Ein Stockwerk.

Kanton ist ausserordentlich volkreich; aber nichts zeigt deutlicher, wie schwer man einen richtigen Begriff von seinen Einwohnern bekommen kann, als die verschiedenen Meinungen der mancherlei Schriftsteller, welche ausdrücklich über diesen Gegenstand geschrieben haben; denn einige rechnen mehr als eine Million, andre wieder nur 80,000. Ohne mich bei solchen ungereimten Ungleichheiten aufzuhalten, bemerke ich nur, daß die Rechnung des Kapitain King, nach meiner Meinung, bei weitem der Wahrheit am nächsten kommt. Er schätzt die Anzahl der Einwohner auf 150,000; und dies ist gewiß eine sehr mäßige Angabe.

Außerdem lebt aber hier noch eine erstaunliche Anzahl von Leuten gänzlich auf dem Wasser und auf Kähnen, die man Sampans nennt. Ihre Anzahl beläuft sich nach der niedrigsten Berechnung auf 40,000. Aber ich möchte fast glauben, daß ihrer noch viel mehr sind. Die meisten von diesen armen Unglücklichen erhalten ihr kümmerliches Leben durch Fischen, und vielleicht auch durch einige gemeine Arbeiten, die ihnen gelegentlich am Ufer aufstoßen. Andere hingegen rudern nach Art unserer Londner Bootsleute als beständige Reiseboote von einem Ort zum andern. Für zwei Thaler kann man einen schönen und sehr bequemen Sampan auf acht oder zehn Leute zu einer Fahrt von Wampo nach Kanton miethen. Diese Boote sind inwendig fast wie ein Englisches Zimmer eingerichtet, und es ist ein Tisch nebst Stühlen für die Passagiere darin. Sie haben Gitterfenster von Perlmutter, und sind mit einem netten gewölbten Dache von Bambusrohr bedeckt.

Die niedrigste Klasse des Volkes lebt gänzlich von Reis, vielleicht mit ein wenig Fisch, das bloß hinreichend ist, ihm Wohlgeschmack zu geben. Die Mandarinen, und mit Einem Wort, alle diejenigen, deren Umstände es verstatten, mästen sich indeß mit jedem Artikel der Ueppigkeit, und sind ausserordentlich lecker nach wohlschmeckenden Saucen und stark gewürzten Speisen.

Die gemeinen Gewächse der Küchengärten, z. B. Kohl, rothe Rüben, Grünes, Stockrüben, Kartoffeln ꝛc. ꝛc. sind hier in grossem Ueberfluß; doch ist die Armuth des gemeinen Mannes so groß, daß ihm sehr wenig davon zu Theil wird.

Die Künstler in den hiesigen verschiedenen Manufakturen sind sehr erfindsam und geschickt. Etwas über die Vortrefflichkeit ihres Porzellains zu sagen, würde ungereimt sein, da in England jedes geschwätzige Weib eine stundenlange Rede über die Nettigkeit und Eleganz ihres letzt erkauften vollständigen großen Services halten kann. Zwar kostet es nicht halb so viel, als das Service ihrer Nachbarin; aber „sie wundert sich in der That, wie einige Leute so wenig Geschmack haben können."

Ihre zahlreichen Muster in Seide und Sammet sind gewiß sinnreich und geschmackvoll; aber in Ansehung der Güte im Gewebe und der dauernden Schönheit müssen sie unseren Weberstühlen in Spital-Fields unstreitig nachstehen. Viele von ihren Künstlern zeigen einen großen Grad von Geschicklichkeit und Genie, vorzüglich in ihren Kästchen und in lakirten Arbeiten. Doch viele von diesen Sachen dienen bloß zur Zierde, und es ist bei ihnen sehr wenig auf wahren Nutzen gesehen.

Die Art, wie die Chineser das Haar tragen ist etwas sonderbar; indeß glaube ich, daß diese Gewohnheit im ganzen Oriente herrschend ist. Sie scheeren den Kopf ganz kahl, eine kleine zirkelförmige Stelle auf dem Scheitel ausgenommen; da man ihnen diese, wenn sie noch Kinder sind, häufig abscheert, so wächst das Haar nachmals sehr lang, und wird in einem netten dreifachen Zopfe getragen.

Die Weiber lassen das Haar lang wachsen, und machen daraus oben auf dem Scheitel nette runde Lagen in kegelförmiger Gestalt. In diesen sonderbaren Wickeln tragen die Leute von vornehmerem Stande vielen Schmuck.

Kleine Füße hält man bei dem Frauenzimmer für eine ausserordentliche Schönheit, und klemmt sie daher in der Kindheit ein; daher sind viele von ihnen beinahe Krüppel.

Von der Regierungsform der Chineser kann ich nur wenig sagen. Der Kaiser ist von Tatarischer Abkunft, und kann, wie ich glaube, despotisch genannt werden; wenigstens sind dies die untergeordneten Theile der Regierung, z. B. das Zollwesen, wie wir es aus eigner Erfahrung sagen können. Uebrigens haben wir unwidersprechliche Beweise, daß die Polizei hier in einiger Rücksicht besser ist, als in irgend einem Lande der Welt. Die Englischen Superkargos lassen oft, wenn sie sich aus Kanton wegbegeben, wenigstens 100,000 Pfund Sterling in baarer Münze zurück, ohne eine andere Sicherheit, als das Siegel der Hong-Kaufleute und der Mandarinen. Die Kapitaine in den verschiedenen Privat-Faktoreien vertrauen ohne alles Bedenken ihr Vermögen der Aufsicht Chinesischer Bedienten an, und ich glaube, daß man nie ein Beispiel von Untreue gehört hat.

Ich habe schon vorhin bemerkt, daß die Chineser stark gewürzte Speisen lieben, indeß sind sie doch sehr mäßig in ihren Mahlzeiten, und halten den Tag niemals mehr, als zwei: die erste ungefähr um zehn Uhr, und die zweite ungefähr um fünf Uhr Nachmittags. Die Zwischenzeit wird von denen, die keine Geschäfte haben, mit Rauchen, Theetrinken und Besuchen bei ihren Nachbaren zugebracht.

Die Chinesische Sprache ist ausserordentlich schwer zu verstehen: nicht etwa, weil sie wortreich ist; denn ganz im Gegentheil, hat dasselbe Wort, je nachdem es verschieden ausgesprochen wird, eine große Menge von Bedeutungen. Diese mannichfaltige Emphase wird oftmals durch eine Art von singendem Tone unterschieden, so daß ich fast glauben möchte: wenn Chineser genöthigt wären, sich flisternd zu unterhalten, so würden sie einander nur sehr unvollkommen verstehen.

Auch kann dieser Hauptfehler in ihrer Sprache wahrscheinlich nicht abgeändert werden. Die Mandarinen affektiren in willkührlichen Charaktern zu schreiben, die für den gemeinen Mann unverständlich sind. Bei diesen Umständen kann die Chinesische Sprache wohl nie auf feste Regeln gebracht, und allgemein verständlich gemacht werden.

Sie schreiben in Kolumnen von oben bis unten, in derselben Ordnung, wie wir die Zahlen von Pfunden, Schillingen und Pences. Sie fangen allemal von dem Rande zur Rechten an, und hören zur Linken auf. Sie befolgen die Dezimal-Rechnung, d. h. sie zählen alles nach 10. Sie haben keinen Begriff von der Addition durch geschriebene Zahlen, sind aber sehr geschickt, jede Summe vermittelst hölzerner Kugeln zu berechnen, welche an Drathen in einer Art von offenen Schächtein *) hin und her geschoben werden.

Das Geld, das hier cirkulirt, sind hauptsächlich Spanische Thaler; das einzige geprägte Geld dieses weitläuftigen Reiches, ist eine schlechte Art von Kupfermünze, Kasch genannt, von denen ungefähr achtzig den Werth von acht Stübern Sterling ausmachen **).

Ihre Religion ist ganz heidnisch, denn jede Familie hat ihren Hausgötzen, nehmlich ein Bild, das gemeiniglich an einem sehr in die Augen fallenden Orte aufgestellt wird, und mit vielen phantastischen Zierrathen ausgeschmückt ist. Des Nachts wird beständig ein Licht dabei brennend erhalten. Alle Boote auf dem Flusse haben einen Platz auf dem Hintertheile, der dem Joß ***) (so nennen sie ihr Bild oder ihren Gott) gewidmet ist, und immer sorgen sie dafür, die Woh-

---

*) Die Chinesischen Rechenmaschinen bestehen aus einem viereckigen Rahme, in welchem man an horizontal laufenden Drathen gedrechselte runde Kügelchen hin und her schieben kann. Diese stellen Einer, Zehner, Hunderte, Tausende u. s. w. vor, und die Chineser können mit Hülfe derselben die schwersten Rechnungen geschwind und leicht machen. Die Rußen haben diese Rechentafeln, welche bei ihnen noch durchgängig gebraucht werden, und Schtschota heißen, wahrscheinlich von den Mogolen, und diese sie von den Chinesern bekommen. *S.*

**) Ein Englischer Pence oder Stüber beträgt nach Preußischer Kourant-Münze, ungefähr acht Pfennige; und eben so viel wären also 10 Chinesische Kasch. *S.*

***) Der Nahme Joß oder eigentlich Dschoß ist keinesweges ein Chinesisches Wort, sondern das Portugiesische Dios, Gott. Die Chinesen behalten es bei, um sich den Europäern verständlich zu machen, gebrauchen es aber bloß in ihren Gesprächen mit diesen. *S.*

wung Sr. Herrlichkeit bei Nacht zu illuminiren; indeß haben viele, selbst unter den gemeinen Leuten, hinlängliche Beurtheilungskraft, den Trug eines so ungereimten Gottesdienstes einzusehen, und erkennen mit aller Bereitwilligkeit ein höchstes, nie gesehenes, unsichtbares Wesen, das von aller Ewigkeit her existirt.

1788.
Februar.

Die Vielweiberei ist hier in ihrem größten Umfange erlaubt, und Leute von Stande halten sich gemeiniglich eine Menge Weiber; doch reicht diese Nachsicht öfters nicht einmal hin, ihre unnatürlichen Begierden zu befriedigen. Sie sehen besonders darauf, daß die Fremden nicht in Verbindung mit ihren Weibern kommen; und wenn einmal so etwas entdeckt wird, so muß der Fremde gewiß Gefängnißstrafe ausstehen, oder eine schwere Geldbuße erlegen.

Es ist merkwürdig, daß ein Volk, welches einen ausgebreiteten Handel mit den meisten civilisirten Nationen treibt, und so große Fortschritte in den schönen Künsten, z. B. in der Malerei, der Baukunst u. s. w., gemacht hat, gar nichts von der Musik weiß, wie es doch völlig der Fall ist. Das Chor, welches Se. Excellenz, den Hoppo, als er unsere Schiffe zu messen kam, begleitete, und welches ohne Zweifel die besten Virtuosen hatte, da es zu dem Gefolge einer so großen Person gehörte, bestand aus zwei messingenen Schnecken, die so wie die Englische Handpauke geschlagen wurden, und aus drei oder vier einem Dudelsack eben nicht sehr unähnlichen Pfeifen. Das Ganze machte eine Musik, die dem Horne eines Schweinschneiders und dem Gänsegeschnatter glich. Scherz bei Seite — sie haben nicht die entfernteste Idee von Melodie, und werden hierin von den Wilden an der Nordwestlichen Küste von Amerika bei weitem übertroffen.

China erzeugt Rinder, Hämmel, Schweine, Ziegen, Gänse, Enten, Geflügel u. s. w. in ziemlicher Menge. Die Rinder sind wohl gut, allein sehr klein; denn ein Viertel wiegt nicht mehr als zwischen funfzig und siebzig Pfund. Die Schweine sind von einer besonderen Art, vorzüglich fett, und ihre Bäuche reichen oft bis auf den Boden. Das Federvieh ist weit schlechter als das Englische.

Es wird in China Alles nach dem Gewichte verkauft, und zwar nach Kaddies und Pekels. Das Kaddi wiegt beinahe $20\frac{1}{2}$ Englische Unzen, und hundert Kaddie machen ein Pekel. Die Kompradors, welche, wie ich schon bemerkt habe, die Schiffe mit Lebensmitteln versehen, wiegen Alles lebendig, und gebrauchen jeden Kunstgriff, um ihre Schweine, Gänse, Enten u. s. w. schwer zu machen. Sie stopfen ihnen oft Steine in den Leib, und geben ihnen Salz und Wasser, um sie durstig zu machen, und kurz, sie brauchen jede Methode, die sie nur können, um ihre Abnehmer zu betrügen und zu übervortheilen. Ich werde diese unvollkommene Nachricht von den Chinesen mit der Bemerkung schließen, daß, mit einigen wenigen Ausnahmen, Hang zum Betrügen und zu Spitzbübereien gewöhnlich unter ihnen herrscht.

Eben jetzt habe ich eine ausführliche Nachricht von dem Pelzhandel bekommen, welche den Inhalt meines nächsten Briefes ausmachen wird. Halte mich inzwischen für Deinen ꝛc.

Vor Makao, den 16. Februar. W. B.

Sechs und vierzigster Brief.
Umständliche Nachricht vom Pelzhandel.

Als Kapitain Dixon zu Kanton war, gab ihm einer der dort sich aufhaltenden Herren sehr verbindlich eine umständliche Nachricht von jedem Vorfalle in dem Pelzhandel seit dessen Anfange. Du bist ein Kaufmann, und so muß Dich Alles, was diesen Gegenstand angeht, besonders interessiren. Daher will ich Dir hier diesen Bericht schicken, so wie ich ihn aus unsres Kapitains Anmerkungen gesammlet habe.

Da der verstorbene Kapitain Cook den King-George's-Sund als den Ort anzeigte, an dem man eine kostbare Ladung von Fellen bekommen könnte, und der daher am meisten besucht zu werden verdiente; so ward das erste Schiff, welches man in diesem neuen Handel gebrauchte, dahin bestimmt. Es war eine Brigg von 60 Tonnen und 30 Mann, welche Jakob Hanna kommandirte. Dieser Kapitain verließ die Teypa im April 1785, und langte den folgenden August im King-George's-Sunde an. Hier brachte er ungefähr in fünf Wochen 560 Seeotterfelle zusammen. Er verließ die Küste im September, und kam im December desselben Jahres nach Makao.

Reise um die Welt.

Die obigen Felle wurden zu Kanton den 21sten März 1786 verkauft, und zu 1788. Februar. folgenden Preisen geschätzt:

```
 140 Felle vom ersten Range, das Stück zu    60 Thlr.
 175   "    "  zweiten   "      "    "       45  "
  80   "    "  dritten   "      "    "       30  "
  55   "    "  vierten   "      "    "       15  "
  50   "    "  fünften   "      "    "       10  "
─────
 500 ganze Felle
 240 in Stücke zerschnittene, geschätzt zu
  60 Fellen, verkauft für        "    "     600  "
─────                                      ──────
 560 Seeotterfelle         Totalsumme    20,600 Thlr.
```

Durch einen so glücklichen Anfang aufgemuntert, schickten die Kaufleute, welche sich in diese Unternehmung eingelassen hatten, den Kapitain Hanna zum zweitenmale ab. Er ging im Mai 1786, in der Schnau Seeotter, von 120 Tonnen und 30 Mann, von Makao unter Segel. Da er vorher in King George's Sund so gutes Glück gehabt hatte, so bekam er die Anweisung, nach demselben Orte zu fahren, und seinen vorigen Strich zu bereisen. Er erreichte den Sund im August; aber die Umstände hatten sich jetzt verändert. Kumakihla, ein Indianischer Anführer, mit dem er bei seinem vorigen Besuche an diesem Orte bekannt geworden war, sagte ihm, daß neulich zwei Schiffe da gewesen wären, welche alle Felle aufgekauft hätten; und John MacKey, den er, wie schon erzählt worden ist, hier antraf, bestätigte diesen Umstand. Da er indeß seinen Leuten Erfrischungen zu verschaffen wünschte, indem viele am Scharbocke krank waren; so blieb er etwa vierzehn Tage in dem Sunde liegen. In dieser Zeit kaufte er ungefähr 50 gute Seeotterfelle, welche ihm die Eingebornen von entfernten Gegenden herbrachten. Kapitain Hanna verfolgte hierauf die Küste bis beinahe zum 53 Gr. N. Breite. Er ankerte in der St. Patrik's-Bay, unter 50 Gr. 42 Min. N. Breite, und fand daselbst einige Einwohner, bekam aber nur wenige Felle von einiger Bedeutung. Er verließ die Küste den 1sten Oktober, und langte den 1sten Februar 1787 zu Ma-

1788.
Februar.

las an. Die Felle, welche er auf dieser Reise bekam, wurden zu Kanton den 12ten März 1787 verkauft, und bestanden nur aus

100 Seeotterfellen, jedes verkauft zu	50 Thlr.
und 300 größeren und kleineren Stücken von Seeotterfellen, unter denen einige schlecht waren, zu	10
Der ganze Betrag	8000 Thlr.

Die Schnau Kapitain Cook, unter Kapitain Lorie, von 300 Tonnen, und die Schnau Experiment, Kapitain Guise, von 100 Tonnen, wurden zu Bombay ausgerüstet, und verließen diesen Ort zu Anfange des Jahres 1786. Sie langten im Junius in King George's Sund an, und kauften daselbst fast an 600 Seeotterfelle. Als sie diesen Ort verließen, fuhren sie längs der Küste, und entdeckten ungefähr in 51 Gr. N. Breite einen Sund von großem Umfange, welchen sie den Queen Charlotte's Sund nannten. Von da gingen sie gerade zu nach Prinz Wilhelms Sund.

Wann sie die Küste verlassen haben, kann ich nicht sagen; allein die Ladungen beider Schiffe wurden den 4ten April 1787 zu Kanton verkauft, und bestanden in folgenden Fellen:

Seeotterfelle vom ersten Range	55
• • zweiten •	134
• • dritten •	142
• • vierten •	63
An Hälften	46
An kleinern Stücken	33
An gelben u. schlechteren Stücken	131
	604 Seeotterfelle.

Im Durchschnitte verkauft ein jedes für 40 Thaler; der ganze Betrag 24,000 Thaler, da die übrigen vier mit in den Kauf gingen.

Dieser Rechnung zufolge, welche übrigens mit der, welche Mac Key uns gab, übereinstimmt, sollte es scheinen, als wenn die Schiffe alle ihre Felle in King George's Sund aufgetrieben, und an allen andern Theilen der Küste kein einziges Fell bekommen hätten.

Reise um die Welt. 283

Die Schnau Nutka, Kapitain John Meares, ward in Bengalen von einer 1788. Februar.
Anzahl Herren, welche sich die Bengalische Pelzgesellschaft nannten, ausgerüstet, und segelte von dort im März 1786 ab. Ich habe Dir von der Bestimmung dieses Schiffes und seiner Ankunft zu Makao schon Nachricht gegeben. Die Ladung der Nutka ward den 4ten des verwichenen Monats zu Kanton verkauft, und bestand aus folgenden Fellen:

50 Seeotterfelle v. ersten Range verkauft das St. zu	70 Thlr.	
52 . . . . zweiten . . .	50 .	
58 . . . . dritten . . .	35 .	
31 große halbgetragene v. vierten . . .	20 .	
50 getragene fünften . . .	15 .	
26 alte und sehr schlechte	5 .	
267		9,030 Thlr.
12 in großen Stücken und Fetzen von Seeotterfellen .	10 .	
17 in kleineren	5 .	
		205 .
37 Seeotterschwänze	2 .	
31 schlechtere	39 .	
		113 .
48 Landottern, schlechte und gute . . .	6 .	
		288 .
14 sehr schlechte Biberfelle	3 .	
27 Marder , ...	14 .	
		36 .
		9,692 .

Ueberdies verkaufte Kapitain Meares
50 Seeotterf. v. ersten Range zu Kanton das St. für 90 .
                                                    4,550 .

Der ganze Betrag war also 14,242 Thlr.
Man kann das Ganze als 357 Seeotterfelle ohne den Ausschuß ansehen.

1788.
Februar.

Alles, was die Bestimmung des Kaiserlichen Adlers unter Kapitain Berkley betrift, habe ich schon vorher erwähnt, und brauche es also hier nicht zu wiederholen. Seine Ladung bestand aus 800 Seeotterfellen größtentheils von vorzüglicher Güte. Sie waren noch nicht verkauft, als unser Kapitain Kanton verließ; aber die Summe, zu der man sie anschlug, betrug 30,000 Thaler.

Auch die Spanier haben seit zwei Jahren See-Otterfelle nach China gebracht, die sie nahe bei ihren Kolonien von Monterey und San Francisko sammeln, und die alle von sehr schlechter Gattung sind.

Vorzüglich treiben die Patres diesen Handel. Im Jahr 1787 führten sie ungefähr 200 Felle ein, und zu Anfange dieses Jahres nahe an 1,500. Diese Felle waren noch nicht verkauft, als wir Kanton verliessen. Sie wurden von den erwähnten Kolonien nach Akapulko; und von dort durch die jährliche Galleone nach Manilla geschickt; allein bis jetzt haben die Spanier noch keinen Versuch gemacht, von ir, end einer ihrer Kolonieen Schiffe nach dem Norden auszurüsten.

L'Astrolabe und la Boussole, zwei französische Schiffe unter dem Kommando der Herren Peyrouse und de Langle, segelten im Jahr 1785 von Frankreich ab. Wie man sagt, sind sie an der Nordwestlichen Küste von Amerika, von der Spanischen Kolonie Monterey bis zum 60sten Grade Nördlicher Breite hingefahren. Aber dies ist etwas unwahrscheinlich; denn obgleich diese Schiffe recht eigentlich zu Entdeckungen ausgerüstet wurden, so vergaßen die Befehlshaber doch nicht, daß Felle ein guter Handelsartikel sind. Dem zufolge trieben sie, als sie an der Küste von Amerika waren, ungefähr 600 Seeotterfelle auf, welche hauptsächlich in Stücken von schlechter Güte bestanden, und augenscheinlich zu eben der Art gehörten, welche die Spanier brachten. Wären also die genannten Herren weit Nordwärts an der Küste gewesen, so würden sie ohne Zweifel See-Otterfelle von weit vorzüglicherer Beschaffenheit gefunden haben, als sie sich wirklich verschafft hatten. Diese Schiffe langten im Januar 1787 zu Makao an, und ihre Felle wurden zu Kanton durch die Schwedischen Superkargos für 10,000 Thaler verkauft.

Ich habe Dir schon die meisten besondern Umstände bei dem Verkauf unsrer Felle berichtet, und auch die Plätze erwähnt, wo wir sie einsammelten; ich brauche also nur noch zu bemerken, daß der ganze Betrag sich auf 54,857 Thaler belief. Wenn Du die Verkaufssumme unsrer Felle mit den schon erwähnten vergleichst, so kannst Du auf einmal sehen, wie sehr unbeständig der Preis dieser Artikel auf dem Chinesischen Markte ist. Von 2,552 Seeotterfellen, die wir nach Kanton brachten, hätten wenigstens 2,000, ein jedes 50 Thaler gelten müssen, und die übrigen verhältnißmäßig.

Was die Russen auf der Amerikanischen Küste an Fellen auftreiben, kann ich unmöglich sicher bestimmen, da sie dieselben niemals auf den Markt zu Kanton bringen. Doch weiß ich ziemlich zuverläßig, daß ihr Handel sich sehr wenig nach Osten vom Cooks-Flusse erstreckt. Dieser Ort liefert aber gewiß nicht so viele Seeottern, als King George's Sund; und ich möchte daher fast glauben, daß sie jährlich nicht 500 Felle sammeln.

Aus dieser kurzen Nachricht von dem Pelzhandel kannst Du leicht sehen, daß man sehr große Vortheile daraus ziehen könnte, wenn er auf einen bleibenden Fuß gebracht würde. Dies zu bewerkstelligen, würde man, meinem Erachten nach, am schicklichsten verfahren, wenn man eine Faktorei an der Küste anlegte. Hierzu scheint das nördliche Ende von den Queen Charlotte's Eilanden vorzüglich geschickt zu sein; denn die Lage desselben ist beinahe in der Mitte zwischen dem Cooks-Flusse und King George's Sund, und wir sind vollkommen gewiß, daß die Felle nach Süden zu eine weit schlechtere Beschaffenheit haben. Zwei kleine Schiffe würden nicht nur alle Felle in den bisher schon bekannten Ankerplätzen sammeln, sondern auch die bisher noch unentdeckten Theile der Küste untersuchen können. Ueberdies kann man sich hier auch noch andre schätzbare Artikel verschaffen, zum Beispiel Ginsengwurzel, Kupfer, Thran, Balken u. s. w. Ferner könnte man auch eine ungeheure Menge Lachs einpökeln, welcher unfehlbar eine schätzbare Waare sein würde. Doch ich überlasse meine Anschläge Deiner besseren eignen Beurtheilung; ob ich gleich vollkommen überzeugt bin, daß an dieser Küste ein Handel errichtet werden könnte, der die höchsten Erwartungen der Unternehmer erfüllen könnte. Leb wohl. Dein

Macao, den 2. Februar.

W. B.

Sieben und vierzigster Brief.

Die Schiffe verlassen Makao — Tod des Herren Lauder, Wundarztes der Queen Charlotte — Sie gehen durch die Straßen von Sanka und Sauda — ankern bei Nord-Eiland — sind dem Vorgebirge von Java gegenüber in Gefahr.

Um 1 Uhr den 9ten Februar lichteten wir den Anker, und hielten uns, bei schwachen veränderlichen Winden, die Rhede von Makao Südwärts hinab. Um 5 Uhr entließen wir unsern Steuermann. Bei Sonnenuntergang lag der Tappa nach Norden 65 Gr. Westlich, ungefähr in einer Entfernung von drei großen Seemeilen; die große Ladrone gegen Süden 35 Gr. Oestlich; und die Bergspitze von Lintin gegen Norden 55 Gr. Oestlich. Da um halb 8 Uhr die Ebbe vorüber war, so ließen wir in acht Faden auf schlammigtem Boden den kleinen Buganker aus.

Ich will nur anmerken, daß Makao den Portugiesen unterworfen ist; aber da es von den Chinesen mit allen Bedürfnissen des Lebens versehen wird, so dürfen die Einwohner nie dem Vicekönige von Kanton entgegen handeln. Sie stehen also zwar nicht unmittelbar unter den Chinesen, sind aber doch gezwungen, sich alles gefallen zu lassen, und sich ihren Betrügereien zu unterwerfen, so willkührlich sie auch sein mögen.

Den 10ten Morgens um 4 Uhr, lichteten wir den Anker, und segelten, bei einem mäßigen Nordwestwinde und hellem Wetter, nach Süden ein wenig Oestlich. Um 10 Uhr lag die Spitze der großen Ladrone gegen Norden 40 Gr. Oestlich, sieben große Seemeilen entfernt. Unsre Breite war zu Mittage 21 Gr. 35 Min. N. und die Länge 246 Gr. 4 Min. Westlich. Vom 10ten bis zum 13ten hatten wir gemeiniglich einen mäßigen Ostwind und schönes Wetter. Morgens den 13ten sahen wir gegen Nordwesten ein fremdes Segel. Unsre Breite war um Mittag 18 Gr. 1 Min. Nördlich. Nachmittags ging das Segel nahe bei dem King George vorbei, und wir erfuhren von Kapitain Portlock, daß es der Kaiserliche Adler, Kapitain Berkley, wäre, und daß er nach der Insel Mauritius ginge.

Vom 17ten bis zum 20sten hatten wir einen starken Passatwind und schönes helles Wetter. Am 20sten um 11 Uhr Morgens, sahen wir gegen Südwesten die

Insel Pulo Sapata, ungefähr in einer Entfernung von vier großen Seemeilen. Diese Insel hat in einer gewissen Weite viele Aehnlichkeit mit einem Chinesischen Schuh.

Um Mittag lag die Insel gegen Süden 67 Gr. Westlich, in einer Entfernung von drei Meilen, und ein kleiner Felsen Westwärts gegen Süden 85 Gr. Westlich. Unsre Breite war 10 Gr. 4 Min. Nördlich, und die Länge 250 Gr. 36 Min. Westlich. Wir hatten vom 16ten an, da wir uns in 15 Gr. 33 Min. befanden, fast Südwestlich gesteuert.

Am 21ten, da wir in 8 Gr. 44 Min. N. Breite waren, fanden wir eine starke Ströhmung, die nach Südwesten ging. Nachmittags den 23ten hatten wir 5 Gr. 31 Min. N. Breke, und 254 Gr. 56 Min. Länge, und richteten nun die Segel wieder näher an den Wind nach S. S. O. Um 6 Uhr Morgens den 25ten, sahen wir in einer Entfernung von vier großen See-Meilen eine Reihe Inseln, die in den Seekarten die Anambas heißen, und sich von O. N. O. nach S. O. bei Osten erstrecken, und bald darauf eine kleine felsichte Insel, Pulo Damar genannt, gegen Süden. Um Mittag lag die felsichte Insel gegen Norden 37 Gr. Oestl. vier oder fünf große See-Meilen entfernt. Unsre Breite war 2 Gr. 36 Min. N. die Länge 255 Gr. 3 Min. Westlich, und das Wetter außerordentlich heiß und schwül. Wir trafen eine Ströhmung an, die stark nach Südwesten trieb. Den 26ten um 11 Uhr Vormittags lag das Land gegen Süden 40 Gr. Westl. ungefähr in einer Entfernung von sieben großen See-Meilen. Die Breite war Mittags 1 Gr. 11 M. N. Um 6 Uhr Nachmittags lag die Insel Panfang N. W. bei W. fünf große See-Meilen weit von uns. Die Nacht über hatten wir in allen Himmelsgegenden starke Blitze. Morgens, den 27ten sahen wir die Insel Dominis gegen Südwesten. Unsre Breite war Mittags 8 Min. Südlich; wir hatten schwache Winde und schönes Wetter. Um 6 Uhr sahen wir Pulo-Taya; es lag gegen S. 49 Gr. W., die Bergspitze von Linging aber nach N. 64 Gr. Westlich. Die Tiefe des Meeres war 14 Faden. Um 7 Uhr nahmen wir einige Segel ein, und um 10 Uhr legten wir unter unsern Braamsegeln bei. Die Tiefe war von 8 bis 16 Faden, und der Boden sandicht. Die Nacht hindurch legten wir fleißig um, je nachdem wir es nöthig fanden, und um 5 Uhr Morgens den 28ten segelten wir wieder an, wobei wir uns mit einem mäßigen Ostwinde Südwärts hielten. Um 8 Uhr lag Pulo Taya gegen N. 50 Gr. Westlich. Um 11 Uhr starb Herr William Lauder, unser Wundarzt. Er war kurz vorher, ehe wir Wampo verliessen, krank geworden. Wir hatten eine beträchtliche Zeit große Hofnung, daß er wieder genesen würde; denn er war jung, von gesunder Leibeskonstitution, und nicht durch Schwelgerei oder andre Ausschweifungen geschwächt. In der That glaubte er selbst dies bis sehr kurz vor seinem Ende; aber seine Krankheit widerstand den Heilkräften der Medicin, und er ergab sich mit der größten Fassung in den göttlichen Willen, denn er war bis zum letzten Augenblicke vollkommen seiner bewußt.

Mittags sahen wir eine Reihe von Inseln, welche sich von S. bei O. bis nach O. N. O. erstreckten, und von denen die nächste ungefähr drei Meilen weit entfernt war. Pulo Taya lag gegen N. 30 Gr. Westlich, in einer Entfernung von sieben großen Seemeilen. Unsre Breite war 1 Gr. 13 Min Südlich. Um 4 Uhr Nachmittags lag die Hauptmasse von dem Berge Monopin, auf dem Ufer von Banka, gegen S. 50 G. Oestlich. Um 6 Uhr war die Tiefe 11 bis 16 Klafter auf lehmichtem Grunde; und bald nachher sahen wir ein fremdes Schiff nach Nordwesten zu. Um 7 Uhr nahmen wir einige Segel ein, setzten die übrigen ganz nahe an den Wind, und legten die Nacht über um, je nachdem wir es nöthig fanden. Die Tiefe war von 16 bis 23 Faden. Um 5 Uhr Morgens den 29sten segelten wir wieder an. Um 8 Uhr lag der Berg Monopin gegen Osten, in einer Entfernung von sechs großen Seemeilen. Diesen Nachmittag senkten wir Herrn Lauder's Leichnam in die Tiefe. Er war der erste, den wir während der Reise durch den Tod verloren hatten.

Um Mittag lag der Berg Monopin gegen Norden 10 Gr. Westlich, ungefähr fünf große Seemeilen von uns entfernt. Unsre Breite war 2 Gr. 14 Min. Südlich. Um 1 Uhr sahen wir gegen O. S. O. einige Felsen vier Meilen weit von uns. Hierauf nahmen wir einige Segel ein, und setzten die übrigen dem Winde näher nach Osten zu. Das fremde Schiff war gegen N. N. W. zu sehen. Die Tiefe betrug zwischen 8 und vierzehn Faden auf einem schlammigen Grunde. Um 3 Uhr sahen wir das Ufer von Summatra, das gegen Süden 40 Grad Oestlich lag; das Wetter war gelinde und trübe, dabei hatten wir auch häufige Regengüsse.

Um

Um 7 Uhr liessen wir in elf Faden und auf lehmichtem Boden einen Anker aus. Die Nacht über hatten wir sehr starke Blitze rund um uns her. Hier fanden wir, daß die Fluth in der Richtung von O. S. O. jede Stunde drei Meilen lief.

Um 5 Uhr Morgens den 1ten März lichteten wir, und segelten weiter. Den Vormittag über hatten wir Windstöße mit Donner, Blitz und schwerem Regen. Um Mittag befand sich das fremde Segel gegen Norden bei Westen, ungefähr sechs Meilen weit von uns. Einiges hohe Land an dem Ufer von Banka lag N.N.O., und ein Theil des Ufers von Summatra S. bei W., ungefähr in einer Entfernung von drei Meilen. Wir hatten zwölf Faden Tiefe. Den Nachmittag kamen Windstöße bei einem sehr heftigen Gewitter, mit Blitz und schwerem Regen. Um 3 Uhr nahmen wir einige Segel ein, und gingen vor einem Holländischen Kriegesschiffe vorbei, welches vor Anker lag. Um 5 Uhr kam das fremde Segel, das wir seit einigen Tagen gesehen hatten, zu uns; und es zeigte sich, daß es der Landsdowne, ein Indienfahrer, unter Kapitain Storey, war. Um halb sechs Uhr ankerten wir in 9½ Faden auf schlammigem Boden, wobei die Küste von Summatra S.S.W. vier Meilen von uns lag. Die Nacht hindurch hatten wir beständig heftige Blitze; das Wetter war ausnehmend beklemmend und schwül.

Den 2ten um 5 Uhr Morgens lichteten wir die Anker, und segelten in Gesellschaft des Landsdowne. Die Tiefe wechselte hier von acht oder zehn bis weniger als drei Klafter ab; der Grund ist Sand und Schlamm. Da der Wind leicht und veränderlich war, so setzten wir die Segel dem Winde näher Nordwärts, und kamen gut nach der Küste von Summatra hinüber, wodurch wir das seichte Wasser ganz vermieden. Um 6 Uhr that der Landsdowne einen Nothschuß; wir liessen hierauf in 6¼ Faden einen Anker aus, und setzten unser Wallfischboot aus, um dem Kapitain Storey beizustehen; aber unser Boot lief voll Wasser. Wir zogen es deshalb wieder auf, und die Zimmerleute reparirten es vor der Hand. Um 7 Uhr ging Kapitain Dixon in das Boot, um dem Landsdowne beizustehen. Um 3 Uhr Morgens am 3ten kehrte er wieder an Bord zurück. Der Landsdowne war, wie es scheint, an den kleinen Sandbänken von Lussipara auf den Grund gekommen, aber bald ohne Schaden wieder davon abgewunden worden.

1738.
März.

Um 5 Uhr wanden wir das Ankertau auf, um bereit zu sein, so bald Kapitain Portlock das Zeichen zum Lichten gäbe; aber wir hatten den Vormittag über nur schwache Winde, die zuweilen von Windstillen unterbrochen wurden. Unsre Breite war um Mittag 3 Gr. 9 Min. Südlich. Die erste Landspitze lag gegen N. 20 Gr. W. in einer Entfernung von drei Seemeilen. Bald nach 12 Uhr lichteten wir und segelten an; das Wasser war von 4½ bis 6 Faden tief. Um 4 Uhr lag die Insel Lussipara gegen N. 88 Gr. Oestlich, sechs Meilen weit von uns, und die äußersten Enden des Südwärts gelegenen Landes in Süden 65 Gr. Westlich. Um 8 Uhr lag Lussipara gegen N. 14 Gr. Westlich. Die Tiefe betrug 4 Klafter, und der Grund war schlammicht.

Da wir nun durch die Meerenge von Banka hindurch waren, gingen wir die Nacht über fort. Das Wetter war wolkicht, und es blitzte beständig. Am 4ten hatten wir den Nachmittag über sechs bis neun Faden tiefes Wasser auf einem schlammichten Boden. Bis zum 6ten gab es wenige Veränderung. Das Wetter war äußerst drückend und schwül, und das Thermometer stand oft auf 92 Grad. Schwache veränderliche Winde, von Windstillen unterbrochen, nöthigten uns häufig, einen Anker auszuwerfen. Unsre Breite war Mittags den 6ten 4 Gr. 17 Min. Südlich. Um 6 Uhr Nachmittags am 7ten sahen wir die Schwestern, die nach S. W. bei W. lagen, in einer Entfernung von vier Meilen. Die Tiefe war elf Faden, und der Grund schlammicht. Mittags den 8ten lagen die Schwestern gegen S. 40 Gr. Westlich, sechs Meilen weit von uns, und das hohe Land an der Küste von Summatra gegen S. 41 Gr. Westlich; die Breite war 4 Gr. 55 Min. Südlich, und die Tiefe elf bis dreizehn Faden auf einem schlammigen Boden.

Um 6 Uhr Nachmittags ließen wir in 10 Faden auf schlammigem Boden den kleinen Buganker aus. Die Schwestern lagen gegen S. 17 Gr. Westlich. Die Nacht über hatten wir einige schwere Windstöße aus S. S. W. mit vielem Donner und Blitz und eine sehr unruhige See. Den 9ten, Morgens um 4 Uhr, fanden wir, daß das Schiff seinen Anker schleppte; wir hoben ihn daher auf, und segelten dann fort. Um 8 Uhr war das Wetter gemäßigt, und um 10 Uhr hatten wir fast eine Windstille; wir ließen daher den besten Buganker in 11 Faden Wasser aus. Die Schwestern lagen gegen S. 25 Gr. Westlich; unsre Breite war 4 Gr. 57 Min. Südlich.

Von diesem Tage bis zum 12ten hatten wir wenige Veränderung und nur schwache veränderliche Winde mit Windstillen dazwischen, die uns häufig zu ankern nöthigten, so daß wir sehr wenig weiter fortkamen. Den 12ten Mittags war unsre Breite 5 Gr. 22 Min. Südlich. Die äußern Enden von dem Lande, das wir vor uns sahen, erstreckten sich von S. 20 Gr. Oestlich, bis gegen Norden 20 Gr. Westlich ungefähr 3 Meilen vom Summatra-Ufer entfernt. Diesen Vormittag passirten wir zu unsrer großen Freude die Schwestern, zwei sehr kleine Inseln, die wir seit dem 7ten immer im Gesichte gehabt hatten. Um 2 Uhr ließen wir in 11 Faden den besten Buganker aus.

Den Nachmittag und den größten Theil der Nacht hindurch hatten wir Windstöße mit beständigem Regen.

Den 13ten früh Morgens lichteten wir und segelten fort. Da der Wind schwach ward, und sich fast legte, so setzten wir um 10 Uhr das Wallfischboot aus, und schickten es voran, das Schiff zu bugsiren. Nord-Eiland, wo wir ankern wollten, um unsre Wasserfässer wieder aufzufüllen, lag gerade vor uns, ungefähr acht Meilen entfernt. Da wir um 11 Uhr keinen Wind hatten, und die Fluth gegen uns war, so ließen wir, beinahe Nord-Eiland gegenüber, einen Anker fallen. Unsre Breite betrug um Mittag 5 Gr. 35 Min. Südlich. Als um 1 Uhr ein Wind aufstieg, lichteten wir und rückten weiter fort. Da wir um 3 Uhr ziemlich gut in die Rhede eingelaufen waren, so ließen wir in 9 Faden, auf schlammigem Boden, den besten Buganker aus, und befestigten das Schiff mit dem großen Flußanker und dem Strohmtaue. Nord-Eiland lag N. O. bei Norden 3 Meilen weit von uns. In der Rhede lagen drei Holländische Schiffe, die nach Batavia gehörten.

Um 5 Uhr Morgens, den 14ten, ward das lange Boot ausgehoben und nach Wasser an das Ufer geschickt. Unsre Leute fanden vortrefliches Wasser am Summatra-Ufer, ungefähr 500 Schritte vom Gestade, so daß Mittags den 15ten alle unsre Wasserfässer gefüllt waren. Wir brauchten noch etwas weniges zur Ergänzung unseres Vorrathes von Brennholz; aber da es an der Küste von Summatra eine

Menge Einwohner giebt, so fürchteten wir, daß das Holzfällen daselbst mit Schwierigkeit verbunden sein möchte. Es wurden also Nachmittags den 15ten aus beiden Schiffen Leute abgeschickt, um dies Geschäft auf Nord-Eiland zu verrichten, da uns dort weder Einwohner noch sonst etwas hindern konnte, uns mit der nöthigen Quantität zu versorgen. Um 6 Uhr kehrten die Leute an Bord zurück, nachdem sie uns eine hinreichende Menge Holz verschaft hatten.

Nord-Eiland ist sehr klein, und hat vielleicht nicht über zwei Meilen im Umfange. Es ist ganz mit Bäumen von mancherlei Arten bewachsen, von denen viele, wie ich glaube, auch in unsern Westindischen Inseln gefunden werden. Da sie stets mit einem schönen Grün bekleidet sind, so dienen sie den Vögeln, deren es hier eine große Menge giebt, zu einem vortreflichen Zufluchtsort. Wie ich glaube, findet man kein Wasser auf dieser Insel, und so ist Holz der einzige Artikel, welchen die in der angränzenden Rhede vor Anker liegenden Schiffe von diesem Platze bekommen können. Die Einwohner von Summatra sind Malayen, und viele von ihnen bewohnen diesen Theil der Insel, sowohl um aus Schiffbrüchen, oder von Schiffen die sich in Noth befinden, jeden ihnen nur möglichen Vortheil zu ziehen, als auch um mit denen, welche gelegentlich hier ankern, zu handeln.

Ich habe schon ehemals bemerkt, daß die Einwohner der Sandwich-Inseln aller Wahrscheinlichkeit nach, von diesem Volke abstammen; und es findet, meiner Meinung nach, eine augenscheinliche Aehnlichkeit zwischen ihnen in Ansehung der Gestalt und der Gesichtszüge, Statt. Die Malayen haben zwar eine dunklere Farbe; allein dies mag wohl von der ausserordentlich großen Sonnenhitze herrühren.

Wir kauften von einem Malayischen Boote einige Seeschildkröten zur Schiffskonsumtion. Sie handeln auch mit Wacholderbrandwein, mit Arrak, Geflügel, Kürbissen, Pisangs u.s.w. Ein Dutzend elender Hühner verkauften sie für einen Thaler, und so die andren Artikel verhältnißmäßig. Die Holländer haben häufig an diesen Booten Antheil, und dies war der Fall auch bei dem, mit welchem wir handelten.

Als wir unsern Holz- und Wasservorrath ergänzt hatten, machten wir den 16ten das Schiff los. Um 7 Uhr lichteten wir den Anker, und segelten bei einem frischen Winde aus W. N. W. und wolkichtem Wetter nach der Meerenge von Sunda zu. Gegen Mittag hatten wir häufige Windstöße und schweren Regen. Da der Wind schwach und veränderlich ward, so ließen wir um 1 Uhr in 20 Faden einen Anker aus. Die Schiffe in der Rhede von Nord-Eiland lagen gegen N., ungefähr sechs Meilen weit von uns, und die Queer im Wege-Insel gegen S. 7 Gr. Oestlich. Das Wetter war den Nachmittag über gemäßigt und wolkicht; aber in der Nacht hatten wir häufige Windstöße und schweren Regen mit Donner und Blitz.

Den 17ten Morgens um 7 Uhr lichteten wir die Anker, und segelten bei einem mäßigen Westwinde fort. Um Mittag lag die Bergspitze Krakatoa gegen W. S. W. ungefähr in einer Entfernung von 9 Meilen. Unsre Breite war 5 Gr. 59 Min. Südlich. Da sich gegen Abend der Wind nach Süden drehete, so ankerten wir um 6 Uhr in 32 Faden auf schlammigem Boden. Der Mittelpunkt der Queer im Weege-Insel lag gegen N. 58 Gr. Oestl., die Bergspitze Krakatoa gegen W. halb S., und die Prinzeninsel gegen S. 42 Gr. Westlich.

Vom 17ten bis zum 22ten hielten wir uns in der Meerenge, fast ohne um etwas weiter zu kommen. Des Vormittags hatten wir immer Windstillen und bisweilen schwache Winde aus Südwesten. Um Mittag erhob sich gemeiniglich ein ziemlicher Wind aus Nordwesten, der gegen Abend sich stets nach Süden umsetzte. In den Nächten kamen gemeiniglich Windstöße mit schwerem Regen und anhaltenden Gewittern; auch trieb meistentheils eine starke Strömung nach Nordosten.

Nachdem wir uns den 20ten einige Stunden gegen Nordwesten gehalten hatten, ankerten wir um 6 Uhr Nachmittags in 32 Faden auf einem Grunde von weichem Schlamme. Die äussern Enden von Krakatoa lagen von S. 65. Gr. Westlich, nach Norden 65 Gr. Westlich, 6 Meilen weit von uns. Da sich Windstöße erhoben, so nahmen wir die große Braamstangen-Raaen ab. Den ganzen 21ten hindurch hatten wir schwache ungünstige Winde. Vormittags waren die Leute damit beschäftigt, das Tauwerk der Jockstange in Ordnung zu bringen. Eine Holländische Schnau hatte den 2ten Abends beinahe eine Meile von uns geankert. Da Kapitain Dixon gern einigen Reiß von ihr haben wollte, und wir auch Verschiedenes zur Ausbesserung des Tauwerks nöthig hatten; so ward Nachmittags das Wallfischboot ausgesetzt, und Herr Karew, unser erster Steuermann, an Bord der Schnau ausgeschickt, um zu fragen, ob der Holländer uns mit irgend einem dieser Artikel aushelfen könnte; aber Myn Heer war davon eben so entblößt, als wir selber.

Um 5 Uhr Morgens den 22sten lichteten wir und segelten an; allein da der Wind schwach und unveränderlich ward, und die Ströhmung gegen uns lief, so ankerten wir, kurz vor Mittage, mit dem kleinen Buganker in 26 Faden auf einem schlammigen Boden. Die Ber-spitze auf Krakatoa lag W. bei S. ungefähr 5 Meilen weit von uns. Da das Wetter schön und still war, so ergrif Kapitain Dixon diese Gelegenheit, unsern Wasservorrath zu ergänzen. Um 1 Uhr wurden das Wallfischboot und die Jölle ausgesetzt, und unser Kapitain nahm in dieser Absicht 10 Mann mit sich ans Ufer. Die Boote kehrten um 6 Uhr zurück, und brachten 3 Fässer Wasser; denn mehr leere Fässer hatten wir nicht gehabt. Unsre Leute hatten eine gute Quantität Kokosnüsse und Kürbisse gekauft; sie bekamen von den erstern für einen Thaler 40, und von den letztern für eben das Geld 15 Stück. Obgleich die Insel Krakatoa die gesundeste von allen denen ist, die mit ihr fast einerlei Lage haben; so finde ich doch, daß sie nur wenige Einwohner hat, welche Malayen zu seyn scheinen. Der Hauptgrund, weshalb nicht viele Leute hier wohnen, liegt vermuthlich darin, daß nur wenige Schiffe bei dieser Insel wegen Erfrischungen anlegen, sondern gemeiniglich zur Prinzeninsel fortgehen, welche Alles, was in jenem Ort Eigenthümliches ist, in gleichem Ueberflusse hervorbringt, und einen weit bequemeren Ort zum Wassereinnehmen hat. Die Produkte dieses Ortes sind fast einerlei mit denen auf Summatra: nehmlich Geflügel, Kokosnüsse, Kürbisse u. s. w. Wir kauften eine Anzahl See-Schildkröten zur Schiffskonsumtion.

Den ganzen 23ten hindurch hatten wir Südliche Winde; dies hielt uns ab, die Anker zu lichten. Den größten Theil des Tages beehrte uns Kapitain Portlock mit seiner Gesellschaft an Bord.

Um 4 Uhr Morgens am 24ten beantworteten wir des King George's Signal, die Anker zu lichten; und am 5 Uhr thaten wir es, segelten an, und hielten uns bei einem frischen Winde von Südwesten Südwärts. Bis hierher hatten wir uns bemühet, zwischen der Prinzeninsel und Krakatoa aus der Meerenge zu kommen; aber nun gaben wir dies Vorhaben auf, und beschlossen, die Durchfahrt

Reise um die Welt.

zwischen der Prinzeninsel und dem Vorgebirge von Java zu versuchen. Um Mittag lag die Spitze von Krakatoa gegen N. 18 Gr. Westl. die äussersten Enden von der Prinzeninsel von S. 50 Gr. W. bis W. S. West. Eine hohe Landspitze am Ufer von Java lag gegen Süden; von dem nächsten Lande ungefähr fünf große Seemeilen entfernt. Die Breite war 6 Gr. 21 Min. Südlich. Den Nachmittag über legten wir zwischen der Prinzeninsel und Java um, je nachdem es nöthig war. Es erhoben sich von Westen her gewaltige Wogen; wir hatten von 43 bis 36 Faden Tiefe auf einem schlammigen Boden. Um 9 Uhr Abends liessen wir in 42 Faden einen Anker aus. Das hohe Land an der Prinzeninsel lag gegen Süden 76 Gr. Westlich.

Um 4 Uhr Morgens den 25sten lichteten wir, und segelten bei einem frischen Westwinde und wolkichtem Wetter fort. Um Mittag lagen die äussersten Enden der Prinzeninsel von W. N. W. bis S. 65 Gr. Westlich; die stumpfe Bergspitze auf Java gegen S. W. bei S. ungefähr vier Seemeilen von uns. Die Breite war 6 Gr. 33 Min. Nachmittags drehte sich der Wind nach Südwesten, so daß wir (da wir sahen daß wir rückwärts gingen) um 6 Uhr in 40 Faden auf schlammigem Boden ankerten.

Den 26sten um 9 Uhr Morgens lichteten wir, da wir einen günstigen starken Westwind bekamen, welcher uns große Hoffnung gab, daß wir vom Lande kommen würden. Den Vormittag über, waren wir beschäftigt, uns durch die Durchfahrt zwischen der Prinzeninsel und dem Vorgebirge von Java hindurch zu arbeiten. Um Mittag lagen die äussersten Enden von der Prinzeninsel von S. 65 Gr. Westl. bis N., und das Vorgebirge von Java gegen S. W. bei S., in einer Entfernung von vier Meilen. Unsre Breite war 6 Gr. 36 Min. Südlich.

Ungefähr um 2 Uhr, als wir gerade in der Durchfahrt zwischen dem Vorgebirge von Java und den Coblers (einer Gruppe von Felsen, der Prinzen-Insel gegenüber) waren, legte sich der Wind, und die Fluth trieb uns gerade auf das Ufer von Java. Wir befanden uns einige Zeit in einer sehr gefährlichen Lage; denn wir konnten das Schiff unmöglich umlegen: und was noch schlimmer war, die Tiefe ist dicht am Ufer beinahe 50 Klafter, und der Grund besteht aus scharfen Felsen, so daß wir wenig Hülfe von unsern Ankern erwarten konnten.

Aber zu unsrer großen Freude stieg der Wind in weniger als einer halben Stunde wieder auf, und um 4 Uhr Nachmittags waren wir ganz außer aller Gefahr. Die Felsen des Vorgebirges von Java lagen nun gegen N. 85 Gr. Oestlich, und die Spitze von der Prinzen-Insel gegen Norden 5 Gr. Oestlich fünf Meilen weit von der Küste von Java. Um 6 Uhr lag das Vorgebirge von Java gegen N. O. bei N. sechs große Seemeilen weit von uns. Da wir nun ganz vom Lande entfernt waren, so ließen wir unsre Anker auf den oberen Schiffsraum bringen und befestigen*).

Die Nacht über hatten wir Windstöße mit Regen, und Morgens den 27sten einen frischen Nordwestwind und wolkichtes Wetter. Unsre Breite war um Mittag 7 Gr. 49 Min. Südlich. Unser einziger Wunsch ist jetzt eine schnelle und sichre Fahrt nach St. Helena; „und von da nach Alt-Engand," setze ich hinzu. Der Deinige.

Bei dem Vorgebirge von Java, den 27. März. W. B.

Acht und vierzigster Brief.

Die Schiffe trennen sich — Ein starker Sturm — Die Pumpen sind mit Sand angefüllt — Sie werden ausgehoben und gereinigt — Wir fahren um das Vorgebirge der guten Hoffnung.

Unsre Fahrt ist den Monat März hindurch, besonders als wir die Meerenge von Banka passirten, am langsamsten und bei weitem ungesunder gewesen, als an irgend einem Orte während unsrer ganzen Reise. Das Land an den Küsten von Banka und Summatra ist niedrig, flach und sumpfig; und da wir gemeiniglich schwache Winde hatten, so war das Wetter äußerst heiß und schwül. Den größten Theil unsrer Leute überfiel eine matte schwächende Hitze. In der That empfand

---

*) So lange das Schiff nicht weit vom Lande ist und die Anker oft gebrauchen muß, hängen sie an dem Vorderbuge; allein so bald man glaubt, sie nicht so leicht mehr nöthig zu haben, werden sie ganz oben auf den Baum des Schiffes gebracht, und da mit starken Tauen so befestiget, daß sie sich nicht rühren können. Dies geschieht eines Theils, damit bei starken Stürmen die Anker nicht losreißen und verloren gehen; andern Theils, damit sie bei dem Schwanken des Schiffes die Seite oder den Bug desselben nicht beschädigen sollen. -S.-

empfand auch der Stärkste am Bord ihren Einfluß mehr oder weniger. Glücklicherweise hatten wir eine gute Menge Chinarinde, welche regelmäßig allen Kranken eingegeben ward; und die guten Wirkungen davon zeigten sich bald merklich. Auch hatten wir das Glück, daß der Scharbock sich nicht im mindesten unter uns zeigte.

Kapitain Portlock hatte seit unsrer Abfahrt von China zwei von seinen Leuten an der Ruhr verloren, und es waren noch einige krank. Übrigens lebte jeder wieder auf, als wir nur wieder in die offene See kamen.

Den 28ten März über hatten wir eine frische Luft aus Nordwesten, mit häufigen Windstößen und Regen. Nachmittags um 5 Uhr sahen wir Nordwärts ein fremdes Segel. Die Nacht hindurch und Vormittags den 29ten war der Wind gelinder. Da das fremde Segel um 10 Uhr uns ziemlich nahe kam, so fanden wir, daß es der Ostindienfahrer Queen unter Kapitain Douglas war. Mittags betrug unsre Breite 10 Gr. 17 Min. Südlich; und die Länge 255 Gr. 8 Min. W. Den Nachmittag und den ganzen 30ten über hatten wir leichte veränderliche Winde, die sich oft in Windstillen verloren. Vormittags um 11 kam Kapitain Portlocks Boot zu uns an Bord, und Kapitain Dixon ging an Bord des King Georg. Der Tag war hell und schön, aber außerordentlich schwül, da das Thermometer auf 89 Gr. stand. Die Breite zu Mittage betrug 11 Gr. 13 Min.

Abends um 6 Uhr kam Kapitain Dixon zurück, und benachrichtigte uns, es wäre beschlossen, daß die Schiffe sich trennen und jedes den möglich geschwindesten Weg nach St. Helena suchen sollte. Hierauf hielten sich alle unsre Leute fertig, ihre Mitreisenden beim Abschiede mit drei Salven zu begrüßen; aber leichte und veränderliche Winde waren Schuld daran, daß die Schiffe zu diesem Behuf nicht nahe genug an einander kommen konnten.

Den 29sten hatten wir einen frischen Wind aus Südosten und Ostsüdosten und unser Lauf ging nach Nordwesten. Vormittags den 1sten April hatten wir unsern Reisegefährten gänzlich aus dem Gesichte verloren: unsre Breite zu Mittage war 12 Gr. 44 Min. Südlich; und die Länge 257 Gr. 48 Min. Westl.

Vom 1sten bis 9ten hatten wir einen frischen Oestl. Wind; das Wetter war zu Zeiten stürmisch und regnicht. Mittags den 8ten befanden wir uns in 17 Gr. 50 Min. S. Breite, und 271 Gr. 16 Min. W. Länge. Unser Lauf war seit einigen Tagen nach W. S. W. und W. bei S. gewesen. Von Süden her hatten wir heftige Wogen.

Vom 9ten bis 16ten hatten wir einen beständigen frischen Wind aus Osten. Das Wetter war zu Zeiten naß mit Windstößen, obgleich sonst größtentheils schön und angenehm. Mittags den 16ten befanden wir uns in 20 Gr. 48 Min. S. Breite, und 284 Gr. 33 Min. W. Länge.

Den Abend blitzte es stark in Süden, und die Nacht hatten wir einen heftigen Windstoß mit Regen. Der Wind kam aus Süden; gegen Morgen ward das Wetter gelinde; aber der Wind blies noch aus der vorigen Gegend. Mittags den 17ten war unsere Breite 21 Gr. 14 Min. Südlich, und die Länge 286 Gr. 41 Min. Westlich.

Bis den 21sten hatten wir wenig Abwechselung; aber Nachmittags um 2 Uhr kam ein Windstoß mit sehr heftigem Regen, durch welchen der Wind sich nach Norden drehete. Bisweilen blies ein frischer und sehr leichter Wind, der sich zu einer Windstille neigte. Vormittags den 22sten drehete sich der Wind wieder nach Süden, und das Wetter wurde gelinde und wolkicht. Den Mittag war unsre Breite 23 Gr. 9 Min. Südlich; und die Länge 298 Gr. 20. Min. Westlich.

Den 23ten Nachmittags um drei Uhr, als wir mit einem Winde in Süden und bei Westen nach Westen steuerten, sahen wir dem Striche nach Südosten zwei fremde Segel, welche nach Nordosten fuhren.

Vom 24sten an bekam das Schiffsvolk zwei Quart Wasser auf den Mann täglich, das ausgenommen, was zu dem Erbsenkochen gebraucht wurde. Mittags war unsre Breite 23 Gr. 27 Min. Südl.; und die Länge 300 Gr. 22 Min. Westl.

Von hier an bis zum 30sten fiel nichts Besonderes vor; wir hatten noch immer einen ziemlich beständigen Oestlichen Wind und größtentheils schönes und angenehmes Wetter. Mittags den 30sten war unsre Breite 28 Gr. 9 Min. Südlich, und die Länge 310 Gr. 30 Min. Westlich. Die Abweichung der Magnetnadel ist hier 21 Gr. nach Westen.

Den 1sten Mai drehete sich der Wind nach Norden und Westen. Jetzt, da wir in 28 Gr. 55 Min. S. Breite waren, hatten wir in der That Ursache, zu vermuthen, daß die Passatwinde uns verlassen würden, und besonders bei dieser Jahreszeit.

Den 4ten Mai, Morgens, zeigten sich eine ungeheure Menge von Bonitmakrelen um das Schiff. Unsre Angeln und Haken wurden sogleich ausgeworfen, und wir hatten guten Erfolg. Diese Bonitmakrelen gaben uns ein vortrefliches Gericht und eine sehr angenehme Abwechselung zu der gegenwärtigen Zeit, da unser Vorrath an Eingesalzenem alt und folglich ungesund war. Gottlob! bemerkten wir indeß bis jetzt keine Spur des Scharbocks unter uns, welches wir vielleicht einigermaßen der Chinarinde zu danken hatten, deren Gebrauch nicht gänzlich ausgesetzt worden war.

Es flogen auch eine große Menge Möwen, Meerschwalben, braune Petreis u. s. w. um unser Schiff. Ich vermuthe, daß diese Vögel und Fische von einer Art Sardellen hieher gezogen werden; denn wir sahen eine große Anzahl derselben im Wasser, und fanden gemeiniglich einige in den Fischen, die wir fingen. Es ist sehr wahrscheinlich, daß sie auf der Reise nach einem bestimmten Orte sind. Unsere Breite war 28 Gr. 8 Min., und die Länge 316 Gr. 44. Min. Westlich.

Von hier bis zum 7ten hatten wir Südliche Winde und gelindes Wetter; die Breite war Mittags 30 Gr. 11 Min. Südlich, und die Länge 321 Gr. 58 Min. Westlich. Nachmittags blies der Wind frisch aus Osten her, und die erste Hälfte der Nacht war stürmisch mit Donner, Blitz und heftigem Regen. Dies verursachte, daß wir in unseren Marssegeln zwei, und im großen Segel Einen Reff einnahmen. Unter diesem Segel hielten wir uns für die Nacht sicher genug; aber gegen 2 Uhr Morgens ergriff uns ein heftiger Windstoß aus Südwesten: nun nahmen wir die Marsegel ganz ein, und litten glücklicher Weise keinen Schaden. Mit Tagesanbruch wurde das Wetter gelinder; der Wind war noch in Süden. Unsre Breite zu Mittage betrug 30 Gr. 54 Min. Südlich.

Vormittags bey 9ten hatten wir einen starken Wind aus Nordosten; gegen Abend drehete er sich nach Norden, und blies noch immer sehr frisch. Den Abend blitzte es sehr stark in Südwesten, weshalb wir die Marssegel ganz einrefften. Wir erinnerten uns nehmlich an den Windstoß, den wir vor kurzem empfunden hatten; indeß war die Nacht glücklicher Weise gelinde, und den 10ten und 11ten hatten wir leichte Südliche Winde und schönes Wetter. Unsre Breite Mittags den 11ten war 32 Gr. 45 Min. Südlich; und die Länge nach Mondsbeobachtungen 327 Gr. 6 Min. Westlich.

Den 12ten und 13ten über blies der Wind frisch aus Nordosten; das Wetter war ziemlich gut. Unsre Breite Mittags den 13ten betrug 34 Gr. 22 Min. Südlich.

Den 14ten und den größten Theil des 15ten hindurch hatten wir wenige Veränderung; Wind und Wetter waren beinahe eben so, wie die vorigen Tage, wobei starke Wogen von Westen kamen. Nachmittags den 15ten war das Wetter trübe, der Wind veränderlich, und der Himmel mit schwarzem, drohendem Gewölke überzogen. Gegen 7 Uhr setzte sich der Wind in Nordwesten, und blies sehr stark. Hierauf refften wir alle Marssegel ganz ein, zogen einen Reff im großen Segel ein, und nahmen die Braamraaen ganz herunter. Um 8 Uhr legten wir das Schiff um, und segelten nach Osten. Die erste Hälfte der Nacht blitzte es stark in Norden. Den 16ten um 2 Uhr Morgens, legten wir wieder um und segelten nach Westen. Da der Wind stärker ward, so nahmen wir ein Reff im Focksegel, und die Marssegel gänzlich ein. Vormittags wurden die Braamstengen heruntergenommen, und die Bogsprietstenge eingezogen. Unsre Breite zu Mittage war 36 Gr. 10 Min. S.; der Wind wehete mit ununterbrochener Heftigkeit fort, wobei wir zugleich heftige Windstöße und sehr ungestüme Westliche Wogen hatten.

Nachmittags um 4 Uhr fanden wir die Pumpen verstopft. Dies war in unsrer gegenwärtigen Lage ein sehr unglücklicher Umstand, besonders, da das Schiff, wenn es auf der rechten Seite lag, viel Wasser einließ; indeß ward die Starbordpumpe sogleich herauf gezogen, und man fand, als man sie untersuchte, daß sie mit Sand angefüllt war, den wir zur Unterlage im Schiffsraume unter dem Thee gebraucht, und der sich ohne Zweifel bei dem jetzigen stürmischen Wetter durch das Tafelwerk durchgearbeitet hatte. Nachdem die Pumpe rein gemacht war, wurden unten neun Zoll davon weggeschnitten, und sie sogleich wieder hinunter geschafft.

Das Schiffsvolk hatte seit einiger Zeit nur eine gewisse Portion Wasser bekommen; aber da das Wetter jetzt zu stürmisch war, als daß es hätte können ordentlich ausgetheilt werden, so nahm sich ein jeder so viel als er brauchte, wie sonst gewöhnlich.

Reise um die Welt.

Die Nacht über dauerte der Wind mit ununterbrochener Heftigkeit fort. Den 17ten Morgens um 6 Uhr, riß der Haupttau des großen Stachsegels, und das Segel ging den Augenblick in Stücken. Um 7 Uhr verstopfte sich die Starbord-Pumpe von neuem mit Sand; daher ward sie heraufgeholt, vom Sande gereinigt und sogleich wieder hinunter gebracht.

Da große Ursache zu vermuthen war, daß nicht alles Wasser, welches das Schiff einließ, seinen Weg in die Pumpen fände, sondern im Vordertheile des Schiffs vom Sande aufgehalten würde: so beschloß Kapitain Dixon (mit Zuziehung des Rathes seiner Officiere,) den Vordertheil des Raums zu öffnen, um ihn zu untersuchen *). Um 8 Uhr wurde die Vorderraum-Oeffnung aufgebrochen, und ungefähr vierzig Kisten mit Thee herausgenommen. Den Thee fanden wir trocken und in guter Ordnung, und (zu unsrer großen Freude) war nicht der geringste Anschein da, daß sich Wasser in diesem Theile des Schiffes verhielte.

Um 11 Uhr holten wir die Backbord-Pumpe herauf, und reinigten sie vom Sande; aber sie ward nicht wieder hinunter gebracht, da wir beständig eine Person im Pumpenbrunnen halten mußten, um ihn vom Sande zu reinigen. Dieser ward in Eimern heraufgebracht; und wenn man dies nicht beständig that, so verstopfte sich die Pumpe sogleich wieder.

Der Wind dauerte den Nachmittag über mit unabläßiger Heftigkeit fort; das Schiff schwankte sehr und ließ viel Wasser ein, so daß es allen nur möglichen Fleiß erforderte, um den Pumpenbrunnen vom Sande zu erhalten.

Bisher hatte von unsren Leuten immer der dritte Mann die Wache gehabt; aber da das stürmische Wetter, und der unglückliche Zufall mit dem Verstopfen unsrer Pumpen beständige und ununterbrochene Achtsamkeit erforderten, so fand es Kapitain Dixon für gut, das Schiffsvolk nur in zwei Wachen zu theilen.

---

*) In den Schiffen, welche die Ostindische Kompagnie befrachtet, wird der Raum, sobald die Waaren darin sicher verpackt sind, versiegelt, und weder der Kapitain, noch irgend sonst jemand, darf sich unterstehen, diesen Raum, außer wenn Gefahr ist, daß die Waaren verderben könnten, oder in andern wichtigen Fällen, zu öffnen. Aber auch dann müssen die Officiere dem Kapitain beistimmen, daß die Eröffnung des Raums nöthig sei. Diese Vorsicht beobachtet man, weil sonst leicht die Waaren von untreuen Händen könnten bestohlen werden. F.

In der Nacht ließ der Wind etwas nach, und den 18ten früh um 7 Uhr ward das Wetter gelinder mit leichten Winden und einer ungestümen See von Süden her. Hierauf setzten wir die Marsegel mit allen Reffen ein.

Gegen 8 Uhr fanden wir ein Leck unter den hintern Inhölzern. Wir brachten daher eine Menge Artikel, die im engen Hinterschiffsboden steckten, und uns einigermaßen unnütz waren, herauf, und warfen sie über Bord. Nach unsrer Beobachtung zu Mittage waren wir in 36 Gr. 30 Min. S. Breite. Den Nachmittag über hatten wir leichte Winde, welche sich zu einer Windstille neigten, und zugleich noch immer sehr ungestüme Queerwogen, durch welche das Schiff außerordentlich schwankte. Den Abend um 8 Uhr erhob sich ein frischer Wind von Norden her, und ward in der Nacht ein starker Wind. Wir hatten noch immer heftige Wogen von Süden her.

Den 19ten, Morgens, hatten wir einen frischen Wind aus Nordwesten, mit häufigen Windstößen. Die Pumpe erforderte noch immer beständige Aufmerksamkeit; denn das Bewegen des Schiffes machte, daß der Sand sich beständig durch das Taksterk arbeitete, und es war äußerst nothwendig, die Pumpe rein zu halten, da wir hierdurch verhinderten, daß das Wasser sich nicht in irgend einen andern Theil des Schiffes setzte. Unsre Breite war Mittags 37 Gr. 36 Min. Südlich, und die Länge 336 Gr. 50 Min. Westlich. Aber die Länge konnten wir nicht als zuverläßig ansehen: unsre heutige Breite zeigte augenscheinlich, daß eine starke Strömung von Süden her kam, und es war sehr ungewiß, ob sie uns nicht zu gleicher Zeit gegen Osten getrieben hätte. Doch beschloß Kapitain Dixon, auf alle Fälle gegen Norden zu segeln, da der Wind stark Nordwestlich wehete. Diesen Nachmittag fand man, daß unser Pulver aus den Fässern los und verdorben war. Wir warfen hierauf vier Fäßchen über Bord, und hoben nur so viel auf, als wir zu Signalen und zufälligen Ereignissen brauchten.

Von diesem Tage bis den 20sten gegen Mittag hatten wir wenige Veränderung. Der Wind blies noch stark Nordwestlich, und ward von einigen Windstößen begleitet. Unsre Breite betrug 36 Gr. 57 Min. Südlich. Da wir die letzten vier und zwanzig Stunden beinahe Nördlich gesegelt waren, so bestätigte diese Bemerkung unsre Vermuthung in Ansehung einer Südlichen Strömung. Ob sie gegen Osten oder Westen liefe, war übrigens nicht leicht zu entscheiden; doch konnten wir aus einigen Gründen glauben, daß sie Südöstlich wäre. Den Nachmittag erhob sich ein Westwind, und während der Nacht wechselte er mit einem Süd- und Südöstlichen ab; aber sobald er aus Süden kam, ward er schwächer.

Den 21ten Morgens, erhob sich ein starker O. N. Ostwind. Wir segelten hierauf so schnell als möglich, da wir gern jede Gelegenheit ergriffen, um gegen Norden und Westen zu kommen. Unsre Breite war Mittags 36 Gr. 40 Min. S. und die Länge 337 Gr. 20 Min. Westlich. Den Nachmittag ward der Wind stärker, Abends drehete er sich gegen Norden, und blieb so stark. Es kamen mitunter heftige Windstöße, die uns nöthigten, die Marssegel einzuziehen, und im großen, wie auch im Jockesegel, Reffe einzunehmen. Gegen den Morgen am 22ten ward es ruhig, und mit Tagesanbruch segelten wir noch immer gegen Norden. Wir hatten trübes Wetter mit Regen, und Mittags 36 Gr. S. Breite.

Den 23ten Vormittags war es sehr stürmisch mit Regen. Wir refften daher die Marssegel ganz ein, und holten unsere Braamstengen herunter. Ungefähr um 10 Uhr überfiel uns ein heftiger Windstoß; aber da wir aus Vorsorge die Segel eingezogen hatten, so that er uns weiter keinen Schaden, als daß er unsere Jockestag-Segel zersplitterte. Unsere Beobachtungen zu Mittage zeigten 33 Gr. 48 Min. S. Breite.

Den 24ten um 3 Uhr Morgens warfen wir das Blei in sieben Faden auf einem weichen Grunde. Dies zeigte an, daß wir auf der Banke von Lagullas waren; und wir dreheten nun das Schiff, mit einem schwachen abwechselnden Winde. Bei Tagesanbruch war das Wetter ziemlich ruhig, und wir spannten unsre Segel wieder auf. Um 7 Uhr sahen wir ein großes Schiff gegen Nordosten, das Nördlich lief. Unsre Breite Mittags war 35 Gr. und 36 Min. Südlich.

Ich hätte bemerken sollen, daß der Wind bei der schlechten Witterung gewöhnlich Nordwestlich war, und wenn er sich gegen Osten oder Süden wendete, schwach und unbeständig wurde. Wir mußten uns daher so oft drehen, als es sich mit unsrer Fahrt nach Westen vertrug, da es überdies wahrscheinlich war, daß die vorher erwähnte Ströhmung unsern Fortgang etwas gehemmt hatte.

Den Nachmittag und die Nacht hatten wir starken Nordwest-Wind und stürmisches Wetter. Hierbei segelten wir gemächlich, und legten das Schiff gelegentlich um.

Bei Tagesanbruch den 25sten, spannten wir, da das Wetter ruhig war, unsre Segel auf. Der Wind war noch immer Nordwestlich. Um 8 Uhr näherte sich uns das Schiff, das wir diese vier und zwanzig Stunden gesehen hatten, und sprach mit uns. Es war der Lansdowne, vom Kapitain Storey kommandirt, der, wie schon erwähnt worden ist, in der Straße von Banka fest saß, aber die Straße von Sunda eine Woche vor uns verließ. Da man ihn für einen der besten Segler hält, so belebte der Umstand, daß wir ihn jetzt sahen, einen jeden von uns mit neuem Muthe, besonders wenn wir unser schlechte segelndes Schiff damit verglichen, und nun fanden, daß wir bei allem gerühmten Vorzuge jenes Schiffes, und ungeachtet der Zeit, die es vor uns voraus hatte, dennoch mit ihm gleich weit waren.

Kapitain Storey benachrichtigte uns, daß er sich seit dem 15ten, (zu eben der Zeit, da wir den Sturm ausstanden,) immer um das Kap herum gedrehet hätte; aber er gab keine Ursache seines langen Aufenthaltes an. Unsre Beobachtungen zu Mittage zeigten 35 Gr. 32 Min. S. Breite, und die Mittelzahl einiger Mondsbeobachtungen 337 Gr. 48 Min. W. Länge.

Weil der Wind den 26ten aus Nordwesten blies, so beschloß unser Kapitain, sich gegen Südwesten zu halten, indem er auf eine Aenderung des Windes hoffte. Da die Witterung jetzt mäßig und ziemlich beständig war, so erhielt das Schiffsvolk die vormalige Portion Wasser. Unsre Breite war zu Mittag 36 Gr. 17 Min. Südlich. In der Nacht setzte der Wind sich nach S. S. O. um, und den 27ten Vormittags erhob sich ein starker Wind. Wir spannten hierauf alle Seegel auf, und steuerten N. W. bei W. Unsre Breite Mittags war 36 Gr. 12 Min. Südlich, und die Länge 339 Gr. 39 Min. Westlich. Aber wir hatten diesen günstigen Wind nur eine kurze Zeit; denn Nachmittags änderte er sich in einen sehr heftigen Nordwestwind. Gegen Abend ward er sehr stark, und wüthete die ganze Nacht hindurch mit unabläßiger Heftigkeit, wobei wir starke Windstöße mit Regen und Blitz, und eine hohe See hatten. Gegen Morgen ließ der Sturm nach, und Vormittags hatten

Reise um die Welt.

ten wir leichte Winde und heftige Querrwogen, die das Schiff sehr hin- und her warfen.

Einige Tage vor diesem Sturme hatten wir fast keinen Sand aus dem Brunnen geholt, und die Pumpe stand unbeweglich; aber jetzt zwang uns die Bewegung des Schiffes, sie wieder aufzunehmen, und wir holten beinahe eben so viel Sand heraus, als das erstemal, da sich dieser unglückliche Zufall ereignete. Unsre Breite war zu Mittage 37 Gr. 11 Min. Südlich, das Wetter stürmisch mit Regen vermischt, und der Wind beständig Nordwestlich. Abends um 8 Uhr erhob sich, zu unsrer großen Freude, ein starker Wind von Südosten; während der Nacht war er sehr heftig, wobei es öftere Windstöße, beständigen Regen und Blitze gab. Wir spannten alle Seegel auf, die wir mit Klugheit brauchen konnten; denn es lag uns sehr viel daran, um das Vorgebirge herum zu kommen. Den 29sten wehete der Wind stark aus der uns so günstigen Gegend, und wir steuerten N. W. und N. W. bei N., wie es unsern Absichten am zuträglichsten war. Die Magnetnadel hatte hier nur zwei Grade Abweichung nach Westen.

Den 30sten war uns der Wind eben so günstig: den 31sten, Vormittags, änderte er sich nach Südosten, und blieb schön und gleichförmig bei mäßiger Witterung. Unsere Breite des Mittags war 33 Gr. 44 Min. Südlich, und die Länge nach Mondsbeobachtungen 347 Gr. 50 Min. Westlich. So hatten wir nun zu unsrer großen Beruhigung das furchtbare Vorgebirge hinter uns, indem, den Karten zufolge, die Südwestliche Spitze des Landes in 34 Gr. 26 Min. S. Breite, und in 341 Gr. 37 Min. Westlicher Länge liegt.

Ich werde jetzt die Feder weg legen; aber wenn es die Vorsehung will, so erhälst Du eine Fortsetzung von Deinem

Zur See, im Mai 1711. W. B.

Neun und vierzigster Brief.

Ankunft zu St. Helena — Wir finden daselbst den King George — Abreise von da, und Ankunft in England.

Da wir hinlängliche Gründe hatten, eine starke gegen Westen drängende Ströhmung zu vermuthen, so setzten wir am 31sten Nachmittags die Segel dem Winde näher und steuerten nach Norden und N. bei Osten.

Den 1sten Junius erhob sich ein schöner Ostwind mit heiterem beständigem Wetter. Unsre Breite Mittags betrug 32 Gr. 4 Min. Südlich. Da die Pumpe seit einiger Zeit ziemlich rein von Sande geblieben war, so ward die von der rechten Seite des Schiffs wieder an ihre Stelle gesetzt, aber so befestigt, daß man sie leicht heraus heben konnte, wenn es die Umstände erforderten.

Während der Zeit, daß wir dieses Südliche Vorgebirge umsegelten, hatten wir nicht so strenge Kälte, als wir erwarteten; da das Thermometer auf 54 Gr. stand. Wahrscheinlich ward diese milde Witterung dadurch verursacht, daß der Wind nie anhaltend Westlich wehete.

Vom 1sten bis zum 3ten wurden wir mit einem starken Winde aus O. und S. begünstigt. Den 3ten Mittags war unsere Breite 29 Gr. 54 Min. Südlich. Nachmittags erhob sich ein N. N. W. Wind, der mit verschiedenen Windstößen heftig wehete. Da wir uns auf eine Westliche Ströhmung verliessen, so steuerten wir Nordöstlich und Ost-Nordöstlich, je nachdem es der Wind erlaubte. Den 6ten Morgens veränderte sich der Wind allmählich nach Westen und Süden. Dies war ein glücklicher Umstand; denn nach einer Reihe von Mondsbeobachtungen, die wir den 6ten anstellten, betrug unsre Breite 27 Gr. 17 Min. S., und die Länge nur 346 Gr. 24 Min. Westlich. Dies bewies deutlich, wie sehr wir uns irrten, da wir uns auf eine Westliche Ströhmung verliessen, und daß wir in der That keine dergleichen hatten. — Die Witterung war jetzt heiter und beständig, mit einem schönen steten Winde aus Süd-Südosten. Obgleich das Schiff sich wenig bewegte, so zogen wir doch öfters die Pumpe auf der rechten Seite auf, und fanden beständig viel Sand in dem Brunnen.

Den 9ten ward unsre Portion Wasser auf fünf Nössel den Tag vermehrt, und die Mannschaft wieder in drei Wachen vertheilt. Unsre Breite Mittags war 23 Gr. 44 Min. Südlich, und die Länge 352 Gr. 5 Min. Westlich.

Reise um die Welt.

Bis den 14ten ereignete sich nichts Merkwürdiges. Unsre Breite betrug 17 Gr. 6 Min., und die Länge über 360, so daß wir ringsum den Erdball gekommen waren. Da wir auf diese Weise in unserer Rechnung einen völligen Tag verloren hatten, so borgten wir einen, und schrieben anstatt des 14ten, Sonntags den 15ten Junius.

Bis zum 18ten trug sich nichts Besonderes zu. Wir fuhren mit einem frischen Südöstlichen Winde und schönem Wetter gerade nach St. Helena. Diese Insel liegt auf den Karten in 15 Gr. 55 Min. S. Breite, und in 5 Gr. 49 Min. Westl. Länge. Um halb 4 Uhr Morgens sahen wir St. Helena gegen Nordwesten, ungefähr sechs Meilen entfernt. Um 6 Uhr ward das Wallfischboot ausgehoben, und Herr White mit Depeschen zu dem Gouverneur an das Land geschickt. Als wir in die Rhede einfuhren, hatten wir 29 bis 19 Faden Wasser, auf einem schlammigten Boden, und um 11 Uhr ankerten wir in neunzehn Faden. Die Insel lag von N. 71 Gr. Oestlich, bis gegen S. 65 Gr. Westlich; die Kirche in S. 6 Gr. Westlich.

Wir hatten das Vergnügen, hier unseren Gesellschafter den King George und alle Personen am Bord bei guter Gesundheit zu finden. Viele von des Kapitain Portlock's Leuten hatten, seitdem sie uns verlassen, den Scharbock gehabt; aber durch einen regelmäßigen Gebrauch der vielen antiskorbutischen Mittel, die er bei sich führte, waren sie ziemlich wieder hergestellt, ehe sie St. Helena erreichten.

Als der Kapitain Portlock das Vorgebirge der guten Hoffnung umschiffte, blieb er näher am Ufer, und hatte nicht so schlechte Witterung als wir, so daß er sechs Tage vor uns ankam. Da er schon Wasser und alles Andre eingenommen hatte, so war er Willens, an eben dem Morgen abzusegeln; aber nach unserer Ankunft verschob er es bis auf den folgenden Tag.

Auſſer dem Schiff King George, trafen wir hier den Landsdowne Kapitain Storey, die Queen Kapitain Douglas, ferner drei andre Ostindienfahrer und ein Toskanisches Schiff an.

Unser vornehmstes Geschäft auf dieser Insel bestand darin, uns mit Wasser zu versehen, und man machte alle mögliche Zubereitungen hierzu. Es wäre eben so nöthig gewesen, uns alle Erfrischungen, welche die Insel liefern kann, zu verschaffen; aber man gab uns zu verstehen, daß frische Lebensmittel sehr sparsam ausgetheilt würden, weil so viele Schiffe hier anlegten.

Den 19ten erhielten wir drei Viertel frisches Rindfleisch. Dies war Alles, was man entbehren konnte; aber um diesen Mangel zu ersetzen, ward eine gute Quantität Reiß, Kartoffeln und Kürbisse gekauft, und unter das Schiffsvolk vertheilt.

Die Leute waren bis zum 23ten mit Wasserfüllen, Verbesserungen des Tauwerkes und andern nöthigen Arbeiten beschäftigt. Einige wurden täglich ausgeschickt, um Wasserkresse, Sellerie und Münze zu pflücken, die hier am Ufer in großem Ueberflusse wuchsen.

Den 24sten um 5 Uhr Nachmittags lichteten wir die Anker, und um 7 segelten wir mit einem leichten Ostwinde und heiterem Wetter ab. Den 25sten Mittags lag Jamestown gegen S. 40 Gr. Oestlich, zehn Meilen entfernt. Unsere Fahrt von St. Helena bis hieher hatte wenig Abwechselung, außer daß sich in 6 Gr. N. Breite leichte veränderliche Winde erhoben. Unsere Länge um diese Zeit war 27 Gr. Westlich. — Der Pilot, der so eben an Bord kommt, sagt mir, daß Kapitain Portlock vor vierzehn Tagen in dem Flusse angelangt, und seine Mannschaft völlig gesund gewesen ist. Da ich hoffe, daß ich bald das Vergnügen haben werde, Dich zu sehen, so beschließe ich meine Nachricht mit Dank gegen die gütige Vorsehung, die uns nach einer langen beschwerlichen Reise gesund in unser Vaterland zurückgeführt hat.

Bei Dover den 17. September.   W. B.

Der Froschkrebs, von den Sandwichs Insuln, die untere Seite Linnæi Systema Naturæ Pag. 1039 V. 2. Cancer raninus.

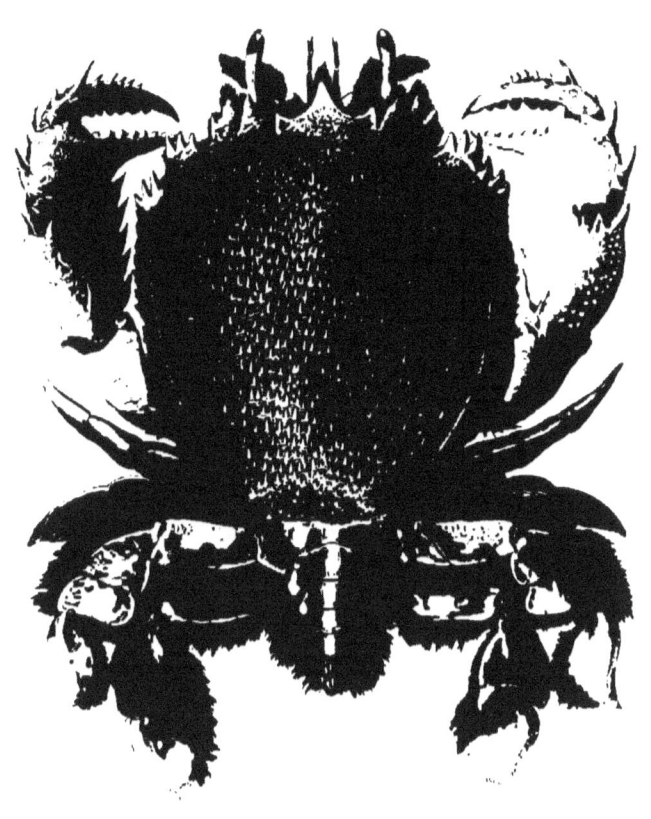

Der Froschkrebs, *von den Landwichs, Insula, die obere Seite Linnaei Systema Naturae Pag.* 1039. *N.* 2. Cancer raninus.

Anhang.

Naturgeschichte.

In den Sandwich-Eilanden findet man eine große Menge verschiedner Krabben und Krebsarten. Eine von den erstern hat eine so sonderbare Gestalt, daß ich eine davon mit nach Hause brachte, und sie in zwei Lagen zeichnen ließ, nach welchen die beigefügten Kupfer gestochen worden sind.

Diese Krabbe hat eine braune Farbe; allein lebendig war sie viel dunkler. Der ganze Rücken ist mit kleinen kegelförmigen Erhöhungen besetzt, welche sich mit ihren Spitzen nach vorn zu neigen. Sie hat vier Beine, und vier Schwimmfüße, oder ruderförmige Beine. Die Basis der letztern steht nicht mit den andren Beinen in Einer Reihe, sondern zwei derselben sind dem Schwanze zur Seite befestigt, und zwei noch näher daran. Sowohl der Schwanz, als die Schwimmfüße und die Kanten des Körpers, sind mit Haaren besetzt. Die Augen stehen auf Röhren, und können die ganze Halbkugel überblicken. Die hier gezeichnete Krabbe war ein Männchen, und ich glaube, daß sie Linné's *Cancer raninus*, (Systema Naturae No. 2. Seite 1039) ist. Sie befindet sich jetzt in der Sammlung des Herrn Isaak Swainson in London.

Bei eben den Inseln giebt es eine große Menge schöner Konchyllen, z. B. Cyprea tigrina, *Mauritiana*, *Talpa*, und andere mehr von demselben Geschlechte, so wie auch unzählige Arten (*Species*) von kleineren, aus welchen die Eingebornen Hals- und Armbänder, nebst andren Zierrathen verfertigen. An einem dieser Halsbänder war eine ganz besondere Art der *Helix*-Gattung des Linné, die, wie man mir sagte, in süßem Wasser lebt. Sie ist auswendig glatt, hat sieben Gewinde, und eine schwarzbraune Farbe, außer daß die Spitze blaßgelb ist. Die innere Seite ist glatt und weiß, und die Mündung hat inwendig eine Art von Saum. Sie ist wegen einer Erhöhung oder eines Zahns an der Spindel merkwürdig, der sich aber nicht mitwindet, so daß sie keine *Voluta* sein kann, ob sie gleich, dem ersten Ansehen nach, zu dieser Gattung zu gehören scheint. Da ich glaube, daß diese Art bisher noch nicht beschrieben worden ist, so habe ich mir die Freiheit genommen, ihr den Namen *Apex fulvus* oder die gelbgespitzte Schnecke zu geben. Eine Abbildung derselben in zwei Lagen sieht man auf einem der beigefügten Kupfer. Im Leverschen Museum sind verschiedene Muscheln dieser Art.

An der Mündung des Cook's-Flusses giebt es verschiedene Arten Konchylien, von denen die meisten wahrscheinlich noch unbeschrieben sind, und von denen allen ich gern Specimina mitgenommen haben würde, wenn die Geschäfte es mir erlaubt hätten. Unter den zweischaligen bemerkten wir einige sehr große Arten von dem *Cardium* oder der Herzmuschel. Ein halbes Dutzend davon würde für eine Person zu einer guten Mahlzeit hinlänglich gewesen sein; allein unsre Leute zogen eine Art Messerscheiden (*Solen*) vor, die in Menge zu haben waren, und die man sehr leicht daran erkennen konnte, daß sie das Wasser in die Höhe sprützten, wenn unsre Leute längs dem Sande fortgingen, in welchem sie ihre Wohnungen aufgeschlagen hatten. Da ich sie für eine neue Art halte, so habe ich sie in der beigefügten Tafel abbilden lassen. Es ist eine dünne zerbrechliche Muschel, von außen und von innen glatt. Eine Schaale hat sowohl vorn, als an der Seite zwei Zähne; die andere aber an jeder von beiden Stellen nur Einen, welcher in die zwei der ersteren Schaale einpaßt. Von den Zähnen geht in jede Schaale eine starke Rippe, und verliert sich allmählig an dem glatten und scharfen Rande. Die Außenseite hat eine weiße, mit runden blaßvioletten Gürteln umgebene Farbe, und ist mit einer glatten braungelben Epidermis bekleidet, welche da, wo die Gürtel laufen, am dunkelsten ist. Die innere Seite ist weiß, nur wenig schwach gestreift, und mit Violet und Kramoisin blaß gefärbt. Das Thier aller Arten von dieser Gattung kommt an beiden Enden aus der Schaale hervor, und ist sehr gut zu essen. Ein schönes Specimen dieser Art befindet sich in der Sammlung Herrn John Swainson's vom Zollhause in London.

Wir sahen an dieser Küste auch eine Miesmuschel, die der Farbe und Gestalt nach mit der Europäischen eßbaren große Aehnlichkeit hat, allein sich dadurch un-

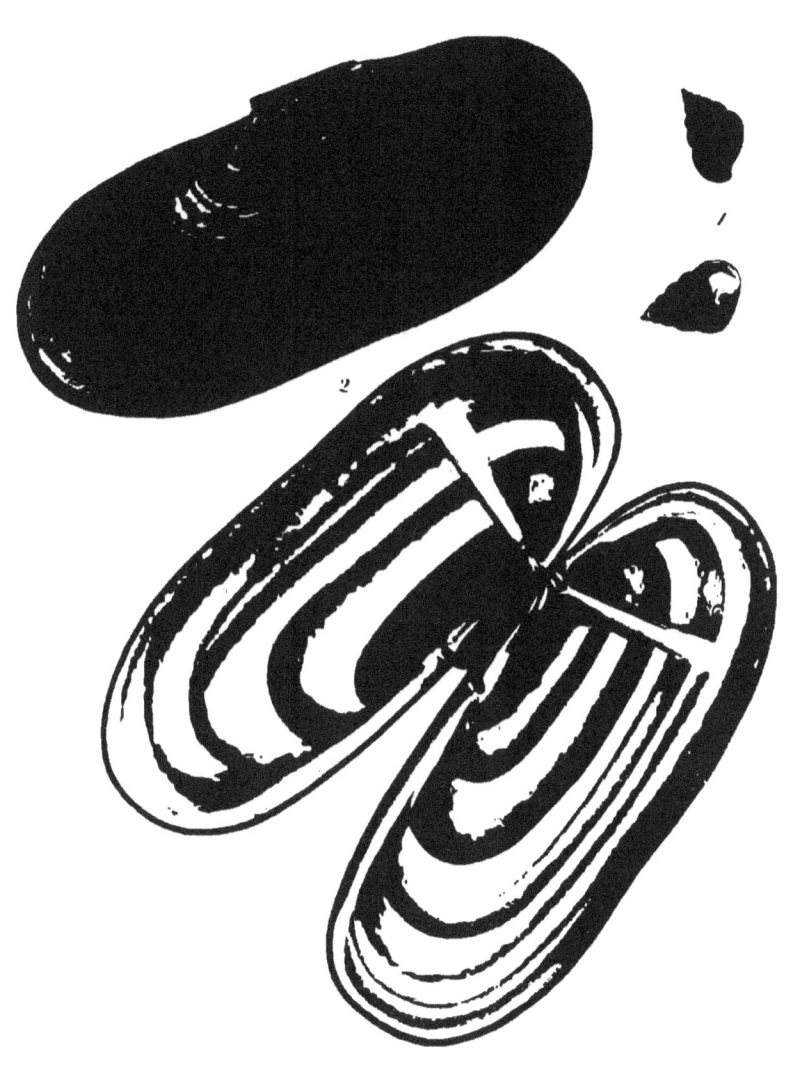

Anhang.

terscheidet, daß sie in die Runde gerunzelt und um vieles größer ist. Ich sah eine Schaale in den Queen Charlottens-Eilanden, die über 9¼ Zoll lang war.

Mit Stücken von dieser Muschel, welche sehr scharf und spitz angeschliffen sind, bewaffnen die Indianer ihre Harpunen und andere Werkzeuge zum Fischen. Sie befestigen sie mit einer harzigen Substanz.

In den Falklands-Inseln fanden wir eine merkwürdige zur Anomia-Gattung gehörige Muschel. Von dieser Gattung hat man zwar viele versteinert gefunden, aber bisher nur wenige frisch, oder lebendig aus der See. Bis jetzt war bloß Eine dieser Art in Europa bekannt, die mein ehemaliger würdiger Befehlshaber Kapitain Cook von seiner ersten Reise mitgebracht hat. Sie war in dem Museum der Herzogin von Portland und ward von dem berühmten Dr. Solander in seiner handschriftlichen Beschreibung der Konchylien in dieser prächtigen Sammlung *Anomia venosa* genannt. Jetzt befindet sie sich in der Sammlung des Herrn von Calonne in London. (M. s. die Kupfertafel bei Seite 189.)

Diese Art, so wie alle die, welche eigentlich zu dieser Gattung (*Genus*) gehören, hängt sich mit einem Ligamente, das von dem Thiere durch die Oefnung in der größeren Schaale ausgeht, an die Korallenfelsen.

Der innere Bau (eine Eigenthümlichkeit dieser Gattung) ist äusserst merkwürdig, und besteht aus zwei schaalichten Bügeln. Diese nehmen nahe bei dem Scharnier der kleineren Schaale, wo sie angewachsen sind, ihren Anfang; von da gehen sie von der Schaale ab, und erstrecken sich bis beinahe zum Rande, beugen sich dann gegen die andre Schaale, und kommen hierauf wieder zu ihrem ersten Anfange zurück, wo sie sich vereinigen. Dieser innere Theil ist sehr zart, und bricht bei dem geringsten Berühren; aber da, wo er sich der größeren Schaale nähert, ist er am dicksten. Diese Art hat ihren Namen von gewissen Theilen des Thieres bekommen, die sich in der innern Seite der Schaale wie Zweige ausbreiten, und die, wenn man sie gegen starkes Tageslicht, oder eine brennende Kerze hält, ihr ein schönes adrichtes Ansehen geben. Die Außenseite ist glatt und von lichtbrauner Farbe.

Das Specimen, von dem die Kupfertafel abgezeichnet ist, besitzt Herr Georg Humphrey, Naturalienhändler in Albionstreet, bei Blackfriarsbrücke in London.

Da ich hörte, daß verschiedene der von mir mitgebrachten Vögel noch nicht in Kupfer gestochen, obgleich schon von Schriftstellern beschrieben wären, besonders die neuen Arten von Herrn Latham; und da ich glaubte, daß Kupfer nach genauen Zeichnungen diesem Werke zu nicht geringer Zierde gereichen würden: so habe ich die seltensten abzeichnen und stechen lassen, und mit Herrn Latham's Erlaubniß die Beschreibungen davon beigefügt, die man in seiner *Synopsis of Birds* findet.

Der gelbschopfige Bienenwolf.
Latham's Synopsis Vol. II. p. 683. No. 18.

„Größe einer Lerche; Länge vom Schnabel bis zum Schwanze 14 Zoll; der Schnabel 1½ Zoll lang, ziemlich gekrümmt, und an der Spitze scharf; die Nasenlöcher mit einer Haut bedeckt; die Zunge am Ende in Fäden getheilt. Die Hauptfarbe des Gefieders ist ein glänzendes Schwarz; die Federn am Kopfe und Halse sind kurz und zugespitzt; unter jedem Flügel ist ein Büschel gelber Federn, die man bei geschlossenen Flügeln nicht sehen kann; am Untertheile des Schwanzes ein anderer solcher Büschel von eben der Farbe; der Schwanz ziemlich keilförmig; die zwei Mittelfedern sind 7 Zoll lang, die zwei äussersten nur 2 Zoll; die äusseren Federn sind an der äusseren Fahne und Spitze weiß, die übrigen schwarz; die Enden zugespitzt; die Füße schwarz; der äussere und der Mittelzehe bis zum ersten Gelenke verbunden.

Diese Vögel sind häufig in Owaihie und andren Sandwich-Inseln. Die dortigen Eingebornen fangen sie lebendig, schenken ihnen aber die Freiheit wieder, wenn sie ihnen die gelben Federn ausgerupft haben, die sie zu ihren mancherlei Zierrathen und Kleidungen verwenden. Von diesen kann man schöne Proben im Leverschen Museum sehen."

So weit Herr Latham: ich nehme mir die Freiheit, hinzuzusetzen, daß das Exemplar, nach welchem die beigefügte Abbildung gemacht ward, sehr von dem von ihm beschriebenen abging; denn alle Schwanzfedern waren am Ende mit Weiß gefleckt.

Der gelbschöpfige Bienenwolf, von den Sandwich Inseln. Lathami Synopsis Vol 2 P 88 N 32

Der Patagonische Quickstertz von den Falkland's Inseln. Latham Synopsis Vol. 1 P. 134 N°20.

Der weyßgeflugelte Kreutzschnabel von der N.W. Küste von America.
Latham's Synopsis Vol 3. P.108. N.º 2

gesteckt. Wahrscheinlich ist Herrn Latham's Vogel entweder ein Weibchen oder ein junger Vogel gewesen.

Im Kupfer ist der Vogel etwas verkleinert, damit er auf die Platte ginge.

Der weißgeflügelte Kreuzschnabel.
Latham's Synopsis Vol. III. p. 108. N. 2.

„Die Größe eines Stieglitz; der Schnabel ist von dunkler Hornfarbe; die Naselöcher mit Borsten von der Farbe eines blassen Semischleders bedeckt; am dicken Ende des Schnabels geht von einem Auge zum andern ein brauner Strich. Das Gefieder am Kopfe, Halse, Rücken, und an den unteren Theilen ist weißlich, dunkel mit Karmoisin verbrämt. Da einige Theile des Weißen nicht ganz mit dem Karmoisin bedeckt sind, so hat der Vogel ein schäckichtes Ansehen. Die oberen Deckfedern des Schwanzes, blaß Karmoisin; die unteren Deckfedern des Schwanzes unrein weiß; der Flügel schwarz, mit einem weißen Streife von der Schulter herunter, nach hinten zu gehend, schräg gezeichnet. Unter demselben geht ein zweiter Streifen oder Fleck weg; allein nur zur inneren Hälfte. Die hinteren Schwanzfedern sind an der Spitze alle weiß gefleckt; der Schwanz schwarz; die Beine braun. Ich bekam den Vogel sowohl von der Hudsons-Bay, als auch von Neu-York."

Der Vogel, den ich habe vorstellen lassen, geht in einigen Stücken von Herrn Latham's seinem ab; ihm fehlt die Karmoisinfarbe und der braune Strich zwischen den Augen, so daß er gewiß ein Weibchen ist, welches sich, so wie bei dem gewöhnlichen Kreuzschnabel, von dem Männchen unterscheidet.

Meiner ward in Montague-Eiland an der N. W. Küste von Amerika geschossen.

Der Patagonische Quackstärz. (*Motacilla Warbler,*)
Latham's Syn. Vol. IV. p. 434. N. 26.

„Dies ist eine große Art: die Länge 9 Zoll; der Schnabel 1½ Zoll, an der Spitze etwas gebogen, die Farbe schwarz, mit aschgrauen Rändern, der obere Theil des Leibes und der Schwanz aschgrau, der untere heller, mit weißen Strichen, Kinn und Hals weiß, über dem Auge ein Strich von gleicher Farbe, die Flügel dunkel aschgrau mit Lichtbraun gezeichnet, und ein Streif von eben der Farbe queer über den Deckfedern; die Schwungfedern haben braune Ränder; die äussern Schwanzfedern weiß, die Beine schwarz, die Zehen lang; der Hinterzehe und die Klaue lang und stark. Das Weibchen, oder was man dafür hält, hat weniger weiße Flecken an der Brust. Bewohnt *Terra del Fuego* (das Feuerland), wird am Seestrande gefunden, und lebt wahrscheinlich von Konchylien und Seewürmern. Er ist oft in der Größe und der Länge des Schnabels verschieden."

Herr Latham glaubt, daß der von mir vorgestellte Vogel das Weibchen sei. Der meinige geht von dem vorher beschriebenen darin ab, daß er eine ganz aschgraue Farbe hat, (außer an der Kehle, die schmutzig weiß, mit aschgrau gefleckt ist), und daß er von den Falklands-Inseln herkommt.

Der tändelnde Neuntödter.

Synopsis Vol. I. p. 175. Lanius jocosus Linn. Systema Naturae. I. p. 138.

„Größe einer Lerche, Länge 7¾ Zoll. Der Schnabel ist schwärzlich, gerader als bei irgend einem zu dieser Gattung gehörigen Vogel, und hat nur einen zarten Einschnitt nahe an der Spitze; der Scheitel ist schwarz, ausser einigen langen braunen Federn, welche einen Schopf bilden; die Seiten des Kopfes, die Kehle und der Vordertheil des Halses weiß; von jeder Ecke des Mundes geht ein schwarzer Strich, der rückwärts fortläuft; unter jedem Auge ist ein kleiner lebhaft rother Fleck; die oberen Theile des Körpers sind braun, die untern schmutzig weiß, die Schwanzdeckfedern roth; am untern Theile des Halses und der Brust eine Art von brauner Schärpe; die Schwungfedern braun; der Schwanz ziemlich keilförmig, und braun, ausser daß die vier äußern Federn an jeder Seite weiße Spitzen haben; die Beine und Klauen schwarz. Dieser Vogel lebt in China, und heißt daselbst Kau Kaikon."

Ich hatte zu Kanton ein paar dieser Vögel gekauft, und erhielt sie bis nach dem Vorgebirge der guten Hofnung lebendig. Sie aßen Reiß, allein am liebsten Schaben (*Blatta,*) womit ich sie hauptsächlich fütterte. Da wir schlechtes Wetter hatten, so wurden sie etwas versäumt, und starben wahrscheinlich davon.

E n d e.

www.ingramcontent.com/pod-product-compliance
Lightning Source LLC
Chambersburg PA
CBHW020316240426
43673CB00039B/828